U0516502

曾憲通 陳偉武 主編

陳斯鵬 編撰

卷十二

出土戰國文獻字詞集釋

中華書局

卷十二部首目録

卷十二

孔

孔（集粹）　（璽彙 2721）　（璽彙 0627）　（上博五·三德 3）　（上博三·中弓 1）　（上博二·民之 8）　（上博一·詩論 1）　（上博一·詩論 27）　（璽彙 1522）　（璽彙 1528）

○丁佛言（1924）　（編按：璽彙 1528）孫。

《說文古籀補補》頁 54，1988

○強運開（1935）　古鈢（），丁書釋作孫，不確。疑是孔字，／或爲乙之變體。

《說文古籀三補》附録，頁 10

○何琳儀（1998）　孔，西周金文作（孔鼎）、（虢季子白盤）。从子，、表示小兒頭囟有孔。指事。春秋金文作（曾伯霥匜）、（沇兒鐘）。戰國文字承襲兩周金文。《說文》：“，通也。从乙从子。請子之候鳥也。乙至而得子，嘉美之也。古人名嘉，字子孔。”

晉璽孔，姓氏。衛有孔悝，出於姬姓。陳有孔寧，出於嬀姓。見《姓考》。

石鼓孔，見《爾雅·釋詁》：“孔，甚也。”

《戰國古文字典》頁 419

○蕭毅（2006）　許慎的説解是根據已經訛變的小篆形體，不可信。西周金文中“孔”字作：

孔鼎　　師虎鼎　　虢季子白盤

“子”頭部的上部有一緊靠着的筆畫，或直或曲，郭沫若先生認爲“孔”“乃指示小兒頭角上有孔也。故孔之本義當爲囟，囟者象形文，孔則指事字。引申之，則凡穴曰孔。有空則可通，故有通義。通達宏大每相因，故有大義。通達宏大則含善義，故有善義。此古人所以名嘉字子孔也”。其説可信。

　　較晚的"孔"字的形體有些與西周時期相比没有多少變化,指示囟門的筆畫和頭部連在一起,如:

石鼓文　　　王孫誥鐘　　　沇兒鐘

　　有些(包括漢帛書)卻有較大的差異(有的是"孔子"合文,以下仍保留合文符號),如:

滬·仲弓　　　帛書五行　　　滬·子貢　　　滬·孔子閒居

滬·詩論　　　陳璋壺　　　滬·顔淵　　　《古璽彙編》2721

同上 2722　　　子孔戈　　　滬·詩論

　　第一種形體是表示頭囟的弧筆從頭部脱離。

　　第二種(上部略殘損)和第三種形體是表示頭囟的弧筆從頭部脱離,變爲折筆後置於頭部上方,只是彎曲的角度和筆勢有些差異。

　　第四種形體是表示頭囟的弧筆從頭部脱離,變爲折筆後移到"子"旁的右下角。

　　第五種形體或許可以認爲是由與借用筆畫相反的一種變化而來,即在離析過程中將頭部右側的筆畫一起剥離,形成"卜"形。當然,也有另外的可能,李零先生曾提出過一個解釋,認爲:"此字右上所從的卜,也可能是從'孔'字所從的乚訛變。"楊澤生博士則謂"我們懷疑,《詩論》中的'孔子'合文所包含的'卜'字形是在豎畫右側加短横形成的,就是作的'夜'字,其所從的'卜'也應該由、這種'夜'字所從的'丶'變來。《孔子詩論》27 號簡'孔子'合文寫作,即可能由這種形體變來"。

　　第六種形體可以認爲是第五種形體的進一步訛變,即"卜"形的横畫向右下彎曲,與"卜"字三體石經作、《説文》古文作、郭店楚墓竹簡《緇衣》作類似。

　　第七種形體可以認爲是第五種形體的進一步訛變,就象楚系文字中的"攴"字上部的"卜"訛作"人"形。當然,也可以認爲是第三種形體的進一步訛變,即豎畫下行到底部後不直接右拐,而是向外翻轉後再右行,跟上海博物館藏楚簡中"身"字左下筆畫的變化類似。楊澤生博士則認爲"實際上,由於我們對相關字形的瞭解還不夠多,'孔子'合文中的'人'形由史孔盉'孔'字作所從的'乚'形草化而來的可能性也許更大一些,而由'卜'字形變來的可能性似乎也不能完全排除"。

第八種形體是由脫落的弧筆彎曲、位移而來。

第九種形體可以認爲是把脫離的弧筆拉直或第五種形體的簡化。

第十種形體右下筆微曲,可認爲是在第一種或第九種形體的基礎上變化而成。

第十一種形體可以認爲是在第五種形體的基礎上筆畫濃縮而來,也可以認爲是第九種形體加飾點而成。

分析了"孔"字的這些變化,我們再來看看古文字中一個從"子"的字:

《古璽彙編》1528

此字歷來都認爲是"孫"字,吳振武先生認爲從"寸"得聲,何琳儀先生在《戰國文字通論》中作爲"濃縮形體"加以例舉,魏宜輝博士認爲是"簡化替代訛變",最近,裘錫圭先生有文章論及古文字的"丨"爲"針"的初文,吳振武先生據此認爲此字從"針"得聲,可備一説。我們認爲此字釋爲"孫"是有些問題的,首先並没有辭例可以確定地説明這個字就是"孫"字,其次在古璽文字中,這個字一般出現在三晉系古璽中,而三晉古璽中的"孫"字多作𦆅(《古璽彙編》1513)、𦅫(《古璽彙編》1514)等形,其所從的"糸"旁多有省略,或省作"𢆶",或省作"幺"。在形體上從"糸"或"幺"到"丨"還有一定的差距,或許這個字形另有來源。

前人已對此字釋爲"孫"有所懷疑,強運開謂:"丁書釋作孫,不確。疑是孔字,丨或爲乙之變體。"其説可從。簡帛、璽印等古文字中"孔"字形體的變化給我們認識"𠂤"字提供了線索:這個字可能就是"孔"字。以前曾和楊澤生博士交流,他也認爲是"孔"字,並在其即將出版的論著中説"現在根據楚簡'孔子'合文具有多種寫法的情況,特別通過對《孔子詩論》27號簡𡥀與古璽𠂤進行比較,它們的區别只是所從丨的位置不同而已,因此,強氏的意見很可能是對的"。

從"孔"字較爲原始的形體可以通過多種途徑變爲"𠂤"形,主要有脫離、位移、平直、點飾等變化。從現在能見到的形體看,大約有以下途徑:

其一是位移後加點飾:

其二是脫離、濃縮,然後位移:

還有一種可能較爲複雜,即經過脫離—位移—拉直或脫離—拉直—位移

等變化,然後加點飾:

　　當然,上面這些變化過程只是某種推測,能否成立,還有待古文字材料的驗證。

　　古璽文字中"孔"字除外極爲少見,見《古璽彙編》2721、2722,其中 2721 疑爲燕璽、2722 爲秦印,此外 0627 所謂的"孔"字更可能是"子乙"二字。古文字中的"孔"字多用爲姓氏字。《通志‧氏族略三》謂:"孔氏,子姓。出宋閔公之後……又衛有孔氏,不知所出,爲衛世卿……又鄭有孔氏,穆公蘭之後也……"現在所能見到的古璽以三晉爲多,且私璽占有相當的比例,而鄭、衛在戰國文字分域中屬三晉,那麼孔氏在三晉古璽中應該有所反映,現在看來,應該就是"孔"字。

　　　　　　　　　　　　　　　　　　　　《康樂集》頁 174—176

○**楊澤生**(2009)　　我們懷疑,《詩論》中的"孔子"合文所包含的"卜"字形是在豎畫右側加短橫形成的,就是作的"夜"字,其所從的"卜"也應該由這種"夜"字所從的豎點"乀"變來。《孔子詩論》27 號簡"孔子"合文寫作,即可能由這種形體變來。(**中略**)

　　古璽"孔"字也有和前引金文中的部分寫法相同或相近的,如:

　　　　《璽彙》2721　　　　2722　　　　0627

其中 2721、2722 號用作姓氏,0627 號用作人名。此外,有個用作姓氏的字,出現在下面的古璽中:

　　1521　　1522　　1523　　1525　　1528　　1532　　1536　　1537　　1538　　1539

此字丁佛言最早釋爲"孫",而强運開"疑是孔字",説所從的"丨或爲乙的變體"。長時間以來,從丁説釋爲"孫"是學術界的主流意見。現在根據楚簡"孔子"合文具有多種寫法的情況,特別通過對《孔子詩論》27 號簡與古璽進行比較,它們的區別只是所從丨的位置不同而已,因此,强氏的意見有可能是對的。

　　　　　　　　　　　　　　　　　　《戰國竹書研究》頁 121—122

△**按**　古璽以釋"孔"爲是。

乳

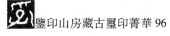睡虎地・日甲 29 背叁　　　　鑒印山房藏古璽印菁華 96

○**何琳儀**(1998)　乳,構形待考。《説文》:"人及鳥生子曰乳,獸曰産。从孚从乙。乙者,玄鳥也。《明堂月令》:玄鳥至之日,祠于高禖以請子。故乳从乙。請子必以乙至之日者,乙春分來,秋分去,開生之候鳥,帝少昊司分之官也。"

《戰國古文字典》頁 380

△**按**　睡簡云:"鬼嬰兒恆爲人號曰:'鼠(予)我食。'是哀乳之鬼。""乳"用乳汁或哺乳義。秦璽"乳"爲人名。

不 禾

睡虎地・封診 92　　集成 2840 中山王鼎　　包山 26　　郭店・老甲 7

陶彙 3・650　　郭店・語一 76　　上博二・民之 6

○**何琳儀**(1998)　不,甲骨文作（甲二三六三）,象草木根鬚之形。柎之初文。《詩・小雅・常棣》:"鄂不韡韡。"箋:"不當作柎。"《廣雅・釋言》:"柎,柢也。"《説文》:"柢,木根也。"不甲骨文或作（戩一五・二）,上加一橫表示地面。金文作（牆盤）。戰國文字承襲金文,或加贅筆作禾、本、不等形。後者分化爲丕字。《説文》:"不,鳥飛上翔不下來也。从一。一,猶天也。象形。""丕,大也。从一,不聲。"

《戰國古文字典》頁 117

【不火】楚帛書

○**饒宗頤**(1993)　"不火"者,指不可出火。《周禮・夏官・司爟》:"……季春出火,民咸從之。"如月爲夏二月,是時大火猶未見,一切農事不舉,故云"不成"。《左傳》梓植(編按:當作"慎")言:"火出於夏爲三月,於商爲四月,於周爲五月,夏數得天……裨竈言於子産曰……若我用瓘斝玉瓚,鄭必不火。"帛書"不火"語正同此。古代以大火之心宿爲農祥季候,放火燒畬(參龐樸《火曆初探——稂莠集》)。如月不火,殆指是時大火猶未出,故不可以出火也。

《楚地出土文獻三種研究》頁 335—336

【不能寧處】郂蚉壺

【不敢寧處】郂蚉壺

○**李學勤、李零**（1979）　下面第廿五行“不能寧處”，第四十九行“不敢寧處”，與《左傳》桓十八年“不敢寧居”同義。

《考古學報》1979-2，頁 161

【不敢尻荒】中山王方壺

○**李學勤、李零**（1979）　“不敢怠荒”，《詩·殷武》：“不敢怠遑。”《左傳》哀公元年：“不敢怠皇。”荒作遑、皇。

《考古學報》1979-2，頁 151

○**張政烺**（1979）　《詩·商頌·殷武》：“不敢怠遑。”假遑爲荒，鄭玄箋：“遑，暇也。不敢怠惰自暇於政事。”望文生義，未得其解。

《古文字研究》1，頁 210

【不貳其心】中山王方壺

○**李學勤、李零**（1979）　第十二行“不貳其心”，《詩·文王》：“無貳爾心。”

《考古學報》1979-2，頁 152

【不義】楚帛書

○**饒宗頤**（1985）　“不義”一詞見《論語》。《離騷》：“孰非義而可服。”《吕覽·音律》：“夷則之月（七月）誅不義。”《尚書大傳》四：“君子聖人謀義，不謀不義，故謀必成；卜義不卜不義，故卜必吉；以義擊不義，故戰必勝。”（《御覽》四五〇引）姑月亦云“穆不義”，在帛書中，十月、十一月皆爲宜於擊不義之月份。

《楚帛書》頁 84

至　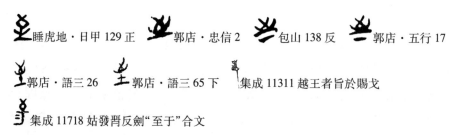

睡虎地·日甲 129 正　　　郭店·忠信 2　　　包山 138 反　　　郭店·五行 17

郭店·語三 26　　　郭店·語三 65 下　　　集成 11311 越王者旨於賜戈

集成 11718 姑發臀反劍“至于”合文

○**何琳儀**（1998）　至，甲骨文作（粹一〇〇四）。从倒矢从一，會箭射至地之意。（或以爲矢亦聲。至與矢均屬舌音。）《廣韻》：“至，到也。”至與到一字

分化(均屬舌音)。西周金文作🔲(盂鼎),春秋金文作🔲(齊侯鎛)與古文🔲吻
合,均加短橫爲飾。戰國文字承襲兩周金文。或省作🔲、🔲、🔲,或下加飾筆
作🔲、🔲(多見楚系文字)。《説文》:"🔲,鳥飛從高下至地也。從一。一,猶地
也。象形。不上去而至下來也。🔲,古文至。"

《戰國古文字典》頁 1086

【至于】集成 11718 姑發劍、帛書等

○商承祚(1963)　(編按:集成 11718 姑發劍)🔲即"至于",爲兩字的合體書,《令狐
君壺》作🔲,此其省略。凡合體,必加兩小點在字下做爲標號,考此種標號有
三種不同的用法:一、重文。此例最多,自商迄今,仍相沿用;二、複合詞。可
以根據兩字的形體結構,及書寫人認爲其筆勢可合書者則合書之,如"至于"
之例。但字可合書而不合書,則又以書家之意志爲轉移,如《散盤》有三個"至
于"皆分別書寫,具有不拘一格的靈活性;三、不可分割的複合詞。在某種情
況之下必須合體,此例古鉩最爲突出,我們常見到的有職官、複姓等。職官有
司馬(包括司馬複姓在内)、司工、司寇,及複姓中的韓侯、相如、馬師、邯丹、鮮
于、淳于,等等。雙名亦可合書,有釋之、丘子。以上的例子不勝枚舉。這些
合體字有簡化有不簡化,有借用上字末筆與不借用上字末筆之分。其原因:
一視文字筆畫繁簡,二考慮字數多寡,當從幾方面來作安排,爲的鉩的面積
小,不如是,就不容易解決其内涵困難。金文合書字以兵器爲多,如司馬、公
帀(師字皆借工字末筆,兩點不一定有)等,雖説在書寫上有其習慣性,而對行
款與容納部位可能皆有關係。諸樊劍銘文中的合體書,或有共同之處。

　　重文或合體的兩點,一般在字的右下角,左下角的比較少見,此銘兩者都
一律偏左。

《中山大學學報》1963-3,頁 71

○許學仁(1983)　🔲(繒書丙 12・15)"至于"二字合文。楚國銅器鑄客豆室
作🔲,繒書丙 3・2・2・7 作🔲,所從至字與此同。繒書乙篇 5・15—16 至于
分書作🔲于。二字共用橫畫,因加合文符號"="爲識別,至于二字合文亦見
於命瓜君壺"至于萬億年",至于作🔲;近歲山西侯馬出土盟書,至于二字亦合
文作🔲。

《中國文字》新 7,頁 152

【至于今】中山王鼎

○張政烺(1979)　至于今猶言現在,"至于今尔"即"今尔",《尚書》常見,亦

言“今汝”。

《古文字研究》1,頁 230

△按　“至于今”爲固定短語,《論語·季氏》作“到于今”。

【至子】_{集成 11311 越王者旨於賜戈}

○殷滌非(1983)　“戈愁俱丸”下面兩個字,即第二行二、三兩個字,可從已發現金文鳥書作如下排比:

　　　“戉王者旨於賜”戈銘:

　　　“王子玖”戈銘中“之子”:

　　　“蔡公子果”戈銘中的“子”:(《文物》1964 年 7 期)

　　　“蔡去鏐”戈銘中的“之”:(《鳥篆書》圖三一)

由此觀之,這戈胡正面上的第二行二、三兩個字,是“之子”兩字非常明顯,特別與“王子玖”戈銘和“蔡公子果”戈銘中的“之子”兩字最爲類似。

《古文字研究》10,頁 217—218

○何琳儀(1988)　銘文第五字,如果剔除其左方裝飾筆畫,應作“”形。試將此字與下列戰國文字比較:

　　　至　兆域圖　　　侄　鼏羌鐘　　　室　望山簡

“”形之下如果加一横筆,即是“至”字。其實“至”字之下一横筆有時確可省減,例如:

　　　至　《璽彙》4903　　　室　仲殷父簋　　　晉　《侯馬盟書》324

因此,“”亦應釋“至”。

　　銘文第六字,殷滌非釋“子”,可信。

　　銘文反面雖有闕文,然諸家補足爲“越王者旨於賜”,則是沒有疑問的。

　　綜上文字分析,戈銘正、反面應聯屬讀爲:

　　　戴(癸)亥,郐(徐)□至子越王者旨於賜。

　　通讀以上戈銘的關鍵,是“至”字的釋讀。按,“至”應讀“姪”。《爾雅·釋親》:“女子謂晜(昆)弟之子爲姪。”《國語·周語》“則我皇妣大姜之姪”,注:“女子謂昆弟之子,男女皆曰姪。”戈銘“至子”,應讀“姪子”,即“姪之子”。“智君子”,讀“智君之子”,與戈銘同例。

《文物研究》3,頁 118—119

【至命】包山

○**李零**（1993） 結尾兩次是在楚十月（爨月）丙辰（簡224、225），是由臧敢涖祭，祈求墓主的祖父司馬子音和親屬東陵連嚣子發"致命"（賜命）。

《中國典籍與文化論叢》1，頁427

○**何琳儀**（1998） 包山簡"至命"，讀"致命"。《儀禮·聘禮》："大夫東面致命。"傳達命令。

《戰國古文字典》頁1086

○**李家浩**（2001） "致命"和"致福"一樣，也常見於古書。不僅如此，還常見於包山司法文書簡。例如：

（6）不以所死於其州者之居處名族至（致）命，阱門又（有）敗。　　32

（7）思一職獄之主以至（致）命。　　128

（8）職客百宜君既以（已）至（致）命於子宛公。　　134

（9）執事人以（已）至（致）命於郢。　　135反

在古代"致命"有二義：1.致辭、報命；2.捐軀，捨棄生命。這裏舉一個古書中當報命講的例子。《楚辭·招魂》："魂兮歸來，君無上天些……豺狼從目，往來侁侁些。懸人以娭，投之深淵些。致命於帝，然後得瞑些。"（6）至（9）的"致命"即"報命"的意思。224、225號簡的"致命"也是"報命"的意思。《周禮·春官·都宗人》："國有大故，則令禱祠；既祭，反命於國。"

鄭玄注："令，令都之有司也。祭，謂報賽也。反命，還白王。"

224、225號簡的"既禱致命"，猶此"既祭反命"，這也可以證明簡文的"致命"即"報命"。

不論是"致命"也好，還是"反命"也好，"命"在這裏既不是命令的意思，也不是生命的意思，而是使命的意思。於此可見，包山楚墓竹簡整理小組把"致命"之"命"，解釋爲《周禮·春官·大祝》六辭之一的"命"，雖然有問題，但是，李零把"致命"解釋爲"賜命"，並認爲"致命"者是墓主人的祖先，就更有問題了。"致命"者跟"致福"者一樣，也應該是"爲位"者。

《簡帛研究二〇〇一》頁30

【至復】

【至褅】包山

○**劉彬徽、彭浩、胡雅麗、劉祖信**（1991）　（編按：包山12）至作，致胙。致，送詣。胙，《説文》："祭福肉也。"《周禮·天官·膳夫》"凡祭祀之致福者"，鄭注："致

福謂諸臣祭祀進其餘肉,歸胙於天子。"此事説明東周向楚王行臣禮。

《包山楚簡》頁 40—41

○**何琳儀**(1998)　包山簡"至俊、至祳",讀"致胙",送致福肉。古璽(疑齊璽)"王之至上",或讀"王上之至"亦通。

《戰國古文字典》頁 1086

【至福】包山

○**李零**(1993)　(編按:包山 203—225)所記占卜,開頭結尾各有兩次禱祠。開頭兩次是在楚正月(冬夕)癸丑(簡 205—206),是由邵吉涖祭,祈求邵氏之祖邵王(即昭王)和墓主的四世祖考"致福"(賜福)。

《中國典籍與文化論叢》1,頁 427

○**何琳儀**(1998)　包山簡"至福",讀"致福"。《禮記·少儀》"爲人祭曰致福,爲己祭而致膳於君子曰膳",注:"此皆致祭祀之餘膳於君子也。"

《戰國古文字典》頁 1086

○**李家浩**(2001)　"致福"在古代有二義,一是歸胙的意思,一是得福的意思。簡文的"致福"用的是第一義。此種用法的"致福"常見於古書,包山楚墓竹簡整理小組考釋所引《禮記·少儀》"爲人祭曰致福",就是其中之一例。鑒於李零對"致福"的錯誤理解,也有必要在此對"致福"做一些説明。

　　《禮記·少儀》"爲人祭曰致福",孔穎達疏説:"謂爲人攝祭而致飲胙於君子也,其致胙將命之辭則曰致福也。謂致彼祭祀之福於君子也。"

　　據孔疏,"致福"就是"致胙"。祭禱簡的紀年"東周之客許緹歸胙於蔵郢之歲",亦見於卜筮簡和司法文書簡,"歸胙"或作"至(致)乍(胙)",這是因爲"致胙"與"歸胙"同義。所以,古書中又有把"致福"解釋爲"歸胙"的。例如《周禮·天官·膳夫》"凡祭祀之致福者,受而膳之",鄭玄注:

　　　　致福,謂諸臣祭祀,進其餘肉,歸胙於王。鄭司農云:"膳夫受之,以給王膳。"

　　爲了更能説明"致福"之義,不妨引一段《穀梁傳》僖公十年晉太子申生致福的文字:

　　　　晉獻公伐虢,得麗姬,獻公私之。有二子,長曰奚齊,稚曰卓子。麗姬欲爲亂,故謂君曰:"吾夜者夢夫人趨而來曰'吾苦畏',胡不使大夫將衛士而衛冢乎?"……麗姬又曰:"吾夜者夢夫人趨而來曰'吾苦飢',世子之宮已成,則何爲不使祠也?"故獻公謂世子曰:"其祠。"世子祠。已祠,致福於君。君田而不在,麗姬以酖爲酒,藥脯以毒。獻公田來,麗姬曰:"世子已祠,故致福於君。"君將食,麗姬跪曰:"食自外來者,不可不試也。"覆酒於地,而地墳;以脯與犬,犬死……

此事亦見於《左傳》僖公十年、《國語·晉語二》和《史記·晉世家》等。"致福",《左傳》作"歸胙",《史記》作"歸釐",《國語》亦作"致福"。《國語》韋昭注:"福,胙肉也。"《史記·賈生傳》司馬貞《索隱》引應劭云:"釐,祭餘肉也。音僖。"楊伯峻《春秋左傳注》:"胙,祭之酒肉也。"據《穀梁傳》文,"致福"實際上包括酒、肉,楊注與之相合。古人認爲吃了祭祀過的酒肉可以得福,所以把"致胙"或"歸胙"又叫作"致福"。於此可見,李零把"致福"解釋爲"賜福",無疑是錯誤的。

簡文"致福"没有主語。從文義看,"爲位"者就是"致福"者。李零把"致福"者説成是被祭祀的墓主人的祖先,無疑也是錯誤的。

《簡帛研究二○○一》頁 29—30

○劉信芳(2003)　至福:又見簡 206。簡 224、225"至命",與"至福"之禮相類。凡此四簡之祭祀無疾病占卜記錄,應是例行祭祀之後,行"致福胙"之禮。《周禮·天官·膳夫》:"凡祭祀之致福者,受而膳之。"鄭玄《注》:"致福謂諸臣祭祀,進其餘肉歸胙於王。"《左傳》昭公十六年:"受脤歸脤。"杜預《注》:"受脤謂君祭以肉賜大夫,歸脤謂大夫祭歸肉於公。"

《包山楚簡解詁》頁 222

到 🔅

🔅睡虎地·效律 4　　🔅睡虎地·雜抄 28
🔅秦封邑瓦書"到于"合文

──────────

△按　《説文》:"到,至也。从至,刀聲。""到"字最早見於秦系文字。秦簡"到"用到至義。

【到于】秦封邑瓦書

○郭子直(1986)　本銘合書另有"到于"二見,"才酆邱到于濕水","北到于桑匽",均作🔅形,至下直畫延長,比照長沙楚繒書"至于"作🔅又作🔅,本銘至下雖缺重文符=,亦爲"到于"二字之合書。欣承裘錫圭先生指出,謹此致謝。這種合書,與甲文、金文中兩(三)字全寫只占一格的合文不同,而是兩(三)字同用一個偏旁的合成一字,下附重文符=的(偶有不加的)。

《古文字研究》14,頁190

臺 𦤳 ⿱之室

珍秦170 陶彙5·38

貨系2479 郭店·老甲26 上博二·子羔11 上博二·容成47

○**曹錦炎**(1984) (251頁) 《文編》入於附録。此字从屵从至,應該是“臺”字的異體。侯馬盟書“臺”字作,幣文即由此簡化。這種圓肩圓足三孔布面文作“平臺”,《漢書·地理志》常山郡有平臺縣。

《中國錢幣》1984-2,頁70

○**何琳儀**(1998) 臺,秦系文字从喬(或高)从至,會至於高處之意。晉系文字疑疊加止聲或者聲。《説文》:“𦤳,觀四方而高者。从之从高省,與室屋同意。”

侯馬盟書臺,姓氏。臺駘之後。見《通志·氏族略·以名爲氏》。趙三孔布“平臺”,地名。

《戰國古文字典》頁62

△**按** “臺”字異體作“⿱之室”,應分析爲从室,之聲。

⿰至巠 

集成10199鑄客匜 郭店·緇衣26 璽彙5370 璽彙5372

○**朱德熙、裘錫圭**(1972) 壽縣出土楚器鑄客匜銘曰:

鑄客爲御⿰至巠爲之。(《三代》17·26)

按楚器凡言鑄客爲某某爲之,某某均指宫廷職司(看《壽縣楚器銘文中的脰和騰》)。此言御⿰至巠,當不例外。我們認爲⿰至巠應讀爲⿺辶至。⿺辶至、馹古通。《爾雅·釋言》“馹,傳也”,《釋文》於馹下引郭璞音義云:“本或作⿺辶至。”御⿺辶至即御馹,乃楚王御用之傳馹。

《考古學報》1972-1,頁88

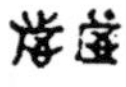

○**羅福頤等**（1981）　（編按：璽彙 5370—5372）晉。

《古璽文編》頁 165

○**吳振武**（1983）　5370 晉・銍。

5371、5372 同此改。

《古文字學論集》（初編）頁 524

○**許學仁**（1983）　銍：安徽壽縣楚器“鑄客匜”，爲定遠方氏所藏十器之一。銘七字，橫刻腹底。銘曰：“鑄客爲御銍爲之。”

銍字作銍，與酓忎鼎“窒”字所從銍同。或曰“銍疑室之省”，非也。考師湯父鼎銘云：“王乎（呼）宰雁易（賜）□弓象弭、矢臸、彤□。”臸字與銍字相較，一重疊，一並列之異耳。孫詒讓《古籀餘論》以爲二形可通，曰：

臸从重至。《説文》至部：“銍，到也。从二至。”辵部有遷字，从辵，銍聲，是銍亦可作臸之證。此與矢連文，疑當爲晉之省。《説文》日部晉亦从銍聲也。古音晉、箭相近，可通用。《周禮・職方氏》“揚州其利金錫竹箭”，注云：“故書箭爲晉。杜子春云：晉當爲箭，書亦或爲箭。”《儀禮・大射儀》“綴諸箭”，注云：“古文箭爲晉。”《吳越春秋》“晉竹十瘦”，晉竹即箭竹。是矢銍即矢箭，故與弓弭並賜矣。（卷三）

孫氏所論是也。銍既通於臸，故匜銘“銍”字，朱德熙引《爾雅》：“駓，傳也。”《釋文》引郭璞音義：“駓，本或作遷。”釋“銍”爲“遷”，謂御銍，即御遷，御用之傳驛也。

《中國文字》新 7，頁 132—133

○**何琳儀**（1998）　銍，甲骨文作銍（類纂二五四五）。从二至，至亦聲。至之繁文。金文作銍（窒叔簋窒作銍）、銍（師湯父鼎）。戰國文字承襲金文。《説文》：“銍，到也。从二至。”

鑄客爲御銍匜銍，疑讀遷。《説文》：“遷，近也。从辵，臸聲。”“御銍”，疑内宫近侍之官。或讀“御駓”，御用傳駓。

《戰國古文字典》頁 1089

○**顏世鉉**（1999）　《郭簡》注云：“本句今本引作‘苗民匪用命’，《尚書・吕刑》作‘苗民弗用靈’。銍，此處不知用爲何義。”按，作靈、命，均訓爲“善”，《廣雅・釋詁》：“靈，善也。”《爾雅・釋詁上》：“令，善也。”令同命。《詩・鄘風・定之方中》：“靈雨既零，命彼倌人。”鄭《箋》：“靈，善也。”《尚書・多方》：“不克靈承于旅。”孔《傳》：“言桀不能善奉於人衆。”孫星衍《尚書今古文注疏·吕刑》：“《詩箋》云：‘靈，善也。’與令通義。‘弗用靈’，當是弗用善以治姦民，即下文云‘報虐以威’也。”而“至”亦可訓“善”義，《詩·小雅·節南山》：“不弔昊天。”毛《傳》：“弔，至。”鄭《箋》：“至猶善也。”《周禮·考工記·弓人》：“覆之而角至，謂之句弓。”鄭《注》：“至，猶善也。”銍字亦見《説文》，云：“銍，到也。”“到，至也。”銍可通至，故《郭簡》“非用銍”即“弗用善”之義。而“至”何以訓“善”？《説文》：“至，鳥飛從高下至地也。”段《注》：“凡云來至者，皆於此義引申假借，引申之爲懇至，爲極至。許云：到，至也；臻，至也；假，至也；此本義之引申也。又云：親，至也；竅，至也，此餘義之引申也。”至之訓善，可能即段氏所言“餘義之引申”一類也。

《張以仁先生七秩壽慶論文集》頁 383—384

○**李零**（1999）　　“銍”，《説文》訓“到也”，音義均與“臻”字相通，是完美之義。今本作“命”，乃“令”字之借，《吕刑》原文作“靈”，“靈”與“臻”含義相近。

《道家文化研究》17，頁 487

○**何琳儀**（2000）　　“銍”，今本《書·吕刑》作“命”。按，“銍”爲“晉”之省簡（參拙文《仰天湖竹簡選釋》，載《簡帛研究》第三輯），“晉”與“命”均屬真部，故可通假。

《文物研究》12，頁 198

○**廖名春**（2000）　　“銍”，《禮記·緇衣》作“命”，《尚書·吕刑》作“靈”，《墨子·尚同中》作“練”。鄭玄注：“命，謂政令也。”《法言·重黎》：“人無爲秦也，喪其靈久矣。”于省吾曰：“靈、令古字通……金文令命同字……言秦之喪失其命久矣。”按于“靈、令古字通……金文令命同字”説是，釋“靈”爲“政令”之“命”則誤矣。朱駿聲曰：“令，叚借爲靈。實爲良。令、靈、良皆雙聲。《爾雅·釋詁》：‘令，善也。’”“靈叚借爲良。《廣雅·釋詁一》‘靈，善也’即《爾雅》之‘令，善也’。”其説是。楚簡之“銍”字，《郭店楚墓竹簡》説“此處不知用爲何義”，其實“銍”乃“至”字之繁文，而“至”有“善”義。《玉篇·至部》：“至，善也。”《詩·小雅·節南山》：“不弔昊天。”毛傳：“弔，至。”鄭玄箋：“至，猶善也，不善乎昊天，愬之也。”《周禮·考工記·弓人》：“覆之而角至，謂之句弓。”鄭玄注：“至，猶善也。”《管子·法法》：“夫至用民者，殺之危之，勞之苦之，飢之渴之。”尹知章注：“至，善也。”疑“至”與“弔”近，“弔”通“淑”，故有善義。由此看，鄭玄釋《緇衣》之“命”爲“政令”，于省吾釋《法言》之“靈”爲“政令”之“命”都是錯的。事實上，“令命同字”，《緇衣》之“命”即“令”，“令”與“靈”，皆有善義；楚簡之“銍”即“至”，“至”有“善”義，義同故能互用。畢沅曰：“靈練……音同。”錢大昕曰：“靈練聲相近。”段玉裁云：“靈作練者，雙聲也。依《墨子》上下文觀之，練亦訓善，與孔正同。”

《郭店楚簡國際學術研討會論文集》頁 114

○**劉信芳**（2000）　非用㞢：今本作“苗民匪用命”　今《書·吕刑》作“苗民弗用靈”。按“㞢”讀爲“旨”，《易·繫辭下》：“其旨遠，其辭文。”“旨”者，意也。御㞢匜銘文：“鑄客爲御㞢爲之。”舎㞢鼎銘文：“正月吉日窒鑄喬鼎。”朱德熙、裘錫圭釋“㞢”爲“遷”，讀爲“駔”，又讀“窒”爲“煎”，今據本簡，知“御㞢”即“御旨”，“窒鑄”即“旨鑄”（奉楚王旨意所鑄）。“㞢”從二至，至亦聲，與“旨”古聲、韻皆近。

《郭店楚簡國際學術研討會論文集》頁 174

○**白於藍**（2001）　關於“㞢”字，原篆作“㞢”。簡文該句於今本《禮記·緇衣》中作“苗民匪用命，制以刑”，於《尚書·吕刑》作“苗民弗用靈，制以刑”，於《墨子·尚同中》作“苗民否用練，折以刑”。孫星衍《尚書今古文注疏》：“《詩》箋云：‘靈，善也。’與令義通。‘弗用靈’當是弗用善以制姦民……靈字，《緇衣》作‘命’，《墨子》作‘練’，聲俱相近。”孫詒讓《墨子閒詁》：“錢大昕云……靈、練聲相近，《緇衣》引作‘匪用命’，命當是令之訛。令與靈古文多通用，令、靈皆有善義……王鳴盛云：古音靈讀若連，故轉爲練也……段玉裁云：靈作練者，雙聲也。依《墨子》上下文觀之，練亦訓善。”

　　簡文中“㞢”字與“命（令）、靈、練”三字位置相當。《説文》：“㞢，到也，從二至。”徐玄（編按：“玄”爲“鉉”之誤，下同）反切注音爲“人質切”。《説文》之“㞢”從音義兩方面都無法與“命（令）、靈、練”三字相符，故當另求其字。《正字通·至部》：“㞢，即刃切。前往也。”《説文》：“晉，進也。日出而萬物進。從日從㞢。”徐玄反切注音爲“即刃切”。可見，《正字通》之“㞢”顯然就是《説文》之“晉”。郭店簡此“㞢”應即《正字通》此“㞢（晉）”字。

　　典籍中晉可通箭。《周禮·冬官·廬人》：“晉圍。”陸德明《釋文》：“又音箭。”《周禮·夏官·職方氏》：“其利金錫竹箭。”鄭玄《注》：“故書箭爲晉。杜子春曰：‘晉當爲箭。’《書》亦或爲箭。”《儀禮·大射禮》：“綴諸箭。”鄭玄《注》：“古文箭作晉。”可見，晉、箭音近可通。又《詩·魯頌·閟宮》：“實始翦商。”《説文·戈部》“戬”字條引翦作戩。亦其例。而典籍中從前聲之字與從戔聲之字常可互通，其例甚多。從戔聲之“踐”古可通“善”，《禮記·曲禮上》：“疑而筮之，則弗非也。日而行之，則必踐之。”鄭玄《注》：“踐讀善。”孔穎達《疏》：“踐，善也。言卜得吉而行事必善也。”可見，將“**⛭**”釋爲“銍（晉）”從形音義三方面都可講得通。

○**劉桓**（2001）　銍，《説文》訓爲“到也”，如字解卻必不可通。銍似當讀矢，義爲誓。知者，卜辭雉亦作雉，“雉衆”亦作“雉衆”（《甲骨文編》四·一〇）。雉、雉不別，而至與銍義基本相同，故銍通至，亦通矢。《論語·雍也》：“子見南子，子路不説。夫子矢之曰：予所否者，天厭之，天厭之。”矢即誓。在甲骨文中有一字作**𣎴**（存下 895），象以手執矢於神主（示）之前，蓋即誓之會意字（若“誓”已是形聲字）。古誓字本从矢，故二者可以相通。則“非甬銍”，即不用誓言之意。

　　不用誓言，爲何就“折（制）以型（刑），隹（惟）乍（作）五瘧（虐）之型（刑）”呢？我的理解，在上古社會無所謂法律，人們彼此的行爲往往是依照習慣，以誓詞來約束，對違背誓言者進行懲罰。試看西周金文𤼈匜銘伯𤔲父的叝曰（判詞），“牧牛，叝乃可湛（堪）。女敢曰（以）乃師訟，女上卬先誓”，就是説牧牛與他的上級師𤼈訴訟，是違背了先前的誓言。“今女亦既又御（意爲“用”）誓，尃趨嗇親（睦）𤼈，宥亦茲五夫”。是説牧牛履行了誓言，到嗇地向𤼈陪禮，並送還五個男子。結果銘文記述，因爲牧牛履行誓言，本來判“便（鞭）千戮戴”之刑，得以一再赦罪，只判“便（鞭）女五百，罰女三百寽（鍰）”。這時，伯𤔲父還怕牧牛生事，便讓牧牛立誓，如有違犯，還按原判執行。這篇金文就是西周典型的法律文獻，從中可知是否遵守誓言，成爲當時判定是否犯罪和犯罪如何施以刑罰的依據，其重要性可想而知。而這樣立誓，正是從上古流傳下來的習慣。因此，“非甬（用）銍（誓），折（制）以型（刑），隹（惟）乍（作）五瘧（虐）之型（刑）曰法”，這樣的讀法正符合上古社會的實際情況。由此可見，這處《古文尚書》的文字，與今本確有明顯不同。

○**饒宗頤**（2002）　考**⛭**字从二至，當是“銍”字無疑。《説文·至部》：“𦤀，到也。从二至。”《正字通》：“音進，前往也。”《汗簡》則**⛭**與𦤀皆釋爲“日”字，疑从晉取義，同書𡆧部昚下云《義雲章》以爲“晉”字。《説文·辵部》有“遱”字，云：“近也，从辵，臸聲。”二“至”字駢列與上下列，乃爲一文之異寫。段注云：“重至與並至，一也。”《説文解字繫傳》本云：晉从銍聲，銍即“之”字。

　　《金文編》十二“銍”下收**⛭**字，見《師湯父鼎》。“臺”爲“晉”，古文書以爲

"箭"。按師湯父鼎（原器藏臺北故宮博物院）銘云："王呼宰雁賜盛弓、象弭、矢
臸、彤欮。""臸"爲"晉"字，於此正讀作"箭"。《周禮·職方》竹箭，古文書"箭"
作"晉"。《吳越春秋》：晉竹十廋即箭竹，竹可以爲矢曰箭。此賜品之"矢臸"，
即是"矢箭"。卜辭有"遣"字（王襄釋）。《爾雅·釋言》："馹、遽，傳也。"《經典
釋文》："郭（璞）音義云，本或作遷。"故于省吾釋讀"遷"字爲"傳"。然契文此字
異形諸多，從二至者不十分明顯。銅器確有"䤴"字，可證是簡。

《説文·日部》："晉（𣊎），進也，日出而萬物進。"從日從臸會意。故"臸"
亦音"進"。《説文·子部》："㬪籀文作𣈶，從二子。一曰㬪即奇字晉。"緯書
《春秋元命苞》："醜䤴䤴。"注音"臻"，至也。《集韻》去聲第二十二稕："晉、
𣊎、㬪、晉爲一字。云古作𣊎，奇字作𣈶。"又"進"字《集韻》云："籀文作
'阱'。"從三"子"橫列，與晉奇字作二"子"橫列同一寫法。

《周易》"晉"王家臺秦簡《歸藏》作"𣈶"，馬王堆本作"溍"。《經典釋文》
云："進也。孟（喜）作'齊'。"是"進、晉"與"齊"字古可通借，義亦相生。故知
郭店本之"非用䤴"，猶言"不用晉"，晉，進也，與"齊"通用，言其不能用齊。
觀郭店本《緇衣》引《吕刑》句，説"齊禮、齊刑"，正與《禮記·緇衣》異本之引
《甫刑》以解格心、遯心起於不能齊德、齊刑用意相同。《論語》之兩度用"齊"
字於德、刑，具見此説傳誦之廣、影響之大。《孔叢子》引孔子答衛將軍之"齊
之以禮，則民恥矣，刑以止刑，則民懼矣"。"齊"字之涵義，可令人玩味。故
"非用䤴"一句，以"齊"説之，猶《墨子》引《吕刑》之以"善"解"練"，説理手
段，完全一致。古經異文多歧，往往可以益人神智，新出土文獻所以可貴，也
在此。

《上海博物館集刊》9，頁 173

△按　郭店《緇衣》"䤴"當讀爲"令"，訓善。古璽單字"䤴"，可能也應讀爲訓
善之"令"，屬於吉語璽。鑄客匜的"辶䤴"（"辶"字舊多誤釋爲"御"），石小力
《壽縣朱家集銅器銘文"窒"字補釋》（《簡帛》11 輯，上海古籍出版社 2015 年）
認爲當讀爲楚簡常見的職官名"辶令"，可信。字或加"宀"爲"窒"，亦可讀
"令"，詳參卷七"窒"字條。

西 𠕊

𠕊秦陶 1234　　　西睡虎地·日乙 163　　　𠕊璽彙 3966　　　集成 85 楚王酓章鎛

包山 153　　　楚帛書　　　郭店·太一 13　　　上博四·曹沫 1

○**鄭家相**(1941)　　右布文曰西,在左在右。按西即西闈,見昭二十三年,杜注周地。

《泉幣》9,頁 24

○**李學勤**(1985)　　次行"西"係地名,當即隴西郡的西縣。天水出土的秦公簋,也加刻有此地名。

《古文字研究》12,頁 333

○**饒宗頤**(1985)　　陵下一字,曾君據放大照片作🔲即西字,西《說文》或體从木、妻作棲。陵西即陵棲,猶言陵遲、陵繹、陵夷。"不"於此爲發聲詞,如不迪、不顯之例。言一見陵夷,則災荒至矣(《漢書》顏注:"陵夷,頹替也。"《御覽》卷八八○咎徵部七有地坼、地陷、地凶。陵夷即此類也)。

《楚帛書》頁 67

○**陳平**(1987)　　以相邦名義監造的秦兵,所標鑄地絕大部分在國都咸陽和故都雍、櫟陽三地。此三地以外的,目前僅有廿年相邦冉戈所標明之"西"一地。該銘的西似應與廿六年隴西守戈所記"西王宰"之"西"爲一地,而與蜀之西工有別。它很可能是指秦人早期都邑"西垂、西犬丘"即隴西縣西。這說明秦自孝公徙都咸陽以後,西、雍、櫟陽作爲故都重鎮,仍爲中央政府鑄兵之要地。

《中國考古學研究論集》頁 331

○**李仲操**(1989)　　造字下"西"字當指西縣。此西與隴栖之栖寫法不同,可能是兩個專用地名的習慣寫法,或者是兩字當時並行。

《文博》1989-1,頁 51

○**王輝**(1990)　　西當指隴西郡西縣。西爲秦之早期都城,前後二百餘年,文公雖都汧渭之會,仍"居西垂宮",死仍"葬西垂",故戰國末仍在其地設立工官。昭王時代距西之建都,已五百餘年,而西仍未衰落。

《秦銅器銘文編年集釋》頁 60

○**高明、葛英會**(1991)　　《說文》西古文作🔲,籀文作🔲,皆與此相近。

《古陶文字徵》頁 215

○**黃錫全**(1997)　　將刀幣文字釋爲"西"並與"西都"聯繫起來,雖不無道理,但二者之間畢竟還有區別。地名"西都"爲兩字,而"西"僅一字。文獻與尖足布中的"西都",我們還未發現有省作"西"者。因此,所謂"西"似不大可能是

“西都”,而當另行探尋。

　　我們注意到,古文字中的“鹵”與“西”字義別形近,最初有所區別。鹵似器物卣中盛有鹽鹵形,省去點則似西。西或云似鳥巢。其後則混同。其例如下。

西　（古文字字形）《金文編》　（古文字字形）《古璽文編》

（古文字字形）《古幣文編》　（古文字字形）包山楚簡　（古文字字形）侯馬盟書

鹵䴛覃簞　（古文字字形）《金文編》

鹽（鹽）　（古文字字形）包山楚簡

鹽　（古文字字形）包山楚簡　（古文字字形）楚金幣

尤其是包山楚簡的䴛（鹽）字,所從的“鹵”有的就與“西”字寫法一模一樣。《說文》鹵:“西方鹵鹹地也。從西省,象鹽形。”就是以變化了的戰國秦漢文字爲說解。因此,上列刀銘之（字形）、（字形）、（字形）等就可能不是“西”,而是“鹵”字。造成這種情況的原因,則是戰國文字形近混作之故。“鹵刀”就是鹵地所鑄之刀。

　　“鹵”就是鹵城,該城因產鹵（鹽）而名,隸《漢書・地理志》代郡。其地在今山西繁峙縣東百里,在滹沱河的源頭,有故城,周三里有奇。漢代地名多沿襲戰國,其地多鹵當自古有之。刀銘之“鹵”應該就是漢之鹵城。戰國時此地屬趙,趙以此地之名名刀當不難理解,很可能就是爲了某種需要而專門鑄了這種刀。繁峙東百里正是中原與戎狄雜居之地,趙在基本保留直刀形式的基礎上又吸收狄尖首刀的某些特點可能正是爲了流通方便之故。當然,也可能就是當地少數民族鑄行的刀幣。據悉,這種刀就出在山西東北部。

　　至於《說文》鹵下所云“安定有鹵縣”的鹵縣,其地在今甘肅境内,與我們討論的刀文“鹵”地無關。

《先秦貨幣研究》頁 245—247,2001;原載《内蒙古金融研究・錢幣專刊》1997-3、4

○**蔡運章**(1998)　　春秋中晚期青銅鑄幣。鑄行於周王畿。屬大型空首布。面文“角”,形體稍異,或釋爲西。背無文。

《中國錢幣大辭典・先秦編》頁 117

○**何琳儀**(1998)　　西,甲骨文作（字形）(前四・六・一),象鳥巢之形。西周金文作（字形）(禹鼎),春秋金文作（字形）(國差蟾)。戰國文字承襲兩周金文,或加一飾筆作（字形）,與三體石經《僖公》（字形）吻合。或省作（字形）、（字形）,或省作（字形）、（字形）、（字形）、（字形）。秦系文字由

🐦演化爲𝕄、西，遂與隸書相同。又訛變🐦、🐦，爲小篆所本。《説文》：“🐦，鳥在巢上象形。日在西方而鳥棲，故因以爲東西之西。棲，西或从木、妻。🐦，古文西。🐦，籀文西。”或説，甲骨文🐦爲由（🐦）之異文（參由字）。借爲東西之西。西，心紐；由，精紐。精、心均屬齒音，西爲由之準聲首。亦可備一解。（中略）

　　晉璽“西”，姓氏。西門豹之後，改爲西氏，見《姓苑》。（中略）

　　長信侯鼎“西”，姓氏，見上。（中略）

　　秦公簋、廿年相邦冉戈“西”，地名。《史記·封禪書》“西亦有數十祠”，索隱：“西即隴西之西縣，秦之舊都，故有祠焉。在今甘肅天水西南。”

　　　　　　　　　　　　　　　　　　　　　　《戰國古文字典》頁 1350—1351

○**朱華**（2003）　面文“西□□”，後二字待釋，其義待考。以往錢譜著録均未載，黃錫全先生《先秦貨幣研究》書中收有天津歷史博物館藏三枚，中國錢幣博物館藏四枚，共七枚。筆者此次所見一枚，當屬第八枚，也是罕見之品。現所見八枚，其形制、體形、重量等基本相同，面文“西”字的字形結構也相同，和趙國尖足“西都”布幣之“西”字並無區別，所以，不可能隸定爲其他的字。西都是趙國鑄幣的地名，在今山西省中部孝義市境内。

　　小型尖首刀幣面文“西”也應是趙國鑄幣之城邑名。《史記·趙世家》載：“成侯……十九年，與齊、宋會平陸，與燕會阿。”《正義》引《括地志》云：“故葛城一名依城，又名西阿城，在瀛洲高陽西北五十里。”《地理志》云：“瀛州屬河閒，趙分也。”公元前 356 年，趙成侯在平陸和齊、宋會合，又在阿和燕聚合，此時阿已屬趙邑。《正義》引《括地志》云：“齊有東阿，故曰西阿城。”這裏所説的西阿城應是趙和燕在趙地阿所會之處。因此，我們認爲小型尖首刀幣文“西”字很可能鑄於西阿城。其地理位置即《中國歷史地圖集》燕圖中所示，西阿城緊鄰燕長城下南側，高陽北偏西，今河北省保定市東偏北安州一帶。由於西阿城與燕緊毗連，所以形制與燕尖首刀極相似，但也存有趙國邯鄲、柏人圓首刀幣的特色，如刀環爲橢圓形，刀柄面、背垂直豎紋等。刀背雖略有弧形，不及趙圓首刀幣之直背而留有燕刀幣的餘味，當視爲西阿城地方性鑄幣特徵。西阿城既是“趙分也”，“西”字小型尖首刀幣屬趙國通行貨幣的另一種形制的貨幣，當無異議。

　　　　　　　　　　　　　　　　　　　　　　《中國錢幣》2003-2，頁 40、43

【西工】蜀守戈
○**吳鎮烽**（1998）　1972 年四川省涪陵小田溪出土的二十六年蜀守武戈，簡報作者定爲秦昭襄王二十六年製造，童恩正、龔廷萬二先生改定爲秦始皇二十六年。該戈長胡四穿,闌高大於援長,定爲始皇時是合適的。戈銘有"東工師宦",于豪亮先生根據《小校經閣金文拓本》卷十有"蜀西工"戈,推測"秦時蜀郡成都有東西兩工"。今除《小校經閣金文拓本》的蜀西工戈而外,還有長沙和渭南出土的蜀西工戈,爲于先生之説增添證據,特別是昭襄王三十四年蜀守戈的發現,其上有"西工師□"的刻銘,不僅説明秦時蜀郡成都確有東西兩個工場鑄造兵器,還説明蜀郡的東西工早在秦昭襄王時期就設置了。

《容庚先生百年誕辰紀念文集》頁 569

【西方】璽彙 3963—3966

○**羅福頤等**(1981)　西方。

《古璽彙編》頁 365、366

○**何琳儀**(1998)　燕璽"西方",複姓。諸侯子弟居西宫者,以爲氏,如南宫之類。見《姓氏考略》。(中略)晉璽"西方",複姓。

《戰國古文字典》頁 1350—1351

【西共】封泥

○**周偉洲**(1997)　西共丞印　按秦置西共縣無考。傳世也有西漢封泥"西共丞印"(見《上海博物館藏印選》1979 年版)。按秦漢時有"共"縣。《詩·大雅》:"密不恭,侵阮徂共。"鄭箋:"共,阮國地名,今共池也。"地在今甘肅涇川北。又周時有古共伯國,《左傳·桓公十年》:"虞公共奔共。"即指共伯國,地在今河南輝縣。西漢河内郡所置"共"即此。是此兩個共地,一在西稱"西共",一在東稱"東共"耶? 如以上推測不謬,則封泥之"西共",當指今甘肅涇川之共地,秦時屬北地郡。丞爲縣令之佐官。

《西北大學學報》1997-1,頁 36

【西成】封泥

○**周偉洲**(1997)　西成丞印　西成應即西城。《漢書·地理志》漢中郡本注:"秦置。"下屬縣有西城。《史記·秦本紀》惠文王後十三年(公元前 312 年)"又攻楚漢中,取地六百里,置漢中郡"。西城置縣當在此前後,其地在今陝西安康。丞爲縣令佐官。

《西北大學學報》1997-1,頁 35

【西周】幣文

○**鄭家相**(1958)　文曰西周,並列。注參見東周圜金。蓋是時東周鑄東周圜金於成周,而西周亦鑄西周圜金於王城,故形制大小相同。

《中國古代貨幣發展史》頁 186

○**蔡運章**（1998）　面文"西周"，爲周王畿内的小公國。《史記·周本紀》："考王封其弟於河南，是爲桓公，以續周公之官職。"《正義》引《帝王世紀》云："考哲王封其弟揭於河南，續周公之官，是爲西周桓公。"此錢當爲西周國所鑄。

《中國錢幣大辭典·先秦編》頁 612

○**何琳儀**（1998）　周圜錢"西周"，國名。《史記·周本紀》"王赧時，東、西周分治。王赧徙都西周"，索隱："西周，河南也。東周，鞏也。王赧微弱，西周與東周分主政理，各居一都，故曰東、西周。"在今河南洛陽附近。

《戰國古文字典》頁 1350—1351

【西郊】壐彙 3997

○**羅福頤等**（1981）　西郊。

《古壐彙編》頁 368

【西宮】集成 9563 西宮壺

○**何琳儀**（1998）　西宮壺"西宮"，西方之宮。《儀禮·喪服》："有東宮，有西宮，有南宮，有北宮，異居而同財。"《春秋·僖廿》："五月乙巳，西宮災。"注："西宮，公別宮也。"

《戰國古文字典》頁 1350

○**馮勝君**（1999）　西宮：當爲燕王宮室名稱。

《中國古文字研究》1，頁 186

【西都】幣文

○**丁福保**（1942）　《東亞錢志》曰，此布《古泉匯》釋爲自都，云息字減心字，《左傳·莊十四年》，楚子如息，遂滅息。都者，大邑之通稱。二年成邑，三年成都，可證中都之類，皆是，不必都城也。劉心源駁之曰，西或以爲自，釋作息，非，篆法自作𦣻，決不作𠂤，此布有作𠂤者，即𡉚，其爲西字審矣，劉説是也。《史記·趙世家》武靈王十年，秦取我西都及中陽。西都，趙邑，爲西漢之西河郡西都縣，今山西省汾州孝義縣之地。

《泉幣》14，頁 25

○**鄭家相**（1958）　文曰西都。《史記·趙世家》："武靈王十年，秦取我西都及中陽。"西都趙邑，即漢西河郡西都縣，今山西汾州孝義縣。

《中國古代貨幣發展史》頁 112

○**陳平、楊震**（1990）　西都，王先謙補注《漢書》西都云："戰國趙地，武靈王時秦取之。"《史記·趙世家》，中華書局標點本作"武靈王十年，秦取我中都及西陽"，兩地名與王補注皆不符；中華聚珍版四部備要本作"武靈王十年，秦取我西都及中陽"，兩地名及史實與王補注皆吻合。《集解》於該條下注曰："太原有中都縣，西河有中陽縣。"與王補注前一地名不符，後一地名則相合。將以上材料綜合考校，我們認爲，《史記》原本該二地名當如中華聚珍版作西都及中陽。《集解》注前作中都，後作中陽，説明在劉宋時即有《史記》的某種版本將西都訛成了中都。標點本則進一步將中陽又訛成了西陽，據聚珍版《史記》，西都與中陽二地同時歸秦在趙武靈王十年，時值秦昭王九年。斯年較伊盟新出土秦戈鑄造之年早六年。故秦人於昭王十五年鑄成該戈後，將其首先置用於中陽，繼而置用於西都，於時、空觀念上看，都是可能的。關於秦漢時西都的地望，王先謙補注《漢書》引錢坫語云："今孝義縣地。"按，該地即今山西省孝義縣，在中陽縣東南約百餘里。

《考古》1990-6，頁 552

○**何琳儀**（1991）　"西都（1042）"，見《趙世家》：武靈王"十年，秦取我西都及中陽"，《地理志》隸西河郡，當在中陽附近，確切地望不詳。

《古幣叢考》（增訂本）頁 114，2002；原載《陝西金融·錢幣專刊》16

○**石永士**（1998）　面文"西都"，形體多變。背平素，或鑄有數字。"西都"，古地名，戰國屬趙。《史記·趙世家》：武靈王十年（公元前 316 年）"秦取我西都及中陽"。在今山西孝義。1957 年以來北京，内蒙古涼城，山西陽高、原平，河北易縣燕下都等地有出土。

《中國錢幣大辭典·先秦編》頁 327

○**何琳儀**（1998）　晉璽"西都"，複姓。西都氏，因居也。見《潛夫論》。

十五年上郡守壽戈"西都"，地名。

《戰國古文字典》頁 1351

○**王輝、程學華**（2000）　西都亦漢西河郡地。王先謙《漢書補注》云："戰國趙地，武靈王時秦取之，見《趙世家》。"《史記·趙世家》："（武靈王十年）秦取我西都及中陽。"《史記·秦本紀》："（惠文王後元九年）伐取趙中都、西陽。""中都、西陽"爲"西都、中陽"之誤，梁玉繩《史記志疑》已言之。西都地望，王先謙《漢書補注》引錢坫云："今孝義縣地。"孝義在中陽東南百餘里。

《秦文字集證》頁 44

○**崔恆昇**（2001）　貨系 1042 趙尖足布："西都。"十五年上郡守壽戈："西都。"戰國趙邑，後屬秦。在今山西平遥縣西。《史記·趙世家》："秦即取我（按即趙）西都及中陽。"西都亦稱中都。《史記·秦本紀》："（秦惠文王更元九年），伐取趙中都、西陽。”正義引《括地志》云：“（中都）即西都也。西陽即中陽也。”

《古文字研究》23，頁221

【西郢】帛書

○**何琳儀**（1998）　帛書“西郢”，讀“西國”，西方之國。《公羊·僖四》：“古者周公東征則西國怨，西征則東國怨。”二十八宿漆書“西縈”，即營室，二十八星宿之一。見《吕覽·有始》。

《戰國古文字典》頁1351

【西道】

【西處】陶文

○**袁仲一**（1987）　西道、西處。道和處爲工匠名，西爲縣名。《史記·秦本紀》記載，出子二年（公元前385年）“庶長改迎靈公之子獻公於河西而立之”。《正義》注：“西者，秦州西縣，秦之舊地，時獻公在西縣，故迎立之。”故城在今甘肅省天水縣西南。

《秦代陶文》頁50

○**王望生**（2000）　“西道”“西處”。“西”爲秦縣。“道”“處”爲陶工名。《史記·封禪書》：“西亦有數十祠。”司馬貞索隱：“西即隴西之西縣，秦之舊都。”秦始皇二十六年戈爲隴西郡守監造，西縣工師主造，證明西縣乃秦故縣之一。在今甘肅天水市西南。

《考古與文物》2000-1，頁8

【西旟】集成85楚王酓章鎛等

○**劉節**（1935）　鐘銘曰：“這自西旟。”又曰：“奠之于西旟。”然則西旟必爲地名。楚自昭王十二年徙都鄀，是西旟當在鄀都附近矣，鄀在襄陽宜城，則西旟之地望必於近旁求之。《漢書·地理志》有西陽國，屬江夏郡，東漢屬荆州，晉封汝南王亮子羕爲西陽公，後廢；劉宋改爲郢州西陽郡。是西旟即西陽，其地與鄀都相近也。西旟既爲曾侯之國邑，其非楚都可知。

《古史考存》頁121—122，1958；原載《楚器圖釋》

○**童書業**（1962）　“西旟”者，即鄢郢也。《史記·秦本紀》：“（昭襄王）二十八年，大良造白起攻楚，取鄢、鄧，赦罪人遷之。二十九年，大良造白起攻楚，取郢爲南郡。”《楚世家》：“（頃襄王）二十年，秦將白起拔我西陵。二十一年，秦將白起遂拔我郢，燒先王墓夷陵。”《六國表》：楚頃襄王二十年，“秦拔鄢、西陵”。二十一年，“秦拔我郢，燒夷陵”。《白起列傳》：“白起攻楚，拔鄢、鄧五城。其明年，攻楚，拔郢，燒夷陵。”《戰國策·秦策》四：“（楚）頃襄王二十年，秦白起拔楚西陵。或（注：“案其別隊之兵，故曰或”）拔鄢、郢、夷陵，燒先王之墓。”《秦本紀》說“取鄢、鄧”，《楚世家》說“拔西陵”，《六國表》說“拔鄢、西陵”，《白起傳》說“拔鄢、鄧五城”，《秦策》也說“拔西陵、鄢”，則“西陵”似即鄧。鄧者，《史記正義》云：“鄢、鄧二城，並在襄州。”今襄陽東北二十里有鄧城，即其地。（非古鄧國所在地。）“西陵”蓋以山名，其所包範圍或甚廣，今襄陽、宜城閒一帶山地皆謂之“西陵”；鄢在“西陵”之南，故曰“西陽”。《水經》沔水注：“夷水……東南流歷宜城西山，謂之夷溪，又東南逕羅川城……又謂之鄢水。”有人認爲西陵、夷陵即在宜城西山一帶。我認爲：“西陵”者，或爲“西陽”西北之山，“西陽”者，蓋爲“西陵”東南之城，故或言“西陵”，或言“鄢”（西陽），或並舉之。

　　“西陵”近“鄢”，看史書以鄢、“西陵”與“郢”、“夷陵”（夷陵當近江陵）並舉，似無問題。而“西陽”與“西陵”，《漢書·地理志》“江夏郡”又並有之。吳卓信《漢書地理志補注》：“《括地志》：西陵故城，在今黃州黃岡縣西二里……《大清一統志》：西陵故城，在今黃州府黃岡縣西北……《史記·楚世家》：秦將白起拔我西陵……非江夏郡之西陵也。”則江夏之“西陵”與江夏之“西陽”地極鄰近，此必地名之同遷者。看江夏之“西陽”與“西陵”地望如此其近，則宜城之“西陽”亦必與“西陵”甚近。說鐘銘“西陽”即“鄢郢”，既合史事，又合地理，似有理由。

　　進一步，還當考“鄢”與“鄀”的關係。《左傳》定六年：“遷郢于鄀。”是春秋末楚曾都鄀。春秋時楚有二鄀邑：其一，《左傳》僖二十五年“秦晉伐鄀”，杜注：“鄀本在商密，秦楚界上小國；其後遷於南郡鄀縣。”其地在今河南淅川縣西。其另一，即所謂“南郡之鄀”，地在今湖北宜城縣。楚昭王時所遷，此處暫時假定在南郡。《水經》“沔水又逕鄀縣故城南”，注：“古鄀子之國也……縣北有大城，楚昭王爲吳所迫，自紀郢徙都之。”是昭王所都在鄀縣故城之北，與鄀縣故城非一處。“鄢”者，與“鄀”相近之邑，《左傳》桓十三年：“及鄢，亂次以濟。”杜注：“鄢水在襄陽宜城縣，入漢。”昭十三年：“（靈）王沿夏，將欲入鄢。”《漢書·地理志》云：“宜城，故鄢，惠帝三年更名。”又云：“若（鄀），楚昭王畏吳，自郢徙此。”是鄢、鄀爲二地。吳卓信《漢書地理志補注》說：“《渚宮舊事》：楚惠王因亂遷鄢，今宜城是，既立復歸，而舊史缺見……按鄢本古國，後入楚爲別都，其後昭王徙郢於鄀，更稱鄢郢，以鄢與鄀俱在宜城縣，地相近，故稱鄢郢，以別於江南（陵）之紀郢也。”（卷十五）蓋昭王遷鄀，惠王又遷鄢，遂有“鄢郢”之名；“鄢郢”蓋包鄢、郡二邑而言。《鐘銘》所謂"西旘",指鄩都也。

《中國古代地理考證論文集》頁 102—104

○**于豪亮**(1979)　附帶要指出的是,銘文的西旘就是西陽,據《太平寰宇記》的記載,漢代的西陽在今河南光山縣西二十里,春秋、戰國時的西陽當在此處。

《古文字研究》1,頁 312

○**湯餘惠**(1993)　西旘,即西陽,《漢書·地理志》西陽國屬江夏郡,地在今河南省光山縣西,戰國初爲曾(隨)國之地。此鎛是楚王熊章自西陽返楚後所作。從下面的銘文看,曾侯乙宗廟當在西陽。

《戰國銘文選》頁 17

○**何琳儀**(1998)　楚金、楚簡"西旘",讀"西旘(編按:"當作"陽")",地名。見《漢書·地理志》江夏郡。在河南光山西。

《戰國古文字典》頁 1351

【西彊】璽彙 0079

○**羅福頤等**(1981)　西彊。

《古璽彙編》頁 14

△**按**　施謝捷《古璽彙考》(104 頁,安徽大學 2006 年博士論文)讀"西彊"爲"西疆",可從。

【西鹽】封泥

○**周偉洲**(1997)　西鹽　《漢書·地理志》隴西郡本注:"秦置……有鐵官、鹽官。"下有屬縣曰"西",在今甘肅天水西南。封泥"西鹽",應即秦西縣鹽官之印。如前述漢承秦制,中央於郡縣置特種屬官,鹽官爲其一。漢隴西郡有鹽官,也當承秦而置,秦時在西縣。

《西北大學學報》1997-1,頁 36

鹵 卤

十鐘　文物 1991-5,頁 93

○**何琳儀**(1998)　鹵,金文作(免盤),疑象盛鹽鹵器之形。楚系文字省略鹽粒。《説文》:"卤,西方鹹地也。从西省,象鹽形。安定有鹵縣。東方謂之㡿,西方謂之鹵。"

望山簡鹵,疑讀纑。《史記·高祖本紀》"毋得掠鹵",集解引應劭曰"鹵與虜同”。《説文》虜讀若鹵。《釋名·釋地》：“鹵,爐也。”是其佐證。《説文》：“纑,布縷也。从糸,盧聲。”望山簡“五鹵(纑)”,與《詩·召南·羔羊》“素絲五紽”“素絲五緎”“素絲五總”句式相同。五讀午,交午。

《戰國古文字典》頁 564

△按　何琳儀以望山簡𠂤爲“鹵”字,似不可信。

鹽 鹽　盧 瀘

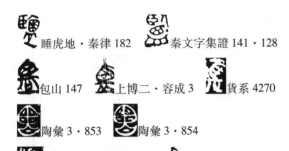

睡虎地·秦律 182　　秦文字集證 141·128

包山 147　　上博二·容成 3　　貨系 4270

陶彙 3·853　　陶彙 3·854

集成 10975 亡鹽右戈　　上博五·鮑叔 5

○丁佛言(1924)　戈文。𠤎鹽尹,原書入附録。

《説文古籀補補》頁 51,1988

○何琳儀(1998)　《説文》：“鹽,鹵也。天生曰鹵,人生曰鹽。从鹵,監聲。古者,夙沙初作煮海鹽。”睡虎地簡“鹽”,見《説文》。

《戰國古文字典》頁 1452

○葛英會(1992)　圖三 1、2 所録陶文,舊無釋。按此陶文上部所從即鹵字。《説文》：“鹵,西方鹹地也。”《廣韻》：“鹽,澤也。天生曰鹵,人造曰鹽。”鹵者,春季地表泛出的一種白色物質,過濾之後,煎熬成鹽。北方謂之小鹽(稱海鹽爲大鹽)。鹵生於土,故鹵又从土作。《玉篇》有壚字,《集韻》：“壚同鹵。”

圖三

　　該陶文下部所從白字,當是器皿字的訛變。其訛變之迹可由魯、壽、者、盥、智等字的演變得到證明。如圖四所示,魯、壽、者三字下部所從部分,皆經歷了由口—甘—白的演變(見圖四·1—3、4—6、8、10、12)。壽、者二字還有一種从皿的寫法(圖四·7、13),説明从皿與从口、从甘、从白者同。

　　這裏所説的从口、从甘、从白,都不能從字面的原義去理解。在這些字中,口是盆、鉢一類飯食器的象形,皿是豆、盤一類飯食器的象形,兩者自然可以義近互通。甘、白二形則應是口形字的訛變。所以,這類字所從的口、甘、白、皿四者,皆可視作飯食器乃至一般器皿的象形。

從 8 與 9、10 與 11 的兩兩對照,可知這種器皿字既可寫作 8、10 所從之形,又可寫如 9、11 所從之形,而 9 與 13、14 與 15,分別出自兩件器物,是者與盨的異體。可知這種變形的口字(口沿外折的器物)與皿字亦可以互作。

通過以上討論,可以認爲,圖三·1、2 所録陶文下部所從白字可與皿字通作,因而,我把這個字隸寫爲盧字。《五音集韻》:"盧與鹽同。"

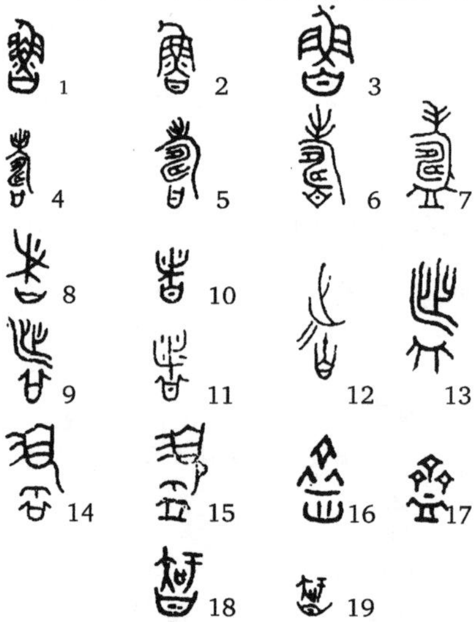

圖四

《文物季刊》3,頁 47—49

○**林澐**(1992)　至於鹵作🔷而省爲🔷,金文不乏其例。晉姜鼎(嘯)覃字作🔷,而覃父乙卣(代 12·50)早已省作🔷。樂司徒釾(嘯 37)器名作🔷,陳公孫㝬父釾則作🔷(金文編 368 頁)。《說文》以爲"鹵,西方鹹地也"。但免盤(代 14·12)"錫免🔷百锊",晉姜鼎"易🔷賚千兩",都表明鹵是可計量的製成品,很可能就是粗鹽。今簡文既言"煮盧於海",則盧或可能是鹵之繁體,或甚至就是未加聲符的鹽字初文。有待發現更多的古文字新資料加以驗證。

《江漢考古》1992-4,頁 84

○**劉釗**(1992)　包山楚簡 147 號簡文作(直接隸釋,不識字加括號説明結構):

　　陳□(字不識,從日從己從心)、宋獻爲王煮鹽於海,受又(有)二擔之飤,金□(字不識,從金從又從土)二□(同上)。將以成收。

因《包山楚簡》一書對這條簡文中的幾個關鍵字不釋或誤釋,使這一重要材料尚未引起人們的重視。

簡文"煮"字舊誤釋爲"具",按字上從者,下從火,者字構型乃楚文字的特有寫法,試比較簡文中的者字自然清楚。鹽字從鹵從皿,見於《五音集韻》,爲鹽字異體,由此可知這一寫法由來已久。海字舊誤釋爲泯,應釋爲海。海字的這種寫法還見於《古璽彙編》0362 號燕官璽"東陽海澤王符瑞"璽和《吉林大學藏古璽印選》43 號私璽。李家浩先生曾在《從曾姬無卹壺談楚滅曾的年代》（載《文史》三十三輯）一文中考釋出燕官璽中的“海”字，包山楚簡中這一海字寫法與燕官璽中的“海”字很接近。

上揭包山楚簡簡文是迄今爲止最早一條記載“煮鹽於海”的史料，具有重要價值。

早在西周銅器銘文中，就有關於賞賜“鹽”的記載。如兔盤謂“錫兔鹵百□”，晉姜鼎謂“錫鹵責（積）千兩”，其中的“鹵”就是指鹽而言。

有關“煮鹽”和“煮鹽於海”的記載也多見於典籍。

《說文》：“鹽，鹹也，從鹵監聲，古者宿沙初作煮海鹽。”《周禮·天官·鹽人》：“鹽人掌鹽之政令，以供百事之鹽，祭祀，供其苦鹽、散鹽。”鄭注：“散鹽，煮水爲鹽。”《史記》索隱引伊說云：“散鹽，東海煮水爲鹽也。”《管子·地數篇》云：“請君伐菹薪，煮浦水爲鹽。”《史記·平準書》謂：“願募民自給費，因官器作，煮鹽，官與牢盆。”又：“敢私鑄鐵器煮鹽者，鈦左趾。”《鹽鐵論》云：“古者豪强大家得煮海爲鹽，民皆依爲奸之業也。”

《出土簡帛文字叢考》頁 33—34,2004；原載《中國文物報》1992-10-18

○**何琳儀**（1998）　　盧，從鹵省，從皿，會以器皿盛鹽之意。鹵旁由🝕演變爲🝕、🝕、🝕、🝕，與西、囟等字混同。盧爲鹽之初文，參居延漢簡鹽作🝕（甲九九）。《集韻》：“盧，鹽或省。”

楚金鈑盧，讀鹽，地名。疑即《漢書·地理志》臨淮郡“鹽瀆”，在今江蘇鹽城。包山簡盧，讀鹽。見鹽字。

《戰國古文字典》頁 1457

○**趙平安**（2003）　　林澐先生據周金文覃（晉姜鼎和覃父乙卣）、鈚（樂司徒鈚和陳公孫𢼸父鈚，本作從鹵比聲）二字中鹵的不同寫法，先考證🝕上所從爲鹵字，又據兔簋和晉姜鼎中鹵的用法，提出鹵是可以計量的半成品，可能就是粗鹽。然後推斷說：“簡文既言‘煮🝕於海’，則🝕或可能是鹵之繁體，或甚至就是未加聲符的鹽字初文。”

劉釗先生據《五音集韻》所收鹽字異體從鹵從皿，證明🝕就是鹽字，然後引文獻裏煮鹽的事例來證明其釋讀的合理性。

看來，過去釋🝕爲鹽，字形上的主要依據是《五音集韻》中鹽的異體。這條材料固然十分重要，但時代偏晚，且爲孤證，有必要用古文字資料進行補充論證。

西周册命金文中賞賜物品“簟弼”，公認就是見於《詩經·國風·載驅》、《小雅·采芑》、《大雅·韓奕》的“簟茀”。簟字番生簋作🝕，毛公鼎作🝕（此字也見於《侯馬盟書》一：五七，爲參盟人名）。前者從竹覃聲，後者從盍聲，説明盍獨立成字，而且讀音也和覃、簟相近。古音覃和簟在侵部定母，盬在談部喻母，三字韻母旁轉，聲紐同爲舌音，語音相近。

　　盬，《説文·盬部》曰“從鹽省，古聲”，戰國古璽和簡帛文字從盍，古聲，盍相當於鹽。

　　《三代》十九·三十一收録一戈。銘文舊釋“乍潭右”，黃盛璋先生改釋爲“亡盬右”，亡盬即無盬，戰國屬齊，《漢書·地理志》屬東平國。其鹽作𥂠，從水從盍或從涵從皿，是盍的繁構。

　　《古璽彙編》0115 號璽舊釋“鄄城發弩、盧城發弩”，所謂“鄄”或“盧”作𡐛，右旁從土，左旁所從和包山 2 號墓 238、241 簡鹽所從形旁相同，可隸作壚。此字見於《集韻》鹽字下，作壚。璽文“壚城”可能就是盧城的別稱（鹽盧統言無別），《漢書·地理志》屬代郡，地在今山西繁峙縣，戰國時屬趙。

　　上述材料可以作爲釋𥂠爲鹽的古文字學上的證據。

　　煮鹽之事，古籍常見，劉釗文舉有 5 例，這裏還可再作補充：

　　《周禮·天官·鹽人》：“凡齊事，煮鹽以待戒令。”

　　《史記·平準書》：“冶鑄煮鹽，則或累萬金，而不佐國家之急，黎民重困。”又：“（東郭）咸陽，齊之大煮鹽，孔僅，南陽大冶，皆致生累千金，故鄭當時進言之。”

　　《漢書·蒯伍江息夫傳》：“采山銅以爲錢，煮海水以爲鹽。”《爰盎晁錯傳》：“吳王即山鑄錢，煮海爲鹽。”

　　《鹽鐵論·錯幣》：“文武之時，縱民得鑄錢、冶鐵、煮鹽。”同書《復古》：“往者，豪强大家，得管山海之利，采鐵石鼓鑄，煮海爲鹽。”又《刺權》：“鼓鑄煮鹽，其勢必深居幽谷，而人民所罕至。”

　　從字理和事理兩方面看，我們認爲把“𥂠”釋爲鹽應該是可信的。

　　那麽，鹽爲什麽寫作盍呢？有人説是“鹽之省”，是不對的。盍應該是會意字，從皿從鹵，本義是煮鹽。

　　鹵有鹹地的意思。《説文·鹵部》：“鹵，西方鹹地也。”《易·説卦·兑》：“其於地也，爲剛鹵。”《釋文》：“鹵，鹹土也。”《左傳》襄公二十五年“表淳鹵”《正義》引賈逵曰：“淳鹹也。”《漢書·宣帝紀》：“常困於蓮勺鹵中。”顏師古注：“鹵者，鹹地也。”鹹地所生顆粒也叫作鹵。兔盤：“錫（賜）兔鹵百𨦠。”晉姜鼎：“易（賜）鹵賣（積）千兩。”指的也就是這種東西。《史記·貨殖傳》：“山東食海鹽，山西食鹽鹵。”《正義》：“謂西方鹹地也，堅且鹹，即出石鹽及池鹽。”

鹽跟鹵雖然有時統言無別，但是在先秦兩漢時期（至少是有時）有着明顯的區別。《一切經音義》卷九：“天生曰鹵，人生曰鹽，鹽在正東方，鹵在正西方也。”《説文解字注・鹽部》：“鹽，鹵也。天生曰鹵，人生曰鹽。”徐灝箋：“天生謂不湅治也，如今鹽田所曬生鹽。人生謂湅治者，如今揚竈所煎熟鹽是也。”漢代官印有“蓮勺鹵鹹督”，又有“琅邪左鹽”。漢時蓮勺屬左馮翊，有鹽池，琅邪郡則盛產海鹽。兩處官名的不同大約反應了鹽鹵的區別。☒中所從鹵當是指煮鹽的對象而言。

《史記・平準書》：“願募民自給費，因官器作煮鹽，官與牢盆。”《集解》引如淳曰：“牢，廩食也。古者名廩爲牢也。盆者，煮鹽之器也。”《本草圖經》曰：“東海北海南海鹽者，今滄密楚秀温台明泉福廣瓊化諸州官場煮海水作之以給民食者，又謂之澤鹽。其煮鹽之器，漢謂之牢盆，今或鼓鐵爲之，或編竹爲之，上下周以蜃灰，廣丈深尺平底，置之竈背，謂之鹽盤。”宋黄魯直所得巴官鐵盆，清代山東登州所見古銅盆是這方面的實物。☒中的皿，應即牢盆鹽盤之類，是用以煮鹽的工具。

煮鹽之法，多種多樣。《管子・輕重篇》“煮沸水爲鹽”、《漢書・蒯伍江息夫傳》“煮海水以爲鹽”，是煮水爲鹽；《本草圖經》“因取海鹵注盤中煎之”，是煮鹵爲鹽；《後漢書・西南夷列傳・冉駹傳》“地有鹹土，煮以爲鹽”，是煮鹹土爲鹽；《益州記》：“汶山越巂煮鹽法各異，汶山有鹹石，先以水漬，既而煎之；越巂先燒炭，以井水沃炭，刮取鹽。”☒就是煮水煮鹵（主流的方法）爲鹽的寫照。

弄清了☒的構形理據，可以從另一個方面證明☒就是鹽字。

《華學》6，頁 107—108

○**何琳儀**（1998）　澠，從水，鹵聲。疑瀘之省文。《廣韻》：“瀘，同鹽。”

亡澠戈“亡澠”，讀“無鹽”，地名。

《戰國古文字典》頁 1457

○**陳佩芬**（2005）　澠肰牺羌：讀爲“洒然將亡”。“洒然”，《莊子・雜篇・庚桑楚》：“庚桑子之始來，吾洒然異之。”“洒然”，陸德明《經典釋文》：“崔李云：‘驚貌。’”

《上海博物館藏戰國楚竹書》（五）頁 187

○**王輝**（2006）　澠字，影本隸作澠，讀爲“洒然”，解爲“驚貌”。李學勤先生隸定同，引《素問・風論》王冰注，“洒然”爲“寒貌”，説：“形容民衆受難無助，寒慄而將死亡。”二説似皆可商。戰國文字鹽字初文作☒（《貨系》4270）、☒

（《包山楚簡》147“煮🔲於海”），字从鹵省，从皿，鹵由🔲變爲🔲、🔲、🔲、🔲，與西、囟等字混同。澷从水，盧聲。《廣韻·豔韻》：“鹽，以鹽醃也。澷，上同。”應讀同鹽。濟南博物館藏有“亡澷”戈；澷字作🔲，與簡文作🔲極接近。“亡澷”即無鹽，戰國齊地。《漢書·地理志》東平國有“無鹽”縣，王先謙補注：“秦縣。宋義送子襄相齊至此，見《項羽傳》……今東平州東二十里。”鹽與炎聲（編按：此疑漏“近”字）字通。《詩·小雅·巧言》：“亂是用餤。”《禮記·表記》引同，釋文：“餤，徐本作鹽。”又《説文》：“欻讀若忽。”據此，則“澷然”讀爲“忽然”。《莊子·知北遊》：“人生天地閒，若白駒之過郤，忽然而已。”比喻人生短暫。“忽然將亡”指將迅速滅亡，突然滅亡。《左傳·莊公十一年》：“桀、紂罪人，其亡也忽焉。”“忽”爲“忽然”之省，與簡文句例同。

《中國文字》新 32，頁 25—26

○**李守奎、曲冰、孫偉龍**（2007）　　“鹽”字異體。

《上海博物館藏戰國楚竹書（一——五）文字編》頁 514

○**季旭昇**（2007）　　“澷（淹/奄）肰（然）”，原釋“澷（洒）然”，《芻議上》以爲“澷”字右从“盧（即鹽字）”，當即“淹”字之異體，可讀爲“奄”。有掩覆、掩滅、晻暗、氣息困迫等意，在這裏是形容將要死亡的樣子。

《楚地簡帛思想研究》3，頁 19

○**李守奎**（2007）　（編按：上博五·競建 6）鹽然將亡，公弗詰。

　　🔲字可隸作“澷”，从“水”从“盧”；“盧”是楚之“鹽”字，見於包山楚簡“煮鹽於海”。“澷”可能也是“鹽”的異體。“鹽然”疑讀爲“恬然”。“鹽”是喻四談母字，“恬”是定紐談母字，古音很近。“恬然”義爲安然、滿不在乎。“恬然將亡”的主語疑爲桓公，探下省略。“詰”指對易牙豎刀的責問。此句的意思是桓公恬然於國之將亡，而不加責問。

　　按：“澷然”大家多讀“淹然”，比“恬然”順暢。

《楚地簡帛思想研究》3，頁 40

△按　“盧”以皿盛鹵會意，爲“鹽”之初文。戰國文字或益“水”旁表意，或益“臥”（“監”之省體）以表聲，或曰與原有“皿”旁合成聲符“監”。陶文🔲下所从🔲爲“口”形之變體，葛英會釋爲“盧”（鹽）之異體，可從。楚簡“鹽”字🔲、🔲二形互作，可爲佐證，參本卷“鹽”字條。《上五·鮑叔》5“鹽然”，季旭昇等讀爲“奄然”，可從；但以“澷”爲“淹”字異體則非。

鹽 鹽

鹽彙 3558　　楚 包山 3　　鉴 包山 171　　鑿 包山 189　　鹽 包山 238　　鹽 包山 241

○丁佛言（1924）　古鉢"鹽朔"。从古从鹽省，許氏説，河東鹽池，袤五十一里，廣七里，周百十六里。

《説文古籀補補》頁 51，1988

○何琳儀（1993）　鹽所从"西"乃"鹵"之省（《説文》），應隸定"鹽"，其"鹵"見《集韻》"鹵，鹽或省"。故"鹽"即"鹽"。《説文》："鹽，河東鹽池……从鹽省，古聲。"鹽楚簡習見，又見《鹽彙》3444、3558，均姓氏，讀作"苦"（王引之《經義述聞》卷五）。《姓源》："老聃五世祖事康王，封於苦，因氏。"

《江漢考古》1993-4，頁 55

○何琳儀（1998）　鹽，从鹵，古聲。《集韻》："鹵，鹽或省。"《説文》："鹽，鹹也。从鹵，監聲。"故鹽即鹽。《説文》："鹽，河東鹽池。袤五十一里，廣七里，周百十六里。从鹽省，古聲。"

楚器"鹽"，讀苦，姓氏。《史記·五帝紀》"皆不苦窳"，正義："苦讀若鹽，音古。"是其佐證。老聃五世祖事康王，封於苦，因氏。見《姓源》。包山簡"鹽薦"，或作"結無、結芒"。見結字。

包山簡"鹽易"，讀"湖陽"，地名。見《漢書·地理志》南陽郡。在今河南唐河南。

《戰國古文字典》頁 477

歆
鹵

陶彙 3·992

○何琳儀（1998）　鹵，从図，歆聲。齊陶鹵，人名。

《戰國古文字典》頁 1454

△按　字所从"歆"即"竷"之異體，參卷五"竷"字條及卷六"贛"字條。

户 戸 厌

尸 睡虎地·秦律 168　　　司 上博三·周易 5　　尸 貨系 425　　自 貨系 429　　目 先秦編 87

○**何琳儀**(1998)　户,甲骨文作 $\mathbf{卩}$(後下三六·三),象單扉門之形。金文作 $\mathbf{卩}$(智鼎門作 **門**)、 $\mathbf{卩}$(師酉簋門作 **門**)。戰國文字承襲殷周文字。《説文》:"尸,護也。半門曰户。象形。**朶**,古文户从木。"周空首布"户",不詳。

《戰國古文字典》頁 469

　　　朶,从木,户聲。户之繁文。見户字。戰國文字朶,讀户。

《戰國古文字典》頁 469

【朶秀】九店 56:27

○**李家浩**(2000)　"朶"字見於《説文》,即"户"字的古文。"秀""牖"音近古通。《詩·大雅·板》"牖民孔易",《韓詩外傳》卷五、《禮記·樂記》和《史記·樂書》引此,"牖"皆作"誘"。馬王堆漢墓木簡《雜禁方》"嬰兒善泣,涂(塗)琇上方五尺",《馬王堆漢墓帛書[肆]》釋文注釋 159 頁注:"琇,讀爲牖。帛書《篆書陰陽五行》牖作房。"簡文"秀"當讀爲"牖"。"户牖"屢見於古書,指門窗。

《九店楚簡》頁 81—82

△**按**　"朶"爲"户"增益表義類之"木"旁而成。字在戰國文字中表門户之户。陳胎戈銘文"陳胎之右朶","朶"指門户,或謂人名,非是。

扇　扅

$\mathbf{扅}$ 睡虎地·答問 150

○**何琳儀**(1998)　扇,从户从羽,會門扉如羽翼之意。《禮記·月令》"乃修闔扇",注:"用木曰闔,用竹葦曰扇。"《吕覽·知接》"蓋以揚門之扇",注:"扇,屏也。"《説文》:"扅,扉也。从户,从翅聲。"睡虎地簡"扇",門扉。

《戰國古文字典》頁 1029

△**按**　"扇"字《説文》諸本或作"从翅聲",或作"从翅省",或作"从翅省聲",均可疑。"扇"與"翅"古音懸隔,謂从"翅"聲固不可通;而"翅"本从"羽"得義,則義符"羽"亦無須紆解爲"翅"之省也。清儒段玉裁、朱駿聲等據《韻會》

等改作"从羽",甚是。《睡虎地・答問》150:"實官戶扇不致,禾稼能出,廷行事貲一甲。"陳偉武云:"戶扇"近義連稱,今潮汕方言也有常語"門窗戶扇",可參證。

房 房

睡虎地・封診 74　　信陽 2・8　　望二 45　　包山 149　　包山 266

○**睡簡整理小組**(1990)　(編按:睡虎地・日甲 48 正壹)房,二十八宿之一。《開元占經・東方七宿占》引《石氏星經》曰:"房四星,鈎鈐二星。"《史記・天官書》:"旁有兩星曰衿,北一星曰舝。"

《睡虎地秦墓竹簡》頁 188

○**中大楚簡整理小組**(1977)　(編按:望二 45)蚹,假而爲房,大蚹疑即大房。《詩・魯頌・閟宮》"籩豆大房",傳:"大房,半體之俎也。"箋:"大房,玉飾俎也,其制,足閒有橫,下有柎,似乎堂後有房然。"

《戰國楚簡研究》3,頁 46

○**陳邦懷**(1989)　(編按:望 2・45)"一大甀"之甀从蚰,冖聲。《説文解字》蚰部:"䖟,蠶甘飴也。"簡文甀,當是䖟字省文,而不訓"蠶甘飴也"。按簡文之義,蓋借爲鼏字。《儀禮・士冠禮》鄭注云:"鼏,鼎覆也。"《禮記・禮器》云:"犧尊疏布鼏。"簡文云"一大甀",所指恐非一件覆蓋大鼎之疏布,疑是一個大鼎之代稱。

《一得集》頁 120

○**李家浩**(1994)　(編按:包山 266、望二 45)簡文"房"分爲"大房、小房"兩種。《包山》指出大房一詞見於《詩・魯頌・閟宮》。此墓東室出"寬面俎"一(2:111)和"帶立板俎"一(2:157),疑即簡文所記的"房"。2:111"寬面俎",面板長方形,中部兩側各安一足板,足板下端呈拱形,兩側各嵌一塊側板。黑漆地上繪白色花紋。長 66.5 釐米、寬 39.2 釐米、通高 38 釐米(圖三)。2:157"帶立板俎","除面板兩端安立板外,餘均同寬面俎"。"立板外側中部凸出板面,上端呈錐狀立柱伸出立板外。兩塊立板外側各鑲不規則石英石子四顆;足板外側各嵌石英石子兩顆"。黑漆地上繪白色花紋。長 80 釐米、寬 40 釐米、通高 103.6 釐米,比"寬面俎"大(圖四)。"帶立板俎"當是大房,"寬面俎"當是小房。

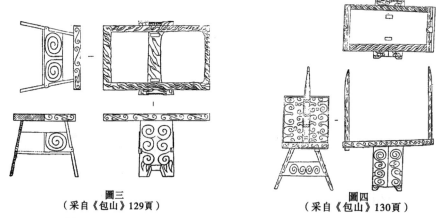

圖三
（采自《包山》129頁）

圖四
（采自《包山》130頁）

望山 45 號簡也記有"大房"：

　　（8）一酨櫺，一大房。（《文物》1966 年 5 期圖版伍第二簡，52 頁圖二四第二簡）

　　其位置位於"櫺"之後，與（1）的"大房"位於"梱"之後的情況相同。該墓出"帶立板俎"一（B28），其形制與包山 2：157"帶立板俎"相同，唯立板上端中閒下凹。黑漆地上繪紅色幾何形花紋。長 92 釐米、寬 36.5 釐米。（8）的大房當是指此件"帶立板俎"。

　　現在讓我們看看古人對房、俎的形制是怎樣說的，並借以檢驗我們將楚墓出的"帶立板俎"和"寬面俎"定爲大房和小房是否正確。

　　《詩·魯頌·閟宮》"籩豆大房"，毛傳："大房，半體之俎也。"

　　鄭玄箋："大房，玉飾俎也。其制，足閒有橫，下有柎，似乎堂後有房然。"

　　《國語·周語中》"王立飯則有房烝"，韋昭注："房，大俎。《詩》云'籩豆大房'。謂半解其體，升之房也。"

　　毛傳和韋注是從房的大小著眼的，指出房是盛半體的大俎。包山楚墓和望山楚墓都出有俎，它們的形體確實比房小（詳見下文七）。鄭箋是從房的形制著眼的，"玉飾俎也"是對房的形制所作的概括性說明，"其制"以下文字是對房的形制所作的具體說明。《禮記·明堂位》孔穎達疏在引此段箋後解釋說："如鄭此言，則俎頭各有兩足，足下各別爲跗，足閒橫者似堂之壁，橫下二跗似堂之東西頭各有房也。"不過孔氏對他所作的解釋並不自信，所以他接着說："古制難識，不可委知，南北諸儒亦委曲解之。今依鄭注，略爲此意，未知是否。"

　　但是，鄭玄對俎的形制所作的說明，跟他對大房的形制所作的說明，卻有所不同。《儀禮·少牢饋食禮》"腸三、胃三，長皆及俎拒" 鄭玄注："拒，讀爲介距之距。俎距,脛中當橫節也。"

《禮記·明堂位》"周以房俎"鄭玄注:"房謂足下跗也,上下兩閒,有似於堂房。"

將此二注結合起來看,我們認爲應當這樣理解:俎的形制是足閒有橫距,把俎足的空閒分爲上下兩層,像人居住的"堂"和"房"。足跗之處是"房",那麼橫距之處應當是"堂",正如孔穎達疏所説的"足閒橫者似堂之壁"。

鄭玄《詩》箋與《儀禮》《禮記》注的區別,主要在於前者説"房"在"堂"後,而後者説"房"在"堂"下。至於箋、注爲什麼會不同,目前還説不清楚。不過從上文和下文七所説的楚墓出土的房、俎來看,注的説法是可取的。楚墓出土的房、俎形制有一個共同特徵,就是在立板足的兩側各有一塊橫側板。這兩塊橫側板無疑是相當於鄭注所説的橫距。從正側面看,整個房、俎像一座干欄式建築。干欄式建築一般有兩層,上層是住人的室,下層空敞部分往往作爲豢養牲畜和堆放雜物之所。楚房、俎立板足兩側橫側板處像干欄式建築的上層,橫側板以下部分像干欄式建築的下層。這與鄭注所説的俎有"上下兩閒"相合。於此可見,橫側板處就是鄭注所説的"堂",橫側板以下部分就是鄭注所説的"房"。"房"是對"堂"而言的,如果沒有"堂",也就沒有"房"。換一句話説,房、俎足部分如果沒有橫側板之類的東西,就不能將其叫作房和俎。關於這一點可以從信陽楚墓出土的虡得到證明。信陽楚墓出土兩件所謂的"Ⅱ式案",標本 1-247 的形制與包山 2:111"寬面俎"相似,標本 1-520 的形制與包山 2:157"帶立板俎"相似,但是它們的足板兩側都沒有橫側板。標本 1-247 長 96 釐米,寬 40 釐米,通高 98 釐米。標本 1-520 長 85 釐米,寬 35.1 釐米,通高 91 釐米。2-017 號簡説:

(9)二盛舁(虡)。(《信陽》圖版 124)

"盛"字原文作从"食"从"城"聲。"舁"是"舉"字的象形初文,"虡"即從其得聲。《方言》卷五:"俎,几也……其高者謂之虡。""盛虡"指盛放飲食用的虡。疑兩件所謂的"Ⅱ式案"當是簡文所記的虡。儘管這種虡的形制與房相似,但由於它們足部沒有橫側板,不能叫作房。可見足部橫側板的有無是區別房、俎與非房、俎的標志。

包山 2:157"帶立板俎"鑲嵌有石英石的裝飾,與鄭箋大房有玉飾的説法相合,但是望山 B28"帶立板俎"沒有石英石之類的裝飾,這説明只有高級的大房才有玉石之類的裝飾,一般的大房是沒有的。不過楚墓出的房、俎足部都沒有跗,鄭玄説有跗,大概是漢代的形制。

　　以上將鄭玄所説的房、俎形制與楚墓出的實物進行了比較,證明我們將"帶立板俎"和"寬面俎"定爲大房和小房是可信的。

《國學研究》2,頁 530—533

○**朱德熙、裘錫圭、李家浩**(1995)　　(編按:望 2·45)簡文"房"字作"防",漢隸"房"字尚多如此作。《詩·魯頌·閟宮》:"籩豆大房",毛傳:"大房,半體之俎也。"此墓所出大"立板俎"(邊箱二八號),疑即大房。

《望山楚簡》頁 123

○**劉信芳**(1997)　　包二六六:"一大房,一小房。"望二·四五:"一大房。"

　　"房"謂俎之似房者。《禮記·明堂位》:"周以房俎。"鄭玄注:"房謂足下跗也。上下兩閒,有似於堂房。"《詩·魯頌·閟宮》"籩豆大房。"毛傳:"大房,半體之俎也。"鄭玄箋:"大房,玉飾俎也。其制足閒有橫,下有柎,似乎堂後有房然。"包簡"大房"與"小房"對舉,出土實物有"寬面俎"一件(標本 2:111),四足有側板、足板相圍,器形如房,面板長 66.5、寬 39.2、通高 38 釐米,是所謂"小房"。另出立板俎一件(標本 2:157),面板長 80、寬 40、通高 103.7 釐米。立板外側各鑲不規則石英石子四顆,足板外側各嵌石英石子兩顆,乃鄭注所謂"玉飾",是所謂"大房"。

　　望山二號墓亦出有一帶立板俎(標本 B28),通高 40、長 92、寬 36.5 釐米。

《中國文字》新 23,頁 84

○**何琳儀**(1998)　　《説文》:"房,室在傍者也。从户,方聲。"楚簡"房",兩層俎案。《詩·魯頌·閟宮》"籩豆大房",傳:"大房,半體之俎也。"包山簡一四九"房",地名。

《戰國古文字典》頁 715

【房旮】包山 266
【房楉】信陽 2·8
【房机】望山 2·45
△**按**　即"房几",爲立板足几。參看"旮"字條。

𡰪 𡰪

　　𡰪 璽彙 1240　　𡰪 睡虎地·答問 179　　𡰪 曾侯乙 7　　𡰪 望山 2·6

○**吳振武**（1983）　1240 喬**丂**・喬㐰。

《古文字學論集》（初編）頁 497

○**裘錫圭、李家浩**（1989）　金文"㐰"字作**㐰**（《金文編》766 頁），象輖形，簡文"㐰"蓋由此演變而成。

《曾侯乙墓》頁 510

○**朱德熙、裘錫圭、李家浩**（1995）　"㐰"本車輖之象形字，簡文"㐰"字蓋由金文**㐰**（㐰）字變來。

《望山楚簡》頁 117

肁 肁

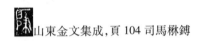山東金文集成，頁 104 司馬楙鎛

△**按**　《説文》："肁，始開也。从户从聿。"鎛銘"用克肁謹祂（先）王明祀"，"肁"讀"肇"，《爾雅・釋言》："肇，敏也。"

㠣

㠣 曾侯乙 6　**㠣** 曾侯乙 45　**㠣** 曾侯乙 88

○**何琳儀**（1998）　㠣，从巨，户爲疊加音符。巨之繁文。隨縣簡㠣，疑讀鉅。《文選・西征賦》"於是弛青鯤於網鉅"，注："鉅，鉤也。"

《戰國古文字典》頁 496

△**按**　字當从户，巨聲，簡文用爲器物名，義不詳。羅小華《釋籧》（《簡帛研究二〇一〇》，廣西師範大學出版社 2012 年）讀爲"籧"，謂即"籧篨"之簡稱，可備一説。

㼌

㼌 璽彙 2867　**㼌** 璽彙 2868

○**何琳儀**（1998）　㼌，从瓜，户爲疊加音符。疑瓜之繁文。晉璽㼌，人名。

《戰國古文字典》頁 482

△**按**　字當从户，瓜聲，璽文用爲姓氏。

⿸户曳

璽彙 2865 璽彙 2866

○**何琳儀**（1998）　⿸户曳，从户，曳聲。疑庾之異文。晉璽⿸户曳，讀庾，姓氏。見庾字。

《戰國古文字典》頁 375—376

○**湯餘惠等**（2001）　⿸户曳。

《戰國文字編》頁 779

△**按**　依字形當以釋“⿸户曳”爲是。古璽“⿸户曳”姓，不詳。

⿸户者

内蒙古金融研究·錢幣專刊 2000-1，頁 83—38 珍秦金吳 259 卅一年鄭命戟

△**按**　“⿸户者”當是从户者聲的形聲字。

⿸户鹵

曾侯乙 2 曾侯乙 33 曾侯乙 62

○**裘錫圭、李家浩**（1989）　“⿸户鹵”，19 號簡作“⿸户西”。此字所从“西”旁亦見於 13 號、16 號等簡，雖與金文“迺”字形近，恐非一字。在天星觀一號墓竹簡裏，“⿸户鹵”从革作“⿰革鹵”。天星觀簡云：“一方⿰革鹵，紫綳。其上載二戈、一戟。”顯然“⿰革鹵”是車上一種承載兵器等物的東西，所以曾侯乙墓竹簡稱爲“載⿸户鹵”。古代車的廂、輢之間有一種叫“扃”的木欄，可以存放兵器。《左傳》宣公十三年“晉人或以廣隊（墜）不能進，楚人惎之脱扃”，杜預注：“扃，車上兵闌。”“扃”也可以載旗。《文選·西京賦》：“旗不脱扃。”簡文所記的“⿸户鹵”也承載兵器和旗，與“扃”的作用相同，而且二字都从“户”，疑指同一種東西。

《曾侯乙墓》頁 504

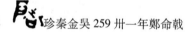

○**何琳儀**（1998）　　宧，从户，囱聲。隨縣簡宧，讀耳。見囪字。

《戰國古文字典》頁 78

○**劉信芳**（2003）　　天星觀簡："一方鞏，紫綳，其上載二戈、一戟。"曾侯乙簡
2："二載宧。"庫、鞏、宧應是一字之異，並从户得聲。《爾雅·釋器》："輿革前
謂之鞎，後謂之第。竹前謂之禦，後謂之蔽。"郭璞《注》："以韋靶後户。"郝懿
行《疏》："第者，《玉篇》《廣韻》並云輿後第也。《詩》正義引李巡曰：第，車後
户名也。按第當作茀，《碩人》傳：茀，蔽也。《載驅》傳：車之蔽曰茀。是茀取
茀蔽爲義。車後户者。車自後入，故以後爲户也。"庫、鞏、宧或从革，或从西，
或从西、革者，蔽車户之物或以革，或以竹席之類，故隨實物之不同而書寫有
異。隨車之戈、戟插於車後，此所以有"載宧"之名歟？惟包山簡之"蔽户"非
車馬器，既與牀策等連帶述及，疑是居室所用門簾、屏風之類。

《包山楚簡解詁》頁 276—277

○**白於藍**（2003）　　關於"宧"字，前引《釋文與考釋》注［二三］中認爲該字相
當於"扃"，最主要的證據是該字在天星觀一號墓竹簡中寫作"鞏"，而其辭例
是"一方鞏，紫綳。其上載二戈、一戟"。由此推斷出"鞏"是"車上一種承載
兵器等物的東西"。也就是説，《釋文與考釋》認爲該簡文中"其上載"之"其"
即指"鞏"，而"二戈"和"一戟"則是"鞏"上所承載的兵器。關於這一點，筆者
有不同的看法。《釋文與考釋》發表於 1989 年，當時包山楚墓竹簡的材料尚
未正式公布，故《釋文與考釋》得此結論也是無可厚非的。待到 1991 年《包山
楚簡》一書正式出版後，我們看到其中第 267—277 號簡和牘 1 當中也都有車
及車上所載之器物的記録，而其中也有"其上載"這樣的辭例。如：

　　1.一輛（乘）正車：……糧轍，白金之鈌，赤金之銌，絑組之鑣之鈌，輮
軹。其上載：朱旌，一百條四十條，翠之首，笔中干，朱縞七就。車戟，侵羽
一就：其旆，尤五就。（簡 271、276、269、270）

　　2.一輛（乘）韋車：……糧轍，白金之鈌。其上載：髕（絛）旌，毫首。二
戟，侵二就；二旆，皆尤九就。（簡 273）

　　3.一盼正車：……糧轍，白金大，赤金之鈺，絑組鑣之大，楚綽。其上載：
朱旌，百條四十條，翠之首，笔中干，朱縞七就。車戟，侵羽一就：其旆，尤五
就。（牘 1）

　　由上引文句可以看出，"其上載"之"其"顯然不可能是針對"其"字之前
所記各類物品而言，而應當是指"車"，"其上載"也就是車上所載。另外，值得
注意的是，包山簡，"其上載"之後所記均是旌旗一類器物，而在曾侯乙墓竹簡

文字當中,所記"戟、戈、殳、晉殳"諸物也都是當旌旗來用的,而不是用作刺殺性的武器。如此看來,上引天星觀竹簡中之"二戈"和"一戟"亦很可能是用作爲旌旗。也就是説,上引天星觀之簡文在文例上也是同包山簡一致的。由此可見,天星觀之"𦎫"也應當是與"其上載"無關,所以也就無從得出"𦎫"是"車上一種承載兵器等物的東西"這一結論。

　　筆者以爲,曾侯乙墓竹簡之"盧"字可分析爲从户鹵聲。該字在曾侯乙墓竹簡中共出現 20 例,除簡 31 因竹簡殘損而無法確定外,其他 19 例都是與韔、箙、弓、箭、戟、戈、殳、厰,韓(函)等器物記在一處,而尤以與韔、箙、弓、箭、韓(函)這五類器物記在一處者居多(共 18 例)。兹略舉數例如下:

　　1.虝(虎)韔,貘䨄。豻殈之箙,貍貘之䨄。二縣(懸)箙,襺紫魚與录(綠)魚,二貍貘之䨄:一縣(懸)箙,录(綠)魚,瞂䨄,屯璛(繡)組之綏。二韓(函),屯斂䩏,屯璛(繡)組之綏。二載盧,丌(其)一襺,紫黃紡之繃。二鄴(秦)弓,𨑓䩛。羊,箙五秉。一戟,二菓,又(有)(編按:原文此處漏引䊸字),一翼翿。一祋,二旆,屯八翼之翿。旗䩛。二厰,戈,屯一翼之蔶(翿)。(簡 1 正—4)

　　2.录(綠)魚之韔,屯毯之䨄;三襺貂與录(綠)魚之箙,狐白之䨄;一襺貂與紫魚之箙,鹵䨄,屯璛(繡)組之綏。二鄴(秦)弓,𨑓䩛。用羊,箙五秉。一襺載盧,紫黃紡之繃。二韓(函),屯斂䩏,糼綏,二戟,屯二菓,屯一翼之翿。二旆,屯八翼之翿。丌(其)旗,䍁(翠)首,紫羊須之總,紫翠(羽)之常。二黃金之厰,二戈,紫總,屯一翼之翿。(簡 4—7)

　　3.二韓(函),紫組之綏,二斂䩏,璛(繡)組之綏。录(綠)魚之韔,虝(虎)毯之䨄。三貂襺紫魚之箙,屯貍毯之䨄:二鄴(秦)弓,𨑓䩛。用羊,箙五秉。一襺載盧,紫黃紡之繃。二戟,屯三菓,屯一翼之翿。二旆,屯九翼之翿。䍁(翠)絑,白敓之首,䍁(翠)頸,䍁(翠)簮,紫羊須之總,貂定之笎。黃金之厰。二戈,紫總,屯二翼之翿。(簡 8—11)

　　4.紫魚[之]韔,屯貍貘之䨄。三箙,屯襺紫魚录(綠)魚之箙,四鹵䨄。一襺貂紫魚之箙,一貍毯之䨄。二襺載盧,紫黃紡之繃。二韓(函),紫組之綏,二斂䩏,璛(繡)組之綏。一猇綏。一戟,三果,一翼之翿。一祋,二旆,屯八翼之翿。丌(其)旗䩛。二黃金之厰。二戈,紫總,屯一翼之翿。二鄴(秦)弓,𨑓䩛。用羊,箙五秉。(簡 18—20)

　　5.二韓(函),組綏,二斂䩏,璛(繡)組之綏,虝(虎)韔,屯狐䨄。四襺貂與录(綠)魚之箙,三貍莫䨄,一狐白之䨄。二鄴(秦)弓,𨑓䩛。羊,箙五秉。

一戟,二果,一翼之翿。一晉枝,二旆,翿屯八翼。二畫嚴。二戈,屯二翼之翿。二郫(漆)載盧,紫黃紡之綳。(簡36—37)

6.二載盧,黃金之戎(飾),紫綳。脘(虎)韔,脘(虎)毦之聶。豻□之箙,無聶。二紫棆(錦)之箙,豻戎(飾),二旆,二戟,二嚴,屯豪罩之翿。(簡42—43)

7.牟盧,紫綳,黃金之戎(飾)。脘(虎)韔,脘(虎)毦之聶。豻箙,無聶。二紫棆(錦)之箙,豻戎(飾),一郲(秦)弓,九羊。(簡60)

以此推斷,該字當與弓箭類兵器有關。循其音義以推求,筆者以爲此字當讀爲"櫓"。"盧"从"鹵"聲(原注:關於"盧"字所从之"戶"旁,筆者推測有兩種可能。第一種可能是追加之聲符,上古音鹵、戶俱爲魚部字。若此,則"盧"可能是一個雙聲字。第二種可能是"戶"旁起表義功能,《説文》:"戶,護也。"《釋名》:"戶,護也。"盾、櫓這類兵器之功用本來就是起保護、掩護的作用。《説文》:"盾,瞂也。所以扞身蔽目。"《釋名·釋兵》:"盾,遁也。跪其後避以隱遁也。"若此,則"盧"有可能正是"櫓"字之異體),"櫓"从"魯"聲。上古音"鹵"與"櫓、魯"俱爲來母魯部字(编按:"魯部"爲"魚部"之誤),雙聲疊韻,例可相通。《説文》:"櫓,大盾也。从木魯聲。樐,或从鹵。""樐"正从鹵聲。又《説文》:"蕾,艸也。可以束,从艸魯聲。藘,蕾或从鹵。"亦其例。這是異體的例子。《史記·秦始皇本紀》:"流血漂鹵。"《史記·陳涉世家》《文選·賈誼〈過秦論〉》鹵作櫓。這是通假的例子。可見,"盧"可以讀作"櫓"。

據上引《説文》,"櫓"乃"大盾"。段玉裁《説文解字注》:"盾,戟也。瞂,盾也。《秦風》毛《傳》曰:'伐,中干也。'伐即戟,干即戟,櫓其大者也。"《詩·秦風·小戎》:"蒙伐有苑。"毛《傳》:"蒙,討羽也。伐,中干也。"陸德明《釋文》:"伐,本或作瞂,音同,中干也。"孔穎達《正義》:"櫓是大盾,故以伐爲中干。干、伐,皆盾之別名也。"《禮記·儒行》:"禮儀以爲干櫓。"鄭玄《注》:"干櫓,小盾大盾也。"《周禮·夏官·司兵》:"司兵掌五兵、五盾。"鄭玄《注》:"五盾,干櫓之屬,其名未盡聞也。"可見,盾類兵器統言之則都可稱之爲盾,細分別有干、伐和櫓等多種類型,而櫓則是一種體型較大的盾,干、伐則體型相對較小。

在曾侯乙墓竹簡所記車上所載各類器物當中,亦記有"嚴"。該字通常出現"二畫嚴"這樣的辭例當中,但亦有如下諸例頗值得注意:

1.黃金之嚴。(簡10)

2.二黃金之嚴。(簡20)

3.畫嚴,鄰紫之綳。(簡54)

4.畫戲,齊紫之綳。（簡 88）

而在上引有關“盧”字的辭例當中,亦記有“二載盧,黃金之戈（飾）,紫綳”（簡42）,“弇盧,紫綳,黃金之戈（飾）”（簡 60）。其中“黃金之戈（飾）”當是“盧”上所帶的一種裝飾。從製作材料上來看,古代盾有革製和木製兩種,故所謂“黃金之戲”亦恐是因其上裝飾有“黃金之飾”而得名。可見,戲與盧具有同樣的裝飾部件。其次,戲與盧上又都具有“綳”,而且簡文中“綳”僅是在“盧、戲”這兩種器物名稱之後出現,其他器物上從未見具有該物。再次,簡中又有“二畫盧”（簡 31）,“盧”字前亦用“畫”字,與“二畫戲”之“畫”字用法亦相同。“戲”與“盧”兩者之間的這些共同特徵,亦暗示出它們應當是屬於同種類型的器物,此亦可證筆者認爲“盧”即“櫓”具有一定的合理性。“櫓”既有革製者,故天星觀竹簡中“盧”作“𦎫”,從革表義。

下面筆者對相關辭例做一些解釋:

1.一襦載盧（櫓）。（簡 5 等）

2.二載盧（櫓）,丌（其）一襦。（簡 2）

關於“襦”字,《釋文與考釋》注［一八］在解釋簡 2 之“二絲（懸）旆,襦紫魚與录（綠）魚”時云:

　　　“襦”字見於《集韻》齊韻,訓爲“一幅巾”。5 號等簡有“襦貂與綠魚之旆”“襦貂與紫魚之旆”語,“襦貂”與“綠魚、紫魚”對言。“襦”似指某種顏色,與《集韻》“襦”字不同義。“襦紫魚與綠魚”當指“二懸旆”是用襦紫色的魚皮和綠色的魚皮作的。

何琳儀先生則認爲“襦”當讀爲“畫”,並引《説文》“講讀若畫”“繣讀若畫”爲證。筆者以爲,何琳儀先生的看法可從。《釋名·釋書契》:“畫,繪也。以五色繪物象也。”《尚書·顧命》:“東序西嚮,敷重豐席,畫純,雕玉仍几。”孔穎達《疏》:“《考工記》云‘畫繢之事雜五色’,是彩色爲畫。”至於“載”字,則似因言種“盧（櫓）”爲車上所承載,故而稱之爲“載盧（櫓）”,簡中另見“二畫盧之載,紫黃紡之▢”（簡 31）語,其“載”字用法更爲明顯。所以“一襦載盧”似指一個施有彩繪花紋的車載之櫓。“二載盧,丌（其）一襦”,是說兩個車載之櫓,其中一個施有彩繪花紋。《詩·秦風·小戎》“蒙伐有苑”,毛《傳》:“蒙,討羽也。文於伐,故曰厖伐。”孔穎達《疏》:“上言龍盾,是畫龍於盾,則知蒙伐是畫物於伐,故以蒙爲討羽,謂畫雜鳥之羽以爲盾飾也。”《國語·齊語》:“管子曰:‘輕罪贖以鞼盾一戟。’”韋昭《注》:“鞼盾,綴革有文如繢。”可見,盾類兵器上是會施有彩繪花紋。（**中略**）

3.二郄(漆)載虘(櫓)。（簡37）

"漆"有黑義。《周禮·春官·巾車》："漆車。"鄭玄《注》："漆車,黑車。""二郄(漆)載虘(櫓)"應指兩個黑色的車載之櫓。

4.弇虘(櫓)。（簡60、簡62）

似應讀爲"陷虜",前文已論述過鹵與从虍聲之字可以相通。至於"陷"與"弇",上古音"陷"爲匣母侵部字,"弇"爲影母侵部字,兩字聲母同爲喉音,韻則疊韻,古音很近,例可相通。《説文》："弇,蓋也。从廾从合。"徐鍇《繫傳》："弇,蓋也。从合廾聲。"段玉裁《説文解字注》改作："弇,蓋也。从廾合聲。"並云："廾合鍇(筆者按,指徐鍇)誤倒……皿部有盍字,蓋弇字之別體,後人所增也。"上古音合爲匣母緝部字,與弇聲母同爲喉音,韻則對轉,段《注》所改當屬可信。弇字既从合聲,典籍中合及从合聲之字可與从今聲之字相通,《易·坤·六三》："含章,可貞。"馬王堆漢墓帛書本《易經》含作合。《爾雅·釋言》："洵,龕也。"陸德明《釋文》："龕,字或作含。"前引段《注》云盍"蓋弇字之別體",盍字亦从今聲。而古籍中从臽聲之字亦可與从今聲之字相通,《説文》："唅,讀與含同。"《説文》："欿,讀若貪。"可見,"弇"可讀爲"陷"。《釋名·釋兵》："盾,遁也。跪其後避以隱遁也……約脅而鄒者曰陷虜,言可以陷破虜敵也。"王先謙《釋名疏證補》："畢沅曰:《釋書契》篇:'鄒,狹小之言也。'"據此,"陷虜"似指一種較爲狹小的盾。

《中國文字》新29,頁198—205

○**何琳儀**（2004） 二載△ 2

一襧載△ 5

二襧載△ 19

二畫載△ 31

二郄載△ 37

弇△ 60

在隨縣簡中,△字凡8見。汰其辭例重複者,只有上引5條。△,原篆作:

△所从"廼"旁,《釋文》認爲"雖與金文廼字形近,恐非一字"。檢"廼"字在兩周金文中有二式:

A ⊛毛公鼎 ⊛盂鼎 B ⊛禹鼎 ⊛曾仲大父簋

如果將B式與隨縣簡△所从"廼"旁比較,不難發現二者不僅僅是"形近",而是"形同"。然則△可分析爲从"戶"从"廼"。按通常慣例,應理解爲从

“户”，“廼”聲。

《釋文》云“古代車的廂、畸（編按：“畸”當爲“輢”之誤）之閒有一種叫肩的木欄，可以存放兵器”。這對理解△的文意頗有啟迪。先秦馬車廂周圍的欄杆名軨，左右兩側較高者名輢。輢頂向外橫出者名耳，又名軓，或名轓。《説文》：“軓，車耳反出也。从車，反亦聲。”《廣雅・釋器》：“轓謂之軓。”王念孫曰：“《漢書・景帝紀》令長吏二千石車朱兩轓，千石至六百石朱左轓。應劭云，車耳反出，所以謂之藩屏，翳塵泥也。以簟爲之，或用革。《太玄・積次》四，君子積善，至於車耳。測曰，君子積善，至於蕃也。轓、蕃、藩並通。《説文》軓，車耳反出也。軓、轓聲近義同。”曾侯乙墓出土一件車輿，推測復原圖即繪出所謂“車耳反出”。而所謂“方格狀圍欄”既可存放兵器，也可插立旗幟。

根據以上文獻和考古資料，筆者懷疑隨縣簡△可讀“耳”。“耳”，泥紐之部；“廼”，泥紐蒸部；之、蒸陰陽對轉。《漢書・惠帝紀》“内外公孫耳孫”，注：“仍、耳聲相近。”是其佐證。

如是理解，上揭簡文都可以得到合理解釋：“載△”，即承載之耳。“襦載△”，即彩畫的承載之耳。“畫載△”，即雕畫的承載之耳。“黎載△”，即漆畫的承載之耳。“弇△”，即掩蔽之耳。

《華學》7，頁 120

△按　此字何琳儀分析爲从户，卤（廼）聲，於形最確；唯讀“耳”則可疑。字在簡文中之確詁，尚待研究。

庫

包山 260

○李家浩（1997）　“敝庫”是器物之名，疑應該讀爲“蔽户”。古人把遮蔽膝的巾叫“蔽膝”。“蔽户”與“蔽膝”文例相同，當是遮蔽門户的簾子。（中略）大概簡文“蔽户”是革製的，故“户”字从“革”作。

《著名中年語言學家自選集・李家浩卷》頁 287，2002；
原載《第三屆國際中國古文字學研討會論文集》

屓

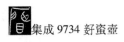集成 9734 舒盏壺

○何琳儀（1998） 屓，从户，賢省聲。疑賢之繁文。或説，户爲裝飾部件。中山王圓壺“屓狟”，讀“賢佐”。《管子・宙合》：“此言聖君賢佐之制舉也。”

《戰國古文字典》頁 1128

△按 字从“户”从省體之“賢”，“賢”所从“貝”又省訛同“目”。字於銘文中讀“賢”無疑。何氏疑“户”爲裝飾部件，似有道理。今姑隸户部。

雁

璽彙 0647　雁璽彙 5673

○何琳儀（1998） 雁，从户，雔（隹）聲。晉璽雁，人名。

《戰國古文字典》頁 404

廬

集成 9735 中山王方壺

○何琳儀（1998） 廬，从户，瀘聲。或説，户爲疊加音符，盍、户均屬匣紐。中山王方壺廬，讀法。《爾雅・釋詁》：“法，常也。”

《戰國古文字典》頁 1426

△按 聯繫“屓”字考慮，“廬”所从“户”也可能只是一個裝飾部件。今姑隸户部。

門 門 閏

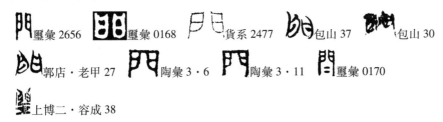

璽彙 2656　　璽彙 0168　　貨系 2477　　包山 37　　包山 30

郭店・老甲 27　　陶彙 3・6　　陶彙 3・11　　璽彙 0170

上博二・容成 38

○**羅福頤**（1981）　　南門之鈊，上東門鈊。《周禮・地官》：“司門，掌授管鍵，以啟閉國門。”

《古文字研究》5，頁 250

○**何琳儀**（1998）　　門，甲骨文作𦣞（甲八四〇）。從二户，象兩門扉之形。西周金文作𦣞（㝬鼎），春秋金文作𦣞（庚壺）。戰國文字承襲商周文字。或於門内加對稱符號爲飾，或省簡作𦣞、𦣞、𦣞形。《説文》：“𦣞，聞也。從二户。象形。”以聞釋門屬聲訓。

　　齊器門，城門。晉璽門，姓氏。《周禮》公卿之子，入王端門，教以六藝，謂之門子，其後爲氏。見《通志・氏族略・以地爲氏》。趙三孔布“北九門”，地名。楚璽門，城門。包山簡“嵜（陛）門”，讀“徵問”。包山簡門，姓氏。古璽門，城門。

《戰國古文字典》頁 1365

○**李零**（2002）　（編按：上博二・容成38）《竹書紀年》有桀“立玉門”之説。簡文“閏”可能是表示玉門的專用字。

《上海博物館藏戰國楚竹書》（二）頁 280

△**按**　　上博二・容成 38 簡文“立爲玉閏（門）”，“門”以特殊語境而益以“玉”旁作“閏”，爲玉門之專造字。

【門士】璽彙 2662

○**羅福頤等**（1981）　　《説文》所無。《玉篇》：“閏，直開也。”

《古璽文編》頁 285

○**施謝捷**（1998）　　門士。

《容庚先生百年誕辰紀念文集》頁 648

○**何琳儀**（1998）　　閏，從門，土聲。《康熙字典》：“閏，直開也。”古璽閏，姓氏。

《戰國古文字典》頁 529

△**按**　原作𦣞，閒隙較大，當作兩字看待爲宜。施氏釋“門士”，可從。戰國文字“士、土”形近易混。“門士”應是複姓。

【門和】璽彙 4000

○**羅福頤等**（1981）　　門和。

《古璽彙編》頁 368

○林素清（1990）　門和合文作🈺。《彙》4000“門和狄”。

《金祥恆教授逝世周年紀念論文集》頁 108

△按　“門和”應是複姓。

【門膚】九店 56・20

○李家浩（2000）　“爲”下二字有不同程度的殘泐。第一字過去曾釋爲“邦”，非是；從殘存筆畫看，實是“門”字，可與下二八號簡“門行”之“門”比較。雲夢秦簡《日書》甲種八六正壹有“爲門”語，“門”之前冠以“爲”字，與此同。第二字似是“膚”字。“膚”“呂”音近古通。例如山東古國“莒”，筥侯簠作“䢈”，古地名“閭丘”之“閭”，閭丘戈作“鄙”（參看王國維《觀堂集林》卷一八《王子嬰次盧跋》），疑簡文“門膚”應當讀爲“門閭”。《淮南子・時則》“禁外徙，閉門閭，大搜客”，高誘注：“門，城門也；閭，里門也。”

《九店楚簡》頁 75

△按　　“門膚”李家浩讀“門閭”，甚確。可參看“閭”字條。

閨　閨

🔲上博三・周易 52　🔲上博四・柬大 9　🔲上博四・昭王 3

○濮茅左（2003）　（編按：上博三・周易 52）“閨”，讀爲“䦥”，傾頭門中視。《廣韻》：“䦥，小視。”

《上海博物館藏戰國楚竹書》（三）頁 207

○陳佩芬（2004）（編按：上博四・昭王 1）“閨”，指宮中之小門，即閤門。《楚辭・九思・逢尤》：“念靈閨兮，隩重深。”王逸注：“閨，閤也。”

《上海博物館藏戰國楚竹書》（四）頁 183

○濮茅左（2004）　（編按：上博四・柬大 9）“閨”，通“圭”。《説文・門部》：“閨，特立之户，上圜下方，有似圭。從門，圭聲。”《左傳・襄公十年》：“篳門閨竇之人而皆陵其上。”《經典釋文》：“閨，音圭，本亦作圭。”“晶閨”即“三圭、三珪、三旌”。《楚辭・大招》“三圭重侯，聽類神祇”，王逸注：“三圭謂公、侯、伯也。公執桓圭，侯執信圭，伯執躬圭，故言三圭也。”諸侯之三卿，因其車服各有旌別，故也稱“三旌”。

《上海博物館藏戰國楚竹書》（四）頁 203

△按　　《柬大》篇之“閨”當讀如字，不應讀“圭”。文云：“王夢三，閨未啟。”

斷句參陳斯鵬《〈東大王泊旱〉編聯補議》（簡帛研究網 2005 年 3 月 10 日）。

閈 閈

集成 2840 中山王鼎

○**朱德熙、裘錫圭**（1979）　疑當讀爲“閑”。《爾雅·釋詁》：“閑，習也。”

《朱德熙古文字論集》頁 103,1995；原載《文物》1979-1

○**張政烺**（1979）　閈字見《説文》，義爲閭里之門。毛公鼎“率懷不廷方，亡不閈于文武耿光”，用法與此同，疑讀爲衍。《爾雅·釋詁》：“衍，樂也。”

《古文字研究》1，頁 223

○**趙誠**（1979）　閈從干聲，郭沫若同志以爲與天字通借。《廣雅》：“天，明也。”

《古文字研究》1，頁 254

○**李學勤、李零**（1979）　第八行閈字，讀爲貫。《爾雅·釋詁》：“習也。”“貫於天下之物”，意即嫻習世閈的事務。

《考古學報》1979-2，頁 155

○**于豪亮**（1979）　閈與閑同爲元部字，故閈得讀爲閑，《爾雅·釋詁》：“閑，習也。”

《考古學報》1979-2，頁 172

○**徐中舒、伍仕謙**（1979）　閈，同幹，《易·乾卦》：“貞固足以幹事。”謂堪任其事。勿即物，事也。閈於天下之物，謂堪任天下之事。

《中國史研究》1979-4，頁 89

○**張克忠**（1979）　閈，假借爲扞，此句意爲天下無比。

《故宮博物院院刊》1979-1，頁 40

○**商承祚**（1982）　閈，非門垣之閈，當用爲捍禦字，毛公厝鼎：“閈于文武耿光。”即此意。

《古文字研究》7，頁 48

○**何琳儀**（1984）　閈，《廣雅·釋詁》二訓“居”，以之釋毛公鼎“亡不閈于文武之耿光”，於義符洽，舊釋扞、天均非是。

　　本銘閈，徐中舒、伍仕謙讀幹是對的。按閈、幹音同。《楚辭·招魂》“去君之恆幹”，王逸注“或作恆閈”是其證。然則本銘“閈……勿”可讀“幹……

物”,與典籍“幹……事”同義。《易·乾》“貞固足以幹事”,疏:“言君子能堅固貞正,令物得正,使事皆幹濟。”《易·蠱》“幹父之蠱”,注:“幹父之事,能承先軌,堪其任也。”《類篇》:“幹訓能事,今俗猶有能幹之語。”本銘“閈於天下之物矣”,猶“堪任天下之事”。

《史學集刊》1984-3,頁 5

○**湯餘惠**(1993)　閈,通嫺,通曉,嫺習。

《戰國銘文選》頁 33

△**按**　《説文》云:“閈,門也。从門,干聲。汝南平輿里門曰閈。”中山王鼎的“閈”顯然非用其本義。諸説中當以讀“嫺”爲最確,古書中也用“閑”來表示這個詞,故讀“閑”亦無不可。

閭 閭

璽彙 5330　十鐘　珍秦金吴 163 五年邢命戟

○**羅福頤等**(1981)　閭。

《古璽文編》頁 285

○**吳振武**(1983)　5330閭·閭。

《古文字學論集》(初編)頁 524

○**何琳儀**(1998)　《説文》:“閭,里門也。从門,吕聲。”古璽閭,待考。

《戰國古文字典》頁 567

△**按**　戰國文字“閭”所从“吕”或帶下引筆畫,與“邑”混同。

閹 閹

睡虎地·日乙 88 叁　金薤·書

△**按**　《説文》:“閹,里中門也。从門,臽聲。”睡虎地秦簡“天閹”,也作“天臽”,詳參卷一“天”字條。

闐 闐

睡虎地·秦律 147

○**睡簡整理小組**（1990）　闠（音會），市的外門。

《睡虎地秦墓竹簡》頁 54

△**按**　《説文》：“闠，市外門也。从門，貴聲。”《睡虎地·秦律》147：“春城旦出徭者，毋敢之市及留舍闠外。”正用本義。

闕　闕

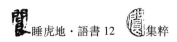珍秦 139

○**何琳儀**（1998）　《説文》：“闕，門觀也。从門，欮聲。”秦璽闕，姓氏。闕黨童子之後。見《風俗通》。

《戰國古文字典》頁 906

閬　閬

睡虎地·語書 12　　集粹

○**睡簡整理小組**（1990）　阬（音坑）閬（音浪），高大的樣子。

《睡虎地秦墓竹簡》頁 16

△**按**　《説文》：“閬，門高也。从門，良聲。巴郡有閬中縣。”秦印閬，人名。《睡虎地·語書》12：“阬閬强伉以視（示）强。”“阬閬”疑與後世“伉浪、伉俍”爲同一個詞的不同寫法，有豪放肆率之意。

鬭　鬭　閗　開

聖彙 4091　　陶彙 3·1222　　郭店·語三 42

集成 2840 中山王鼎　　集成 9735 中山王方壺

新探 122　　集成 11063 太歲戈

○**俞偉超**（1963）　（編按：太歲戈）戚銘四字，讀如“大武開兵”。“兵”疑指此銅戚。第三字不識，轉寫爲“開”，疑爲指明銅戚用途之字。“大武”則係周代祭

祀先祖的一種樂舞。

《考古》1963-3,頁 153

○**馬承源**（1963） （編按:太歲戈）按此字從門從☒,☒即共字,金文中"牧共簋"之共字作☒,"畬肯簠"作☒,"畬志盤"作☒,此作☒,字形全同,則當隸定爲闋字。闋字從門共聲,此處疑是栱字的假借。《爾雅·釋宮》:"樴謂之杙,在牆者謂之楎,在地者謂之臬;大者謂之栱,長者謂之閣。"前者係指杙所在地的名稱,後者係指大杙和長杙的名稱。杙就是櫱,《説文》:"櫱,弋也,從木厥聲,一曰門梱也。""弋,櫱也,象折木衺銳著形。"弋杙一字,可見杙類是一種銳利的木具。凡杙之施於門者,其字可從木從門兩寫,如門梱之梱作閫,門臬之臬作闑,《説文》:"格,木長貌。"門辟旁之木是長櫱,故從門作閣,"長者謂之閣"即是。因此,門之大杙稱之爲栱的,其字亦可從門作闋,它是栱字的演化。但銘中之闋字應假借爲栱字。《太平御覽》卷三三七引張揖《埤蒼》曰:"栱,大杙也。"杙類銳利,可以爲擊抉的工具,《左傳》襄十七年,"以杙抉其傷而死",即是例子。

《考古》1963-10,頁 562

○**張政烺**（1979） （編按:中山王壺）《説文》闢之古文作☒,與此相似。此讀爲辟,君也。

《古文字研究》1,頁 214

○**于豪亮**（1979） （編按:中山王壺）闢讀爲辟,《爾雅·釋詁》:"辟,君也。"

《考古學報》1979-2,頁 178

○**商承祚**（1982） （編按:中山王鼎）闢,《説文》古文作☒,象用兩手開門形,金文有從☒從☒兩體,形異意同,此從☒,所向不同,意則一也。

　　闢,《説文》"開也"。引虞書（《尚書·舜典》）作☒,金文皆如此作,象啟門之形。古闢、避通用。《孟子·離婁上》"田野不辟",《離婁下》"辟草萊,任土地者次之",用作闢。《禮記·儒行》"内稱不辟親,外舉不辟怨",用爲避。《爾雅·釋詁一》:"林、烝、天、地、皇、王、后、辟、公、侯,君也。"辟用爲君的本義字。此闢借爲人君之辟,第十五行同。第三十行"創闢封疆"之闢,則爲本意。

《古文字研究》7,頁 57、65

○**黄錫全**（1983） （編按:太歲戈）戚内上銘文四字,分兩面列於内穿旁。此四字的順序，目前有三種讀法，一爲"兵闢大武"，一爲"大武弄兵"，一爲"大武兵闢"。或謂"𨳿"字從門從共，當隸定爲闢，疑是拱字的假借。此器銘文釋讀的順序，我們同意第二種讀法，正面（有"大武"一面）應從右至左讀，背面應從左至右讀。第三字不是關字，古文字中的關與此不類。金文中弄字作𠬻（智君子鑑）、𠬻（戰國杕氏壺）等形，卻無一例作𦥑形，也未見有從門從弄之字，故不能釋爲弄。甲骨文、早期金文的共字雖然有的形體與𦥑形類似，但它們都是屬於商或春秋以前的形體，戰國銅器的共字則作𦥑（會肯鼎）、𦥑（但勺）、𦥑（布貨）等形。所從之𦥑似不能脱離"門"這一形符而單獨説解，"兵拱"一詞於典籍無證，令人費解。

1972 年，山東海陽出土了一批齊國刀幣，其中有兩枚"節鄲之法化"的背文作"𨳿封"（見圖 2）（編按：圖略，下同），朱活先生説：此字"在門閜多一'〇'字，這在齊刀具文中首次發現"。以歷年來已發現並著録的齊國刀幣背文有作"𨳿封"者例之（見圖二），"𨳿封"與"𨳿封"無疑是同例語即"闢封"。朱先生又指出"節鄲刀化背文模鑄'闢封、安邦'就是紀念齊靈公開闢疆土，安定邦國的紀念幣"。我們認爲，"大武𨳿兵"之"𨳿"，與上舉齊刀背文从"〇"之"闢"，字形基本吻合，應是一字。

闢本來是一個會意字，象兩手推左右門扇而啟之形，所以與開同義。《説文》："闢，開也。"隨着時間的推移和文字的不斷演化，闢字所從之𦥑逐漸蛻變作𦥑形，甚至作𦥑形。如盂鼎闢作𨳿，中山王方壺作闢，古缶文作闢，齊刀作𨳿，《汗簡》作闢。古文字中𦥑與𦥑兩個偏旁有時可以互作，如甲骨文羍字作𡏳（甲 1403）、𡏳（前 7·15·3），也作𡏳（前 6·61·2）、𡏳（柏 38），金文擇字作𥃝（子璋鐘），也作𥃝（陳眆簋），樊字作𦥑（樊尹鼎），也作𦥑（㫐弔樊鼎），是其例證。

闢字所以（編按："以"字疑衍）從之"〇"即"璧"之象形，如金文辟字作𨝗（毛公鼎），璧作𤩝（齊侯壺）。羅振玉説辟字"增〇乃璧之本字"。《説文》誤從口。"〇"在𨳿、𨳿字中不是義符，而是音符。門字内可加音符者，如門字本作門，中山王墓兆域圖則作閅，另加音符文。會義字另加音符者，如保字加音符缶（陳侯午錞），耤字加音符昔（令鼎），聖、聽古本一字，後加音符壬（編按："壬"爲"王"之誤排）（曾姬無卹壺），均其例證。《史記·六國年表》索隱：宋辟公"名辟兵"，《宋世家》索隱引《紀年》作"璧兵"。闢是會義字，後來變成從門、辟聲的形聲字，其演變關係應是：

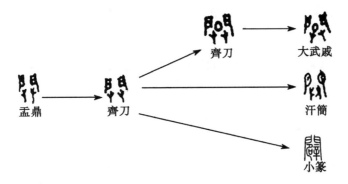

甲骨文中有辟無𨵿,金文辟、𨵿不混,典籍中𨵿、闢、辟、避音同字通。《書·舜典》"𨵿四門",《史記·五帝紀》作"辟四門"。《説文》門部作:"闢四門。"《荀子·議兵》:"辟門除塗以迎吾人。"注:"辟與闢同。"《周禮·閽人》"則爲之闢",《釋文》闢"避也"。《荀子·強國》:"負三王之廟而辟於陳蔡之閒。"注:"辟或讀爲避。"《左傳》昭公十七年"辟移時",《漢書·五行志下之下》作"避移時"。因此,"𨵿兵"可讀爲"辟兵"或"避兵"。

《江漢考古》1983-3,頁 47—48

○**俞偉超、李家浩**(1985)　　(編按:太歲戈)銅戈的銘文共四字,分別刻於内部兩面的心形穿孔左右:

a　𨵿　　众　　b　𡉚　　乂

(中略)先看 a 的左邊一字。齊國節墨刀幣背面常見如下二字:

𨵿　𡉚《奇觚室吉金文述》13.3

第一字是《説文》"闢"字的或體,第二字是《説文》"封"字的古文。"闢封"即戰國中山王鼎銘文"闢啟封疆"之意。1972 年山東海陽出土的節墨刀幣中,有二枚背文"闢封"之"闢"或寫作"𨵿"。這個形體與戈銘 a 左邊一字相同,當是一字。從節墨刀幣背文"闢封"這一個詞的異文來看,"𨵿"應當是"闢"字;但就字形而論,有可能是"開"字。

戰國古印文字"開"寫作"𨵿"。在戰國文字裏,圓點或用勾廓法寫成圓圈,而圓點又往往變作一橫。下録諸字即其例:

十　十 十 十《中山王響器文字編》3、4 頁

宝　宀 宀 宀《侯馬盟書》314 頁

夌　夌　"陵"字偏旁　鄂君啟節《考古》1963 年 8 期圖版捌

夌　江夌(陵)行宫大夫鉨《上海博物館藏印選》5.2,《古鉨文編》325.0164

如果把節墨刀幣背文和銅戈銘文的"開"字所從圓圈變爲圓點,再變爲一橫,便成爲上録古印文字的"開",也就是《説文》古文"開"所從出。

"開"與"關"(闢)形義俱近,故"開"字在古代或讀爲"闢"。《書·費誓·序》"東郊不開",陸德明《釋文》:"開,舊讀皆作'開',馬本作'闢'。"山東臨沂銀雀山漢墓竹簡 730 號:"罰令者,抶盜賊,開詗詐,僞人而殺之……""抶盜賊"即答擊盜賊。《漢書·揚雄傳》"梢夔魖而抶獝狂",顔師古注:"抶,笞也。""開詗詐"與"抶盜賊"對言,"開"字無論就其本義還是引申義來理解,在這裏都講不通。其實簡文"開"應當讀爲"闢"。《荀子·解蔽》"是以闢耳目之欲",楊倞注:"闢,屏除也。"《周禮·地官·司市》"以賈民禁僞而除詐",簡文"詗闢詐"正與此"除詐"同義。於此當可證明古代"開"字確有"闢"音,故節墨刀幣背文"闢封"或作"開封"。據銅戈銘文文義,"開"字也應當讀爲"闢"。

(中略)《孫子兵法·計》:"兵者,國之大事……"戈銘"兵"字用法與此同,蓋指軍事、戰爭。前面我們已經説過,"開"字古有"闢"音。據戈銘文義,"開"也應當讀爲"闢"。"闢"同"避",如《周禮·天官·閽人》:"凡外内命夫命婦出入,則爲之闢。"陸德明《釋文》:"闢,……避也。"《論衡·難歲》:"移徙者雖避太歲之凶,猶觸十二神之害。"此以"避太歲"連言,與戈銘同;《四時纂要》正月:"道:黄子爲青龍,丑爲明堂,辰爲金匱,巳爲天德,未爲玉堂,戌爲司命。凡出軍……出其下,即得天福,不避將軍、大(太)歲……"文義又正與戈銘相反,皆可參證。

《出土文獻研究》頁 138—141

○何琳儀(1998) 闢,金文作𨴥(盂鼎)。从門从𢍌,會雙手開門之意。𢍌亦聲。闢,並紐;𢍌,滂紐;均屬脣音。闢爲𢍌之準聲首。闢,闢之初文。或作𨴲(伯闢簋),𢍌訛作奴形。戰國文字承襲金文,𢍌亦作奴形。或於奴下加一,奴中加=爲飾。或於門内加○(璧之初文)爲音符,參辟字从○。《説文》:"闢,開也。从門,辟聲。𨳈,《虞書》曰,闢四門。从門从𢍌。"(中略)

中山王方壺"乎闢、闢光"之闢,讀辟。《爾雅·釋詁》:"辟,君也。"

大武戈"闢兵",讀"辟(避)兵"。《文子·上德》:"蟾蜍辟兵。"《風土記》:"荊楚人午日,以五綵絲繫臂,辟兵鬼氣,一名長命縷,有古人遺意爾。"

《戰國古文字典》頁 775—776

○**荊門市博物館**(1998) (編按:郭店·語三 42)闢(避?)。

《郭店楚墓竹簡》頁 211

○劉釗（2003）　（編按：郭店・語三 42）關（辟）。

《郭店楚簡校釋》頁 218

【關封】

【開封】幣文

○鄭家相（1958）　文曰闢封，取開闢封土之義。《古泉匯》釋邦，謂："開邦者，乃開創時所鑄，邦字與建邦刀同，爲齊製無疑。"然建邦刀邦字從邑，此不從邑，篆法全異，安得謂之相同耶。且節墨刀背有著安邦者，邦字亦從邑，與建邦刀相同，與此亦大異，豈同一時期與地點所鑄之刀化，文字而有兩種篆法耶。可決其非邦字矣。《癖談》釋開封，謂："齊滅宋，開封爲齊有，故刀文勒之。"封字篆文甚合，而以開封爲地名則非。蓋開封爲鑄行布化之區，去即墨又甚遠，一刀安能勒二地名耶。近今丁福保改釋闢封，闢字引《説文》"《虞書》曰：闢四門。從門從廾"爲證。其説甚是。闢封者，開闢封土之義。蓋齊滅即墨，占有其土地，鑄刀勒此二字爲背文，乃自祝其開闢封土也。

《中國古代貨幣發展史》頁 80

○朱活（1980）　歷年來已發現並著録的各種齊刀背文有（中略）等五十二種，看來也是紀數、天象、五行、吉語等，但沒有尖首刀化或空首布錢文字那樣齊全。其中背文闢封、安邦是別種刀布文字所沒有的。特別是海陽出土的節墨之法化中有二枚背文"🉐封"，在門閒多一"〇"字，這在齊刀背文中是首次發現。此字不見字書，也不見他器，應爲幣文的專用字。

　　節墨就是即墨，在今山東平度東南，《玉海》引《郡縣志》："故城臨墨水，故曰即墨。"春秋時本爲萊國之棠地。齊靈公十五年（前 567 年）滅萊，地入於齊。節墨刀化背文模鑄"闢封、安邦"，就是紀念齊靈公開闢疆土，安定邦國的紀念幣。因爲是紀念幣，所以後世遺存絶少。

《文物》1980-2，頁 64

○孫敬明、王桂香、韓金城（1987）　節墨刀之背面所鑄"開封"兩字，即開拓封疆之意。與戰國時期諸侯相兼、崇尚吞併的風氣相呼應。這兩字，前或釋爲"闢邦"，或釋爲"闢封"。其"封"字已無疑議，但前者則或"開"或"闢"各執一詞。1972 年 10 月，山東海陽縣小紀莊鄉汪格莊村出土一千八百餘枚齊刀幣，其中，節墨刀二十九枚，背文"開封"之"開"作"🉐"形者二，釋之爲闢者，以此爲新證，彌縫舊説。對此"門"內兩手所托之"口"，或以爲象璧、日形，釋爲"闢"，是會意兼形聲字，不確。古文字中從"口"與否每無別。這種現象在戰國齊文字中亦較顯明，並且"口"作方或圓形亦無別。再者，節墨刀背文作

""者恆見,作""者僅二,本不從"口"。依據齊陶文、璽印、貨幣文字綴加"口"的特點,推斷門中之"口",當屬此例。"口"果非綴加,其只能是"一"畫的變異,與璧、日無涉。所以,只能是"開"字。

《中國錢幣》1987-3,頁 25

○ **何琳儀**(1998)　齊刀"闢封",讀"開封"。開古文作,與闢形義均近。《逸周書·祭公》:"大開封方于下土。"

　　燕璽"闢邦",讀"開封"。

《戰國古文字典》頁 776

【闢啟】_{中山王鼎}

○ **廖序東**(1991)　闢啟　中山王䁐鼎:"闢啟封疆。"《説文》:"闢,開也。"《文選·東京賦》"武有大啟土宇",薛綜注:"啟,開也。""闢啟"同義並列成詞。"闢啟封疆"乃開拓疆土之意。

《中國語言學報》4,頁 166

△**按**　《郭店·語三》42—43 云:"或繇(由)亓(其)闢(闢),或繇(由)亓(其)不聿,或繇(由)亓(其)可。""闢(闢)"字讀"避"讀"辟"均難解通文意,闕疑待考。"闢"字的構形此暫從黃錫全説。但不完全排除是"興"字訛體的可能性。《清華大學藏戰國竹簡(叄)·芮良夫》"繈"(繩)字寫作,可以參考。幣文"興封(邦)",戈銘"興兵",亦通。

開　闢

睡虎地·日甲 14 正貳　　睡虎地·日乙 134　　上博 8

○ **何琳儀**(1998)　開,從門從収,會雙手開門之意。(疑門之省,參門字。)収亦聲。開,溪紐;収,見紐。見、溪均屬牙音,開爲収之準聲首。小篆訛作闢,聲化從开。闢,溪紐;开,見紐。見、溪均屬牙音,闢爲开之準聲首。《説文》:"闢,張也。從門從开。闢,古文。"

　　齊璽"開方",人名。《史記·齊世家》:"公曰,開方如何。對曰,倍親以適君,非人情難盡。"

　　睡虎地簡"開日",秦除日名。

《戰國古文字典》頁 1199

閟 閟

九店 56・60　　郭店・老乙 13　　郭店・語四 4　　上博六・用曰 3

○**李家浩**（2000）　"【朝】閟夕啟"，秦簡《日書》乙種子之占辭作"朝啟夕閉"，其上缺文作"子以東吉，北得，西聞言兇（凶）"。按本組簡屢言"朝閟夕啟"或"朝啟夕閟"，秦簡"閟"皆作"閉"。"閟""閉"音近古通（參看高亨《古字通假會典》591 頁）。簡文"閟"與"啟"對言，當據秦簡讀爲"閉"。

《九店楚簡》頁 119

△**按**　《説文》："閟，閉門也。从門，必聲。《春秋傳》曰：閟門而與之言。"疑"閟"即"閉"之異體。

閒 閒 閉 閞

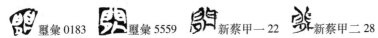

陶彙 5・361　　睡虎地・語書 2　　睡虎地・秦律 126　　香續二 56

郭店・語三 27　　璽彙 3050　　璽彙 2075

璽彙 0183　　璽彙 5559　　新蔡甲一 22　　新蔡甲二 28

○**羅福頤等**（1981）　《説文》古文作閞，曾姬無卹壺作閞，與璽文形近。

《古璽文編》頁 283

○**張世超、張玉春**（1985）　《睡虎地秦墓竹簡・語書》曰："古者民各有鄉俗，其所利及好惡不同，或不便於民，害於邦。是以聖王作爲法度，以矯端民心，去其邪避（僻），除其惡俗。法度未足，民多詐巧，故後有閒令下者。"

文物出版社 1977 年版線裝本釋文云："閒，空隙……閒令，是補充法律的詔令。"

該社 1978 年版平裝本釋文又云："閒，讀爲干，《淮南子・説林》注：'亂也。'"

以上二説，均未得簡文中"閒"字之旨。從古文字的字形看，"閒"字象門縫閒透進月光來。"閒隙"應是此字的本義。用在人事方面，則指政治上的疏漏，行爲上的過失。

《荀子・強國》："如是，百姓劫則致畏，嬴則敖上，執拘則最，得閒則散，敵中則奪。”

是説:百姓被强制的政策聚合在一起,一發現你的疏失,他們就散了;敵人來打,就會被敵人爭奪過去。

在政治鬥爭中,人們往往要尋找對手的疏漏、過失——“閒”。

《荀子·王制》:“伺疆大之閒,承疆大之敝,此疆大之殆時也。”

“閒”字如被用在動詞的位置上,本身就又含有了動詞“伺”之義。

《左傳·莊公八年》:“連稱有從妹在公宮,無寵,使閒公。”杜注:“伺公之閒隙。”又《左傳·莊公十五年》:“秋,諸侯爲宋伐郳,鄭人閒之而侵宋。”也是説,鄭人窺測到其閒隙,乘機侵宋。

《墨子·備梯》:“古有兀術者,内不親民,外不約治,以少閒衆,以弱輕强,身死國亡,爲天下笑。”

“以少閒衆”是説以人口少之國家,窺測人口多的國家之隙,圖謀進攻之意。

詞義引申一些,則探聽對方虚實皆叫“閒”。如:

《墨子·非儒下》:“有頃,閒齊將伐魯。”

意思是:不久,打聽得齊國將要伐魯。

後來,“閒”字成爲軍事上的專用術語,派去打探消息的人叫“閒者”,或就叫“閒”(這就是後代説的“閒諜”)。《孫子兵法》中有《用閒篇》。

綜上所述,“閒”由“閒隙”義活用而獲得“伺某之隙”義,又引申爲“探聽虚實”,再演變爲軍事術語:“刺探”和“刺探情報的人”。

簡文中的“閒”用的正是“伺某之隙”義。“故後有閒令下者”意思是:“因此,後來有人在法令下來時,便窺伺其隙。”用現在的話説,即準備鑽法令的空子。這與前面“法律未足”正好照應。

《古籍整理研究學刊》1985-3,頁 31—32

○**睡簡整理小組**(1990)　(編按:睡虎地·語書2)閒,讀爲干,《淮南子·説林》注:“亂也。”

(編按:睡虎地·日甲16正貳“可以築閒牢”)閒,讀爲閑,《漢書·百官公卿表》注:“閑,闌,養馬之所也。”

《睡虎地秦墓竹簡》頁 14、183

○**陳偉武**(1998)　《語書》:“法律未足,民多詐巧,故後有閒令下者。”(中略)今按,訓“亂也”近是,讀爲“干”則非。“閒”應如字讀,本指閒隙,引申指阻隔、離析,如《國語・晉語一》:"且夫閒父之愛而嘉其貺,有不忠焉。"又引申指阻撓、擾亂,如《左傳・定公四年》:"管蔡啟商,惎閒王室。"孔穎達疏:"惎,毒;閒,亂。"故簡文所謂"閒令下者"即指阻撓、擾亂法令向下傳達的人。

《中國語文》1998-2,頁142

○何琳儀(1998)　閒,金文作𦟝(㜪簋)。从門从月,會月光從門閒隙照入之意。月亦聲。閒,見紐元部;月,疑紐月部。見、疑均屬牙音;月、元入陽對轉。閒爲月之準聲首。戰國文字移月於門内。《説文》:"閒,隙也。从門从月。𨳽,古文閒。"

　　兆域圖閒,中閒。

《戰國古文字典》頁912

　　閞,从門,外聲。閒之繁文。閒,見紐元部;外,疑紐月部。見、疑均屬牙音,月、元入陽對轉。

　　楚璽"某閞",地名。閞疑爲地名後綴。参曾姬無卹壺"蒿閒"、包山簡"鄙𨛠"。

《戰國古文字典》頁914

○王貴元(2001)　(編按:睡虎地・語書2)"閒令"當是一詞,同類詞有"閒色、閒祀、閒維、閒壤"等。《禮記・玉藻》:"衣正色,裳閒色。"孔穎達疏:"皇氏云:'正謂青、赤、黄、白、黑五方之正色也;不正謂五方閒色也,緑、紅、碧、紫、騮黄是也。'"陸德明《釋文》:"閒,閒廁之閒。"閒色,指正色之閒的顏色。《周禮・春官・司尊彝》:"凡四時之閒祀追享、朝享,祼用虎彝、蜼彝,皆有舟。"鄭玄注:"謂四時之閒,故曰閒祀。"閒祀,《漢語大詞典》:"謂四時正祭之閒的祭祀。"《楚辭・遠遊》:"歷玄冥以邪徑兮,乘閒維以反顧。"閒維,《漢語大詞典》:"指天地之閒。"《管子・乘馬數》:"郡縣上臾之壤守之若干,閒壤守之若干,下壤守之若干。"郭沫若等集校引陳奐曰:"閒,猶中也。"閒壤,指上等地與下等地之閒的土地。"閒令"之"閒",與"閒色、閒祀、閒維、閒壤"之"閒"義同,都用其本義閒隙,閒令即指補充法律不足(空隙)的命令。秦漢時代,令與法律具有同等效力,但法律是預先制定的,具有穩定恆久的特點,而令是應時的,是隨時閒、事件的需要而下達的,是對法律的補充,彌補法律滯後而又不能隨時變更的缺陷。"法律未足,民多詐巧,故後有閒令下者",義爲"既定的法律不太完備,民衆狡詐往往鑽法律之空,所以後來就有補充法律未備的詔令的下達"。詔令具有同法律一樣的效力,故下文並言"法律令"。法律未足與民多詐巧是"令"產生的原因,所以原文用"故"字。同時在引文所在的《語書》全部敘述中，“故後有閒令下者”一句之前用“法律”一詞，之後六用“法律令”，不再用“法律”，無疑可以證明此句講的正是“令”的產生。陳偉武先生在《睡虎地秦簡覈詁》一文中提出，“閒”引申有阻撓、擾亂義，不必讀爲“干”，“‘閒令下者’即指阻撓、擾亂法令傳達的人”。此解雖似比原注更顯合理，但仍未解決根本問題：其一，若依此説，簡文“故後有”的“後”字不當有，也就是“後”字解釋不通；其二，若依此説，則“法律未足，民多詐巧，故後有閒令下者”一句與“今法律令已具矣，而吏民莫用，鄉俗淫失（泆）之民不止”等句語意矛盾，前句説有令不行是因爲法律未備，後句卻明言法律令已完備了，惡習仍未停止。

《中國語文》2001-4，頁 377—378

○**王子今**（2003）　（**編按**：睡虎地·日甲 16 正貳“可以築閒牢”）釋“閒”爲“闌”，則可以與漢代古籍中所謂“闌牢”相印合。如《鹽鐵論·後刑》：“民陷於網，從而獵之以刑，是猶開其闌牢，發以毒矢也，不盡不止。”《漢書·賈誼傳》：“今民賣僮者……内之閑中。”顏師古注：“服虔曰：‘閑，賣奴婢闌。’”也可以看作旁證。

《睡虎地秦簡〈日書〉甲種疏證》頁 61—62

△**按**　“閒”本从門、月會意，戰國文字或易“月”爲“夕”（“夕”亦“月”也），楚文字中“夕”旁或增“卜”而爲“外”，遂變爲聲符，此體即《説文》古文所本。“閒”又變作“閈、刐”，見本卷“閈”字條。

閼 閼

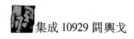
集成 10929 閼輿戈

○**陶正剛**（1994）　“閼”字从門从於；金文“於”同“烏”。毛公鼎作“🐦”，沈子簋作“🐦”，禹鼎作“🐦”，齊鎛作“🐦”。《説文》作“🐦”，段注：“此即今之於字也。”説明春秋以前“於”字俱作“烏”，戰國末期逐步演變爲“於”字。此戈上閼字已使用“於”，説明戈的時代稍晚了。

《文物》1994-4，頁 85

○**何琳儀**（1998）　《説文》：“閼，遮擁也。从門，於聲。”閼輿戈“閼輿”，地名。《史記·秦本紀》昭襄王“三十八年，中更胡陽攻趙閼輿”。在今山西和順。

《戰國古文字典》頁 441

【閼輿】睡虎地、閼輿戈

○**睡簡整理小組**（1990）　鬮（音煙）輿，趙地，今山西和順。《史記·秦本紀》載此年趙奢敗秦軍於鬮輿。

《睡虎地秦墓竹簡》頁 9

○**陶正剛**（1994）　鬮輿，戰國時地名，文獻作“閼與”。《史記·趙世家》引《括地志》：“閼與，聚落，今名烏蘇城，在潞州銅鞮縣西北二十里。又儀州和順縣城，亦云韓閼與邑。二所未詳。”《水經注》：“梁榆城，即閼與故城。”《後漢書·郡國志》：“涅有閼與聚。”今山西晉東南地區沁縣烏蘇村附近有戰國古城和墓葬區，相傳爲閼與城所在地。

閼與初爲韓國城邑，後爲趙地。《史記》載趙惠文王二十九年（前 270）：“秦、韓相攻，而圍閼與。趙使趙奢將，擊秦，大破秦軍閼與下。”秦昭王三十八年：“中更胡陽攻趙閼與，不能取。”說明此時閼與屬趙地。前 236 年併入秦地。

《文物》1994-4，頁 85

△**按**　秦簡“鬮”墨迹殘損嚴重，據照片難以辨認。戈銘亦有殘泐，從字形看，也有可能應釋“鬮”。“鬮”从“旅”聲，與“鬮”音近可通。參看本卷“鬮”字條。

閽　閽

閽璽彙 1206

○**丁佛言**（1924）　古鉢“牛閽”。

《説文古籀補補》頁 51，1988

○**何琳儀**（1998）　《説文》：“閽，門聲也。从門，曷聲。”晉璽閽，人名。

《戰國古文字典》頁 902

闌　闌

闌睡虎地·答問 48　　闌睡虎地·答問 139　　陶彙 5·365

集成 2811 王子午鼎　　故宮博物院院刊 2004-4，頁 70 王廿三年家丞戈

○**何琳儀**（1998）　《説文》：“闌，門遮也。从門，柬聲。”《正字通》：“闌，俗从東。”

秦陶“闌陵”,讀“蘭陵”,地名。《漢書・地理志》東海郡“蘭陵”,在今山東棗莊東。或説“闌陵”地名,應在秦之舊地,具體地望待考。

《戰國古文字典》頁 1000

【闌陵】陶彙 5・365

○袁仲一(1987)　《史記・荀卿列傳》記載,春申君曾以荀卿“爲蘭陵令”,後“因家蘭陵”,“而卒因葬蘭陵”。可見蘭陵本楚置,秦、漢沿襲未改。故城在今山東蒼山縣西南蘭陵鎮。

《秦代陶文》頁 32

【闌闌】王孫遺者鐘

○鄭剛(1996)　王孫遺者鐘“闌闌和鐘”(“和”字從禾從龠,金文多如此,爲打印方便,本文一律寫爲“和”),“闌闌”與“閑閑”同,《周易・大畜》“曰閑車衛”,“閑”字馬王堆出土帛書本《周易》作“闌”可證。《廣雅・釋訓》:“閑閑,盛也。”形容鐘在數量和聲音上的盛貌。

《中山大學學報》1996-3,頁 111

閉　閇

睡虎地・秦律 196　　　 睡虎地・日甲 72 背　　　 集成 10374 子禾子釜

○何琳儀(1998)　閉,金文作𨳲(豆閉簋)。從才從門,會以橫木關門之意。(才同材。《左・哀二》“駕而乘材”,注:“材,橫木。”)門亦聲。閉,幫紐;門,明紐。幫、明均屬脣音,閉爲門之準聲首。戰國文字承襲金文。《説文》:“閉,闔門也。從門,才所以距門也。”

睡虎地簡“閉門户”,關閉門户。《左・襄十七》:“重丘人閉門而詢之。”《孟子・離婁》下:“雖閉户可也。”

《戰國古文字典》頁 1105

○陳秉新、李立芳(2004)　閉,《説文》篆體作𨳲,解云:“闔門也。從門,才所以距門也。”按:才訓“草木之初”,非距門之物,許説非是。金文作𨳲(豆閉簋)、𨳲(子禾子釜)等形,從門,十聲,十,古文七。七和閉,古音在質部。小篆訛爲從門從才,許氏遂誤認形聲爲會意。

《説文學研究》1,頁 98—99

關 闗

睡虎地・秦律 97　　睡虎地・答問 140　　集粹

【關市】睡虎地・秦律 97

○**睡簡整理小組**(1990)　關市,官名,見《韓非子・外儲説左上》,管理關和市的税收等事務。《通鑑・周紀四》胡注認爲關市即《周禮》的司關、司市,"戰國之時合爲一官"。此處關市律係關於關市職務的法律。

《睡虎地秦墓竹簡》頁 42—43

閹 閹

集粹

△**按**　《説文》:"閹,豎也。宫中奄閹閉門者。从門,奄聲。"

闟 闟

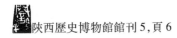

陝西歷史博物館館刊 5,頁 6

○**王輝**(1998)　"闟"字在秦文字中此爲首見。《説文》:"闟,妄入宫掖也。从門,絲聲。讀如闌。"段玉裁注:"……《漢書》以闌爲闟字之假借。《成帝紀》:'闌入尚方掖門。'應劭曰:'無符籍妄入宫曰闌。'"依許、段之説,後世文獻通用闌。但闌的本義是門欄。《説文》:"闌,門遮也。"闌亦見睡虎地秦墓竹簡《法律答問》:"未出徼闌亡。"

《陝西歷史博物館館刊》5,頁 3

△**按**　陶文"咸闟"爲地名。

閲 閲

睡虎地・答問 164　　睡虎地・爲吏 22 叁

○**睡簡整理小組**（1990）　閱，檢閱。《玉篇》：“簡軍實也。”

　　閱，讀爲穴，參看《説文》段注。矢穴，當指城上射箭用的穴口。

《睡虎地秦墓竹簡》頁 132、171

△**按**　《説文》：“閱，具數於門中也。从門，説省聲。”小徐本作“从門，兑聲”，是。

闊（濶）闛

闛集成 10478 中山兆域圖

○**徐中舒、伍仕謙**（1979）　濶，同摑。《説文》：“摑，搤持也，謂持革煩摑之。”煩摑，漢人常用語，謂兩手相摩娑也。

《中國史研究》1979-4，頁 95

○**何琳儀**（1998）　闛，从門，洦聲。（洦，从水，丙聲。）闊之異文。《説文》：“闊，疏也。从門，㓞聲。”㓞與丙（讀若誓）均屬月部字。㓞隸古定作舌，與“舌兒”之丙亦易混。故戰國文字以闛爲闊。

　　兆域圖“闛閽”，讀“闊狹”。《史記·天官書》：“大小有差，闊狹有常。”

《戰國古文字典》頁 930

閔 閺

閔璽彙 2563　閔璽彙 3075　門璽彙 3498　閔璽彙 1674　閔集成 10478 中山兆域圖

○**張克忠**（1979）　內宮垣、中宮垣前面正中有門名“閔”。《説文》：“閔，弔者在門也。”

《故宮博物院院刊》1979-1，頁 48

○**朱德熙、裘錫圭**（1979）　戰國文字多借“閔”爲“門”。

《朱德熙古文字論集》頁 107，1995；原載《文物》1979-1

○**陳直**（1981）　閔 臨潼秦始皇陵 續陶錄 一見（**中略**）按：此亦秦代板瓦，閔疑造陵工人之姓氏。

《摹廬叢著七種》頁 369

○**何琳儀**（1998）　閔，从門，文爲疊加音符。門之繁文。《説文》：“閔，弔者在門也。从門,文聲。𢁉,古文閔。"

燕璽"羊(絆)閔",讀"陽閔",複姓。

兆域圖閔,讀門。陵墓宮牆之門。

古璽閔,讀門,城門。

《戰國古文字典》頁 1365

△按 《説文》"弔者在門"云云,蓋以"閔"爲哀憫字。故徐鉉等曰:"今別作憫,非是。"然"閔"本爲"門"加"文"聲之繁文,則其表哀憫義乃是假借,益以"心"旁作"憫"者,才是專爲哀憫義而造,不得謂爲"非是"。

闖 闖

輯存 66　閖輯存 68

△按 《説文》:"闖,馬出門皃。从馬在門中。讀若郴。"

闤 闤

闤新收 1776 三年武陰令劍

△按 《説文》:"闤,市垣也。从門,瞏聲。"銘文中用爲人名。

閌 閌

閌秦陶 1071

○**何琳儀**(1998) 《説文新附》:"閌,閌閬,高門也。从門,亢聲。"秦陶閌,人名。

《戰國古文字典》頁 637

○**施謝捷**(1998) 秦始皇陵西側内外城之間建築遺址出土板瓦印文有:

　　A △1,《秦陶》拓本 1069、1071

此字《陶徵》漏引。袁仲一把它與 B(癸)混爲一字,也釋爲"癸"(《秦陶》字録 11 頁)。

𣥐 A	𣥐 B	門 C	門 D	閶 E	閉 F	關 G	闐 H
亢 I	亢 J	亢 K	亢 L	肮 M	阬 N	犺 O	亢 P

圖二

　　按 A、B 二字形構毫無相似之處,視其爲一字,顯然是錯誤的。我們認爲 A 應釋爲"閌",其所從"門"與睡虎地秦簡及時代可以早到秦漢之際的馬王堆帛書的"門"或"从門"相似:

　　　　C 睡虎地簡 20·197,《篆隸》843 頁

　　　　D 古地圖,同上

　　　　E 睡虎地簡 8·12,同上 845 頁"閶"

　　　　F 睡虎地簡 20·197,同上 847 頁"閉"

　　　　G 睡虎地簡 52·9,同上 848 頁"關"

　　　　H 睡虎地簡 33·25,同上 850 頁"闐"

　　而其所從"亢"則可與西周金文及秦漢文字裏的"亢"或從"亢"字進行比較:

　　　　I 矢尊,《金文編》706 頁

　　　　J 矢方彝,同上

　　　　K 蒼頡篇 26,《印徵》10、13

　　　　M 睡虎地簡 8·12,《篆隸》276 頁"肮"

　　　　N 睡虎地簡 8.12,同上 1036"阬"

　　　　O 蒼頡篇 42,同上 1085 頁"犺"

　　　　P 單仁亢印,《印徵》8·2"亢"

　　其中 I、J 二形和陶文 A 所從"亢"形構全同。由此可見我們釋 A 爲"閌",應該是正確的。

《考古與文物》1998-2,頁 68

閌

閌　璽彙 2625

○**何琳儀**（1998）　閶。

《戰國古文字典》頁 1530

○**湯餘惠等**（2001）　閱。

《戰國文字編》頁 784

△**按**　今暫隸定爲"閱"。

閱

⿱ 郭店・忠信 9

○**周鳳五**（1998）　古之行乎蠻貉者：蠻貉，《郭簡》不識，隸定作"閱嘍"而無說。按，閱，从又，門聲，古音明母文部；蠻，明母元部，二字雙聲，文元旁轉可通。嘍，从口，婁聲，古音來母侯部；貉，匣紐鐸部，二字旁對轉可通。《説文》："貉，北方貉，豸種也。"段注："俗作貊。"貉是上古對北方少數民族的不禮貌的稱呼。蠻貉並稱，詞義猶然。《論語・衛靈公》："子張問行，子曰：‘言忠信，行篤敬，雖蠻貊之邦行矣。’"簡文本節可移爲注腳。

《中國文字》新 24，頁 128

○**陳偉武**（2002）　郭簡"閱"字（8.9），當从門，又聲。《字典》有"閶""閘"兩字，云："閶，同‘祐’。《玉篇・門部》：‘閶，古文祐。’"又："閘，同‘閶（祐）’。唐玄應《一切經音義》卷三：‘祐助，古文閘、佑二形同。’錢坫校正：‘閘當爲閶。’"古文字材料證明，"右"从"又"分化而來，故楚簡"閱"字疑是"閶"之初文。

《中國文字研究》3，頁 125

○**馮時**（2003）　"捫"字簡文从"門"从"又"，字書所無，或可釋爲"捫"。古文字从"又"从"手"每每互用，甲骨文"扔、扞"，金文"扶"，本皆从"又"，是其明證。《説文・手部》："捫，撫持也。从手，門聲。"古音"捫"韻在文部，"端"在元部，同爲陽聲韻，旁轉可通。

《古墓新知》頁 50

○**劉信芳**（2004）　郭店簡《忠信之道》9："忠，仁之實也。信，義之期也。是故古之所以行乎閱嘍者，如此也。""閱"字从門，又聲，應讀爲"頑"。"嘍"字从口，婁聲，應讀爲"僂"，"頑僂"泛指諸廢疾者。

《古文字研究》25，頁 327

○**鄭剛**（2004）　從單手,不是"鬥",但所會意可能是一樣的,都是以手開門。我們可以設想它是"啟"的異體。

　　"啟"字古音溪母支部,與溪母職部的"刻"字音極其相近。"啟"可通溪母之部(與溪母職部對轉)的"起",例如《論語・泰伯》的"啟"字,《文選・歎逝賦》注引爲"起","蜂起"一詞,《隸釋・高聯修周公店記》作"蜂啟"。而"起"就與"刻"對轉通用了。《爾雅・釋山》的"無草木峐",《説文》《釋名》等並作"屺"。另外,"闋"可作"開"(《莊子・秋水》篇《釋文》引異文),而"開"就是"啟",直接釋"開"亦可。

　　實際上,這個字也可能是"刻"的會意異體字。

　　"漏刻"或"刻漏"常用來稱漏,因爲漏以刻度來計時。

　　　　　　　　　　　　　　　　　　《楚簡孔子論説辨證》頁 18—19

△**按**　簡文"閔嘍"二字迄無善解。

閗

吉大 137

△**按**　此字《吉大》《戰編》隸作"閗",《秦印文字編》隸作"閗",當以前者爲是。

開

璽彙 2660　　集粹

○**何琳儀**（1998）　開,从門,幵聲。晉璽開,姓氏。

　　　　　　　　　　　　　　　　　　　　《戰國古文字典》頁 24

閖

璽彙 1402　　璽彙 2013

△**按**　此字不見於後世字書。字从門从子,隸定作"閖"當無疑問。字用爲人名,音義未明。

鬧

集成 10385 司馬成公權

△按 "鬧"用爲人名。

開 關

○吳大澂（1884） 古關字，陳猷釜、左關之釜。

《説文古籀補》頁 48，1988

○顧廷龍（1936） 關。按陳猷釜有開與此同。

《古匋文香録》卷 12，頁 2

○羅福頤（1981） 關：邾關、武關虞、行□關。《周禮·地官》："司關，掌國貨之節以聯門市。"

《古文字研究》5，頁 251

○何琳儀（1998） 開，從門，卝聲。關之異文。《集韻》關或省作開。

齊器開，讀關。《禮記·王制》"關執禁以譏"，注："關，境上門。"子禾子釜"開人"，見闇字。

司馬成公權、魏璽開，讀關。趙方足布"干開"，讀"扞關"，地名。

《戰國古文字典》頁 1002

△按 《集粹》165 一文，施謝捷《古璽彙考》（328 頁，安徽大學 2006 年博士論文）隸定作"關"而括注"開"字。今疑其所從不是"卯"而是"卵"。其實，所謂"卝"應即是由"卵"字分化出來的。"關、開"實是一個字。

【開中】幣文

○鄭家相（1958） 文曰關中。《史記》曰："秦王之心，自以爲關中之固。"《前

漢書》曰：“關中所謂金城千里，天府之國也。”徐廣曰：“秦東函谷關，南武關，西散關，北蕭關，謂之四塞，亦曰關中。”此布當屬秦鑄。

《中國古代貨幣發展史》頁 103

○**梁曉景**（1995）　【閞中·平襠方足平首布】戰國晚期青銅鑄幣。鑄行於趙國，流通於三晉、兩周等地。屬小型布。面文“閞中”。背無文。“閞”，同“關”，古地名，《漢書·地理志》常山郡有關縣，在今河北藁城西北。

《中國錢幣大辭典·先秦編》頁 263—264

【閞鍂】子禾子釜

○**丘光明**（1981）　關鍂當即左關之鍂。鍂用作容量單位名稱，雖未見史書記載，但它確曾用作齊國量器單位名稱已毋容置疑，可補史書記載之闕。

《文物》1981-10，頁 63—64

○**吳振武**（1984）　子禾子釜也是 1857 年山東膠縣靈山衛出土的。全銘殘缺頗多，其中有關“廩”字一段云：“左關釜節于廩釜，關鍂節于廩枡。”其意和陳純釜所云相仿。銘文談到“關鍂”，同地出有左關鍂，上刻“左關之鍂”四字（《三代》18.17.1）。關職司徵取貿易稅，廩則是政府貯藏農產品的所在，都需備有標準的量器（參李學勤《戰國題銘概述》［上］，《文物》1959 年 7 期）。

《考古與文物》1984-4，頁 81

閔

閔璽彙 0917　　閔璽彙 4039

○**何琳儀**（1998）　閔，从犬，門聲。晉璽閔，人名。

《戰國古文字典》頁 1367

△**按**　“閔”字疑从門从犬會意。

閔

閔璽彙 0734　　閔包山 233　　閔郭店·老甲 27

○**吳大澂**（1884）　《説文》無閔字，疑即閥閲之閥，古鉢文。

《説文古籀補》頁 48，1988

○**黃錫全**（1986）　古璽有閔字，《古璽文編》（下面簡稱《文編》，《古璽彙編》

簡稱《彙編》）隸作閦。此字從門從戈，字書不見。“閦”究竟是什麼字，讀什麼音，《文編》沒有注明。

　　檢《汗簡》戈部録李商隱《字略》盜作𢧄，《古文四聲韻・號韻》録《籀韻》亦作𢧄，從門從戈，與上舉璽文類同。古文字中鬥作𠚯（《粹》1324），象二人爭鬥之形。從門之鬮作𨷸（九年衛鼎），《説文》正篆閦作𨷲，所從之鬥與門形近易混。鄭珍認爲“夏韻盜下録《籀韻》有𢧄字，與此皆鬥之誤”，是正確的。

　　《説文》閦，“讀若縣”。盜本從次聲。次即涎，屬邪母元部，縣、閦屬匣母元部。鄭珍説：“閦讀若縣，當是商隱音次，次縣同音，其書次誤爲盜，郭不能識別耳。”按商隱當是以閦爲盜，並非郭氏誤寫誤釋，是鄭珍不知盜本從次聲。

　　由此，我們知道古璽的閦應是閦字訛誤，如果沒有《汗簡》作爲橋梁，是不敢輕易論定的。璽文“長閦”（《彙編》○七三四），應讀“長閦”。

《古文字研究》15，頁 135

○**何琳儀**（1998）　閦，從門，戈聲。門小篆作鬥，疑鬥爲門之訛變。《古文四聲韻》去聲二十九盜作𢧄。盜從次聲，次、閦均屬元部。戈，見紐歌部；閦，元部。歌、元陰陽對轉，故閦從戈得聲。諧聲吻合。閦爲戈之準聲首。《説文》：“𨷲，試力士錘也。從門從戈，或從戰省。讀若縣。”

　　包山簡閦，讀縣（懸）。《説文》：“縣，繫也。”

《戰國古文字典》頁 845

○**荊門市博物館**（1998）　(編按：郭店・老甲 27) 閦，“閉”字誤寫，它本作“塞”。

《郭店楚墓竹簡》頁 116

○**崔仁義**（1998）　(編按：郭店・老甲 27) 閦，《集韻・銑韻》：“閦，《説文》：‘試力錘也。’”傳世本、帛書《老子》俱作“塞”。

《荊門郭店楚簡〈老子〉研究》頁 60

○**丁原植**（1999）　(編按：郭店・老甲 27) 原注認爲“閦”乃“閉”字誤寫。帛書甲、乙本與王弼本均作“塞”，“塞”“閉”意義相同，均指“禁絕”。

《郭店竹簡〈老子〉釋析與研究》頁 182

○**魏啟鵬**（1999）　(編按：郭店・老甲 27) 閦：乃“閉”字之異構。《説文》：“閉，闔門也。從門；才，所以歫門也。”張舜徽《約注》：“才象鍵閉之形，即今俗所稱木鎖也。”而“閦”字則以“戈”歫門，會闔閉之意，猶“啓”或作“啟”也。非“閉”字之誤寫。

《道家文化研究》17，頁 227

○**李零**（1999）　(編按：郭店・老甲 27)“閉”，原從門從戈，簡文“閉”多從門從必，从戈乃从必之誤（馬甲本作"閟"，从心也是从必之誤），整理者以爲"閉"字之誤，不夠準確。

《道家文化研究》17，頁 470

○**劉信芳**（1999）　（編按：郭店·老甲 27）諸本作"閉"。或謂"閟"乃"閉"之誤書，非是。包 233："閟於大門一白犬。""閟"字从門，戈聲，字讀如"磔"。《説文》："磔，辜也，从桀，石聲。"陟格切。"磔"或作"矺"，《史記·李斯傳》："十公主矺死於杜。"索隱："矺音宅，與'磔'同，古今字異耳。磔謂裂支體而殺之。""閟、磔、矺"乃一音之轉。《史記·封禪書》："秦德公即立……作伏祠，磔狗邑四門，以禦蠱菑。"《禮記·月令》："命有司，大難旁磔，以送寒氣。"鄭玄注："旁磔於四方之門，磔，攘也。"《風俗通·祀典》："今人殺白犬以血題門户，正月白犬血辟出不祥，取法於此也。"本簡"閟其涚，賽其門"與簡乙 13 之"閟其門，賽其涚"含義大不相同。

《荊門郭店竹簡老子解詁》頁 33—34

○**李守奎**（2003）　閟，从必省聲。

《楚文字編》頁 669

○**劉釗**（2003）　（編按：郭店·老甲 27）"閟"乃"閟"字之寫誤，讀爲"閉"。古音"閟、閉"皆在幫紐質部，可以相通。

《郭店楚簡校釋》頁 21

○**史傑鵬**（2005）　我們懷疑"閑"所从之"木"是"戈"的訛變，"閟"也許就是後來"磔"字，應該分析爲从"門"从"戈"會意。

《湖北民族學院學報》2005-3，頁 65

△**按**　清華簡《繫年》101："晉與吳會爲一，以伐楚，閟方城。"又 113："晉自（師）閟長城句俞之門。"整理者（《清華大學藏戰國竹簡》[貳] 182 頁，中西書局 2011 年）云："'閟'字疑从戈門聲，爲動詞'門'專字，訓爲攻破。《左傳》文公三年：'門于方城。'包山簡 232'閟於大門一白犬'，'閟'讀爲'釁'。"説似可從。至於《郭店·老甲》之"閟"，則諸家以爲"閟（閉）"之寫訛者是。

閟

璽彙 0188

○**施謝捷**（1998）　閔（戉—啟）。

《容庚先生百年誕辰紀念文集》頁 644

○**何琳儀**（1998）　閔，从攴从門，疑戉之繁文。半門爲户，从門猶从户。燕璽“閔易”，讀“啟陽”，地名。《春秋·哀三》：“季孫斯、叔孫州仇帥師城啟陽。”在今山東臨沂北。燕將樂毅曾一度幾乎占領齊之全境。

《戰國古文字典》頁 744

閈

陶彙 3 · 624

○**楊澤生**（1996）　B、《古陶》3.624

　　此陶文用作人名，从“門”从“丹”。“丹”字楚簡作𠦪，秦漢文字多作𠁣，皆與 B 的“丹”旁相近。《陶徵》252 頁把 B 釋爲从“門”从“月”之“閈”，非是。“丹”和“單”音同古通，戰國貨幣文字“邯鄲”之“鄲”皆寫作“丹”是其例。因此，疑陶文“閈”應該是“闡”字的異體。

《中國文字》新 22，頁 250

△**按**　楊説可從。《陶彙》“古陶文拓本目録索引”32 頁釋作“閈”，不確。

澗

璽彙 1770

○**何琳儀**（1998）　澗，从水，門聲。與《龍龕手鑒》“澗，俗音潦”未必爲一字。晉璽澗，人名。

《戰國古文字典》頁 1366

△**按**　“澗”字疑从門从水會意。

閈

睡虎地·日乙 30 壹

○**劉樂賢**（1994）　閈字不見於字書，本篇的閈日相當於“秦除篇”的閉日，故

整理小組認爲閑即閉的誤寫。

《睡虎地秦簡日書研究》頁 321

△按　郭店《老子》"牝"誤作"北",亦"牛、才"二形相近而訛之證。

鬥

○何琳儀(1998)　鬥,從門,斗聲。疑鬭之異文。参閲亦作閗形(鬥、門形近或可借用)。《字彙》:"鬥,俗鬭字。"晉璽鬥,人名。

《戰國古文字典》頁 1465

関

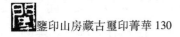

△按　《玉篇》:"闒関,無門户。"秦印"関"用爲人名。

閖

古陶文字徵,頁 172

○高明、葛英會(1991)　《説文》所無。《玉篇》:"閖,古文祐。"

《古陶文字徵》頁 172

閆

○何琳儀(1998)　閆,從門,旦聲。《集韻》:"閆,閆也。"齊陶閆,人名。

《戰國古文字典》頁 1020

△按　此字《戰編》失收。古璽"閆"用爲人名。

閻

秦代印風 102

△按　《玉篇》門部：“閻，立待也。”《集韻》鹽韻：“閻，小開門以候望也。”秦印“閻”用爲姓氏。

閜　刅

○劉節（1935）（編按：曾姬無卹壺）閜，徐中舒氏釋閜。字从門从刅會意，閜即閜之別體。

《楚器圖釋》頁 5

○陳直（1974）　（編按：曾姬無卹壺）家保之兄（編按：即陳邦懷）云：……閜字本銘作閜，乃知係从刅，與月同音。《説文》古文“閜”字作“閜”，从刅，殆後來傳刻之誤字。

《讀金日札》頁 92

○何琳儀（1998）　閜，从門，刅聲。閜之繁文。《説文》閜古文作閜，所从月訛作人形，所从刀訛作卜形。或以《説文》古文爲閜之訛，非是。戰國文字閜與閜均讀閜，然閜从刅聲，閜从外聲，應爲一字異體。參閜字。

曾姬無卹壺“蒿閜”，包山簡作“鄗郍”，地名。曾簪盒漆書閜，讀閜。《集韻》：“閜，中也。”天星觀簡閜，讀閜。《論語・子罕》“病閜”，集解：“病少差曰閜。”《集韻》：“閜，瘳也。”

《戰國古文字典》頁 913

○劉信芳（2003）　（編按：包山 13）閜御，應是紀年的省稱。“閜御之典匵”例同簡 11“陳豫之典”。

（編按：包山 152）閜：讀爲“讕”，《漢書・文三王傳》：“王陽病抵讕。”師古《注》：“讕，誣諱也。”《説文》：“讕，詆讕也。”或作謫，《廣雅・釋詁》：“閜，加也。”王念孫《疏證》：“閒與調同。”

《包山楚簡解詁》頁 22、157

○朱德熙、裘錫圭、李家浩（1995）　（編按：望山 1·67）七○號簡“閒”字從此，當是“閒”字的省體，與“官”字省變爲“自”同例（看《文物》1973 年 12 期朱德熙、裘錫圭《戰國銅器銘文中的食官》）。《左傳·昭公七年》“晉侯疾……韓子祀夏郊，晉侯有閒”，杜注：“閒，差（瘥）也。”《論語·子罕》“病閒”，孔傳：“少差（瘥）曰閒。”“閒”同“閒”。

《望山楚簡》頁 97

○李守奎（2003）　（編按：望山 1·67 等）闠之省形。

《楚文字編》頁 669

△按　“闠”爲“閒”之異體。“閒”字古文“閒”之聲符“外”所從“卜”變形爲“刀”（從《璽彙》5559 一文可見演化之端倪，參本卷“閒”字條），便成“闠”。“闠”復可省去“門”旁，遂成爲一特殊之簡體。

閭

璽彙 4012　　璽彙 4013　　璽彙 4014　　陶彙 3·417　　陶彙 3·415

○羅福頤等（1981）　閭。

《古璽文編》頁 285

○吳振武（1983）　4012 閭丘邊·閭（閭）丘邊。
　　4013、4014“閭”字同此改。

《古文字學論集》（初編）頁 520

○高明、葛英會（1991）　閭　《説文》所無。

《古陶文字徵》頁 253

○何琳儀（1998）　閭，從門，疋聲。齊璽“閭丘”，讀“楚丘”，複姓。楚丘先生，孟嘗君時人。見《萬姓統譜》。齊陶“塙閭”，讀“高閭”，齊都臨淄城門。然疋與呂聲系相通暫無證據，志此備參。

《戰國古文字典》頁 583

○湯餘惠等（2001）　同閭。

《戰國文字編》頁 784

【閭丘】璽彙 4012—4014

○羅福頤等（1981）　　閦丘。

《古璽彙編》頁 369—370

○吳振武（1983）　見"閦"字條。

○何琳儀（1998）　見"閦"字條。

△按　釋"閦"是,字从疋不从足。"閦"爲"閒"之異體。

閈

　溫縣 WT1K17:131　　　侯馬 156:2　　　侯馬 1:31　　　侯馬 195:6　　　侯馬 3:13

○何琳儀（1998）　　閈,从門,半聲。或説,門爲疊加音符。閈,幫紐;門,明紐;均屬脣音。侯馬盟書閈,讀判。見半聲。

《戰國古文字典》頁 1057

閜

璽彙 0610　　　璽彙 2723

○何琳儀（1998）　　閜,从門,羊聲。晉璽閜,人名。

《戰國古文字典》頁 675

聞

璽彙 3086

△按　字从門,耴聲。璽文"聞"用爲人名。

闡

璽彙 1982

○何琳儀（1998）　　闡,从車,門聲。與《龍龕手鑒》"闡,闡字之訛"並非一字。

《戰國古文字典》頁 1367

△按　"闡"字疑从門从車會意。

閦

集成 10478 中山兆域圖

○**張克忠**（1979）　閦，即夾字，言墓室，故從門。《儀禮·既夕》：“圉人夾牽之。”注：“在左右曰夾。”

《故宮博物院院刊》1979-1，頁 48

○**徐中舒、伍仕謙**（1979）　閦，從夾聲。《説文》：“夾，盜竊裹（懷）物也。從亦（腋）有所持。俗謂蔽人俾夾是也。”蔽人俾夾亦漢人常用語。蔽人言人有所隱蔽。《説文》：“俾門持人也。”閦，從門正會門持人之意。閦，亦通挾。《説文》：“挾，俾持也。”俾夾言守門者檢持盜竊懷物之人也。《説文》夾在亦部，象腋下有所懷挾之形。弘農陝字從此（漢弘農郡陝縣）。夾在大部，從大夾二人，此兩字古雖不同，但今隸楷中，夾或從夾之字已無此區別。

《中國史研究》1979-4，頁 95

○**何琳儀**（1998）　閦，從門，夾聲。兆域圖閦，讀陝。《説文》：“陝，隘也。從𨸏，夾聲。”典籍通作狹。《玉篇》：“狹，今爲闊狹。”

《戰國古文字典》頁 1428

○**湯餘惠等**（2001）　通狹。

《戰國文字編》頁 785

闗

集成 12113 鄂君啟舟節　璽彙 0295　包山 34

包山 91　上博二·容成 18　上博一·詩論 10　上博六·競公 8

○**郭沫若**（1958）　闗即關字，從門，串聲。

《文物參考資料》1958-4，頁 4

○**殷滌非、羅長銘**（1958）　闗即古關字，古患字從關作閦，可以互證。

《文物參考資料》1958-4，頁 10

○**羅福頤等**（1981）　鄂君啟節關字與此同。

《古璽文編》頁 283

○**湯餘惠**（1993）　闖，从門，串聲。關字異體。關，指地方關卡。

《戰國銘文選》頁 49

○**何琳儀**（1998）　闖，从門，串聲，關之異文。《老子》二十七章“善閉無關楗而不可開”，漢帛書甲本關作闖。

　　鄂君啟節“木闖”，地名。應在湘北洞庭湖一帶。包山簡“闖人”，讀“關人”。《儀禮·聘禮》“及境謁關人”，注：“古者，竟上爲關，以譏異服，識異言。”包山簡“闖尹”，讀“關尹”。《國語·周語》中：“敵國賓至，關尹以告。”

《戰國古文字典》頁 1001

○**蘇建洲**（2003）　“闖”，字亦見於“鄂君啟舟節”、《上博（一）·孔子詩論》簡10“關雎”的“關”。《説文》無“串”字。而於“患”字下段注曰：“患字上从毌，或横之作申，而又析爲二中之形，蓋恐類於申也……古毌多作串，《廣韻》曰：‘串，穿也。’親串即親毌。貫，習也。《大雅》‘串夷載路’，《傳》曰：‘串，習也。’蓋其字本作毌，爲慣、摜字之假借。”換言之，“患”應分析爲从心“毌”聲，後譌作“串”，故典籍中从“貫”的字多假“串”爲之。何琳儀先生《戰典》1001頁謂“闖，从門，串聲”，又於 1000 頁謂：“或説：串、毌本一字。”顏世鉉先生分析楚簡“闖”當是从“門”从“毌”，“毌”亦聲。可從（《考古資料與文字考釋、詞義訓詁之關係舉隅》，《楚簡綜合研究第二次學術研討會》4 頁）。

《〈上海博物館藏戰國楚竹書（二）〉讀本》頁 153

○**陳偉**（2008）　約（要）夾（挾）諸關，縛膺諸市（8 號簡）：關，原考釋：讀爲“忨”，或用作“慣”。今按：簡文關用所从的“串”有些像“車”，整理者釋爲“關”，讀爲“忨”。今按：此處應當如字讀，爲關禁之關。

《出土文獻與古文字研究》2，頁 148

△**按**　《上博六·景公》8“闖”字當以陳偉説爲是。

橺

陶彙 3·417

○**何琳儀**（1998）　橺，从木，閲聲。閲之繁文。見閲字。齊陶“高橺”，或作“堉閲、高閲”。

《戰國古文字典》頁 583

○湯餘惠等（2001）　同閈。

《戰國文字編》頁 785

△按　"閞"字從門，枑聲，爲"閈"之繁構，亦"閒"字異體。參見本卷"閈"字條。

闄

睡虎地·答問 25　　睡虎地·答問 27

○睡簡整理小組（1990）　闄（音曉），疑爲"闋"字之誤。闋，結束。

《睡虎地秦墓竹簡》頁 99

△按　《睡虎地·答問》27 云："可（何）謂'祠未闄'？置豆俎鬼前未徹乃爲'未闄'。"整理者疑"闋"字之誤，自屬可能，但尚缺乏證據。《集韻·蕭韻》："闄，門大開兒。"《漢語大字典》"闄"字條據睡簡增列義項"撤出（祭品）"，蓋以爲"闄"字自有此義，亦有可能。

閭

璽彙 1362　　十鐘　　故宮 415　　睡虎地·編年 13 壹　　璽彙 0483
集成 11360 元年郘令戈　　集成 11675 三年馬師鈹

○羅福頤等（1981）　（編按：璽彙 0483）閭。

《古璽文編》頁 284

○吳振武（1983）　0483 王閭·王閭（閒）。
　　1362 孟閭·孟閭（閒）。

《古文字學論集》（初編）頁 493、498

○何琳儀（1998）　閭，從門，旅聲。疑閭之異文（參郞字）。《說文》："閭，闔閭也。從門，者聲。"《爾雅·釋宮》："闍謂之臺。"戰國文字閭，人名。

《戰國古文字典》頁 566

△按　《睡虎地·編年》地名"伊闕"，"闕"爲"閭"之誤。

關

睡虎地・爲吏9叁

○**何琳儀**（1998） 關，从門，絲聲。疑關之異文。《説文》：“關，以木横持門户也。从門，絑聲。”卄爲關之疊加音符。小篆絑不成字。

睡虎地簡“關市”，讀“關市”。《周禮・天官・大宰》“關市之賦”，疏：“王畿四面皆有關門及王之市廛二處，其民之賦，口税所得之泉也。”

《戰國古文字典》頁 1040

△**按** “關”从門从絲，古文字中“絲、絑”時有混用，“關”中的“絲”即作“絑”使用。何氏分析爲从門，絲聲，可從。字爲“關”之異體。睡簡云：“城郭官府，門户關（關）籥（鑰）。”正用“關”之本義。

闇

上博二・昔者2

○**陳佩芬**（2002） 闇=，合文，讀作“閤門”，閤門是門旁户也，即大門旁之小門。

《上海博物館藏戰國楚竹書》（二）頁 244

○**張富海**（2004） 整理者已説明“閤”爲大門旁之小門，太子朝君，是否一定要走大門旁的小門，值得懷疑；而且，以單音節詞爲主的先秦漢語是否會把“合”説成“合門”，也值得懷疑。我認爲，簡文中的“闇=”還是看作重文爲好。

古文字中“會”聲與“合”聲相通，這一點整理者已作了證明。除整理者指出《説文》古文以及西周金文中的“會”字从“合”聲外，李家浩先生《楚簡中的裕衣》一文作了更加詳細的論證，可以參看。但此處的“闇”，我認爲不能讀爲“閤”，而應該讀爲“闟”。“弇”與“弇”相通用，古書中習見，如《爾雅・釋器》：“圜弇上謂之鼒。”《釋文》：“弇，古弇字。”“弇”字當从“合”得聲，而“會”聲與“合”聲相通，這樣，从“會”聲的“闇”讀爲从“弇”聲的“闟”在語音上應該是没有問題的。

《説文》十二上門部：“闟，豎也。宫中弇昏閉門者。”段注本改作：“門豎也。宫中弇昏閉門者。”是“闟”可爲宫中守門人之稱，而且從“闟”字的字形看,這應該是其本義。

　　整理者認爲此簡"前後皆無可承接"。按此簡上端雖稍殘,但文字未有殘損。從編線殘痕看,整理者的定位亦無問題。本篇第一號簡末尾四字爲"太子母弟",似可與此簡連讀。這樣,簡文的這段話可以讀爲:"太子、母弟至(致)命於閽,閽以告寺人,寺人入告於君,君曰召之。"閽與寺人都是閽臣,而其執掌不同。閽守門,故先致命於閽;寺人爲近侍,故閽得命後告寺人;最後,寺人入內寢告於君。

《古文字研究》25,頁 358—359

闔

集成 11073 闔丘戈　　集成 10390 郐王爐　　馬山墨書

陶彙 3·419　　陶彙 3·421

○**吳振武**(1984)　　《文物》1984 年第 1 期刊布了紹興坡塘所出徐王爐的器形照片及銘文拓本。銘文中的最後一字(圖左)(編按:圖略,字形見上),原簡報及《紹興坡塘出土徐器銘文及其相關問題》一文皆釋爲"熒(炙)胃(爐)"二字。今按:此字實從門從膚(臚),即闔字異體(《金文編》601 頁闔字條)。戰國陶文中與此相近的闔字習見(《季木藏匋》38 頁)(圖右)(編按:圖略,字形見上),可資參校。闔、鑪皆從盧聲,故闔字在銘文中應讀作"鑪"。典籍中從盧得聲之字亦往往相通,例不勝舉。

《文物》1984-11,頁 84

○**高明、葛英會**(1991)　　閭。

《古陶文字徵》頁 252

○**何琳儀**(1998)　　闔,從門,膚聲。闔丘爲鵑造戈"闔丘",讀"閭丘",地名。參鄘讀莒。《春秋·襄二十一年》:"邾庶其以漆閭丘來奔。"在今山東鄒縣東北。是立事歲戈闔,讀閭。《説文》:"閭,里門也。從門,呂聲。《周禮》五家爲比,五比爲閭。閭,侶也。二十五家相群侶也。"齊陶"槁闔",讀"高魚",地名。《周禮·天官·序官》"獻人",釋文:"獻音魚,本又作魚,亦作鮌。"獻所從虍爲疊加音符。是虍、魚相通之佐證。

《戰國古文字典》頁 451—452

○**湯餘惠等**（2001）　閶。

《戰國文字編》頁 779

△**按**　"闇"亦"閶"之異體。

耳 ⽿

睡虎地·日乙 255　　睡虎地·爲吏 39 壹　　璽彙 2952　　陶彙 3·76

郭店·唐虞 26　　包山 34　　上博五·君子 2　　包山 265　　郭店·語一 50

璽彙 2797　　璽彙 3515　　璽彙 0441

○**羅福頤等**（1981）　金文耳尊耳字如此。

《古璽文編》頁 286

○**睡簡整理小組**（1990）　耳,疑讀爲佴,《廣雅·釋詁三》:"次也。"識佴當即標記次第。

《睡虎地秦墓竹簡》頁 74

○**何琳儀**（1998）　耳,甲骨文作⿰（後下一五·一〇）。象耳之形。金文作⿰（耳卣）,或畫出耳孔作⿰（耳尊）。戰國文字承襲金文。《說文》:"耳,主聽也。象形。"戰國文字耳,多爲人名。

《戰國古文字典》頁 75

耴 ⽿

侯馬 1:52　　璽彙 3010　　曾侯乙 143　　包山 80　　集成 11552 元年鄭令矛

集成 11560 卅四年鄭令矛　　集成 11693 卅三年鄭令劍　　中原文物 1988-4,頁 13

○**牛濟普**（1989）　陶文"耴",爲人名"吕耴",戰國文字,原釋"吕所",把"耴"字誤爲"所"字。這個陶文,左部爲耳是人們所熟知的字形,右半部字形的確與"斤"的篆法相同,"新"字右部的斤有作此形的,隸定也可爲"斬",但古今文字中並無此字。所以古文字左半部無一近耳字形者。這個陶文我認爲是"耴"字的異體,右半部則是乚的篆書異體。左半耳部極易鑒別,參看毛公鼎耿與取字及鈇文和師望鼎的聖字中耳的字形,"耴"字右半部也有與這個陶文相近者,現舉三個"耴"字以證之,一爲侯馬盟書,二爲戰國鉥文,三爲滎陽所出東周印陶文字。"吕耴"爲工名,戰國時以耴爲名的人很多。

《中原文物》1989-2,頁 36

○**何琳儀**(1998)　耴,從耳,十聲。耴,端紐;十,定紐。端、定均屬舌音;耴爲十之準聲首。十旁由†演變爲⺑、⺈、⼁、⼃,爲小篆所承襲。《説文》:"耴,耳垂也。從耳下垂,象形。《春秋傳》曰:秦公子輒者,其耳下垂,故以爲名。"（中略）隨縣簡耴,讀輒。《韻會》:"輒,遇事即然也。"猶即。

《戰國古文字典》頁 1430

耿 耿

璽彙 3625　十鐘　鑒印山房藏古璽印菁華 94

○**何琳儀**(1998)　耿,金文作(毛公鼎)。從耳,火聲。耿,見紐;火,曉紐;曉、見爲喉、牙通轉。耿爲火之準聲首。猶炅爲火之準聲首。戰國文字承襲金文。《説文》:"耿,耳著頰也。從耳,烓省聲。杜林説:耿,光也。從光,聖省。凡字皆左形右聲。杜説非也。"

《戰國古文字典》頁 789

△**按**　《説文》小徐本云:"從光,聖省聲。"徐鍇曰:"凡字多右形左聲。此説或後人所加,或傳寫之誤。""耿"字結構及造字本意尚難論定。《清華大學藏戰國竹簡(貳)·繫年》13、14 號簡有"耿"字作、。簡文"彔子耿"即大保簋(《集成》4140)之"录子耴",亦即武庚禄父。璽文"耿"用作姓氏。

聯(聯)　聯

璽彙 2389

○**何琳儀**(1998)　聯,從耳從絲,絲亦聲。《説文》:"聯,連也。從耳,耳連於頰也。從絲,絲連不絶也。"晉璽聯,人名。

《戰國古文字典》頁 1038

聖 聖

睡虎地·爲吏45貳　睡虎地·日乙 238　集成 9710 曾姬無卹壺　包山 84

聖 郭店·五行20　　聖 郭店·語一100　　 集成9735中山王方壺　　 郭店·唐虞3

 璽彙0778　　 璽彙2151　　 璽彙0365

 郭店·唐虞4　　 郭店·唐虞5　　 郭店·唐虞27

○ **陳玉璟**(1985)　《爲吏之道》:"爲人上則明,爲人下則聖。"

又:"志徹官治,上明下聖,治之紀殹(也)。"

注釋:"聖,疑讀爲聽,聽從命令。"

其實這裏"聖"還是用它的常用義,不必用以聲訓求假借的方法。因爲在這兒作"聽"解,也是齟齬不合的。

《説文·耳部》:"聖,通也。從耳,呈聲。"這就是説,"聖"的常用義是"無事不通;德智、才能出衆"。先秦時代,一般人人皆可稱"聖"。

《詩·小雅·小旻》:"國雖靡止,或聖或否。"

鄭玄箋:"人有通聖者,有不能者。"

孔穎達疏:"其民或有通聖者,或有不能者。"戰國秦漢時代,君主稱"聖",大臣也可以稱"聖"。

《列子·黄帝篇》:"仙聖爲之臣。"

《荀子·臣道》:"上則能尊君,下則能愛民,政令教化,形下如影,應卒遇變,齊給如響,推類接譽,以待無方,曲成制象,是聖臣者也。"

又:"故用聖臣者王……聖臣用,則必尊……殷之伊尹,周之太公,可謂聖臣矣。"

劉向《説苑·臣術》:"萌芽未動,形兆未見,照然獨見存亡之幾,得失之要,預禁乎不然之前,使主超然立乎顯榮之處,天下稱孝焉,如此者聖臣也。"

又:"君得社稷之聖臣,敢賀社稷之福;君不用賓相而得社稷之聖臣,臣之禄也。"由此可見,《爲吏之道》中的"聖"字,仍是此字的常用義,不必改爲"聽"字。

《安徽師大學報》1985-1,頁79

○ **睡簡整理小組**(1990)　聖,疑讀爲聽,聽從命令。

《睡虎地秦墓竹簡》頁170

○ **何琳儀**(1998)　聖,甲骨文作 (乙五一六)。從人,耳聲。耳之繁文。西周金文作 (牆盤),或聲化從壬作 (克鼎)。春秋金文作 (齊侯鎛)、 (曾伯霥匜),其人旁由 、 、 、 聲化爲壬旁。戰國文字承襲兩周金文。壬旁或省作土旁。《説文》：“聖，通也。从耳，呈聲。”聖，舊屬呈之準聲首，茲易屬耶聲首。耶、聖、聽一字分化。戰國文字聖所从口旁與壬旁相接或與呈同形，然與呈實無關。（中略）包山簡一三〇、一三六聖，讀聽。“聽命”，見耶字。徐郊尹鼎“聖每”，讀“聖誨”。見耶字。

《戰國古文字典》頁 802

○**李守奎**（2003）　聖多讀聲或聽。聖、聲、聽一字，尚未分化。

《楚文字編》頁 672

【聖王】

【聖逗王】_{楚簡、中山王壺}

○**中大楚簡整理小組**（1977）　一説聖王即楚聲王熊當，（中略）聖、聲二字一音之轉。

《戰國楚簡研究》3，頁 20

○**朱德熙、裘錫圭、李家浩**（1995）　聖逗王當是聖王的全稱。柬大王、聖王、恩王當爲先後相次的三個楚王。《史記・楚世家》：“惠王卒，子簡王中立……簡王卒，子聲王當立。聲王六年，盜殺聲王，子悼王熊疑立。”“柬”“簡”二字古通。柬擇之“柬”（《説文》：“柬，分別擇之也。”），古書多作“簡”。“聲”“聖”二字古亦通，如《左傳》文公十七年《經》“聲姜”，《公羊》作“聖姜”；《史記・衛世家》“聲公訓”，索隱引《世本》作“聖公馳”；《史記・管蔡世家》蔡聲侯，《戰國策・楚策四》作“蔡聖侯”。“恩”字从“心”“卲”聲，不見字書。“卲”本從“刀”得聲，古音與“悼”極近，“恩”當即“悼”字異體（參看考釋［六］）。所以簡文柬大王、聖王、恩王即《楚世家》的簡王、聲王、悼王，是無可懷疑的。壽縣楚王墓所出曾姬壺稱“聖趄之夫人曾姬無卹”，“趄、逗”應爲一字異體。劉節以爲“聖趄夫人即聲桓夫人”（《古史考存》133 頁），蓋以爲“聖”指聲王，所見甚是。柬大王亦稱簡王，與聖逗王亦稱聖王同例。古書中，楚頃襄王亦稱襄王。《墨子・貴義》：“子墨子南遊於楚，見楚獻惠王，獻惠王以老辭。”蘇時學謂“獻惠王即楚惠王也。蓋當時已有兩字之謚”。《文選》注引《墨子》及《渚宮舊事》皆作“獻書惠王”，蓋後人因不知惠王本稱獻惠王而臆改。

《望山楚簡》頁 90—91

○**何琳儀**（1998）　中山王方壺“聖王”，見《左・桓六》：“是以聖王先成民，而致力於神。”望山簡“聖王”，讀“聲王”。《左・文十七》“葬我小君聲姜”，《公羊》“聲姜”作“聖姜”。是其佐證。楚聲王，見《史記・楚世家》。

《戰國古文字典》頁 802

【聖夫人】

【聖趄夫人】<small>楚簡、曾姬無卹壺</small>

○**劉節**（1935）　聖趄夫人即聲趄夫人。《左傳·文公十七年》，"葬我小君聲姜"。《公羊傳》作聖姜，《國策·楚策》蔡聖侯，《史記·六國年表》作聲侯，《漢書·古今人表》衛聲公，索隱引作聖公；《孟子》曰"金聲而玉振之"，趙注："聲，宜也。"然則聖趄夫人即聲桓夫人無疑矣。

聖趄即聲趄。楚自惠王以後其小君可稱聲趄者，必爲聲王之夫人。娶於曾，故稱曾姬。

《古史考存》頁 113、124，1958；原載《楚器圖釋》

○**童書業**（1962）　"聖桓"自亦楚臣，或即"黃邦"之封君。

《中國古代地理考證論文集》頁 102

○**何琳儀**（1998）　曾姬無卹壺、包山簡聖，讀聲。"聖夫人"，楚聲王夫人。

《戰國古文字典》頁 802

△**按**　戰國文字資料中"聖"字可有"聖、聲、聽"三讀。楚文字中"聖王、聖逗王"指楚聲王，"聖夫人、聖趄夫人"指楚聲王夫人，都是確定無疑的。楚簡"聖"或加羨符"口"，"壬"符兩側或加飾筆。

聽 聽

睡虎地·答問 107　　睡虎地·爲吏 18 肆　　睡虎地·雜抄 4

△**按**　《説文》云："聽，聆也。从耳、悳，壬聲。"（小徐本作"从悳从耳，从壬聲"。）其結構源流參看本卷"耴"字條。

職 職

集成 11230 郾王職戈　　楚帛書　　睡虎地·效律 43

○**李學勤**（1959）　職是昭王。記有他的名字的兵器曾在山東益都、臨朐出土，是昭王伐齊時遺留的。

《文物》1959-7，頁 54

○**張震澤**（1973）　周武王滅紂，封召公奭於北燕，《史記·燕召公世家》記燕之世系，没有燕王職這一代。唯《趙世家》云：趙武靈王"十一年，王召公子職於韓,立以爲燕王,使樂池送之"。《史記·六國表》集解徐廣引《紀年》,也有趙立公子職爲燕王的事,但以爲在趙武靈王十二年。

考公元前 320 年,燕王噲立,其三年(前 318 年),把政權讓給國相子之。子之三年(前 315 年,即王噲六年),將軍市被和太子平合謀,"要黨聚衆",舉兵攻子之不克。這場戰亂延續了"數月","死者數萬,衆人恫恐,百姓離志"。齊國乘機伐燕,燕人不能抵抗,"士卒不戰,城門不閉",齊軍三十天就把燕國攻下,"燕君噲死,齊大勝燕,子之亡"(《紀年》"齊擒子之而醢其身")。"二年而燕人共立太子平,是爲燕昭王"(以上據《史記》)。

這一事件見於《史記·燕世家》《戰國策·燕策》,此外《竹書紀年》《孟子》《韓非子》也都談到此事。不過諸書互有異同,也引起了一些問題。例如宋裴駰、唐司馬貞皆認爲:子之死後,燕人共立太子平,是爲燕昭王,無趙送公子職爲燕王事。當是趙聞燕亂,遥立職爲燕王,雖使樂池送之,事竟不就。其後雖有辨之者,如清梁玉繩《史記志疑》,終亦未得有力的反證。燕王職的兵器,包括本戈的出土,説明公子職其人確曾做過燕王,燕世系中應增此一代。這就打消了劉宋以來"遥立未就"説的疑點,也補正了《史記·燕世家》的漏誤。

《趙世家》謂趙送職爲燕王在武靈王十一年,《紀年》謂在十二年,其説兩歧。其實,若弄清當時情況,便可明白兩説並無矛盾。

趙武靈王十一年,當燕王噲六年(子之三年),即公元前 315 年。是年子之事件發生,齊軍攻入燕都(薊),震動了趙國。《趙策三》云:"齊破燕,趙欲存之。樂毅謂趙王曰:'今無約而攻齊,齊必讎趙。不如請以河東易燕地於齊。趙有河北,齊有河東,燕趙必不爭矣。是二國親也。以河東之地强齊,以燕趙輔之,天下憎之,必皆事王以伐齊。是因天下以破齊也。'王曰:'善!'乃以河東易齊。楚、魏憎之,令淖滑、惠施之趙,請伐齊而存燕。"這件事應該就是趙武靈王十一年的事。這一年,燕國戰亂數月;齊人攻占數月;趙謀易地、攻齊、存燕,也非短期所能成功;最後得到楚、魏兩國的支持,才得決定立職爲燕王而使樂池送之,最早也必定在年末了。這樣,職之爲燕王,十一年立,十二年送,或十一年送,十二年到,完全在情理之中。《世家》《紀年》不過各就一端而記之罷了。

《世家》《燕策》都説:"二年而燕人立太(公)子平,是爲燕昭王。"那麼,公子職之爲王是在昭王前二年,即公元前 313 至前 312 年。他在位僅有二年,則此戈的絕對年代,可斷定必在此二年之中。

不過,公子職也可能就是燕昭王,楊寬即主此說,認爲《燕策》所說"公子平"當是"公子職"之誤,而《燕世家》又誤作"太子平"(見所著《戰國史》第103頁注九)。此說可能是對的,但有待於地下發掘的證明。

《考古》1973-4,頁244—245

○**王翰章**(1983)　"職"字,此劍銘刻甚清楚,上從戠,下似從耳,近於小篆職字。(中略)此劍燕王職應是燕昭王,關於燕昭王之名史籍記載兩歧,《史記·燕世家》無燕王職一代,只是記載:"燕人共立太子平,是爲燕昭王。"所據爲《戰國策·燕策》,但同書《趙世家》則云:"王召公子職於韓,立以爲燕王,使樂池送之。"《集解》引徐廣曰:"《紀年》亦云爾。"《竹書紀年》又云:"子之殺公子平。"《集解》以爲"當是趙聞燕亂,遙立職爲王,雖使樂池送之,事竟不就"。《索隱》贊同裴駰之說,《史記會注考證》則又以爲"太子職並爲子之死後即位,二年卒,公子平即位,燕昭王是也"。張震澤《燕王職戈考釋》(《考古》1973年4期)亦同意此說。楊寬《戰國史》以爲《戰國策·燕策》與《史記·燕世家》公子平當是公子職之誤。衆說紛紜。出土燕王監作的兵器中,以燕王職爲最多,在位時間必長,不得僅爲二年,《竹書紀年》爲魏國史書,而趙燕皆爲其鄰國,文獻記載應以《竹書紀年》爲據,總之燕昭王名職,公子平則被殺,並未爲燕王。燕昭王在位三十三年,約自公元前311—前279年,此劍即在此期間所作。

《考古與文物》1983-2,頁20

○**石永士**(1985)　如果燕昭王是燕太子平,其在位時間長達三十三年之久(前311年到前279年),應有鑄器,按照燕國銅兵器的法定款式,燕太子平的銅兵器,應鑄有"郾王平乍某某兵器"的銘文。可是至今燕兵器中,還沒有發現鑄有"郾王平"名字的銅兵器。另外,據史載,燕昭王時,燕國強大,曾"以樂毅爲上將軍,與秦、楚、三晉合謀以伐齊……燕兵獨追北,入至臨淄,盡取齊寶……齊城之不下者,獨唯聊、莒、即墨,其餘皆屬燕,六歲"。燕昭王爲雪先王之恥而發動的這場規模巨大的對齊戰爭,占領了齊國的絕大部分地區,占領時間長達六年之久,並幾乎使齊國滅亡。如果說,燕太子平就是燕昭王,那麼,"郾王平"即太子平的銅兵器,也應在齊地有所遺留。但是,齊地至今無一件"郾王平"的銅兵器出土,可見燕昭王即太子平說不能成立。相反,齊地出土的燕國的銅兵器中,多見"郾王職"器,這應是燕昭王(即燕王職)伐齊和占領齊地之時的遺物。

《中國考古學會第四次年會論文集》頁103

○**何琳儀**（1998） 《説文》：“職，記微也。从耳，戠聲。”燕兵職，燕昭王職。見《史記・趙世家》：“王召公子職於韓，立以爲燕王。”帛書職，職掌。

《戰國古文字典》頁 53—54

聲 聲

睡虎地・答問 52　珍秦 117　集粹

○**何琳儀**（1998） 殸，甲骨文作（前四・一〇・五）。从殳从声，會擊磬之意，声亦聲。声象懸磬之形（石上之爲懸磬繩索），磬之初文。声與殸，猶豈與鼓。甲骨文殸或作（類纂二二八〇），左下石旁由演化爲。春秋金文声作（鼄鑄臺作），石旁由演化爲，參石字。戰國文字声作，石旁訛變與籀文甚近。秦系文字声或省作，或作與籀文形近。《説文》：“磬，樂石也。从石、殸，象縣虡之形，殳擊之也。古者毋句氏作磬。，籀文省。，古文从巠。”声、殸、磬、聲爲一字之孳乳。《説文》：“聲，音也。从耳，殸聲。殸，籀文磬。”

睡虎地簡聲，聲音。

《戰國古文字典》頁 790

聞 聞 聉

睡虎地・日甲 148 正陸　睡虎地・語書 5

璽彙 3975　璽彙 0031　璽彙 0312　璽彙 0193　璽彙 0028　封成 2

集成 2840 中山王鼎　集成 10373 郘客問量　郭店・緇衣 38

郭店・語四 24　上博二・昔者 4

○**裘錫圭**（1992） 戰國古印上數見“司馬聞”或“聞司馬”之文，（中略）《賓釋》也收有上引“右聞司馬鉨”，考釋説：“聞、闔通。”認爲“聞”是“闔”的借字。其實，“司馬聞”和“聞司馬”的“聞”字都應該是“門”的借字（“聞”本从“門”聲）。《戰國策・齊策六》“齊王建入朝於秦”章：“齊王建入朝於秦，雍門司馬前曰……”可見在戰國時代，至少在齊國已經有門司馬的官職了。有了司馬守門的制度以後,帝王的宫門就有了一個新的名稱——司馬門。這一名稱在漢代史料裏是很常見的。在戰國時代,司馬門之稱也已經出現。《戰國策・秦策五》"文信侯出走與司空馬之趙"章:"武安君北面再拜賜死,縮劍將自誅,乃曰:人臣不得自殺宫中,過司馬門,趨甚疾……"《列女傳》卷六《辯通・齊鍾離春》:"鍾離春謂謁者曰:妾,齊之不售女也。聞君王之聖德,願備後宮之埽除。頓首司馬門外,唯王幸許之。"以典籍和古印相比照,印文的"司馬聞"和"聞司馬"的"聞"應該讀作"門",是顯而易見的。

《古文字論集》頁 484—485

○**何琳儀**(1998)　齊璽"聞司馬",讀"門司馬",官名。《戰國策・齊策》六:"雍門司馬前曰。"齊器聞,讀門。

《戰國古文字典》頁 1366

○**蕭毅**(2001)　12.聞(門)之璽₃₇₃₄(**編按**:原文著録號有誤。)　第一字當釋聞。古璽中"聞"字可讀爲"門"。"門之璽"當爲門關所用印。古璽中有"上東門璽(0169)"、"上東門(0170)"、"圳陽門(0171)"(**編按**:原文此處有"《摘録》"字樣,疑是衍文)。《左傳・文公十一年》:"宋公於是以門賞耏班,使食其征,謂之耏門。"

《江漢考古》2001-2,頁 39

○**中大楚簡整理小組**(1977)　(**編按**:信陽楚簡)🔲🔲從昏從耳,即《説文》聞之古文🔲。

《戰國楚簡研究》2,頁 7

○**吳振武**(1982)　按甲骨文聞字作🔲或🔲,"象人之坐,用手掩其口,以表示靜默,而聳耳以聽"(參于省吾先生《甲骨文字釋林・釋䎽》);周初金文作🔲(《利鼎》)或🔲(《盂鼎》),較甲骨文已稍有訛變,但仍屬會意字。戰國金文《中山王䜌鼎》"寡人聞之"之聞作🔲,已在🔲字省形的基礎上又加注音符"昏",與《説文》古文同。西周中期以後的金文,既以聞爲昏愚之昏,又以聞爲婚媾之婚,可證聞婚同音。

《吉林大學研究生論文集刊》1982-1,頁 56

○**張政烺**(1979)　(**編按**:中山王鼎)聅,從耳,昏聲,《説文》聞之古文。

《古文字研究》1,頁 222

○**商承祚**(1983)　(**編按**:中山王鼎)聞作聅,從耳昏聲,盂鼎作🔲。《説文》之古文同鼎銘。從門聲之聞爲後起字。

《古文字研究》7,頁 46

○**陳邦懷**（1983） （編按：中山王鼎）《説文》耳部："聞，知聲也，从耳，門聲。䎽，古文从昏。"段注："昏聲。"余謂聒从昏聲者，古人以昏時閉門，聞門外敂門聲，故从耳从昏。《説文》門部："閽，常以昏閉門隸也，从門从昏，昏亦聲。"可爲聒从昏聲之旁證。

《天津社會科學》1983-1，頁 68

○**周世榮**（1987） （編按：長沙銅量）"䎽"即古文聞字。其變形字見於"陳侯因資敦"。徐中舒先生讀爲"朝問"的"問"。聞、問古均从門聲，可通用（見《金文詁林》卷十二釋婚）。此銘䎽字亦應讀爲"問"。

《江漢考古》1987-2，頁 87

○**朱德熙、裘錫圭、李家浩**（1995） （編按：望山楚簡）《説文》以"聒"爲"聞"字古文。"聞、問"皆从"門"聲。簡文"聒"字屢見，多讀爲聘問之"問"。《周禮·春官·大宗伯》："時聘曰問。"《儀禮·聘禮》："小聘曰問。"簡文"聒"字有上加"∧"或"亼"旁者，釋文一律寫作"聒"。

《望山楚簡》頁 86

○**劉樂賢**（1997） 《包山楚簡》第 131 號至 139 號記載了一個殺人案件的審理過程。案件的起因是，郤人舒昄和佢卯（佢字，簡文或作趄、宣）先後死亡，雙方的亲友向官府告狀。舒昄之弟舒慶控告苛冒、佢卯一起殺死了舒昄，佢卯後來自殺；而苛冒、佢耥（佢耥，可能是佢卯的父、兄之類的亲屬）則予以否認，並控告舒慶、舒㫃兄弟及其父舒逷三人合伙殺死了佢卯。官府在審理該案的過程中，叫雙方的證人舉行盟誓並陳述證詞。結果，苛冒一方共有一百一十一人舉行盟誓並陳述了證詞；而舒慶一方的證人由於各種原因不能作證，因而未能舉行盟誓。

第 137 號簡記下了苛冒一方證人所陳述的證詞。對於這段證詞，目前有幾種不同的讀法：

既䀄（盟），皆言曰：信讛聒智（知）舒慶之殺佢卯，逷、㫃與慶皆讛聒智（知）苛冒、佢卯不殺舒昄。（以整理組爲代表）

既䀄（盟），皆言曰：信讛聒智（知）舒慶之殺佢卯。逷、㫃與慶皆（偕）；讛聒智（知）苛冒、佢卯不殺舒昄。（陳偉《包山楚簡初探》）

既䀄（盟），皆言曰：信對：聞知舒慶之殺佢卯，逷、㫃與慶皆對：聞知苛冒、佢卯不殺舒昄。（周鳳五《〈畬睪命案文書〉箋釋——包山楚簡司法文書研究之一》）

按照第一種讀法，簡文的意思頗爲費解。按照第三種讀法，則舒氏父子三人都承認對方未殺舒叨，等於是完全推翻了己方的控告。果真這樣，案件就可以立即宣判了。但簡文接着説“舒叨執，未有斷”（編按：“叨”爲“娌”之誤），顯然是未曾定案。而且苟冒一方的證詞之後，即接着記對方當事人的答詞，也令人感到奇怪。第136號簡已經記下了雙方當事人的陳述，這裏怎麼會又一次提及呢（而且只提其中一方）？看來，第二種讀法將“逆、娌與慶皆”讀斷，是比較合理的。但將“謹聉智”連讀，意義仍然難以明白。

這三種讀法，還有一個共同的問題，就是證詞中竟出現了“聉（聞）知”這樣的詞語。《包山楚簡初探》注意到了這個問題，説：“值得注意的是，這些證言得之於傳聞而不是目驗。”以傳聞之詞作證，既不合乎情理，又違背司法原則。第138號簡背面記載了官府審核證人資格的情況，説明楚國的司法制度對取證有比較嚴格的規定。如果苟冒一方的證人都只能以傳聞之詞作證，顯然無助於案件的審理，這樣的證人恐怕難以通過事先的資格認定。

基於上述疑問，我們試提出一種新的讀法：

既累（盟），皆言曰：信謹（對）聉（問）：智（知）舒慶之殺佢卯，逆、娌與慶皆（偕）；謹（對）聉（問）：智（知）苟冒、佢卯不殺舒叨。

簡文的謹聉，實即對聞，當讀爲對問。《説文解字》：“對，譍無方也。”徐鍇《繫傳》：“有問則對。”《史記・張釋之列傳》：“上問上林尉諸禽獸簿，十餘問，尉視左右，盡不能對。虎圈嗇夫從旁代尉對上所問禽獸簿，甚悉。”對問，是回答提問的意思。官府向苟冒一方的證人取證，主要歸結在兩點上：舒氏父子是否殺死了佢卯，苟冒、佢卯是否殺死了舒叨。證人需就這兩個提問分別作答，故文中兩次出現“對問”。

把謹聉讀作對問，不會出現證詞出自傳聞的奇怪現象。證詞以“對問”起首，是爲了表示莊重、嚴肅；其後接着用“知”字，表示肯定、確信。在135號中，舒慶向官府説：“苟冒、佢卯僉殺僕之覣（兄）叨，佘人陳臘、陳旦、陳邵、陳卻、陳寵、連利皆智（知）其殺之。”舒氏正是用“知”字表示證人能肯定自己所指控的事實，和上述證詞中“知”字的用法一致。

《第三屆國際中國古文字學研討會論文集》頁 617—621

○李家浩（2000）　　（編按：九店楚簡）“逃人不㝵，無聉”，秦簡《日書》甲種楚除外陽日占辭作“以亡，不得，毋門”。有無之“無”，秦簡多以“毋”爲之，如上考釋［七〇］所引的“毋弟”、［九九］所引的“毋咎”。“聉”即《説文》古文“聞”。“聞”从“門”聲，故“聉”“門”二字可以通用。秦簡“毋門”當從本簡文字讀爲“無聞”。本簡“逃人不得，無聞”和秦簡“以亡，不得，無聞”，意思是説奴隸逃亡,既抓不到他們,也聽不到他們的消息。

《九店楚簡》頁 90

○**史傑鵬**(2001)　　包山 129、130 號簡記的是恆思縣予葉縣金案,在 130 號簡反面有 11 個字:

（一）須左司馬之𢼊行將以聝之。　　130 反

李運富對"須左司馬之𢼊行將以聝之"這句話解釋道:"𢼊行者,猶今之巡邏,句言等左司馬來巡視的時候把這件事報告他。"

我們認爲李運富的解釋是有問題的,大家知道,包山簡的法律文書都是左尹官府保存的文件,有些簡上展示的文書格式表明它很可能是中央對地方呈遞上來的公文的批示。如上錄 130 簡反面那行字和正面敘述案件內容的那些字的筆迹明顯不類,它應當是左尹所屬的官吏書寫的,屬於上面說的那種情況。所以,李運富的解釋就有些問題了。下級怎麼會巡視上級? 上級又怎麼會向下級報告有關事件呢? 會產生這些問題的原因,我們認爲是李氏對"聝"字的錯誤理解。"聝"是《說文》古文"聞"。《漢書·晁錯傳》:"吾當先斬以聞。"這是動詞的使動用法,意即:"我應當先斬了(晁錯)再使皇帝知道。"李運富也許是這樣來理解包山簡中那個"聝"字的,不過他直接解釋成了"報告"。

《說文》說"聞、問"皆从"門"得聲,所以楚國文字中的"聞"之古文"聝"多讀爲"問"。《鄝客銅量》:"鄝客臧嘉聝王於菽郢之歲。"望山一號墓楚簡:"齊客張果聝王於菽郢之歲。"此二"聝"即讀爲"聘問"之"問"。我們認爲(一)的"聝"也讀爲"問"。129 號和 130 號簡涉及的整個案件內容是:左司馬以王命叫恆思縣給葉縣一筆錢,葉縣官員不接受。第二年重新給時,葉縣官員才接受了。這份文書也許是恆思縣上呈給中央的,中央主管部門在 130 號簡的反面做了批示。因爲當初給恆思縣傳達命令的是左司馬,所以中央準備等左司馬下去巡視時查問這件事。

包山簡中的"聝"字還見於下錄兩條簡文:

（二）夏栾之月癸亥之日,執事人爲之盟證,凡二百十一人。既盟,皆言曰:"信察聝,智(知)舒慶之殺㤅卯,逬、㤅與慶皆(偕);察聝,智(知)苟冒、㤅卯不殺舒㫃。"　　136、137

（三）郊大夫少宰尹郱敂察聝大梁之職雥之客苟坦。苟但言謂……157

我們懷疑這裏的三個"聝"字跟(一)的"聝"字一樣,也應當讀爲"問"。"察問"之"問"古代有"審問、問案"的意思。《漢書·翟方進傳》"會丞相宣有

事與方進相連,上使五二千石雜問丞相、御史",顔師古注:"大臣獄重,故以秩二千石五人詰責之。"(二)(三)的"睯"當用此義,這與"察"的意思是一致的。而且,"察問"一詞本身也見於古書,義爲考察訊問,如《管子·小匡》:"退而察問其鄉里,以觀其所能。"可見,我們這裏把"睯"讀爲"問"的看法是對的。

《包山楚簡》將(二)的兩處"察睯"與下文連讀,這大概以"聞知"爲一詞。古書中倒也有"聞知"一詞,如《書·胤征》:"義和尸厥官,罔聞知。"意思是"聽説知道"。而簡文講的分明是案情的實際情況,怎麽能"聽説"? 可見以"聞知"連讀明顯是不合適的。所以,根據簡文(三)"察問"連言的情況,應該把簡文(二)的"察問"和"智"點開。

《包山楚簡》的釋文和陳偉的釋文,都没有把"察問"和"智"點開,大概是不合適的。同屬陰人殺人案文書的 135 號簡説:

(四)陰人陳瞀……連利皆智(知)其殺之。僕不敢不告於視日。　　135

(二)的二"智"字用法與此相同,皆讀爲"知"。(二)的意思是説夏屎之月癸亥之日,辦事官吏爲陰地人殺人一案有關的 221 人盟證。之後,盟證的人都説,確實察問了,知舒慶殺侸卯,與舒慶一起殺人的還有迚、㡡;知苛冒、侸卯没有殺舒昈。

《簡帛研究二〇〇一》頁 23—24

○陳凌嘉(2003)　(編按:上二·昔者4)不睯不命:即"不聞不命"或"不問不命",意思是:不聽政事、不下政令。(中略)"睯"在楚簡中或讀爲聞、或讀爲問,"聞",有參與的意思,《論語·學而》:"子禽問於子貢曰:'夫子至於是邦也,必聞其政,求之與? 抑與之與?'"何晏集解:"必與聞其國政。"此句與上句"亡聞亡聽"實質意義並無太大的不同,都是説新君在守喪時期,諒闇不與政罷了。

《〈上海博物館藏戰國楚竹書(二)〉讀本》頁 101

○蘇建洲(2003)　(編按:上博二·容成50)睯者:即"泯捨"。李零先生以爲"睯"讀"昏",疑同《書·牧誓》的"昏棄"。"者",或讀爲"捨"。建洲按:《玉篇·日部》:"昬,同昏。"王引之《經義述聞》卷三《牧誓》"昏棄"條:"昏,蔑也,讀若泯。昏棄,即泯棄也……《傳》以昏爲亂,失之。"(85 頁)。"泯"明紐真部與"昏"曉紐文部,韻部真文關係密切,古籍常見通假。聲紐亦常見互諧,如每(明之)與悔(曉之);勿(明物)與忽(曉物);潣(明真)與昬(曉文)(參李方桂《上古音研究》99 頁)。而"捨"(書魚)與"者"(章魚),聲近韻同。《尚書·泰誓中》：“今商王受……播棄犂老。”《史記·周本紀》：“今殷王紂維婦人言是用……昏棄其家國。”則簡文讀作“泯捨百姓”應可從。

《〈上海博物館藏戰國楚竹書（二）〉讀本》頁 178—179

○**李守奎**（2003） （編按：聒）《說文》古文。有聞、問兩讀，尚未分化。

《楚文字編》頁 674

○**王輝**（2004） 《容成氏》簡 50：“今受爲無道，聒者百姓，制約諸侯，天將誅焉……”影本注云：“‘聒’讀昏，疑同《書·牧誓》的‘昏棄’。‘者’或讀爲‘捨’（‘捨’是書母魚部字，‘者’是章母魚部字，讀音相近）。”今按此説是，無可疑。‘聒’即聞字，讀爲昏。（中略）《牧誓》：“今商王受惟婦言是用，昏棄厥肆祀弗答，昏棄厥遺王父母弟不迪。”王引之《經義述聞·尚書上》：“昏，蔑也。讀曰泯。昏棄即泯棄也……（受）蔑棄其遺王父母弟不用也。”泯捨百姓（百官），泯棄親族，語例亦同。

《古文字研究》25，頁 321

△**按** 史氏讀包山 130 反“聒”爲“問”是，但 136—137、157 等處則恐非是。《上二·昔者》4“太子乃亡聒亡聖，不聒不命”，陳佩芬讀前“亡聒亡聖”爲“無聞無聽”，是。顔世鉉（《上博楚竹書散論》[三]，簡帛研究網站 2003 年 1 月 19 日）解云：“聽指主動用耳去感受外界的聲音，聞則指外界的東西傳到自己的耳朵裏。聽由主動去瞭解，引申出主動從事，即治理、處理；聞則沒有此意思。故簡文‘亡聞’，應是指太子不令政事上達，使其知聞；‘亡聽’，則是指太子不主動去瞭解或參與政事。”亦可從。然“不聒不命”之“聒”則應讀“問”，而不宜讀“聞”，否則犯複。蓋“無聞無聽”乃就太子自身而言，“不問不命”則就太子之對待臣下而言，指向之重點有別。戰國文字“聞”還有多種異體，參本卷“聳、𦕢、𥵀、𥄫”等條。

聘 聘

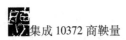
集成 10372 商鞅量

○**湯餘惠**（1993） 聘，聘問。《禮記·曲禮下》：“諸侯使大夫問於諸侯曰聘。”

《戰國銘文選》頁 25

○**何琳儀**（1998）　《説文》："聘，訪也。从耳，甹聲。"商鞅方升聘，聘問。《周禮・秋官・大行人》："凡諸侯之邦交歲相問也，殷相聘也。"

《戰國古文字典》頁 826

聾　聾　聰

上博二・容成 37　　　　集成 11105 子泉聰戟

○**何琳儀**（1998）　聰，从耳，龏聲。《説文》："聾，無聞也。从耳，龍聲。"子㫉聰戟，疑讀拱。

《戰國古文字典》頁 427

△**按**　"聾"字見於《甲骨文合集》21099，作𦕍。"聰"爲"聾"之繁體。

聉　聉

𦕊聈彙 1849

○**何琳儀**（1998）　《説文》："聉，軍法以矢貫耳也。从耳从矢。《司馬法》曰：小罪聉，中罪刖，大罪剄。"矢亦聲。聉、矢均屬透紐。聉爲矢之準聲首。晉璽聉，人名。

《戰國古文字典》頁 918

𦕒　𦕒

𦕒睡虎地・封診 23

○**睡簡整理小組**（1990）　𦕒（𦕒）　𦕒（音彌），《説文》："牛轡也。"即牛的套繩。

《睡虎地秦墓竹簡》頁 152

△**按**　《説文》："𦕒，乘輿金飾馬耳。从耳，麻聲。讀若渳水。一曰：若《月令》靡草之靡。"

聶 聶

睡虎地·爲吏 2 伍 　十鐘 　考古與文物 1997-1, 頁 48

曾侯乙 5 　曾侯乙 8 　上博六·用曰 12 　上博七·吴命 6

○**裘錫圭、李家浩**（1989）　簡文"聶"或作"帬"（62 號），从"市""耶"聲。"聶""耶"二字古音相近，可以通用。王莽年號居攝之"攝"，居延漢簡有時就寫作"耶"（《居延漢簡》甲編 898、乙編圖版拾玖 25·4，《文物》1981 年 10 期圖版貳，9）。簡文"聶"當讀爲"攝"。《儀禮·既夕》"貳車白狗攝服"，鄭玄注："攝，猶緣也。""貘攝"蓋指"虎韔"有貘皮的緣飾。"帬"从與服飾有關的"市"旁（从"巾"之字簡文或从"市"，參看注 56。"純"字亦有从"市"之異體，參看注 142），可能是當緣飾講的"攝"的專字。

《曾侯乙墓》頁 503

○**何琳儀**（1998）　《説文》："聶，附耳私小語也。从三耳。"聶在偏旁中或作耶。《説文》："耶，安也。从二耳。"聶，泥紐盍部；耶，端紐盍部。端、泥均屬舌音，耶實乃聶之省文。居延漢簡"居耶"（《文物》1981 年 10 期圖版二·九），讀"居攝"（王莽年號）。可資佐證。隨縣簡聶，讀攝。《儀禮·既夕》"貳車白狗攝服"，注："攝，猶緣也。"睡虎地簡聶，讀懾。

《戰國古文字典》頁 1433

△按　《上博六·用曰》12："聶丌（其）㬎而不可返（復）。""聶"字或讀爲"囁、喦、懾、攝"等，參顧史考《上博楚簡〈用曰〉章解》（《人文論叢》2008 年卷 746—747 頁，中國社會科學出版社 2009 年）。

耵

璽彙 1890 　璽彙 2440 　璽彙 2858 　陶彙 9·57

○**何琳儀**（1998）　耵，从耳，于聲。晉器耵，人名。

《戰國古文字典》頁 457

耴

耴 璽彙 4511　　集成 2840 中山王鼎　　耴 郭店・唐虞 6　　耴 上博一・緇衣 11　　耴 璽彙 5418

耴 郭店・唐虞 25　　耴 上博一・緇衣 11

○于豪亮（1979）　（編按：中山王鼎）耴，《三體石經・書・多方》聽字作耴。《汗簡・耳部》耴字下注云："耴，一作聖。"

《考古學報》1979-2，頁 175

○趙誠（1979）　（編按：中山王鼎）聽字甲骨文、魏石經古文均有从耳从口作者，與此同。古鉢聽人亦从耳从口作。

《古文字研究》1，頁 258

○張政烺（1979）　（編按：中山王鼎）耴，从耳从口，《説文》所無，甲骨文、古璽文有之。三體石經《尚書・多方》以爲古文聽字。不聽命，疑指下文"詒（辟）死罪之有若赦"。

《古文字研究》1，頁 228

○羅福頤等（1981）　長沙馬王堆帛書《老子》乙本聖字作耴，从耳从口，與璽文同。

《古璽文編》頁 286

○商承祚（1983）　聽，甲骨文作耴、耴，魏三字石經《尚書・無逸》古文作耴，與甲骨文同，是个會意字。齊侯壺作耴，增加了部件，逐漸脱離了初形，至小篆則面目全非，此銘同甲骨文，保存古意。

《古文字研究》7，頁 58

○何琳儀（1998）　耴，甲骨文作耴（後下三〇・一八）。从耳从口，會口言耳聽之意。聽之初文。《説文》："聽，聆也。从耳、恵，壬聲。"（十二上八）恵爲聽之疊加音符。聽，透紐；恵，定紐；均屬舌音。金文作耴（大保簋）。戰國文字承襲金文。耴《説文》失載，兹據古文字建爲聲首。耴孳乳爲聖、聽，參聖字。（中略）中山王鼎"耴命"，讀"聽命"。《儀禮・聘禮》："北面聽命。"徐郊尹鼎"耴每"，讀"聖誨"。《易林》："顏淵子騫，尼父聖誨。"古璽耴，讀"聖"，吉語。

《戰國古文字典》頁 801

【耴人】璽彙 4511

○**羅福頤等**（1981）　聖人。

《古璽彙編》頁 412

○**何琳儀**（1998）　晉吉語璽“耴人”，讀“聖人”。《易·豫》：“聖人以順動。”《白虎通·聖人》：“聖者，通也，道也，聲也。道無所不通，明無所不照。聞聲知情，與天地合德，日月合明，四時合序，鬼神合吉凶。”

《戰國古文字典》頁 801

△**按**　諸家以“耴”爲“聽”之初文，甚確。“耴”加義符“口”之繁體。字讀“聽”或“聖”。

耴

集成 9452 長陵盉

○**馬承源**（1972）　長耴即長子，在戰國爲趙地。

《文物》1972-6，頁 19

○**中國社會科學院考古研究所**（2007）　熙。

《殷周金文集成》（修訂增補本）頁 4968

○**李家浩**（2001）　“耴”，舊有“孖、耴、耴”等不同釋法。“耴”可能是“耴”的筆誤。釋爲“孖”或“耴”的人認爲，“長孖”或“長耴”即“長子”。少府盉一名爲長子盉，即由於此。其實把這個字釋爲“孖”或“耴”都是不對的。這是因爲把原文“耳”旁右側一斜畫當成“孓”旁的筆畫而造成的錯誤。

　　“耴”字不見於字書，根據漢字結構一般規律，應該分析爲从“耳”从“孓”聲。《綜研》指出，少府盉與春成侯盉的器形、紋飾均極相似，銘文內容也有關聯，黃盛璋先生把少府訢盉（**編按**：此疑漏動詞“判”或“定”類字樣）爲韓器，至確。因此，“長耴”當是韓國地名。春秋時期，鄭國有地名“長葛”。《左傳》隱公五年《經》：“宋人伐鄭，圍長葛。”其故城在今河南長葛縣北十二里。公元前 375 年韓哀侯滅鄭，並徙都鄭（今河南新鄭）。此後，長葛當屬韓。上古音“孓、葛”都是見母月部字，疑“長耴”當讀爲“長葛”。

《華學》5，頁 153—154

△**按**　此字右旁所从之“孓”形取右向勢，如在“孓、孓”之間作選擇，當取“孓”爲是，故隸定作“耴”。但似不能完全排除右上方尚有一斜筆的可能性，若然，則此字右旁應是“巳”的繁飾之體，《殷周金文集成》修訂增補本釋“熙”

即以其右旁爲"巳",唯字左爲"耳"無疑,故釋"配"亦不確。

耺

璽彙 5580

△按　《玉篇》耳部:"耺,耳中聲。"《法言・先知》:"籩豆不陳,玉帛不分,琴瑟不鏗,鍾鼓不耺,吾則無以見聖人矣。"宋咸注:"耺,音雲,謂鐘鼓之聲也。"古璽單字"耺"疑用爲人名。

聑

璽彙 3434　　陶彙 3・172

○**何琳儀**(1998)　聑,甲骨文作𢆍(三一七六),商代金文作𢆍(聑觚)。从戈从耳,會以戈斷耳做爲戰利品之意。耳亦聲。馘之異文。慧琳《一切經音義》八九:"馘,古文又作聑。"或作聝。《説文》:"聝,軍戰斷耳也。《春秋傳》曰:以爲俘聝。从耳,或聲。馘,聝或从首。"戰國文字聑,均人名。

《戰國古文字典》頁 75—76

△按　字从戈从耳會意,確有可能是"聝"之異體,但何氏謂"耳亦聲"則恐未必,"聝、耳"聲紐不近。

耵

璽彙 3793　　璽彙 3008　　璽彙 3833

○**羅福頤等**(1981)　耵。

《古璽彙編》頁 355

○**吳振武**(1983)　3833 司寇耵・司寇耵。

《古文字學論集》(初編)頁 519

○**何琳儀**(1998)　耵,从耳,日疑耳孔外移(見耳或作𡆥),或疊加音符(耳、日均屬泥紐)。晉璽耵,人名。

《戰國古文字典》頁 75

△按　字從耳從日甚明,《璽彙》偶隸定作"耶"者當係筆誤,《璽文》不誤。字當以"日"爲聲符。《戰國古文字典》以"日"爲耳孔或"耳"之疊加音符,似不可信。

聊

包山 72

○何琳儀(1998)　聊,從耳,中聲。《川篇》:"聊,亭名也。"其音"詞卯切",疑爲音轉。又疑爲聆之省文。今暫附於此。包山簡聊,人名。

《戰國古文字典》頁 273

○湯餘惠等(2001)　聊。

《戰國文字編》頁 790

△按　其實並無證據證明"聆"字可省作如此,故仍當看作一從耳、中聲之字較妥。其與《川篇》之"聊"關係如何,待考。

聑

聑璽彙 2603　　聑璽彙 3537　　聑陶彙 4・22

○羅福頤等(1981)　聑。

《古璽文編》頁 288

○吳振武(1983)　3537 老聑・□聑(聽)。

《古文字學論集》(初編)頁 516

○何琳儀(1998)　聑,從耳,壬聲。疑聖之省文,即聽之異文。《篇海》:"聑,古文聽字。"參聖字。又《亢倉子》注:"聑,古聽字。"燕器聑,人名。

《戰國古文字典》頁 800—801

耿

耿璽彙 0780　　耿璽彙 1092　　耿璽彙 1869　　耿璽彙 3110

○何琳儀(1998)　説詳見本卷"畲"字條。

△按　字從耳從欠，既可能爲會意字，也可能爲形聲字，字用爲人名，音義無考。然似與“歛”無關。

聅

璽彙 2441

○**趙平安**（1997）　聅。

《第三屆國際中國古文字學研討會論文集》頁 711

○**施謝捷**（1998）　娶。

《容庚先生百年誕辰紀念文集》頁 648

△按　暫釋“聅”。

眡

璽彙 1500　　璽彙 3294

○**羅福頤等**（1981）　眡。

《古璽文編》頁 288

○**吳振武**（1983）　1500 敗・敗眡（聽）。

3294 眡・敢（嚴）眡（聽）。

《古文字學論集》（初編）頁 499、514

○**何琳儀**（1998）　眡，從耳，氏聲。聇之異文。《集韻》：“聇，告也。或引《禮》聇于鬼神。亦作眡，通作畛。”晉璽眡，人名。

《戰國古文字典》頁 1211

聦

郭店・五行 15　　郭店・五行 20　　上博二・容成 17　　郭店・五行 26

○**荊門市博物館**（1998）　聰。

《郭店楚墓竹簡》頁 149

○**何琳儀**（2000）　此字右部明確从“兇”。“兇”與“悤”聲系可通（詳高亨《古字通假會典》14），故“聰”爲“聰”之異文。

《文物研究》12，頁 199

△**按**　何説可從。《説文》云：“聰，察也。”郭店簡“聰（聰）”正用其本義。裴錫圭《釋古文字中的有些“悤”和从“悤”、从“兇”之字》（《出土文獻與古文字研究》2 輯，復旦大學出版社 2008 年）對此字有進一步討論，可參看。

聳

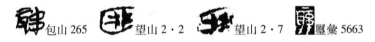

郭店·五行 15　　　郭店·五行 25

郭店·五行 50

○**荊門市博物館**（1998）　聳，“聞”字。簡文字形與《汗簡》“聞”字、《古文四聲韻》引《古老子》及《古尚書》“聞”字同。

《郭店楚墓竹簡》頁 152

△**按**　聳，从耳，米聲，“聞”之異構。《玉篇》作“番”，《正字通》云：“从釆，釆，古辨字。聲入耳能辨之也。別作聳，非。”《五行》50 一文上部確已近“釆”，但“釆、聞”古音亦近，“釆”看作聲旁似比看作義旁合理。又此文下部疑🔲下部人形之省訛。參見“聞”字條。

聯

包山 265　　　望山 2·2　　　望山 2·7　　　璽彙 5663

○**朱德熙、裴錫圭、李家浩**（1995）　簡文“聯”字从“耳”从“串”，亦見於古璽，作🔲（《賓虹草堂鉨印釋文》）。因鄂君啟節“關”字从“門”从“串”，故釋此字爲“聯”。

《望山楚簡》頁 115

○**劉信芳**（1997）　包山簡二六五：“一聯耳鼎。”“聯”讀如“貫”，“貫耳鼎”即出土之有蓋圓腹鼎（標本二：一〇六），該鼎蓋沿有對稱方形平耳，鼎耳可套入蓋耳中。“貫”字从毌从貝，毌即串之古字。《廣雅·釋言》：“貫，穿也。”睡虎地秦簡有人名“穿耳”，知“聯”即“貫”，讀與“穿”通。惟“聯”字又見《古璽彙

編》五六六三,吳振武讀爲"聯"。或謂"聤耳鼎"即"聯耳鼎",説亦可通。簡
文"關"字從串作"闗",知關、闗、聤、聯、貫、穿皆一音之轉也。

《中國文字》新 22,頁 196—197

○**何琳儀**(1998)　　串,金文作(中甗),象以繩索穿二貝之形。《廣雅》:"串,
穿也。"《説文》古文作(患之所從),已有訛變。戰國文字作串簡化尤烈,遂
與冊相混(參冊字)。聤,從耳,串聲。包山簡"聤耳",讀"貫耳"。《左·僖二
七》:"貫三人之耳。"

《戰國古文字典》頁 1001

△按　讀"貫"較優。

戠

璽彙 3889

△按　"戠"用爲人名。

聯

○**何琳儀**(1998)　　聯。

《戰國古文字典》頁 1518

聢

璽彙 3954

○**吳振武**(1983)　　1241 喬聢·喬聢。
　　3954 長生聢·長生聢。

《古文字學論集》(初編)頁 497、519

○**何琳儀**(1998)　　聢,從耳,豈聲。燕璽聢,人名。

《戰國古文字典》頁 479

△**按**　釋“聣”可從。

𦕁

于省吾教授百年誕辰紀念文集,頁 154 玉瑞

○**裘錫圭**(1996)　瑞銘“下”下一字,左从“耳”右从“重”,不見於字書。按漢字結構通例看,應是从“耳”、“重”聲之字。此字與銘文下句“同”字押韻,“重”和“同”上古音都屬東部。上引前一書所據釋文以此字爲“踵”,不能説没有道理。“𦕁”“踵”都从“重”聲,“𦕁”可以讀爲“踵”。把“下踵”解釋爲在下者跟着在上者的腳步走,在文義上也説得過去。但是釋“貞”之説既不可信,此説也就難以成立了。我們認爲“上弁下𦕁”應該讀爲“上變下動”。“𦕁”“動”都从“重”聲,“弁”“變”上古音也很近。上印李文已經舉出了“弁”及从“弁”聲之字讀爲“變”的實例。《書·堯典》“於變時雍”,孔宙碑引作“於卞時雍”。“卞”也就是“弁”的異體。

　　　　　　　　　　　　　　　　　　　《于省吾教授百年誕辰紀念文集》頁 155

○**李學勤**(1996)　“𦕁”字从“耳”,“重”聲,與上連讀,疑“兌”當讀作“變”,“𦕁”讀作“動”。這一句讀爲“上變下動”。

　　　　　　　　　　　　　　　　　　　《于省吾教授百年誕辰紀念文集》頁 160

窴

包山 157　　上博二·民之 3　　上博二·民之 5

○**劉樂賢**(1997)　另外,第 157 號簡又有“譴窴”:

　　鄝宫大夫命少宰(宰)尹郟敔譴窴大柔(梁)之戠畵之客苛坦,苛坦言
胃……

　　譴窴也可以讀爲對問,但不會是回答提問的意思。包山楚簡中,對有審訊的意思。例如,第 16 號簡“新佫辻(卜)尹不爲僕斷”,在第 15 號簡背面作“新佫辻(卜)尹不爲其譴”。譴(對)顯然和斷意義相近。問也有審訊、問案的意思。《漢書·翟方進傳》:“會丞相宣有事與方進相連,上使五二千石雜問丞相、御史。”簡文的對問應是查問、案問的意思,故下文以“言謂”作答。

　　　　　　　　　　　　　　　　　　　《第三屆國際中國古文字學研討會論文集》頁 621

△按　窜,从宀,聞聲,"聞"之異構。參見"聞"字條。

聰

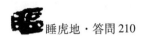睡虎地・答問 210

○睡簡整理小組（1990）　聰,字見曹植墓磚,即軀字。

《睡虎地秦墓竹簡》頁 144

△按　字从耳,區聲。"耳、區"合用一豎筆。

莽

○徐中舒（1933）　莽,古問字,《汗簡》問作莽,尒誤作米,與魏三字石經《君奭篇》"聞"古文誤作"聓"同。聞、問字古均从昏聲（《說文》聞古文从昏作聓）,銅器昏作:

　　　　毛公鼎　　　及季良父壺　　　克殷　　　桼伯殷　　　錄伯殷

此莽正昏之省形（从斗者,銅器斗作𣁋,與此形近）,《儀禮・聘禮》云"小聘曰問",《周禮・春官・大宗伯》云"時聘曰問",又《秋官・大行人》云"凡諸侯之邦交,歲相問也",此云"朝問諸侯",義亦甚協。

《徐中舒歷史論文選輯》頁 411—412,1998;原載《史語所集刊》3 本 4 分

○羅福頤等（1981）　孟鼎婚作𩒨,與璽文近似,假借爲聞。

《古璽文編》頁 290

○吳振武（1983）　1354 孟婚・孟聞。

《古文字學論集》（初編）頁 498

○湯餘惠（1993）　昏,銘文作𩒨,字即西周金文𩒨字省寫。朝昏諸侯,即朝問諸侯,指諸侯之閒彼此聘問往來。

《戰國銘文選》頁 14

○何琳儀（1998）　焛,甲骨文作𦕁（餘九・一）。从欠（突出手臂上揚）从耳。會以手遮耳聆聽有所聞之意。聞之初文。西周金文作𩒨（克盨）,欠上加尒形

爲飾。欠下加足趾形。春秋金文作▨（王孫誥鐘），足趾形上移似女旁。戰國文字承襲兩周金文。或从欠从耳，與甲骨文構形近似。或省耳作▨、▨，與《汗簡》中一·三七問作▨（尒訛米形，欠訛斗形）有形體對應關係。《説文》婚之籀文作▨，乃西周金文▨之變，手訛作止旁，耳訛作巳旁。烟之初形繁複不便書寫，故戰國文字或省爲从欠从耳，或另創暓、聞二字以代替。烟《説文》未載，今據戰國文字省文立烟聲首，附門聲首之後。因胥鐏"淖烟"，讀"朝問"，諸侯相見聘問。《周禮·春官·小祝》："時聘曰問。"侯馬盟書烟，讀聞。

　　　　　　　　　　　　　　　　　　　　《戰國古文字典》頁 1367—1368

△按　戰國文字"齑"，諸家以爲從西周金文▨演變而來，甚是。▨爲"聞"之表意初文。由於所从的人形頭頂的裝飾筆畫聲符化爲"尒"（"尒、聞"古音相近），所以作聲符時可以省去"耳"旁，如番生簋蓋"▨"字作▨，後來這種省體又可以獨立使用，如陳侯諸器即是。這種"聞"字初文的省體，《説文》作"▨（憂）"，以爲"籀文婚"（"婚"字條），又以爲"古昏字"（"▨"字條），實際都屬於假借用法。參看"齑"字條。

齑

▨望山 1·1　　▨新蔡零 173

○**中大楚簡整理小組**（1977）　齑，从午从聑，疑爲聑之異體。

　　　　　　　　　　　　　　　　　　　　　《戰國楚簡研究》3，頁 32

△按　齑，从聑，尒聲，"聞"之異構。參見"聞"字條。

聸

▨璽彙 1042　　▨璽彙 1624　　▨璽彙 2349

○**羅福頤等**（1981）　聸。

　　　　　　　　　　　　　　　　　　　　　《古璽文編》頁 288

○**何琳儀**（1998）　聳，从耳，羘聲。疑眂之異文。《集韻》："聣，告也。或引《禮》聣于鬼神。亦作眂，通作畛。"晉璽、趙陶聳，人名。

　　　　　　　　　　　　　　　　　　　　　《戰國古文字典》頁 756

△按　疑从耳，霅聲。

奠

　包山 186　　奠 郭店・緇衣 45

△按　包山簡“奠”爲人名，郭店簡“奠”讀爲“攝”。

臣 臣 頤

臣 貨系 1797　　臣 貨系 1798　　頤 上博一・緇衣 17

臣 上博三・周易 24　　臣 上博三・周易 25　　臣 上博三・周易 24

○何琳儀（1998）　臣，甲骨文作臣（前一・三五・六姬作臣），或説象梳比之形。箆之初文。《説文》：“箆，取蟣比也。从竹，臣聲。”西周金文作臣（憚季遽父卣姬作臣），春秋金文作臣（蔡姞簠姬作臣）、臣（吳王光鑑姬作臣）。戰國文字承襲春秋金文。晉系文字或上加飾筆作臣、臣，楚系文字則無此飾筆作臣。秦系文字作臣、臣。已有省簡，爲小篆所本。《説文》：“臣，頤也。象形。頤，篆文臣。臣，籀文从首。”許慎以頤釋臣，其臣本應作頤。

趙方足布“臣平”，疑即“阜平”。阜、臣形近易混，漢隸阜或作臣與戰國文字臣作臣甚似。《韓非子・喻老》“倒杖而策鋭貫頤”，《列子・説符》引頤作頤。即屬此類。阜平設縣甚晚，爲漢代靈壽、南行唐舊地。而方足布“臣平”恰出土靈壽，因疑阜平乃臣平之訛。

《戰國古文字典》頁 61

○李家浩（2006）　跟 A2 相當的字，不論是郭店簡本《緇衣》還是今本《緇衣》，都从“臣”聲（參看下文）。按包山楚墓竹簡 176 號“姬”字所從“臣”旁作：

臣《包山楚簡》圖片八○

將 A2 與此“臣”旁進行比較，不難看出 A2 就是“臣”字的訛體。A2 即把“臣”的“乚”字形筆畫寫作一撇，再把中閒一橫省去，下面右側一畫寫到上面橫畫之下，字形訛變得十分厲害，不易辨認。

《康樂集》頁 22

△按　謂“臣”象梳比之形，爲“箆”之初文，於形不切。“臣”仍視爲“頤”之象

形初文爲妥。後益以意符“頁”而成“頤”。上博簡《周易》“頤”字爲古文字中首見。

熙

璽彙 3224　　集成 10384 高奴禾石權　　上博七·吳命 8　　九店 56·43

璽彙 3181　　璽彙 3183　　璽彙 3184

璽彙 3185

○吳振武（1983）　　3181 豎·熙（熙）豎。

3182—3184 字同此釋。

3183 憤·熙（熙）憤。

3184 罩之·熙（熙）罩（斁）之。

3185 ·巨（熙-熙）拘。

《古文字學論集》（初編）頁 512—513

○饒宗頤（1997）　（編按：九店 56·43）熙字可看作此，从臣與从止不分，芷陽（《漢書·夏侯嬰傳》）亦作茝陽（《史記》）。則此猶沚或阯也。

《文物》1997-6，頁 36

○何琳儀（1998）　　熙，从臣，巳爲疊加聲符。《説文》：“熙，廣臣也。从臣，巳聲。厊，古文熙，从户。”

晉璽熙，讀頤，姓氏，以鄉爲氏。漢時苦縣有頤鄉。見《史記·灌嬰列傳》。

《戰國古文字典》頁 61—62

○李零（1999）　（編按：九店 56·43）“熙”讀阯。

《考古學報》1999-2，頁 145

○李家浩（2000）　（編按：九店 56·43）“熙”字原文“巳”旁寫在“臣”旁之左。古代合體字的偏旁位置不十分固定，左右並列結構的偏旁位置可以互易。上古音“臣、巳”都是喻母四等之部字，所以林義光《文源》指出，“熙”字所从“‘臣、巳’皆聲”。“臣”與“其、止”古音相近，可以通用。《史記·宋微子世家》“如之何其”，裴駰《集解》引鄭玄曰：“其，語助也。齊魯之閒聲如‘姬’。”《史記·田敬仲完世家》人名“田臣思”，司馬貞《索隱》引《戰國策》作“田期思”。按傳本《戰國策・齊策一》作"田臣思"，與《史記》同。錢大昕、黃丕烈皆認爲"臣"
是"臤"之誤，"臤""期"音近(參看諸祖耿《戰國策集注彙考》[上]494 頁)。
此是"臣"與"其"可以通用的例子。《禮記・內則》"婦或賜之飲食……莅
蘭"，陸德明《釋文》說"莅""本又作'芷'"。此是"臣"與"止"通用的例子。
據此，疑簡文"臣厸"應該讀爲"基"或"阯(址)"。《白虎通・封禪》："下禪梁甫
之基。"《漢書・郊祀志》"禪泰山下阯東北肅然山"，顏師古注："阯者，山之基
足也，音止。"《說文》"臣厸"字古文作"𢉙"。聞一多說"《書・顧命》'夾兩階
𢉙'，《西京賦》'金階玉𢉙'，𢉙即基字，《公羊傳》莊十三年注'土基三尺土階
三等曰壇'，階𢉙即階基。牆之基阯謂之臣厸，齒之基止謂之頤，足所基止處謂
之蹟，其義一也"(見《姜嫄履大人迹考》，《神話與詩》78 頁)。如聞氏所說可
信，簡文"臣厸"當以讀作"基"爲是。"復山之基"，猶上引《白虎通・封禪》"梁
甫之基"，即復山之山腳的意思。

《九店楚簡》頁 105

○**李家浩**(2002)　《說文》說"臣厸"從"臣"，"巳"聲。按"巳""已"古本一字。
上古音"臣、已"都是餘母之部字，所以林義光《文源》認爲"臣厸"字所從"臣、
巳"二旁皆聲。簡文的"臣厸"可以有兩種讀法，一種讀爲"基"，一種讀爲"址"。
(中略)"基""址"同義。《說文》阜部："阯，基也。從阜，止聲。址，阯或從土。"
《漢書・郊祀志上》顏師古注："阯者，山之基足。"於此可見，把簡文"臣厸"讀爲
"基"或"址"，於字音、文義都很合適。爲了便於說明，釋文暫且采用"基"的
讀法。

《著名中年語言學家自選集・李家浩卷》頁 321—322

△**按**　"臣厸"字所從"臣"旁與"户"形體相近，故古文作"𢉙"可能屬形訛之體。
也可能古人以爲階基一類意義與門户之類聯繫得上，有意將"臣"旁趁便改作
"户"，並專用爲階𢉙字。如此，則"𢉙"可分析爲從户，巳聲。《璽彙》3185 一
文，吳振武隸定爲"匝"，疑是"臣厸"字省體。其說可從。此"臣厸"字可看作二部
件合用筆畫。

手　𠂹

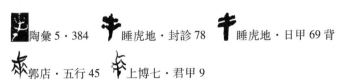

陶彙 5・384　　睡虎地・封診 78　　睡虎地・日甲 69 背

郭店・五行 45　　上博七・君甲 9

○**何琳儀**（1998）　手,金文作ᵮ（曶壺）,象形。戰國文字承襲金文,或加飾筆作
ᵮ,與古文ᵮ相近似。《説文》:"ᵮ,拳也。象形。ᵮ,古文手。"秦陶"手",手書。

　　　　　　　　　　　　　　　　　　　　　　　　　　　《戰國古文字典》頁 198

○**李守奎**（2003）　（編按:郭店・五行 45）《説文》古文。

　　　　　　　　　　　　　　　　　　　　　　　　　　　　《楚文字編》頁 675

【手指】睡虎地・封診 88

△**按**　睡簡"手指"爲偏正式合成詞。

掌 𡉣

𡉣璽彙 1824　　　陶彙 6・20

○**丁佛言**（1924）　𡉣　古鉢"掌事"。

　　　　　　　　　　　　　　　　　　　　　　《説文古籀補補》頁 51,1988

○**陳漢平**（1985）　古璽文有字作𡉣（1824 𡉣事）,舊不識,《古璽文編》收入
附録。

　　《説文》:"手,拳也。象形。凡手之屬皆从手。ᵮ,古文手。"是知古璽文
此字从手,尚省聲,字當釋爲掌。《説文》:"掌,手中也。从手,尚聲。"核於此
璽文讀爲"掌事",於文義正合。

　　　　　　　　　　　　　　　　　　　　　　　《出土文獻研究》頁 236

○**何琳儀**（1998）　《説文》:"掌,手中也。从手,尚聲。"晉璽"掌事",見《周
禮・春官・小宗伯》:"小祭祀掌事如大宗伯之禮。"

　　　　　　　　　　　　　　　　　　　　　　　　　　　《戰國古文字典》頁 679

拇 ᵮ

上博三・周易 26　　　上博三・周易 37

○**濮茅左**（2003）　"拇",或讀爲"罟",雉網。《説文・网部》:"罟,网也。"

　　　　　　　　　　　　　　　　　　　　　《上海博物館藏戰國楚竹書》（三）頁 187

△**按**　《説文》:"拇,將指也。从手,母聲。"上博簡《周易》"拇"用本義。

指 指

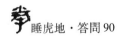 睡虎地·答問 83　　　 睡虎地·爲吏 29 貳　　　郭店·性自 28

○**睡簡整理小組**（1990）　（編按：睡虎地·爲吏 29 貳）傷指，對其指示不予重視。

《睡虎地秦墓竹簡》頁 169

○**趙建偉**（1999）　（編按：郭店·性自 28）古樂龍心，益樂龍指：“龍”猶言“適”。
“指”疑讀爲“嗜”（古多以“耆”爲“嗜”，指、耆古通，《詩·皇矣》“上帝耆之”，
《潛夫論》引作“上帝指之”）。“古樂”即上文所謂韶、夏之樂。“益”同“溢”，
淫也。淫樂，即上文所謂鄭衛之樂（《論語》“鄭聲淫”）。《禮記·樂記》：“魏
文侯問於子夏曰：吾端冕而聽古樂則唯恐臥，聽鄭衛之音則不知倦；敢問古樂
之如彼何也，新樂之如此何也？”疏：“新樂者，今世所作之淫樂也。”此所記之
古樂新樂當即簡文之古樂淫樂，皆説古樂適人之心而淫樂則迎合人之嗜欲。

《中國哲學史》1999-2，頁 37

○**陳偉**（2000）　（編按：郭店·性自 28）指，手指。大概因其位於肢體的終端，古人
有時用以與心對舉。如《孟子·告子上》記孟子曰：“今有無名之指，屈而不
信，非疾痛害事也。如有能信之者，則不遠秦楚之路，爲指之不若人也。指不
若人，則知惡之；心不若人，則不知惡。此之謂不知類也。”《淮南子·泰族訓》
也有類似表述。簡文中與“心”相對，表示作用面的膚淺。

《中國哲學史》2000-4，頁 10—11

○**廖名春**（2001）　（編按：郭店·性自 28）“指”，疑讀爲“旨”。旨，意也。

《新出楚簡試論》頁 150

△**按**　《説文》：“指，手指也。从手，旨聲。”睡簡“指”多用手指義。《爲吏》篇
“興事不當，則民傷指”之“指”，整理者解爲吏之“指示”，是。《性自》之“指”
疑當從陳偉解。

拳 拳

拳 睡虎地·答問 90　　　鑒印山房藏古璽印菁華 144　　　侯馬 195:1

○**何琳儀**（1998）　《説文》：“拳，手也。从手，关聲。”侯馬盟書拳，人名。

《戰國古文字典》頁 1003

△**按**　睡簡《答問》篇“拳指傷人”，“拳”用本義。秦印單字“拳”應是人名。

捧 𢪒 拜

睡虎地·日甲 166 正陸　　睡虎地·日甲 40 正

上博三·彭祖 8　郭店·性自 21　上博五·競建 9　包山 272

集成 11541 不降矛　集成 11286 不降戈

○**睡簡整理小組**（1990）　（編按：睡虎地·日甲 40)捧，疑讀爲撥，《説文》：“治也。”

《睡虎地秦墓竹簡》頁 186

○**何琳儀**（1996）　（編按：不降矛)“拜”，姓氏。《萬姓統譜》：“拜，見《姓苑》，今直隸山陽縣有拜氏。”

《考古與文物》1996-6，頁 69

○**何琳儀**（1998）　《説文》：“首至地也。从手、桼。桼音忽。𢪒，揚雄説，拜从兩手下。𢪒，古文拜。”捧爲周秦文字，拜爲六國文字，構形不同（參拜字），以音近而通用（均屬幫紐）。睡虎地簡捧，讀拜。

拜，金文作𢪒（井侯簋）。从手，桼聲。應隸定捧，戰國文字“拜”與三體石經《皋陶謨》“拜”作𢪒吻合，从二手會拜首之意，應隸定拜。《周禮·春官·大祝》“辨九捧”，《左·僖五》正義引捧作拜，西周文字形聲字，戰國文字易爲會意字，至爲罕見。（中略）燕兵拜，姓氏，見《姓苑》。包山簡拜，讀綏。參《詩經·召南·甘棠》箋：“拜之言拔也。”《集韻》：“綏，綏也。”

《戰國古文字典》頁 1296、949

○**何琳儀**（2000）　（編按：不降戈)“拜”，舊多釋“棘”，惟孫詒讓謂：“似从二手字，古文即拜字也。”按，孫説至確。《説文》“拜”下引揚雄説“从兩手下”。三體石經《皋陶謨》古文、《説文》古文均與不降戈、矛“拜”字形體相近。

《文史》2000-1，頁 35

○**李家浩**（2003）　（編按：包山 272)再其次討論“拜”。

（1）（2)的“紫拜”之“拜”，原文的寫法與《古文四聲韻》卷四怪韻所引《説文》古文“拜”和魏正始石經古文“拜”相近，从二古文“手”。

（1）（2)的“紫拜”都緊接在“鐮”之後，説明它是跟鐮有關的器物。根據這一情況,我過去認爲"拜"是纏在鑣上的"幩"。"拜"字《説文》正篆作"捧",金文也大多作"捧"。"捧"从"奉"聲,"幩"从"賁"聲,而"奉、賁"二字皆从"卉"聲。所以"拜"與"幩"可以通用。《詩・衞風・碩人》"朱幩儦儦",毛傳:"幩,飾也,人君以朱纏鑣扇汗,且以爲飾。"

　　從表面上看,把簡文"拜"讀爲"幩"似乎很有道理,如果把(1)(2)與(5)的文字仔細對照一下,就會發現(1)(2)的"紫拜"就是(5)的"紫彎"。上古音"拜"屬幫母月部,"彎"屬幫母物部,二字聲母相同,月物二部字音關係密切。《説文》"拜"字正篆"捧"所从聲旁"奉",就是物部字。於此可見,"拜""彎"二字古音相近,可以通用。銀雀山漢墓竹簡《唐勒賦》"攬彎、衞彎"之"彎",原文皆作"捧"。此字从"艸"从"捧(拜)"聲。據此,我現在認爲簡文(1)(2)的"紫拜"應當讀爲(5)的"紫彎"。"面"是馬勒之當面者。"鑣、彎"都繫於勒,所以簡文(1)(2)把"紫彎"與"面、鑣"記在一起。

《古籍整理研究學刊》2003-5,頁5

○**王子今**(2003)　（**編按**:睡虎地・日甲40）今按:整理小組注釋誤。"捧",即"拜"。張家山漢簡《二年律令》中所謂:"徼外人來入爲盜者,要斬。吏所興能捕若斬一人,捧爵一級。不欲捧爵及非吏所興,購如《律》。"(六一)"能産捕群盜一人若斬二人,捧爵一級。其斬一人若爵過大夫及不當捧爵者,皆購之如《律》。"(一四八)"捕從諸侯來爲閒者一人,捧爵一級,有購二萬錢。不當捧爵者,級賜萬錢,有行其購。"(一五一)"捧"即釋爲"拜"。（**中略**）《日書》簡文"其群不捧",應當理解爲威望喪失,以致其群屬不再尊崇禮敬。

《睡虎地秦簡〈日書〉甲種書證》頁109—111

△**按**　包山簡"拜"李家浩讀"彎"可從。

揎 揎

十鐘　睡虎地・語書12

○**睡簡整理小組**(1990)　揎(腕)。

《睡虎地秦墓竹簡》頁15

△**按**　《説文》:"揎,搖揎也。从手,官聲。一曰:援也。"《語書》篇"因恙(佯)瞋目扼揎以視(示)力",整理者讀"揎"爲"腕"甚是。疑此"揎"或即"腕"之異構,與搖揎之"揎"同形。

挚 䡓

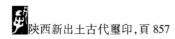陝西新出土古代璽印, 頁 857

△按　《説文》:"挚,攤也。从手,巩聲。"璽文"挚"用爲人名。

抵 䢑

搔睡虎地・封診 69　　**抶**捲抵漆耳杯

○**何琳儀**(1998)　《説文》:"抵,擠也。从手,氏聲。"捲抵漆耳杯抵,讀底。《説文》:"底,一曰,下也。"

　　　　　　　　　　　　　　　　　　　　　　　　《戰國古文字典》頁 1211

○**李立芳**(2000)　第二字"抵",陳老師與何老師都釋"抵"。何老師謂讀爲"底"。《説文》:"抵,擠也。从手,氏聲。""底,一曰下也。"本銘"捲抵"即"捲耳杯之底"之意也。

　　　　　　　　　　　　　　　　　　　　　　　《古文字研究》22,頁 111

扶 㧅

扶睡虎地・答問 208　　**扶**陝西新出土古代璽印, 頁 865

△按　《説文》:"扶,左也。从手,夫聲。"《睡虎地・答問》208:"及將長令二人扶出之。""扶"用本義。秦印"扶"用爲姓氏。

拑 㧁

集成 9673 寺工師初壺

○**李光軍、宋蕊**(1983)　"拑"是"丞"的名字。

　　　　　　　　　　　　　　　　　　　　　　《考古與文物》1983-6,頁 5

○**何琳儀**(1998)　《説文》:"拑,脅持也。从手,甘聲。"二年寺工壺拑,人名。

　　　　　　　　　　　　　　　　　　　　　　　《戰國古文字典》頁 1447

摯 摰

摰 睡虎地·日甲 17 正壹　　摰 睡虎地·雜抄 9

○**睡簡整理小組**（1990）　摯（繫）　繫（音執），將馬羈絆起來。

《睡虎地秦墓竹簡》頁 81—82

○**何琳儀**（1998）　《説文》：“摯，握持也。从手从執。”執亦聲。睡虎地簡摯，讀“執”。

《戰國古文字典》頁 1381

△**按**　睡簡“摯”字多數讀爲“執”，惟《雜抄》篇“驚馬五尺八寸以上，不勝任，奔摯不如令”，當從整理者説讀“繫”。

操 操

操 睡虎地·秦律 62　　操 睡虎地·日甲 28 背貳　　操 秦代印風 198

操 上博七·凡甲 19　　操 新收 1412 王四年相邦張儀戟

○**李學勤**（1992）　（編按：相邦張儀戟）“操”字左側从“手”，中豎較直，類於“牛”旁，可參看雲夢睡虎地秦簡从“手”各字。右側最上一“口”泐去，兩“口”在“木”的兩側，故難辨識（參看大良造庶長游瓦書“桑”字）。

　　“庶長□操”即文獻中的庶長操。《史記·六國年表》載，惠文王前元七年（前 331 年），“義渠内亂，庶長操將兵定之”。在此戟之前十年。

《綴古集》頁 139

○**周寶宏**（1996）　《西漢南越王墓》圖版二二有銅戈銘文照片，該書編者釋爲：王四年相邦［張］義□□□揉牛隥菾界斿畺賤工卯。其中揉字原銘作操形。按，此字當釋爲操字。此戈銘文時代屬戰國秦國，而此字與秦代的乘字之形體不類。如睡虎地秦簡乘字作乘等形（見張世超先生、張玉春先生《秦簡文字編》）、秦代陶文作乘等形（見高明先生《古陶文字徵》）。西周金文乘字作乘（匽公匜）等形，以上乘字形未見省掉上部“大”形而留“止”形者。因此此字不應釋爲乘字。睡虎地秦簡操字作操、操（見張守中先生《睡虎地秦簡文字編》）形，與戈銘之操字相近。戈銘之操當睡虎地秦簡操字形體之省，因此可釋爲操字。

《于省吾教授百年誕辰紀念文集》頁 285

△**按**　《説文》：“操，把持也。从手，喿聲。”睡簡“操”字用操持義。張儀戟“操”字所从“喿”有所省簡。秦印“操”用爲人名。

搏 榑

集成 34 董武鐘　　　搏 包山 133

○**曹錦炎**（1996）　搏，《管子・霸言》“搏國不在敦古”，注：“聚也。”《廣雅・釋詁》：“搏，著也。”

《于省吾教授百年誕辰紀念文集》頁 92

○**何琳儀**（1998）　《説文》：“搏，索持也。一曰：至也。从手，尃聲。”下加土旁屬繁化。

搏武鐘“搏武”，疑讀“布武”。《禮記・曲禮》“堂上布武”，注：“武，迹也。謂每移足，各自成迹不相攝。”疾趨之義。

《戰國古文字典》頁 598

○**董楚平**（2002）　第三字左旁从手，何琳儀隸定爲搏，可從。搏，讀作博，《彧簋》博字从十作博。《釋名》：“搏，博也。”博，精通，通曉。《荀子・修身》：“多聞曰博，少聞曰淺。”搏，也可讀作摶。搏與摶古常互用。《史記・楚世家》：“今王逐嬰子，嬰子逐，盼子必用矣。復搏其士卒以與王遇，必不便於王矣。”《索隱》：“搏音膊，亦有作‘附’讀。《戰國策》作‘整’。”謹按：此搏讀作摶，《戰國策・楚威王戰勝徐州章》作“整”，即“摶”之義。《史記・田敬仲完世家》（編按：今本《史記》只有“馮因摶三國之兵”字。此段文字實出自《繹史》卷一二〇《戰國・張儀相秦連衡》）：“（韓）馮因搏三國之兵，乘屈丐之弊，南割於楚。”此搏或作摶。《集解》引“徐廣曰：‘音專。專猶併合制領之謂也’”，《索隱》説：“搏音團，團謂握領也。徐作‘專’，亦通。”此即《戰國策》“整”之義。摶的本義是捏之成團，捲之使緊，有聚集、整合之義，與散反義。《商君書・農戰》：“凡治國者，患民之散而不摶也。”總之，鐘銘搏字可讀博或摶。

《追尋中華古代文明的踪迹》頁 47

○**劉彬徽、彭浩、胡雅麗、劉祖信**（1991）　𤝡，从隻从尃，讀如獲。

《包山楚簡》頁 49

○**劉釗**（1998）　簡 133 有字作“搏”。字表隸作“𤝡”，按字左旁从手，右从尃無疑。字應釋爲"捕"。"爲仆戁之"即"爲仆捕之"。捕,擒捉也。

《東方文化》1998-1、2,頁 61

○劉信芳(2003)　搏(捕)。

《包山楚簡解詁》頁 126

△按　搏武鐘之"搏"疑用搏擊義。包山簡之"搏"用搜捕義,與《説文》"索持"之訓相合。

據

十鐘　　陶彙 9・79

○何琳儀(1998)　《説文》:"據,杖持也。从手,豦聲。"秦器據,人名。

《戰國古文字典》頁 447

掔

十鐘

△按　《説文》:"掔,撮持也。从手,監聲。"古璽"掔"用爲人名。

把 把

把睡虎地・答問 5　　把睡虎地・封診 85　　把睡虎地・日乙 174　　把十鐘

○何琳儀(1998)　《説文》:"把,握也。从手,巴聲。"秦器把,持。《廣雅・釋詁》三:"把,持也。"

《戰國古文字典》頁 591

搹 搹 扼

睡虎地・語書 11

【扼搚】睡虎地・語書 11

△按　《説文》:"搹,把也。从手,鬲聲。扼,搹或从戹。"秦簡"扼搚"即"扼

腕”, 參“搢”字條。

提 𢮓

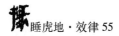睡虎地·答問 82

○**睡簡整理小組**（1990）　提，《禮記·少儀》注：“猶絕也。”意思是把頭髮拔脱。推測秦律有關於“提”髮應如何懲處的規定，所以本條就“提”專門作出説明。

《睡虎地秦墓竹簡》頁 112

△**按**　《説文》：“提，挈也。从手，是聲。”簡文云：“拔人髮，大可（何）如爲‘提’？智（知）以上爲‘提’。”似作“提挈”義解即可。因爲簡文明言“知以上”即可成“提”，不必至於斷絕也。

掾 緣

睡虎地·效律 55

△**按**　《説文》：“掾，緣也。从手，彖聲。”秦簡“掾”用掾吏義。

㧬 㹏 拍

集成 4644 拍敦

○**吳大澂**（1884）　小篆作㧬，許氏説拊也。拍盤，人名。

《説文古籀補》頁 48, 1988

○**何琳儀**（1998）　拍，从手，白聲。《廣雅·釋詁》：“拍，擊也。”同㧬。《説文》：“㧬，拊也。从手，百聲。”或釋㹏，从毛，白聲。字書未見。兹暫从舊説釋拍。拍尊拍，人名。

《戰國古文字典》頁 601

捋 𢮦

青川木牘

○**四川省博物館、青川縣文化館**（1982）　抒（埒）。

《文物》1982-1，頁 11

○**于豪亮**（1982）　律文説：“抒（埒）高尺，下厚二尺。”按，《説文・土部》云：“埒，卑垣也。”《儀禮・士覲禮》“爲宫方三百步”，注：“宫謂壝土爲埒，以象牆壁也。”《周禮・掌舍》“爲壇壝宫”，注：“謂王行止宿，平地築壇，又委壝土起堳埒以爲宫。”《公羊傳・昭公二十五年》：“以人爲菑何？”注：“菑，周埒垣也。”疏：“猶言周匝爲埒牆。”凡此皆埒是矮牆之證。田界除了以封作爲標志外，封與封之閒還以矮牆相連，這樣，各户所占有的土地界限就很明確了。崔豹《古今注》云：“封疆劃界者，封土爲臺，以表識疆境也。劃界者於二封之閒又爲壝埒以劃分界域也。”這是對於封埒最正確的解釋。

《文物》1982-1，頁 23

○**李昭和**（1982）　封埒：封，聚土地，即田阡陌（雲夢秦律）。史游《急就篇》“頃町界畝畦埒封”，師古注：“埒者，田閒塍道也，一説庫垣也，今之圃或爲短牆，蓋埒之謂也。封，謂聚土以爲田之分界也。”可見封、埒皆爲田之經界。封是土堆，爲界上的標志。

《文物》1982-1，頁 26

○**何琳儀**（1998）　《説文》：“抒，取易也。从手，孚聲。”青川牘抒，讀埒。《廣雅・釋室》：“埒，隄也。”

《戰國古文字典》頁 934

掄 掄

⬛十鐘　⬛珍秦 158

○**丁佛言**（1924）　⬛　古鉢“李掄”。

《説文古籀補補》頁 52，1988

○**何琳儀**（1998）　《説文》：“掄，擇也。从手，侖聲。”秦璽侖旁作⬛形，由中山王鼎⬛所演變。秦璽掄，人名。

《戰國古文字典》頁 1345

擇 擇

擇 睡虎地・秦律 68　　擇 睡虎地・日乙 106 壹　　擇 睡虎地・日乙 194　　⬛湖南 90

○**睡簡整理小組**(1990)　　擇行錢、布,意爲對銅錢和布兩種貨幣有所選擇。
擇(釋)　　釋,解除。釋髮,散髮。

《睡虎地秦墓竹簡》頁 37、247

○**何琳儀**(1998)　　《説文》:"擇,柬選也。从手,睪聲。"秦璽"擇",疑讀澤,姓氏。見《姓苑》。

《戰國古文字典》頁 554—555

△**按**　　睡虎地簡《日書》"擇"字數見,均應讀"釋"。《秦律》68"毋敢擇行錢、布",整理小組以"擇"爲選擇義,非是。陳偉武《秦簡所見貨幣史料校釋二題》(中國古代泉幣與經貿國際學術研討會論文,香港恆生管理學院 2015 年)指出"擇"當讀爲"釋",訓爲"捨棄",可從。

捉　秇

秇 信陽 2·9　　秇 郭店·老甲 33

○**中大楚簡整理小組**(1977)　　(編按:信陽 2·09)祝字左从卒,即衣字,仰天湖出土楚簡第一簡衣字作卒,可證祝即褪字。"褪□"義雖未明,但同樣是説明幠的。

《戰國楚簡研究》2,頁 25

○**劉雨**(1986)　　(編按:信陽 2·09)褪。

《信陽楚墓》頁 129

○**郭若愚**(1994)　　(編按:信陽 2·09)褪通 秇,即疏字。《説文》:"通也,从㐬从疋,疋亦聲。所菹切。"《玉篇》:"綖,亦疏字。"古文从糸、从衣可通。此指疏布。《儀禮·既夕禮》:"加茵,用疏布。"注:"云用疏布者,謂用大功疏粗之布。"易,《説文》:"開也,从日、一、勿,一曰飛揚,一曰長也,一曰彊者衆貌。"《佩觿集》:"光也。"此謂一枚光潔粗疏布之幂。

《戰國楚簡文字編》頁 76

○**李零**(1999)　　(編按:郭店·老甲 33)"握固",原作"捉固",馬甲、馬乙本和王弼本作"握固","捉"與"握"音、義相近("捉"是章母屋部字,"握"是影母屋部字),這裏讀爲"握固"。

《道家文化研究》17,頁 467

○**湯餘惠等**（2001）　（編按：信陽 2·9）衼。

《戰國文字編》頁 582

○**李守奎**（2003）　（編按：信陽 2·9）衼。

《楚文字編》頁 513

△**按**　劉國勝《楚喪葬簡牘集釋》（46 頁，武漢大學博士論文修訂本 2005 年）指出信陽簡從"手"從"足"，當釋爲"捉"。甚是。劉雲《楚簡文字釋讀二則》（《古文字研究》30 輯，中華書局 2014 年）釋"捉"下一字爲"髮"，謂簡文"捉髮之帕"即指沐巾。可從。《説文》："捉，搤也。從手，足聲。一曰：握也。""捉、握"韻部雖通，但聲紐不近，郭店《老子》"捉"不一定要讀爲"握"。

捽

睡虎地·封診 84

○**睡簡整理小組**（1990）　捽（音昨），《説文》："持頭髮也。"

《睡虎地秦墓竹簡》頁 162

△**按**　"捽"字從手，卒聲。簡文云："甲與丙相捽。"用本義。

捊 𢪒 抱

睡虎地·日甲 45 背叁

△**按**　《説文》："抱，捊或從包。"徐鉉等曰："今作薄報切，以爲褢袌字，非是。"睡簡云："女鼠抱子逐人。"已用爲懷抱字。

承 𠬻

𦥔上博三·周易 8　𦥔上博四·内豊 4　𦥔上博四·内豊 6　𦥔上博三·中弓 22

𦥔集成 9734 舒盞壺　𠬻璽彙 1905　𦥔珍秦·戰 62

○**何琳儀**（1998）　承，甲骨文作𠬻（合集四〇九四）。從収從卩，會一人以雙手奉承另一人之意。本應隸定丞。《集韻》："承，奉也，受也。或作丞。"金文作𠬻（追承卣），戰國文字承襲商周文字。小篆下加手繁化，遂隸變爲承。《説

文》：“，奉也，受也。从手从卩从収。”

三年錯銀鳩杖首、晉璽“承”，讀丞。《禮記·文王世子》：“有疑丞。”《書·益稷》正義引丞作承。《史記·淮南衡山列傳》：“以承輔天子。”《漢書·淮南衡山濟北王傳·贊》引承作丞。均其佐證。丞，官名。《列子·天端》：“舜問於丞曰。”釋文：“輔弼疑丞之官。”晉璽“丞”，姓氏。衞大夫叔承之後。見《世本》。

令狐壺“承受”，見《左·隱八》“敢不承受君之明德”。中山王圓壺“承祀”，承奉祭祀。《漢書·韋玄成傳》：“世世承祀。”

天星觀簡“新承”，地名。天星觀簡“承豢”、包山簡“承悳”，均筮具。其中承疑讀箂。《玉篇》：“箂，竹也。”

《戰國古文字典》頁148

投 

睡虎地·答問53 睡虎地·答問90 睡虎地·日乙106叁

○**睡簡整理小組**（1990） 投（殳）。

《睡虎地秦墓竹簡》頁114

【投書】睡虎地·答問53

○**睡簡整理小組**（1990） 投書，投匿名書信。《三國志·國淵傳》：“時有投書誹謗者，（魏）太祖疾之，欲必知其主。淵請留其本書而不宣露。”《晉書·刑法志》：“改投書棄市之科。”《後漢書·梁松傳》則稱爲“飛書”。《唐律疏議》卷二十四：“諸投匿名書告人罪者，流二千里。得書者，皆即焚之；若將送官司者，徒一年。官司受而爲理者，加二等。被告者不坐。輒上聞者，徒三年。”

《睡虎地秦墓竹簡》頁106

△**按** 《説文》：“投，擿也。从手从殳。”秦簡“投”即多用投擿義，如《日書·詰》：“以犬矢投之，不來矣。”“以屨投之，則止矣。”“投書”之“投”用投遞義，爲投擿義之引申。字所从“殳”實兼表聲（《説文》小徐本即謂“殳聲”），故或可讀作“殳”，如《答問》90：“以兵刃、投（殳）梃、拳指傷人。”

抉 抉

睡虎地·答問 149　　睡虎地·秦律 84

○**睡簡整理小組**(1990)　抉(音決),撬。

抉,此處指用以撬動門閂的東西。

《睡虎地秦墓竹簡》頁 101、128

△**按**　《説文》:"抉,挑也。从手,夬聲。"秦簡"抉"兼有動、名二義。

揚 揚

新收 380 右嗣鼎

△**按**　《説文》:"揚,飛舉也。从手,易聲。敭,古文。"右嗣鼎"揚"用爲姓氏"楊"。

舉 舉

十鐘　　陶彙 5·63　　睡虎地·語書 6

○**睡簡整理小組**(1990)　舉,檢舉揭發。

《睡虎地秦墓竹簡》頁 14

○**何琳儀**(1998)　《説文》:"舉,對舉也。从手,與聲。"秦陶舉,人名。

《戰國古文字典》頁 541

撟 撟

集粹　　印典

○**睡簡整理小組**(1990)　矯,令,《史記·陳涉世家》:"因相與矯陳王令。"

《睡虎地秦墓竹簡》頁 106

○**王貴元**(2001)　"僑(矯)丞令"可(何)殹(也)?(《睡虎地秦墓竹簡》

106 頁）

　　按,此簡照片清晰,"僑"字誤釋,是乃"撟"字無疑,其字左旁爲睡虎地秦簡、馬王堆帛書常見的"扌"旁寫法,只是第一横畫略粗,第二横畫略細,致此誤釋。

　　《説文·手部》:"撟,擅也。"段玉裁注:"擅,專也。凡矯詔當用此字。"王筠《説文句讀》:"《衆經音義》:'撟,擅也,假詐也。'字從手,今皆作'矯'也……《漢書·高五王傳》之'撟制',即'矯詔'也。""撟"指假托,先秦典籍常見。《周禮·秋官·士師》:"五曰撟邦令。"鄭玄注:"稱詐以有爲者。""撟丞令"與"撟邦令"同,是用本字"撟"。而僑字早期典籍未見用爲"矯"者。《漢語大字典》"僑"下有"通'矯'。假託"一項,引文即睡虎地秦簡此簡文,是延續此誤。另,文物出版社和湖北人民出版社出版的兩部《睡虎地秦簡文字編》也皆沿襲此誤。

《中國語文》2001-4,頁 378

揄　揄

睡虎地·編年 10 貳　　秦陶 490

○**何琳儀**(1998)　《説文》:"揄,引也。從手,俞聲。"秦陶"贛揄",讀"贛榆",地名。

《戰國古文字典》頁 374

○**睡簡整理小組**(1990)　揄,本義是引、出,這裏"揄史"當爲進用爲史之意。

《睡虎地秦墓竹簡》頁 9

△**按**　陳偉武《銀雀山漢簡考釋三則》(《中國語文》1996 年第 1 期)認爲:睡簡"揄史"之"揄"當訓舉,"揄揚"同義複合可證。

擅　擅

睡虎地·雜抄 34　　睡虎地·答問 71

△**按**　《説文》:"擅,專也。從手,亶聲。"秦簡"擅"用本義。

失

睡虎地・語書 3　　睡虎地・雜抄 26　　睡虎地・秦律 126

睡虎地・爲吏 13 貳

○**睡簡整理小組**(1990)　失(泆)　淫泆,也見於《史記・秦始皇本紀》會稽刻石:"防隔内外,禁止淫泆,男女絜誠。"《左傳》隱公三年正義:"淫謂嗜欲過度,泆謂放恣無藝。"

佚,通逸字,逃走。

《睡虎地秦墓竹簡》頁 13—14、86

○**何琳儀**(1998)　失,金文作(臣辰卣)、(揚簋)。从元从中,會草野隱佚者之意。中亦聲。失,定紐;中,透紐。定、透均屬舌音。失爲中之準聲首。失爲佚之初文。《説文》:"佚,佚民也。从人,失聲。"秦系文字承襲金文,楚系文字加一飾筆。《説文》:",縱也。从手,乙聲。"楚璽"失",讀佚,姓氏。周史佚之後。見《姓譜》。

《戰國古文字典》頁 1090

△**按**　楚系簡帛用"迭"記録"失",參卷二"迭"字條。

攫

郭店・老甲 33

△**按**　《説文》:"攫,扟也。从手,矍聲。"《老子》"攫鳥"即鷙鳥,凶猛之鳥。

拓

睡虎地・日甲 46 背壹

○**睡簡整理小組**(1990)　拓,有推、舉之義。

《睡虎地秦墓竹簡》頁 218

○**劉釗**（1994）　句中拓字應讀作“撫”。撫爲拓字古文，《集韻》入聲十一没韻：“撫，擊也。”

《中國文物報》1994-11-20

○**李家浩**（1998）　從表面上看，劉氏的解釋是没有什麽問題，不僅把“拓”解釋爲“擊”於文義貼切，而且還有“撫”爲“拓”字古文的根據。大概是由於這兩個方面的原因，所以到目前爲止，在學術界尚無人提出異議。仔細分析，劉氏的説法實際上是有問題的。

　　先看“撫”爲“拓”字古文到底是怎麽一回事。《集韻》入聲二十二昔韻之石切隻小韻：“拓、摭、撫，《説文》：‘拾也。陳宋語。’或從‘庶’，古作‘撫’。”

　　按《集韻》説“拓”古作“撫”，當是本於《儀禮·有司》鄭玄注。《儀禮·有司》説：“乃摭於魚臘俎，俎釋三个……”

　　鄭玄注：“古文‘摭’爲‘撫’。”

　　陸德明《釋文》：“撫，之石反，劉音與‘摭’同。”

　　《説文》手部有“撫”字：“撫，撮取也。从手，帶聲。讀若《詩》‘蟷蜋在東’（都計切）。”

　　音之石切的“撫”與音都計切的“撫”，聲、韻都相隔甚遠，當非一字。關於這一點，可以從武威漢簡本《儀禮》得到證明。

　　上引《儀禮·有司》語見於武威漢簡本《儀禮》，“摭”作“撫”。“撫”字還見於簡本《泰射》“乃撫於西上”，今本“撫”作“席”。陳夢家於《有司》的“撫”字出校記説：

　　　　撫，今本作摭，字經削改，鄭注：“古文摭爲撫。”簡似作“撫”，《泰射》第三十五簡席作撫。

沈文焯（編按：當作“倬”）對陳氏的校記提出了批評，他説：

　　　　陳説雖含糊，其意蓋斷撫爲席字。然席於魚臘俎成何文義，萬不可通。鄭注：“古文摭爲‘撫’。”……簡文經削改，字形雖與撫相似，實是撫之誤寫。蓋原依今文作“摭”，後改用古文作“撫”，故左旁上似廿，下似巾也。字書無“撫”字，作“席”更無義，即《泰射》之“撫工於西皆上”，亦不過爲席之誤加形旁字，詳彼篇……

　　按沈氏對陳氏的批評是很不公允的，因爲“撫”字不見於字書，陳氏不認識，他在校記裏客觀地反映了簡本與今本的文字異同，並非像沈氏所説的那樣，“其意蓋斷撫爲席”。沈氏自己提出的見解亦有可商。沈氏於《有司》的“撫”説是“撫”之誤寫，而於《泰射》的“撫”説是“席”之誤加形旁字，同一個字前後説法不同,很難使人信服。其實這兩個"摭"都是"摭"字的古文,簡本《有司》的"摭"既不是"摕"之誤寫,《泰射》的"摭"也不是"席"之誤加形旁字。

"摭"是《説文》"拓"的重文。"拓"從"石"聲,"摭"從"庶"聲,"摭"從"席"聲。《説文》説"席"從"庶"省聲。據古文字字形,"庶、席"二字實際上都從"石"聲,可以通用。例如《儀禮·燕禮》"受賜爵者以爵就席坐",武威漢簡本《儀禮》"席"作"庶"。所以,從"石"聲的"拓",其異體既可以從"庶"聲作"摭",又可以從"席"聲作"摭"。衆所周知,漢魏六朝以來的俗體字往往把"席"寫作"廗",這就是顔之推《顔氏家訓·書證》所説的"席下加'帶'",陸德明《經典釋文·序録·條例》和張守節《史記正義·論字例》所説的"席下爲'帶'"。"席"字俗體"廗"作爲偏旁,有時省作"帶"。《古文四聲韻》去聲四十禡韻"襦"字引《籀韻》作"襦"。此字原文位於"下"與"夜"之閒。按《廣韻》去聲四十禡韻在"下"與"夜"之閒有"褯"字,"襦"字的位置與之相同,"襦"無疑是"褯"字的俗體,"襦"即其省寫。據此,我們認爲"摭"之古文本應該作武威漢簡的"摭",其俗體當有作"摕"的,音之石切的"摕"即"摕"之省寫,跟音都計切的"摕"字形相同,但並非一字。這與"席"之俗體"廗",跟讀爲當蓋切、義爲屋斜的"廗"字形相同,但並非一字的情況類似。因爲"摭"從"席"得聲,所以《泰射》假借爲"席"。

再看訓爲"擊"的"摕"是否是"拓"的古文。訓爲"擊"的"摕"見於《集韻》入聲十一没韻陁没切挨小韻。這一訓釋和讀音都不見於《集韻》以前的其他字書,它與讀爲都計切、訓爲"撮取"的"摕"是否一字,目前還説不清楚,但是有一點是可以肯定的,此字從"帶"得聲,與"摭"的古文"摕"結構不同。據上文所説,"摭"的古文"摕"是"摭"之俗體"摕"的省寫。二字的讀音也不相同,它們顯然不是同一個字。既然音陁没切的"摕"與音之石切的"摕"不是同一個字,就不能把訓釋音陁没切的"摕"的"擊"移來訓釋"拓"。

總之,"拓(摭)"字古文"摕"與訓爲"擊"的"摕"並非一字,不能把"拓"訓爲"擊"。因此,對於秦簡"拓"的釋讀,應該重新考慮。

古代"石"字有投擲義。《廣雅·釋詁》:

　　　　投、敠、石、摍、搓,擿也。

王念孫對"石"字的這一意義作了詳細的疏證。王氏在《廣雅疏證》中説:

　　　　石者,《新書·連語篇》云:"提石之者,猶未肯止。"是"石"爲"擿"也。"摍"音都回反。《法言·問道篇》"摍提仁義",《音義》云:"摍,擲也。"《邶風·北門篇》"王事敦我",鄭箋云:"敦,猶投擲也。""敦"與"摍"同,"擲"

與"摭"同。《釋言篇》云:"磧、洉,磓也。"磧、摭,洉、石,磓、搥,聲、義並相近。

王氏又在《補正》中説:

> 注"石者"下,乙"新書"二字,補:《史記・王翦傳》云:"方投石超距。"《漢書・甘延壽傳》云:"投石拔距,絶於等倫。""石"者,摭也。"投石"猶言投摭。"距"如"距躍三百"之"距"。應劭以"拔距"爲"超逾",司馬貞以"超距"爲"跳躍",皆是也。"投石超距、投石拔距",皆四字平列,"石"亦投也。應劭云:"投石,以石投人也。"劉逵注《吳都賦》云:"拔距,謂兩人以手相案,能拔引之也。"皆非是。

當作投擲講的"石",除見於王氏所引的漢代文獻外,還見於唐代文獻。敦煌卷子《大目乾連冥閒救母變文》:"東西鐵鑽讒(劖)凶(胸)肋(肋),左右銅鉸石眼精。"

"石"在這裏是動詞,項楚認爲當作"射"。段觀宋不同意項氏的意見,他説:

> "石"字不當改。"石"可作動詞,爲投摭義,與文義正相合。《廣雅・釋詁四》:"石,摭也。"又:"摭,投也。"《全唐詩外編》載李郢《試日上主司侍郎》詩:"線不因針何處入,水難投石古來知。""投石"即投摭,"石"與"投"同義連文。《賈子・連語篇》:"提石之者,猶未肯止。""提"也是摭義,《集韻》去聲十二霽韻:"提,摭也。""石"與"提"亦同義連文。

按段説可從。

我們認爲秦簡"取女(汝)筆以拓之"之"拓",即動詞"石",應該訓爲擲。"拓"從"手"從"石"聲,跟動詞"石"不僅在字音上有聯繫,而且在字義上也有聯繫,簡文"拓"即使不是爲具有擲這一意義的"石"造的專字,也應該是一個形借字。"取汝筆以石之"即"取汝筆而擲之"的意思。

筆的長度是有限的。就拿跟秦簡《日書》同出的三支筆來說吧,其中兩支筆桿分別長21.5、20.9釐米。"鬼恆從人遊"。在人與鬼之閒應該有一定的距離,人持21釐米左右長的筆來擊鬼,顯然是擊不到的,只有用它來投擲,才能打中鬼。從這一點來説,把"拓"讀爲"石",訓爲擲,也是合理的。

前面説過,"席"跟"拓"一樣,也從"石"聲,所以馬王堆漢墓帛書或借"席"來表示投擲義。

馬王堆漢墓帛書《養生方》一九一行説:

東鄉(向)呼:"敢告東君明星,□來敢到畫所者,席彼裂瓦,何人?"有(又)即周中。

此則文字是講外出旅行,遇到鬼怪時所采用的一種巫術。據此則上文"以產荊長二寸周畫中"語,"畫所"指用荊條畫的圓圈。人站在圓圈中,如果鬼怪膽敢到圓圈,就用"席彼裂瓦"的辦法來對付。有人對"席彼裂瓦"句解釋説:

> 此句意爲有侵入所畫圓周中者,將被席捲,被裂碎。古代方術家用語中,瓦有破裂之意,見《雞肋篇》卷上:"瓦言其破。"

按"裂瓦"指破瓦,直到宋人的詩中還有這種説法。例如宇文虛中《四序回文十二首》之十一:"裂瓦寒霜重,鋪窗月影清。"不過古代稱陶器爲瓦,簡文的"裂瓦"也有可能指破陶片,跟宇文虛中詩所説的"裂瓦"無關。僅從這一點來説,上引語把"席彼裂瓦"解釋爲"將被席捲,被裂碎",就是錯誤的。在《詩經》裏,常常會看到如下的句式:

稱彼兕觥	《豳風·七月》
取彼譖人	《小雅·巷伯》
截彼淮浦	《大雅·常武》
撻彼殷武	《商頌·殷武》

其特點是,指示代詞"彼"位於名詞之前,動詞之後。帛書"席彼裂瓦"與此句式相同,指示代詞"彼"也位於名詞之前,那麼其前的"席"也應該是動詞,疑應該讀作訓爲擲的"石"。"石彼裂瓦"即"擲那破瓦"的意思。

睡虎地秦墓竹簡"以汝筆拓之"之"拓"與馬王堆漢墓帛書"席彼裂瓦"之"席",不僅用法相同,而且都從"石"聲,把它們讀爲動詞"石",訓爲擲,可以互證。

《著名中年語言學家自選集·李家浩卷》頁 347—354,2002

△按 秦簡"拓"字當從李家浩説。

拾 拎

簠齋 38

△按　《説文》：“拾,掇也。从手,合聲。”

掇

睡虎地·爲吏 7 伍　　睡虎地·日甲 63 背壹

○**睡簡整理小組**（1990）　（編按：睡虎地·爲吏 7 伍）掇,疑讀爲輟,止。

《睡虎地秦墓竹簡》頁 174

○**劉樂賢**（1994）　（編按：睡虎地·日甲 63 背）掇,《廣雅·釋詁一》：“取也。”完掇其葉二七,完整地摘取葉子十四片。按:鄭剛將完字連上讀,並説完讀芫,將莠芫視爲兩種植物,可備一説。

《睡虎地秦簡日書研究》頁 239

△按　《説文》：“掇,拾取也。从手,叕聲。”睡簡《日書》“掇”用本義,《爲吏》“掇民之欲”,則當從整理者讀爲“輟”。

揳

陝西新出土古代璽印,頁 857

△按　《説文》：“揳,相援也。从手,虔聲。”璽文“揳”用爲人名。

援

睡虎地·答問 101　　　　睡虎地·日甲 66 貳　　　璽彙 3105

○**何琳儀**（1998）　《説文》：“援,引也。从手,爰聲。”秦璽“援”,人名。

《戰國古文字典》頁 937

拔　　枈

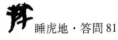睡虎地·答問 81

　郭店·老乙 15　　　郭店·性自 23　　　郭店·性自 63

○**何琳儀**（1998）　《説文》：“拔，擢也。从手，犮聲。”睡虎地簡“拔”，拔出。《廣雅·釋詁》一：“拔，出也。”

《戰國古文字典》頁 954

○**荊門市博物館**（1998）　（編按：郭店·老乙 15）拔，簡文字形與《古文四聲韻》引《古老子》“拔”字相同。

《郭店楚墓竹簡》頁 120

○**陳偉**（1999）　然後其内（入）拔（袚）人之心也敏（昫）性自命出 23

　　裘錫圭先生按云：“疑‘拔’當讀爲‘撥’，‘敏’當讀爲‘厚’。”拔似應讀爲“袚”。《廣雅·釋詁下》：“袚，除也。”《國語·周語上》云：“民之所急在大事，先王知大事之必以衆濟也，是故袚除其心，以和惠民……袚除其心，精也……今晉侯……以惡實心，棄其精也。”看後文，可見“袚除其心”是指去掉心中的不純成分。依此來理解簡文“入拔（袚）人之心”，應該説是合適的。敏，也可能讀爲“昫”。《説文》：“昫，日出温也。”段注：“昫與火部煦義略同。”《玉篇·日部》：“昫，暖也。”簡文大概是説用樂來陶冶情操，去除惡念，受者會感到温和而不生硬。

《武漢大學學報》1999-5，頁 30

○**劉釗**（2000）　（編按：郭店·性自 63）“宙欲壯而毋拔”之“宙”和“壯”裘錫圭先生分別讀作“貌”和“莊”。簡文“拔”字應訓爲“疾”。《禮記·少儀》曰：“毋拔來，毋報往。”《禮記·樂記》：“奮疾而不拔。”王注：“舞雖奮疾而不失節。”“毋拔”即“不失節”，也就是儒家要求的“安徐正靜（金文謂‘温恭舒遲’）”。

《郭店楚簡國際學術研討會論文集》頁 89

○**陳偉武**（2002）　郭店簡《性自命出》63 號：“宙（貌）谷（欲）壯（莊）而毋果（拔），[心]谷（欲）柔齊而泊。”裘錫圭先生按語讀“宙”爲“貌”，李零先生讀“壯”爲“莊”，且於第二句補“心”字，均甚正確。而李先生讀“果（拔）”爲“伐”，劉昕嵐先生訓“伐”爲誇耀，尚有可商。劉釗先生云：“簡文‘拔’字應訓爲疾。《禮記·少儀》曰：‘毋拔來，毋報往。’《禮記·樂記》：‘奮疾而不拔。’王注：‘舞雖奮疾而不失節。’‘毋拔’即‘不失節’，也就是儒家要求的‘安徐正靜’（金文謂‘温恭舒遲’）。”

　　今按，謂“毋拔”即“不失節”近是，訓爲“疾”殆非。頗疑郭店簡和《禮記》三例“拔”字都應讀爲“拂”，訓爲“逆”。古音“拔”爲並紐月部，“拂”爲滂紐物部，鄰紐雙聲，韻亦甚近，且古籍中從“犮”、從“弗”之字通用甚多，如“紱”與“綍”、“紱”與“茀”、“犮”與“拂”、“襏”與“茀”、“袚”與“茀”等等（詳參高亨

《古字通假會典》）。《戰國策・楚策四》：“君獨無意渫拔仆也。”《文選・廣絶交論》李善注引“渫拔”作“剪拂”。此爲異文之證。《方言》卷三：“拂，拔也。”此爲聲訓之證。而“拂”亦通“悖”，義爲“逆”，如《大戴禮記・保傅》：“無拂於鄉俗。”“拂”，《賈子新書・胎教》作“悖”。因此，郭店簡文稱“窗（貌）谷（欲）壯（莊）而毋杲（拔）”，意思是儀容要莊重而不失態（即不悖於禮儀）。順便言之，《少儀》稱“毋拔來”是指不要有逆於未來，“毋報往”指不要炫耀過去（鄭玄讀“報”爲“褒”）。《樂記》“奮疾而不拔”之“拔”，讀爲“拂”或“悖”訓逆亦甚明暢。《樂記》又云：“禮樂刑政，四達而不悖，則王道備矣。”又《中庸》：“建諸天地而不悖。”作“悖”者用本字，作“拔”者用借字。《説苑・建本》：“故賢子事親，發言陳辭，應對不悖乎耳；趨走進退，容貌不悖乎目；卑體賤身，□□不悖乎心。”這段話可作《性自命出》“貌欲莊而不拔”的注腳。《老子》乙組 15 號簡：“善建者不杲。”以前引《中庸》文例例之，“拔”字亦當讀作“悖”。

　　　　　　　　　　　　　　　　　　《古文字研究》24，頁 361

△按　秦系作“拔”爲形聲，楚系作“杲”則以雙手拔木會意。

探　探

陶彙 3・166　　陶彙 3・167

○何琳儀（1998）　探。

　　　　　　　　　　　　　　　　　　《戰國古文字典》頁 1560

△按　陶文“探”字所從“手”有所省簡，此從何釋。或可隸作“叙”，爲“探”字或體。《説文》：“探，遠取之也。從手，突聲。”陶文“探”用爲人名。

掩　掩

考古與文物 2000-1，頁 8

△按　《説文》：“掩，斂也。小上曰掩。從手，奄聲。”陶文“掩”爲人名。

播　播　敊

播　睡虎地・封診 77

信陽 1·24

○**睡簡整理小組**（1990）　播，《楚辭·思古》注：“棄也。”

《睡虎地秦墓竹簡》頁 161

△**按**　《説文》：“播，穜也。一曰：布也。从手，番聲。𢿓，古文播。”睡簡《封診》：“直穴播壤，被（破）入内中。”整理者以播棄義爲釋，似不若訓散播爲明暢。信陽簡“播”與《説文》古文合，簡文“播者……”，疑讀“播諸……”。

捭 𢴈

钱包山 96　　辫包山 97　　𨏻包山 187

○**何琳儀**（1998）　《説文》：“捭，兩手擊也。从手，卑聲。”包山簡“捭”，人名。

《戰國古文字典》頁 772

　　綷，从卒，卑聲。疑裨之異文。《説文》：“裨，衣別也。从衣，卑聲。”
　　包山簡綷，人名。

《戰國古文字典》頁 773

△**按**　包山 187 一文从“手”甚明，何氏以爲从“卒”，非是。

扞 𢳣

𣂁陶彙 5·288

○**何琳儀**（1998）　《説文》：“扞，忮也。从手，干聲。”秦陶“扞”，讀犴。參觧字。

《戰國古文字典》頁 992

捕 㨜

𢹝睡虎地·答問 53　　𢹝睡虎地·雜抄 38

【捕告】睡虎地·答问 136
○**睡簡整理小組**（1990）　捕告，逮捕告官。《墨子·號令》：“諸吏卒民有謀殺

傷其將長者,與謀反同罪,有能捕告,賜黃金二十斤。"　"捕告"也見於《漢書·
景帝紀》等。

《睡虎地秦墓竹簡》頁 125

△按　《説文》:"捕,取也。从手,甫聲。"秦簡"捕"用搜捕義。疑"捕、搏"本
爲一字之繁簡,參"搏"字條。陳偉武云:"捕"與"搏"的關係,正如"補"之與
"榑"、"哺"之與"嚩"。

挐

△按　《説文》:"挐,持也。从手,如聲。"

挌 挌

睡虎地·答問 66

【挌殺】睡虎地·答問 66
○**睡簡整理小組**(1990)　挌(音格)《説文》:"擊也。"古書也寫作格、敆。格
殺,見《後漢書·董宣傳》。

《睡虎地秦墓竹簡》頁 109

拲

珍秦 183

△按　《説文》:"拲,兩手同械也。从手从共,共亦聲。《周禮》:上辠梏拲而
桎。㭟,拲或从木。"

捐

集粹

△按　《説文》:"捐,棄也。从手,肙聲。"

扣 扣

扣 郭店·老甲 33

○**荊門市博物館**(1998) 扣,疑讀作"敂"。《説文》:"擊也。"

《郭店楚墓竹簡》頁 116

○**黄德寬、徐在國**(1998) 老甲 33 有字作扣,原書隸作"扣"。今本作"搏"。頗疑此字乃"拍"之誤。"拍""搏"古音近相通。《周禮·考工記》:"搏埴之工二。"鄭注:"搏之言拍。"

《吉林大學古籍整理研究所建所十五周年紀念文集》頁 100

○**廖名春**(2003) "哺、捕"皆"搏"之同音借字。《莊子·秋水》:"捕鼠不如狸狌。"《釋文》:"捕,本又作搏。"

《郭店楚簡老子校釋》頁 322

△**按** 就字形而言,此字確當釋爲"扣"。同簡"攫"之作攫,"捉"之作捉,其"手"旁寫法正可互證。《説文》:"扣,牽馬也。从手,口聲。"整理者讀"敂",於義亦自可通。然此處今本和馬王堆帛書甲本作"搏",馬王堆帛書乙本作"捕",且與前句"螫"押韻。所以"扣"爲"哺"之誤寫的可能性相當大。楚文字中"手、甫"形近。今姑依簡文原形隸於"扣"字條下。

掖 掖

掖 睡虎地·日甲 153 正貳

○**睡簡整理小組**(1990) 掖(腋)。

《睡虎地秦墓竹簡》頁 206

△**按** 《説文》:"掖,以手持人臂投地也。从手,夜聲。一曰:臂下也。"秦簡《日書》云:"在掖者愛,在手者巧盗。"與《説文》"一曰"合。段注云:"此義字本作亦,或借掖爲之,非古也。"又云:"俗亦作腋。"龍崗秦簡有"抭"字,爲"掖"之異體。

扗

扗墨彙 1349

○**何琳儀**（1998）　扗，从手，乞聲（原篆从乙），《集韻》："扗，拔也。"《玉篇》："扗，俗札字。"古璽"扗"，人名。

《戰國古文字典》頁 889

扝

扝墨彙 2956

△**按**　"扝"疑"撫"字異體。璽文用爲人名。

扗

扗包山 169　　扗包山 183　　扗包山 44　　扗包山 122　　扗上博三·周易 51

○**徐在國**（1996）　簡 183 有字作扗，又見簡 169 作扗，原書隸作"扗"。湯餘惠先生指出此字應隸作"扗"。至確。

今按：此字應分析爲从手厷聲，讀爲"肱"。厷，甲骨文作扗（《後》下二十·一七），在臂肘上加指事符號以表意，是股肱之"肱"的本字。後来，形變爲扗，與右字的區分還是非常清楚的。"右"字在戰國文字中作：扗（《璽彙》四四·〇二五八）、扗（簡一三三），均从"扗"，與厷所从的"扗"不同。《説文》："厷，臂上也。"簡文增加"手"，是贅加的義符，實際上仍是肱字。贅加義符，這種現象在包山簡中習見。如：訓字，簡一九三作扗，簡二一七則作扗，用作路神講的"行"字，簡二〇八作扗，簡二一九則作扗。如此，則此字可讀爲"肱"。字在簡文中均用作人名。

《于省吾教授百年誕辰紀念文集》頁 178—179

○**何琳儀**（1998）　厷，甲骨文作扗（乙七四八八），商代金文作扗（厷鼎）。从又，下加 c 形表示肱部位置。指事。又亦聲。厷，見紐蒸部；又，匣紐之部。匣、見爲喉、牙通轉，之、蒸爲陰陽對轉，厷爲右之準聲首。厷、肱爲古今字，戰國文字指事符號與又旁脱離作♡、◻等形，小篆遂因之訛變作ㄅ形，《説文》：
"ㄹ，臂上也。从又从古文。ㄅ，古文厷，象形。肱，厷或从肉。"

　　拡，从手，厷聲，疑厷之繁文。包山簡拡，人名。

　　　　　　　　　　　　　　　　　　　　　　　《戰國古文字典》頁 17

△按　上博簡《周易》"折丌（其）右拡"，今本"拡"正作"肱"。後世"肱"行而
"拡"廢。

担

郭店·緇衣7

○**李守奎**（2003）　見《玉篇·手部》。

　　　　　　　　　　　　　　　　　　　　　　　《楚文字編》頁 677

△按　《玉篇》手部："担，拂也。"又《廣雅·釋詁三》："担，擊也。"簡文："上帝
板板，下民卒担。"今本作"癉"。"担"爲"癉"之假借字。

抆

集成 4315 秦公簋

○**郭沫若**（1952）　蓋之刻款言"一斗七升大半升"，器言"一斗七升夅"，則夅
字即大半升之意可知。舊釋爲"八奉"二字，按原款分明緊接爲一字，非二字
也。余謂夅即㪦字，从八奉聲。梁鼎每見"⿰匕斗（容）參分""⿰匕斗四分"語，其器均
小，蓋即假分爲夅若㪦也。故古人料字讀半，㪦字讀奉，字例既同，聲亦相近。
《史記·項羽本紀》索隱引王劭曰："半，量器名，容半升也。"蓋誤料爲㪦矣。

　　　　　　　　　　　　　　　　　　　　　　　《金文叢考》頁 354

○**朱德熙**（1958）　秦公段（《三代》9·34）刻款曰：

　　　　一斗七升大半升　　　　蓋

　　　　西元器一斗七升⿰扌夅　　　　段

郭沫若先生在《兩周金文辭大系》裏把⿰扌夅釋作夅（改訂本葉 249），但没有加以
解釋。後來在《金文叢考》中説：（**中略**）

　　誠如郭説，器銘的⿰扌夅字在意義上相當於蓋銘的"大半升"，但從字形上看，
這個字从手夅聲，應釋爲抆。

甲骨㡀字作 𧱥（《藏》174・2）、𧱥（《前》46・6・1），金文㡀字屢見，有下列各種形體：

𨤌盂鼎（《三代》4・45）　　　𨤌毛公鼎（又4・47）

𨤌尌中毁（又8・38）　　　𨤌齊侯毁（又8・35）

古文字裏，豎畫上往往加點，所以甲骨的 𧱥 到了金文裏就有寫作 𨤌 的（毛公鼎）。點又變成畫，寫作 𨤌（尌中毁），豎畫上又加上八字形作爲文飾，寫作 𨤌（齊侯毁）。由此可見，秦公毁的 𣪠 字不是從八奉聲，而是從手朕聲。這個字在銘文裏應讀爲賸餘之賸。“一斗七升賸”等於我們現在説“一斗七升餘”，這原是約數，“賸”並不一定指大半升，不過跟蓋銘對看，可以知道這裏的“一斗七升賸”實際是指“一斗七升大半升”，即“一斗七升又三分之二升”。

《朱德熙古文字論集》頁 28—29，1995；原載《語言學論叢》2

○**何琳儀**（1998）　𣪠，从手，戔聲。戔之繁文。參承繁文爲承，與繁文爲舉。秦公簋 𣪠，讀賸。

《戰國古文字典》頁 149

揲

璽彙 3259

○**羅福頤等**（1981）　揲。

《古璽文編》頁 289

△**按**　吳振武（《古文字學論集》［初編］514 頁）以爲“手”旁屬於印面左邊的字，似不可從。字當以“目”爲基本聲符，璽文用爲姓氏，不詳。

捄

捄睡虎地・日甲 111 背

○**睡簡整理小組**（1990）　捄，《廣韻》：“拾也。”

《睡虎地秦墓竹簡》頁 224

△**按**　簡文云：“即五畫地，捄其畫中央土而懷之。”以拾義解之甚合。

捖

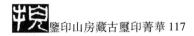鑒印山房藏古璽印菁華 117

△按　《集韻》:"捖,捉也。"秦璽"捖"用爲人名。

捰

上博七・凡甲 29　　上博七・凡乙 22

○曹錦炎(2008)　"捰",構形從"手","录"聲,讀爲"錄"。"捰、錄"二字皆從"录"聲,例可相通。"錄",收録,録用。

《上海博物館藏戰國楚竹書》(七)頁 258

△按　李鋭《〈凡物流形〉釋文新編》(孔子 2000 網 2008 年 12 月 31 日)引《集韻》屋韻以"捰"爲"攞"字或體,意爲執。廖名春《〈凡物流形〉校讀零札(二)》(孔子 2000 網 2008 年 12 月 31 日)讀爲"麤",解爲粗疏。孫飛燕《讀〈凡物流形〉札記》(孔子 2000 網 2009 年 1 月 1 日)讀爲"握"。孫説於文意最爲暢通,應可信從。其實"捰"應即"握"字異體。《清華大學藏戰國竹簡(叁)・赤鵠之集湯之屋》"屋"字寫作🔲,從"鹿"省聲,而"鹿、录"二聲系古通,如甲金文中"麓"字恆從"录"聲,又《上博一・詩論》23"鹿"字寫作🔲,下部聲化從"录",然則"屋、录"二聲系亦可通。

摠

璽彙 1830

○羅福頤等(1981)　《説文》所無。《玉篇》:"摠,振也,抬也。"

《古璽文編》頁 289

○何琳儀(1998)　毸,从毛,思聲。《集韻》:"毸,毰毸,鳳舞貌。"晉璽毸,人名。

《戰國古文字典》頁 114

△按　字以釋"摠"爲妥。

揮

璽彙 3287

○何琳儀（1998） 揮，从手，革聲。《玉篇》：“揮，改也。”晉璽“揮”，人名。

《戰國古文字典》頁 31

挃

睡虎地·日甲 45 背壹

○睡簡整理小組（1990） 挃，《釋名·釋宮室》云：“室，實也。”室可讀爲實，則挃亦可讀爲實。

《睡虎地秦墓竹簡》頁 217

△按 簡文云：“以沙人一升挃其舂臼。”讀“實”可從。

撋

撋睡虎地·答問 90

○睡簡整理小組（1990） 撋，應即撋（音珉），《説文》：“撫也。”這裏有撫慰的意思。撋以布，用作爲貨幣的布來撫慰。

《睡虎地秦墓竹簡》頁 114

△按 簡文云：“‘邦客與主人鬭，以兵刃、投（殳）梃、拳指傷人，撋以布。’可（何）謂‘撋’？撋布入公，如貲布，入齎錢如律。”顯然“撋以布”義同貲布，是指對傷人者的處罰，並非言對受傷者的撫慰，整理小組之説不可從。疑“撋”爲“敃”之繁構。《説文》攴部：“敃，彊也。”簡文“撋”疑强制罰取之意。

撍

撍侯馬 156:23　撍侯馬 156:20

△按 侯馬盟書“撍”用爲人名。

擯

睡虎地·日乙 259

○ **劉釗**（1996） "日書甲種"簡 259 有一句説：

"庚亡,盜丈夫,其室在西方,其北壁臣,其人擯黑。"

（中略）"擯黑"之"擯"應讀作"黷"。《説文·黑部》："黷,握持垢也。"《文選》卷五左太沖《吳都賦》："碕岸爲之木枯,林木爲之潤黷。"注曰："黷,黑茂貌。"《漢書·枚乘傳》："爲賦頌好嫚戲,以故得媟黷貴幸。"顏師古注："黷,垢濁也,音瀆。"秦簡"擯黑"即"黷黑",乃形容行盜者面色污黑也。

《簡帛研究》2,頁 114—115

△**按** 睡簡"擯"字劉氏讀"黷"可從。

女

睡虎地·秦律 62　集成 2840 中山王鼎　璽彙 3580　楚帛書

【女果】睡虎地·日甲 156 正

○ **睡簡整理小組**（1990） 果,疑讀爲媧。

《睡虎地秦墓竹簡》頁 207

○ **劉樂賢**（1994） 果、媧古音極近,通用的可能性很大。但女媧以每月第一日、十一日、二十一日死的説法不見於載籍,故女果即女媧之説尚不能視爲定論。從其日不可作女子事推測,女果必是當時人人皆知的一位女神。惜其事迹無從考索。

《睡虎地秦簡日書研究》頁 198

○ **王子今**（2003） 月生一日、十一日、廿一日,女果以死。（中略）

今按:此句若讀"果"爲"媧",以爲"女媧氏是在這個日子中死去的",未能通解文義。若説"每個月第一日、十一日、二十一日",那麼,所謂"這個日子",全年竟然多至 36 日。女媧何以能死 36 次? 以爲"女果必是當時人人皆知的一位女神"的説法同樣未可信從。今疑"果"當讀爲"裸"。《周禮·春官·龜人》："東龜曰果屬。"鄭玄注："杜子春讀果爲臝。"賈公彥疏："此龜前甲長,後甲短,露出邊爲臝露,得爲一義。"《逸周書·王會》："狡犬者,巨身,四足果。”王念孫《讀書雜誌》一之三《逸周書第三》：“予謂果疑即祼字。”“果與祼同音，故祖褐祼裎之祼亦通作果。”朱右曾注：“愚謂果讀謂倮，胡犬深毛，惟狡犬四足無毛也。”“果”“祼”互通之例，又有《周禮·春官·大宗伯》：“則攝而載果。”鄭玄解釋説：“果讀爲祼。”《周禮·春官·小宗伯》：“以待果將。”鄭玄注：“果讀爲祼。”《周禮·秋官·大行人》：“王禮再祼而酢。”鄭玄注：“故書祼作果。”《考工記·玉人》：“祼圭尺有二寸。”鄭玄注：“祼或作果。”那麼，應當怎樣理解所謂“月生一日”的“生”字呢？正如劉樂賢所説，“古人把月亮由缺到圓、由圓到缺的過程喻爲生、死，故月生一日即指每月第一日。《黄帝蝦蟆經》稱每月第一及第十五日爲月生一日、月生二日……月生十五日。因爲月亮從第一天開始向圓形過渡，到第十五日月望時達到最圓的狀態。該書又將每月十六日至三十日稱爲月毁十六日、月毁十七日……月毁三十日。因爲月亮從十六日開始，由圓變缺，直到消失”。“但‘作女子篇’有‘月生廿一日’，知‘月生’也可包括‘月毁’之日，只表示每月的日序”。

《睡虎地秦簡日書甲種疏證》頁 296—297

△按　王氏以女媧不得有多個死日爲疑，恐失之於泥。果執此理，則睡簡《日甲》又言“癸丑、戊午、己未，禹以取梌山之女日也”，“戊申、己酉，牽牛以取織女”，則又將何以爲解？其實日書中類似説法，不過勉强附會神話人物以言宜忌而已，不必究詰也。“女果”仍以讀“女媧”爲佳。如必欲爲其於一月之中而數死求解，則可謂是非真死也，而是方生方死，變化無窮，正與女媧“一日七十化”的神話（見《楚辭·天問》王逸注）有契合之處。

【女佰】璽彙 3580

○劉釗（1991）　璽文佰字應借爲官，這與望山楚簡佗借爲它相似。“女官”指在宫中擔當僕役或官吏的女人。以女人爲官的制度由來已久，甲骨文中常見的“婦某”，有許多就相當於後世的“世婦”。《周禮》一書所載女官有“女御、女祝、女史、世婦”。璽文的“女官”，很可能就是指這些女官中的一種。此璽應爲女官所用的官璽。

《江漢考古》1991-1，頁 75—76

【女填】楚帛書

△按　“女填”之釋參卷十三“填”字條。

【女轃】信陽 2·4，望山 2·1

○彭浩（1984）　“女乘”也見於望山二號墓遣策，其中有“女轃一轃”，爲婦人乘坐之車。這種車上皆有容蓋。《周禮·春官·巾車》：“王后之五路……皆有容蓋。”鄭玄注：“容謂幨車，山東謂之裳幃或曰幢容。”《詩經·衛風·氓》“淇水湯湯，漸車帷裳”，毛傳：“帷裳，婦人之車也。”凡婦人之車均坐乘不立乘。男子則多立乘，也偶有坐乘的。如《禮記·曲禮》：“上大夫七十而致事不得謝，則必賜之几杖乘安車。”安車即坐乘之車。

《江漢考古》1984-2，頁 65

○朱德熙、裘錫圭（1995） 女乘疑指婦女所乘的四周遮蔽得比較嚴密的車子。《詩·衛風·氓》“淇水湯湯，漸車帷裳”，毛傳：“帷裳，婦人之車也。”《釋名·釋車》：“容車，婦人所載小車也，其蓋施帷，所以隱蔽其形容也。”

《望山楚簡》頁 114

○李守奎（2000） 女乘：見於望山二號墓 1 號簡，又見於信陽楚墓 2—4 號簡中。望山 1 號簡詳記車上所載，其中有“軒反（軬）”，有“韋（幃）”，有“屋（車蓋）”。從這些記載我們可以看到“女乘”的形制與前文所列的“安車”没有太大差別，很可能就是女性所乘較小安車的別名。

《古文字研究》22，頁 197

姓 姓

睡虎地·效律 49　 秦駰玉版　 文物 2004-2，頁 73 之乘辰鐘

○睡簡整理小組（1990） 姓（眚） 眚，《國語·楚語下》注：“猶災也。”

《睡虎地秦墓竹簡》頁 246

○何琳儀（1998） 《説文》：“姓，人所生也。古之神聖母感天而生子，故稱天子。从女从生，生亦聲。《春秋傳》曰：天子因生以賜姓。”詛楚文“百姓”，庶民。

《戰國古文字典》頁 824—825

△按 睡簡《日書》中多借“姓”爲“眚”。之乘辰鐘“而乍縣夫㠯之貴姓”，“姓”讀爲“甥”。

姜 羑

集粹　 璽彙 1293　 璽彙 3303

○何琳儀（1998） 《説文》：“姜，神農居姜水以爲姓。从女，羊聲。”古璽姜，

姓氏。

《戰國古文字典》頁 673

姬 姬

集成 9710 曾姬無卹壺　　集成 3939 禾簋　　包山 176

○**曾昭岷、李瑾**（1980）　郭老以此器之字體與《楚王酓章鐘》極近，“大率即惠王時物”；劉節先生以爲“此壺必作於宣王之二十六年”；容希白先生“疑是頃襄王二十六年所鑄的器”。三説所考時代各異，但都一致認爲係春秋以後楚國之物。如此則“曾姬”之稱，“姬”義不僅表示族姓而係表示“妾”義，頗易理解。

《左傳》哀公六年“（齊侯）使胡姬以安孺子如賴”，杜注：“胡姬，景公妾也。”今按“胡”非姬姓之國。《左傳》襄公三十一年“立胡女敬歸之子子野”，杜注：“胡，歸姓之國。敬歸，襄公妾。”《史記·陳杞世家》“取沈、胡而去”，《索隱》引《世本》云：“胡，歸姓。”胡既是“歸”姓，而《左傳》卻明白記述齊景公妾胡歸爲“胡姬”。難道可以據此而説“胡”是姬姓國嗎？

“姬”不僅是族姓之稱，也有“姬妾”之義。《史記·齊太公世家》：“初，齊桓公之夫人三：曰王姬、徐姬、蔡姬，皆無子。”《索隱》：“《系本》：‘徐，嬴姓。’《禮》：‘婦人稱國及姓。’今此言徐姬者，然姬是衆妾之總稱，故《漢禄秩令》云：‘姬妾數百’，婦人亦總稱姬，未必盡是姓。”《史記·吕后本紀》“及高祖爲漢王，得定陶戚姬”，《集解》引如淳曰：“姬音怡，衆妾之總稱也。”

如果以《史記》非先秦文獻，時代不相應，兹再以先秦文獻爲證——《國策·中山策》：“陰姬與江姬爭爲后。司馬熹謂陰姬公（**編按**：今通行本此語乃謂趙王之語）曰：‘彼乃帝王之后，非諸侯之姬也⋯⋯’”“后”與“姬”對文，足見此“姬”並非姓稱。江，嬴姓國。《史記·秦本紀》：“秦之先爲嬴姓，其後分封，以國爲姓，有⋯⋯黄氏、江氏⋯⋯”《左傳》文公四年：“楚人滅江，秦伯爲之降服，出次，不舉過數。”《水經注·淮水》：“淮水又東逕安陽縣故城南，江國也，嬴姓矣，其地今有江亭。”江國之爲嬴姓，史策所記，何庸置疑？但《中山策》固已稱之爲“江姬”，知此“姬”義決非姓稱。據《史記·趙世家》中山亡於趙惠文王三年（公元前 296），其時尚在戰國中期。既然春秋晚期、戰國中期的文獻所載，“姬”字已不全屬姓稱，爲什麼戰國晚期的《曾姬無卹壺》銘文中“曾姬”

之“姬”一定就非屬姓稱不可？

　　以上關於“姬”字含義發展歷史説明：據壽縣所出《曾姬無卹壺》而説
“曾”爲姬國、湖北有個姬姓曾國、曾國即隨國等等論説，顯然似是而非。

《江漢考古》1980-1，頁 80—81

△按　《説文》：“姬，黄帝居姬水，以爲姓。从女，臣聲。”包山簡“姬”爲人名。

嬴 嬴

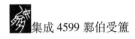集成 4599 郳伯受簠

△按　《説文》：“嬴，少昊氏之姓。从女，嬴省聲。”

姚 姚

珍秦 95　　　集粹　　　華夏考古 1990-4，頁 47

○**睡簡整理小組**（1978）　（編按：睡虎地·爲吏 43 肆“不時怒，民將姚去”）姚，《荀子·榮
辱》注：“與遥同。”這兩句意思是，經常對百姓發怒，百姓就會遠遠地離開。

《睡虎地秦墓竹簡》頁 173

○**何琳儀**（1998）　《説文》：“姚，虞舜居姚虚，因以爲姓。从女，兆聲。或爲姚
嬈也。《史篇》以爲姚易也。”秦器姚，姓氏。見《説文》。

《戰國古文字典》頁 312

○**陳偉武**（2007）　（編按：睡虎地·爲吏 43 肆）“姚”與“逃”均从“兆”聲，例可通假，
疑讀爲“逃”更合適，“逃”與表離去的“去”義近連文。戰國時期“逃”已有逃
亡義，如《九店楚簡》34：“逃人不得。”秦簡“逃去”猶言“去亡”或“遂亡”，參下
文“遂亡”條。

《簡帛》2，頁 428

△按　睡簡“民將姚去”之“姚”當從陳偉武説讀“逃”。

媒 媒 妥

陶彙 6·20

△按　此字《陶彙》不識。湯志彪《三晉文字編》(1672 頁,作家出版社 2013)釋"娸",可從。字作"妥",從"女","丌"聲,應是"娸"之異體。《説文》:"娸,人姓也。從女,其聲。杜林説:娸,醜也。"陶文"妥"(娸)正用作姓氏。

嫁

睡虎地·日乙 53

△按　《説文》:"嫁,女適人也。從女,家聲。"秦簡言"嫁女、嫁子",用其本義。

婚

詛楚文

△按　《説文》:"婚,婦家也。《禮》:娶婦以昏時。婦人陰也,故曰婚。從女從昏,昏亦聲。"詛楚文"絆以婚姻",用本義。《説文》"婚"有籀文作"　(　)",實即"聞"之異體"　"省變而來,見本卷"　"字條。

姻

詛楚文

△按　《説文》:"姻,婿家也。女之所因,故曰姻。從女從因,因亦聲。"詛楚文"姻"用本義。

妻

睡虎地·封診 84　　包山 91　　郭店·語一 34　　上博五·姑成 9

郭店·老甲 18　　郭店·六德 28

○曾憲通(1993)　(編按:楚帛書)此字巴納釋作晏。按叔皮父毀妻字作　,《古文

四聲韻》引古《孝經》作⿱⿰, 古陶文作⿱⿰俱與此近, 當是妻字。妻與畜生連言, 秦
簡《日書》習見, 如"若飲食歌樂, 聚畜生及夫妻同衣(簡 856)", "入民畜生取
妻嫁女(簡 951)"。皆其例。

《長沙楚帛書文字編》頁 34

○**何琳儀**(1998)　妻, 甲骨文作⿰(類纂一七六)。从又, 持女髮(或説从每),
會奪女(搶親)爲妻之意。西周金文作⿰(禹父丁方罍), 持女髮尤顯。或作⿰
(獵[編按:當作"獵"]盨鼎盨作⿰)、⿰(農卣)、⿰(叔皮父簋), 其上逐漸聲化爲囟。
妻, 清紐;囟, 精紐。精、清均屬齒音, 妻爲囟之準聲首。春秋金文作⿰(伯辰
鼎)。戰國文字承襲兩周金文。六國文字與《古文四聲》⿰(上平二七)吻合,
秦國文字, 女髮或作中形。《説文》:"⿰, 婦與夫齊者也。从女从中从又。又持
事, 妻職也。⿰, 古文妻, 从肖、女。肖, 古文貴字。"

　　齊陶"妻䏆", 讀"肆尹", 官名。燕金作"屖䏆", 見屖字。《詩·衛風·碩
人》"齒如瓠犀", 《爾雅·釋草》注犀作棲。《漢書·揚雄傳》"靈犀迡兮", 《文
選·甘泉賦》作"靈棲遲兮"。《左·文十六》"及齊侯盟于郪丘", 《公羊》郪作
犀。是其佐證。

《戰國古文字典》頁 1266

○**荊門市博物館**(1998)　(編按:郭店·老甲 18)妻(微)。

　　(編按:郭店·語一 34)妻(齊)。

《郭店楚墓竹簡》頁 112、194

○**趙建偉**(1999)　(編按:郭店·老甲 18)"樸雖妻(微)":"妻", 帛乙、今本作
"小"。按:整理小組讀"妻"爲"微", 李零等先生讀爲"細", 似不確。"妻"當
讀爲"稺"或"稗", 同"稚"。妻爲脂部字, 稺爲脂部入聲字。《爾雅·釋草》釋
文"棲, 《詩》作犀";《左傳》文公十六年"郪丘", 《公羊傳》作"犀丘";《漢書·
揚雄傳》"靈犀迡兮", 《文選·甘泉賦》作"靈棲遲兮"。《方言》:"稗, 小也。"

《道家文化研究》17, 頁 277

○**李零**(1999)　(編按:郭店·老甲 18)"細", 原作"妻", 整理者讀"微", 可商。案
古人除以"小""大"對言, 也以"細""大"對言, 如今本《老子》第六十三、六十
七章就是如此。況且"細"與"妻"讀音也更爲接近("妻"是清母脂部字, "細"
是心母脂部字, "微"是明母微部字)。

《道家文化研究》17, 頁 469

○**李家浩**（2000）　（編按：九店56·13下）“妻”字原文作**𢃕**。按此字見於長沙楚帛書，曾憲通先生據《古文四聲韻》卷一齊韻所引《古孝經》“妻”字等寫法，將其釋爲“妻”（《長沙楚帛書文字編》34頁），十分正確。包山楚墓竹簡“妻”字作**𢃕**（九一號）。《説文》女部説：“**𡜎**，古文妻从肖、女。肖，古文貴字。”按戰國文字“貴”作**𧶙**（《包山竹簡》一一四·二六五）、**𧶙**（《古璽文編》三八七·一六五三）等形，字或省去“貝”旁作**𠧴**（《三代吉金文存》三·一二·三），《説文》“貴”字的古文“肖”即由上揭那類“貴”字的省寫訛誤而成。戰國文字“妻”字的上半與“貴”字的上半同形，《説文》“妻”字的古文“𡜎”當是由戰國文字“妻”訛誤而成。

　　（編按：九店56·43）此句的第一“妻”字是名詞，第二“妻”字是動詞，是嫁給的意思，與下引文字中的“妻”字用法相同：《論語·公冶長》“以其子妻之”；農卣“王窥（親）令白繇曰：母（毋）卑（俾）農弋（特），事（使）乓（厥）訾（友）妻農”（參看楊樹達《積微居金文説[增訂本]》125頁）。古人有爲神祇娶妻的習俗，例如《史記·滑稽列傳》所記魏文侯時鄴人爲河伯娶婦。簡文“以其妻□妻汝”，即許願爲武彊娶妻。

　　　　　　　　　　　　　　　　　　　　　　《九店楚簡》頁68—69、106

○**周鳳五**（2000）　（編按：九店56·43）“某敢以其妻□妻女”不能解作“死者把妻子嫁給武夷”，究竟應當如何理解？我們不妨在《九店楚簡》書中找答案。《九店楚簡》有記“五子、五卯、五亥”諸日忌諱一篇，其中“五卯”云：

　　　　凡五卯，不可以作大事；帝以命益淒禹之火，午不可以樹木。

李家浩考釋如下：

　　　　“淒”疑讀爲“齎”。《廣雅·釋詁》：“齎，送也。”簡文此句的意思似
　　是説：卯日，帝舜命益送給禹之火，以焚燒森林。

讀“淒”爲“齎”，可從。值得注意的是，“淒”字从“妻”得聲，然則《告武夷》的“妻”字也可以讀爲“齎”。李家浩分析《告武夷》“某敢以其妻□妻女”句的語法，前一個“妻”字爲名詞，後一個“妻”字用如動詞，此説基本正確。但第二個“妻”字似可改讀爲“齎”，即致送。另外，《告武夷》這句話，李家浩於“女”字讀斷，解作“某人命其妻送給你”，但如此一來，文義顯得不夠完整。正確的讀法應當與下文連讀：“某敢以其妻□齎汝蕝幣、芳糧，以量贖某於武夷之所。”缺字可能是“某”，用爲其妻之名的不定代稱；也可能是表示恭敬的“謹”或“敬”等字眼，無論擬補與否，都不影響簡文的通讀。整句大意是説：“某人命

其妻送聶幣、芳糧給你(武夷),爲某人在武夷處贖罪。"。

○**何琳儀**(2000)　(編按:郭店·老甲 18)"妻",《釋文》釋"微"。按,"妻"應讀
"稺"。《漢書·揚雄傳》"靈犀迟兮",《文選·甘泉賦》作"靈棲遲兮"。是其
佐證。《方言》二:"稺,年小也。"亦作"稚",見《集韻》。"妻",帛書乙本、王弼
本均作"小",與"稚"義同。

○**劉釗**(2000)　(編按:郭店·語一 34)"禮妻(齊)樂憲則戚"一句,"齊"字訓爲
"莊重、肅敬"或"完備"。

○**顏世鉉**(2000)　《老子》甲 18:"樸雖妻。""妻"字與《六德》簡 28、29 之
"妻"字同形。"妻",別本作"小",原《釋文》讀作"微"。按,"妻"當讀作
"瘠",妻爲清紐脂部,齊爲從紐脂部,妻、瘠爲疊韻,可通假。《方言》卷十:
"呰、耀,短也。江湘之會謂之呰。凡物生而不長大亦謂之呰,又曰瘠。"郭注:
"今俗呼小爲瘠。""瘠,音薺菜。"呰、瘠均有"小"之意;《管子·形勢》:"小謹
者不大立,呰(餈)食者不肥體。"呰(餈)即訓爲"小"。《廣雅·釋詁二》:"瘠,
短也。"王念孫《疏證》:"薺亦菜之小者,故又謂之蘼草。《月令》:'蘼草死。'
鄭引舊説云:'蘼草,薺,亭歷之屬。'《正義》云'以其枝葉蘼細,故云蘼草'是
也。'瘠'亦通作'濟'。襄二十八年《左氏傳》:'濟澤之阿,行潦之蘋藻,置諸
宗室,季蘭尸之,敬也。'濟澤,小澤也。"可見"瘠、薺、濟"均有小意。楊樹達
《長沙方言考》云:"今長沙謂小物曰瘠。"簡文"妻"讀作"瘠",釋爲"小",正與
楚地方言相合。

○**陳偉**(2000)　(編按:郭店·語一 34)34 號簡第二字,釋文原作"妻"。此字上部
與楚簡所見之"妻"所從有異,而與"弁"之所從相同。《説文》"緐(繁)"字或
體從"糸"從"弁"。郭店簡本《緇衣》18 號簡"教此以失,民此以繁","繁"字
即從"糸"從"弁"(下部"廾"省作"又")。此字原讀爲"變"。張光裕先生以
爲"弁""煩"音近通用,改讀爲"煩"。依《説文》,此字實當釋爲"緐(繁)"。
繁、煩音同義通,故亦可讀爲"煩"。傳世本《緇衣》相應文句寫作"民是以親
失,而教是以煩"。兩相比較,後者除了將"民、教"易位之外,還用"煩"代替
了"繁"字。在《説文》之外,這是將本簡此字釋爲"繁"的一個輔證。

○**陳偉**(2003)　18 號簡寫道:"道恆亡名,樸雖姑,天地弗敢臣。"

　　簡文第七字整理者釋爲"妻",讀爲"微"。李零先生則認爲"細""妻"讀音更爲接近;古人除以"大""小"對言,也以"細""大"對言,因而讀爲"細"。從形體上看,此字與《六德》28、29 號簡中的三個"妻"字相同。不過,楚簡中這種寫法的"妻"字上部實與"占"字相同,因而此字也可能是从女,占聲,即姑字。《説文》:"姑,小弱也。"與簡本相應的傳世本《老子》三十二章以及馬王堆帛書《老子》乙本均作"樸雖小"。釋"姑"在意義上正相對應。

《郭店竹書別釋》頁 19

○**李守奎**(2003)　(編按:郭店·語一 34)从弁省聲。《字彙·女部》有姅字。簡文讀繁。

《楚文字編》頁 685

△按　《郭店·老甲》18 和《郭店·語一》34 二文,與楚簡中明確的"妻"字並無二致,改釋爲"姑"或"姅"的理由似不充分。

婦　婦

睡虎地·日甲 6 正貳　　包山 177　　上博一·詩論 17
郭店·語四 10　　郭店·六德 37　　上博四·曹沫 34　　郭店·成之 32

○**何琳儀**(1998)　婦,甲骨文作𤳽(乙八七一三)。从女从帚,會婦女持帚灑掃之意。西周金文作𡜍(母辛卣),春秋金文作𡞟(晉公䀋)。戰國文字承襲兩周金文。《説文》:"婦,服也。从女持帚灑掃也。"以服釋婦屬聲訓。戰國文字婦,婦人。

《戰國古文字典》頁 124

嫐　嫐

秦陶 492

○**袁仲一**(1987)　第(16)件瓦文(編按:即秦陶 492)中的"嫐"字,右上角殘。《説文》:"嫐""从女,芻聲";《集韻》:嫐,"甾尤切,音騶"。與鄒同音可以通假,爲地名,又可以寫作騶,如《史記·孟子列傳》:"孟軻,騶人也。"鄒縣又寫作嫐者文獻失載,此瓦文可補文獻之缺。

《史記・秦始皇本紀》:"二十八年(公元前 219 年)始皇東行郡縣,上鄒嶧山。"《集解》:"韋昭曰:'鄒,魯縣,山在其北。'《正義》:'國系云:'邾嶧山亦名鄒山,在兗州鄒縣南三十二里。魯穆公改邾作鄒,其山遂從邑變。'"可見鄒本作邾,古國名,戰國時滅於楚,秦置縣。故城在今山東鄒縣東南。

《秦代陶文》頁 29、33

○**何琳儀**(1998)　《説文》:"婦人妊身也。从女,名聲。"秦陶嫋,人名。

《戰國古文字典》頁 388

△**按**　陶文云:"嫋上造□。""嫋"應爲地名。

母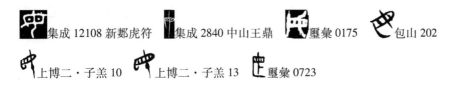

集成 12108 新郪虎符　　集成 2840 中山王鼎　　璽彙 0175　　包山 202

上博二・子羔 10　　上博二・子羔 13　　璽彙 0723

○**商承祚**(1982)　古文以母爲毋,有母無毋。《説文》始見毋字,則毋殆始自漢代。

《古文字研究》7,頁 59

○**何琳儀**(1998)　母,甲骨文作(乙二八三),象女子有乳房之形。女、母一字分化。金文作(頌鼎)。戰國文字承襲金文,或加飾筆作、等形。《説文》:",牧也。从女,象裹子形。一曰,象乳子也。"許慎以牧釋母屬聲訓。

戰國文字母,多讀毋,否定副詞。

陳逆匿母,亡母。齊陶母,讀毋,姓氏。系出田氏,齊宣王封弟於毋邱,以紹胡氏之祀,賜姓胡毋氏,其後分三姓,一曰胡毋,一曰毋邱,一曰毋氏。見《百家姓考略》。

郾侯牟簋"馬母",讀"百每"。見百字。

哀成叔鼎"母父","父母"倒文。晉璽"亓母",讀"綦母",複姓。春秋晉大夫綦母張之後。匈奴亦有綦毋氏。亦作"綦母"。

包山簡"新母",讀"親母"。

《戰國古文字典》頁 128

○**陳偉武**(2002)　長沙子彈庫楚帛書乙篇:"母(毋)弗或敬。"王引之云:

“《易·益》上九曰：‘莫益之，或擊之。’或與莫相對爲文。莫者，無也；或者，有也。”楚帛書“母（毋）”與“或”對文，正如《益卦》“莫”與“或”對文。“或敬”即“有敬”。過去都以“弗”爲否定副詞，將這句話理解爲“無不有敬”。筆者以爲“弗”字當讀爲“悖”，從“弗”從“孛”之字聲近可通，例證已見於前文。“母（毋）弗（悖）”與“或敬”文義互補，結構平列，類似的例子如“又（有）敬毋戈（弎）”（楚帛書乙篇）、“又（有）敬不違”（《論語·里仁》）、“君子敬而無失”（又《顏淵》）、“敬守勿失”（《管子·内業》）、“敬慎無弎”（又）、“敬而不懈”（郭店簡《五刑》36 號）、“日敬勿治（怠）”（《古璽彙編》4884）等等。“毋拔、不拔、毋弗（悖）、毋弎、無弎、不違、無失、勿失、不懈、勿怠”都是“敬”或“莊”的表現，只是從反面言之而已。

《古文字研究》24，頁 361—362

△按　　“母、毋”爲一字之分化。否定詞“毋”初假“母”爲之，後始分化出“毋”字形以司其職。戰國文字中“毋”字形已出現，但否定詞“毋”仍有不少沿用“母”字記録者。

姑 姑

姑 睡虎地·雜抄 40　　**姑** 楚帛書　　**姑** 上博四·内豊附　　**姑** 上博五·姑成 5

○**李學勤**（1960）　十一月之“姑”與“辜”皆从“古”聲。

《文物》1960-7，頁 68

○**嚴一萍**（1967）　姑爲仲冬之月。《呂氏春秋·仲冬紀》謂：“土事毋作，無發蓋藏，無起大衆。”《淮南·時則訓》亦謂：“土事無作，無發室居及起大衆。”《禮記·月令》於是月亦稱：“土事毋作，慎毋發蓋，毋發室屋及起大衆。”惟仲冬行秋令，三書皆稱“國有大兵”，繒書則反是。

《中國文字》26，頁 33

○**饒宗頤**（1985）　十一月辜：帛書作姑。《爾雅》：“十一月爲辜。”姑與辜爲同部字。《月令》：“仲冬之月，命之曰暢月。”據《淮南子·時則訓》，“仲冬之月……命有司曰：土事無作，無發民居，及起大衆……命曰暢月”。高注：“陰氣在上，民人空閒，故曰暢月。”按《説文》：“暢，不生也。”以作暢爲是。

《玉燭寶典》抄本辜字形頗近“事”，李巡曰：“十一月萬物虛無，須陽任養，故曰事，任也。”孫炎曰：“物必閉蟄伏，如有衆事。”皆从事字立訓，此則訓辜爲事。郝疏讀辜爲故,謂十一月陽生,欲革故取新也。

《楚帛書》頁 115—116

○**王志平**(1999)　《爾雅·釋天》:"十一月爲辜。"而《長沙子彈庫戰國楚帛書》中對應的月份爲"姑"。"辜(姑)月"因何得名,衆説不詳。郝懿行《爾雅義疏》云:"辜者,故也。十一月陽生。欲革故取新也。"饒宗頤先生則除了引用郝《疏》之説外,還據《玉燭寶典》抄本"辜"字形近"事",李巡曰:"十一月,萬物虛無,須陽任養,故曰事,任也。"孫炎曰:"物宓閉蟄伏,如有衆事。"皆从事字立訓。所以饒先生也没有解釋"姑月"的含義。而連劭名又謂:"帛書月名當讀爲祜。"《爾雅·釋詁一》:"祜,福也。"《廣雅·釋祜(**編按**:當作"詁")一》:"福,備也。"《禮記·特牲饋食禮》:"尹備答焉。"鄭注:"古文備爲復。"是知帛書月名與《復》卦同義。連氏輾轉相訓,尤不可從。

我們在閲讀《逸周書·周祝解》時産生了一個新的想法。《逸周書·周祝解》云:"故惡姑幽,惡姑明,惡姑陰陽,惡姑短長,惡姑剛柔。"孔晁注:"姑者,且也。"陳逢衡云:"惡,於何也。姑,語辭。"恐誤。《楚帛書》中的"姑分長"顯然與"惡姑短長"有關。《春秋元命苞》云:"黃姑色明,天下大豐;黃姑色黃,穀無顆粒。"注云:"黃姑,牽牛也。"宗懍《荆楚歲時記》二十七《牽牛織女,聚合賦情》云:"河鼓、黃姑、牽牛也,皆語之轉。"《太平御覽》卷六《天部·星中》引《大象列星圖》云:"又古歌曰:東飛伯勞西飛燕,黃姑織女進相見。其黃姑者,即河鼓也,爲吳音訛而然。"《爾雅·釋天》云:"何鼓謂之牽牛。"注:"今荆楚人呼牽牛星爲檐鼓。檐者,荷也。"據此,則"黃姑、河鼓、何鼓"均爲牽牛甚明。

《禮記·月令》云:"仲冬之月,日在斗。""季冬之月,日在婺女。"那麼在仲冬與季冬之間,日應在牽牛是毫無問題的。《淮南子·天文訓》云:"歲星舍斗、牽中,十一月晨出東方。"則十一月日在牽牛,歲星亦在牽年(**編按**:當作"牛"),爲斗建之辰。《經義述聞》卷十三《太歲考下》第十《論歲星陳出東方》引李氏尚之曰:"此即與日同次之説也。十一月日在丑,歲星亦在丑,故云'與之晨出東方'謂日與歲星也。惟日與歲星同次,故日將出時,與歲星同出東方。"王引之按云:"上文言歲星、斗、牽牛,不言日,則非謂日也,'與之晨出東方'者,歲星與斗、牽牛晨出東方也。《史記·天官書》'歲陰左行在寅,歲星右轉居丑。以正月與斗,牽牛晨出東方',是其明證。何得以爲日與歲星乎?"

按:李説"晨出東方"雖可商榷,但謂"日與歲星同次"則非常正確。十一月(姑月)日與歲星同次牽牛(黃姑),爲斗建之始,這也許就是十一月(姑月)

得名之由來。"黄姑"當是因其色黄而得名,並非"何鼓、河鼓"的音訛。《春秋元命苞》的"黄姑色明,天下大豐;黄姑色黄,穀無顆粒"。也許就是《周祝解》的"惡姑幽,惡姑明"的確解。《禮記·月令》言仲冬之月,"是月也,日短也。陰陽爭,諸生蕩",以此與《周祝解》之"惡姑陰陽,惡姑短長"及《楚帛書》之"姑分長"相比,顯然是密切相關的。按照這種解釋,一些難解之處也都豁然開朗了。

總之,我們認爲《楚帛書》《逸周書》中的"姑",即"黄姑"。也即牽牛,因其"色黄"而得名"黄姑"。"姑月"即得名於"黄姑"。因十一月(姑月)日與歲星同次牽牛(黄姑),爲斗建之辰,故以此月爲"姑月"。《爾雅·釋天》作"辜月",殆通假字,其本字應從《楚帛書》作"姑"。

《江漢考古》1999-3,頁55—56

○**何琳儀**(1998) 《説文》:"姑,夫母也。从女,古聲。"

律管"姑佚",讀"姑洗",音律名。《周禮·春官·大司樂》:"乃奏姑洗。"帛書姑,讀辜。《爾雅·釋天》:"十一月爲辜。"

詛楚文姑,讀辜。《書·大禹謨》"與其殺不姑焉",傳:"辜,罪也。"

《戰國古文字典》頁472

威 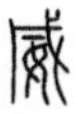

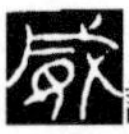詛楚文 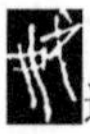近出76王孫誥鐘 上博一·緇衣23

○**何琳儀**(1998) 威,甲骨文作(前六·二六·七)。从戈从女,會以戈害女之意。《老子》七十二"民不畏威",河上公注:"威,害也。"西周金文作(叔向簋),从戊;或作(虢叔鐘),从戌。春秋金文作(王孫鐘),从戌;或作(王孫誥鐘)。戰國文字承襲兩周金文。《説文》:"威,姑也。从女从戌。《漢律》曰,婦告威姑。"

詛楚文"威神",威靈。《漢書·敘傳》:"克覽威神。"

《戰國古文字典》頁1169

△**按** "威"字《説文》以姑爲本義,甚可疑。或謂以戈害女會意,亦未必是。待考。陳偉武云:《説文》"威,姑也"疑應連篆讀,作:"威,威姑也。""威姑"猶言"君姑",《説文》"莙"讀若"威"。

妣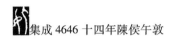

集成 4646 十四年陳侯午敦

○**何琳儀**（1998）　《說文》：“妣，殁母也。从女，比聲。”或从匕聲（兩周金文習見）。齊系金文妣，見《說文》。

《戰國古文字典》頁 1288

姊

十鐘　　　璽彙 0331　　　上博四・內豊附

○**何琳儀**（1998）　《說文》：“姊，女兄也。从女，市聲。”齊璽“姊像”，不詳。

《戰國古文字典》頁 1265

△**按**　《璽彙》0331“姊像”疑是地名。

妹

集成 4503 西林簠　　　上博四・內豊附

○**何琳儀**（1998）　《說文》：“妹，女弟也。从女，未聲。”戰國文字妹，女弟。

《戰國古文字典》頁 1307

妿

十鐘

△**按**　《說文》：“妿，女師也。从女，加聲。杜林說：加教於女也。讀若阿。”秦印單字“妿”當用作人名。

奴 肊 伖

集成 10384 高奴權　　　璽彙 0094　　　包山 20　　　上博四・采風 1

﨤 郭店・老甲 9　　﨤 璽彙 2840　　﨤 貨系 1719　　﨤 聚珍 242

﨤 包山 122　　﨤 包山 123　　﨤 陶彙 6・195

○**劉信芳**（1996）　"伄"字凡二見：

　　了（節）收郑僮之伄。（一二二）

　　郑僮之伄既走於前，了（節）弗逨。（一二三）

　　其字（包山）簡文作"﨤"，字從人從女，《説文》"奴"字古文作"﨤"，據此似應隸定爲"奴"，然簡文另有"奴"字：

　　不貞周憍之奴㠯至命。（二〇）

　　其字作"﨤"，奴字無疑。可知"奴""伄"並非一字。

　　按"伄"應讀如"孥"，《國語・楚語下》："昭王出奔，濟於成曰，見藍尹亹載其孥。"韋昭注："妻、子曰孥。"《左傳》定公五年"孥"作"帑"。《禮記・中庸》："樂爾妻帑。"鄭玄注："古者謂子孫曰帑。"上引簡一二二、一二三之"郑僮"因犯殺人罪被官府鞠傳，官府又發節收没"郑僮之伄"，知"伄"（孥）指依法受株連之妻妾及成年子女。

　　不過《説文》謂"伄"爲"奴"之古文亦事出有因，"孥""奴"古有通用之例，《尚書・甘誓》："予則孥戮汝。"《漢書・王莽傳》正作"奴"。《説文》不收"孥"字，是以"帑"字爲正，此所以説"伄"爲"奴"之古文。

　　　　　　　　　　　　　　　　　　　　　《考古與文物》1996-2，頁 78—79

○**何琳儀**（1998）　奴，金文作﨤（弗奴父鼎）。從又從女，會以手擒女俘迫其爲奴之意。女亦聲。戰國文字承襲金文。晉系文字女旁或有省簡，又旁下或加斜點爲飾。秦系文字又旁爪閒或加飾筆。《説文》："﨤，奴婢皆古之辠人也。《周禮》曰，其奴男子入于辠隸，女子入于春藁。從女從又。﨤，古文奴從人。"

　　晉璽"悢奴"，地名。趙尖足布"奴邑"，地名。趙璽"凶奴"，讀"匈奴"，見《史記・匈奴列傳》。四年咎奴戈、魏方足布"咎奴"，讀"咎如"或"高奴"，地名。

　　秦器"高奴"，地名。

　　　　　　　　　　　　　　　　　　　　　　　　《戰國古文字典》頁 559

　　伄，從人，女聲。奴之異文，或侮之省文。《説文》："伄，古文奴。"《集韻》：“侮，古作𡚵。”

《戰國古文字典》頁 558—559

○**劉信芳**（2003）　（**編按**：包山 122）𡚵：字與《説文》“奴”之古文同形，周鳳五謂此讀爲“孥”，其説甚是。《國語・楚語下》：“昭王出奔，濟於成臼，見藍尹亹載其孥。”韋昭《注》：“妻子曰孥。”《左傳》定公五年“孥”作“帑”。簡文“𡚵”指依法受株連之妻妾及成年子女。馬王堆漢墓帛書《戰國縱橫家書》44：“以奴自信。”“奴”亦讀爲“孥”，整理小組《注》：“以孥自信，是帶了家屬去，用以取得信任。”

《包山楚簡解詁》頁 114

△**按**　《璽彙》2840“女”字爲反書，或釋作“敁”，非是。包山簡“𡚵”即《説文》“奴”字古文，讀“奴”於簡文自通，讀“孥”之證據似不充分。

始　𦎣

𧖊 十鐘　𡥵 睡虎地・爲吏 47 肆

○**何琳儀**（1998）　《説文》：“始，女之初也。从女，台聲。”齊璽始，姓氏。蒼林，姬姓，生始均，居北狄，爲始氏。見《路史》。

《戰國古文字典》頁 57

【始殺】睡虎地・日甲 40 正
○**劉樂賢**（1994）　始殺當讀爲笞殺。

《睡虎地秦簡日書研究》頁 58

○**陳偉武**（1998）　“笞殺”雖屢見於法律文書，而此處“始”當作如字讀，始殺猶言初殺，即初次殺戮行動。古人對初次行事的成敗至爲關切，秦簡《日書》本身有許多材料足資證明。甲種《秦除篇》：“可以入人、始寇〈冠〉、乘車。”又《十二支避忌篇》：“毋以酉台（始）寇〈冠〉帶劍。”始冠即初冠，乙種有《初冠篇》。甲種《農事篇》：“……不可種之及初獲、出入之。辛卯不可以初獲禾。”又：“田忌：丁亥、戊戌，不可初田及興土攻（功）。”又：“五種忌：……不可以始種及獲、賞（嘗）。”又《諸良日篇》：“市良日：戊寅、戊辰、戊申、［戊］戌，利初市，吉。”或言初，或言始，其義則一。兵家慎重初戰，故《日書》有因是否利於始殺而擇日者。

《胡厚宣先生紀念文集》頁 210

○**王子今**（2003）　“始殺”，應當即“詒殺、紿殺”。《説文・言部》：“詒，相欺詒也。”段玉裁注：“《史》《漢》多假給爲之。”又《糸部》“給”字下段玉裁注：“古多叚爲詒字。”“詒殺、給殺”，與前面的“弋邋（獵）、報仇、攻軍、韋（圍）城”相關，也很可能是一種特殊的暴力形式。《史記・淮陰侯列傳》：“相國給信曰：‘雖疾，强入賀。’信入，吕后使武士縛信，斬之長樂鐘室。”又《吴王濞列傳》：“上使中尉召錯，給載行東市。錯衣朝衣斬東市。”“於是吴王乃與其麾下壯士數千人夜亡去，度江走丹徒，保東越。東越兵可萬餘人，乃使人收聚亡卒。漢使人以利啗東越，東越即給吴王，吴王出勞軍，即使人鏦殺吴王，盛其頭，馳傳以聞。”都是“給殺”之例。而《日書》簡文“始殺”與“攻軍、韋（圍）城”文字的聯繫，或許反映了戰國秦漢戰爭中相當多見的殺降現象。當時殺降或稱爲“詐殺”。而《史記・高祖本紀》司馬貞《索隱》和《漢書・韓信傳》顔師古注都確實有“給，詐也”的説法。

《睡虎地秦簡日書甲種疏證》頁 113

媚

秦代印風 66　　睡虎地・日甲 119 背　　睡虎地・日乙 246

○**劉樂賢**（1994）　媚人指讓人喜愛，或與古之媚道有關。

《睡虎地秦簡日書研究》頁 62

○**何琳儀**（1998）　《説文》：“媚，説也。从女，眉聲。”睡虎地簡媚，見《小爾雅・廣詁》：“媚，美也。”

《戰國古文字典》頁 1303

△**按**　秦印“媚”爲人名。

好

睡虎地・語書 1　　郭店・老甲 8　　郭店・語三 11

郭店・語一 8　　上博一・詩論 24

郭店・語一 89　　郭店・語二 21　　上博一・緇衣 1　　上博一・緇衣 21

○**何琳儀**（1998）　好，甲骨文作𡥉（乙二五八六反）。从女从子，會意。金文作𡥉（盧鐘）。戰國文字承襲金文。《説文》：“𡥉，美也。从女、子。”

枕氏壺好,參《詩·小雅·何人斯》:"作此好歌。"箋:"好,善也。"

石鼓好,精巧。《釋名·釋言語》:"好,巧也。如巧者之造物無不皆善,人好之也。"

《戰國古文字典》頁 162

○**裘錫圭**(1998)　(編按:郭店·語一 89)"丑子"是"好"字異體。《古文四聲韻》所收"好"字有與此相似之體(見卷三·二十下、卷四·三十下)。這種"好"字也見於《語叢二》二一、二二號簡,其"丑"旁與楚簡一般"丑"字寫法全同。

《郭店楚墓竹簡》頁 200

△**按**　《玉篇》子部:"丑子,古文好字。""丑、好"古音同在幽部,疑"丑子"以"丑"爲聲符。

嬿 㜲

包山 174

○**湯餘惠**(1993)　右從囧,見《説文》,"目圍也",居倦切,今言目圍爲眼圈兒,古作囧。簡文嬿,《説文》作嬽,"好也",今作媛。

《考古與文物》1993-2,頁 74

○**何琳儀**(1998)　嬿,從女,囧聲。疑嬽之省文。《説文》:"嬽,好也。從女,圜聲。讀若蜀郡布名。"包山郡(編按:當作"簡")嬿,人名。

《戰國古文字典》頁 1006

媱 㜮

十鐘

○**何琳儀**(1998)　《説文》:"媱,曲肩行兒。從女,䍃聲。""䍃,瓦器也。從缶,肉聲。"秦璽媱,人名。

《戰國古文字典》頁 220

嬛 㜅

珍秦·秦 65　　曾侯乙 174　　新蔡甲三 204　　璽彙 1004　　新蔡零 257

○**何琳儀**（1998）　《説文》：“嬛，材緊也。从女，睘聲。”戰國文字嬛，人名。

　　　　　　　　　　　　　　　　　　　　　　　《戰國古文字典》頁 989

△**按**　秦印“嬛”用爲人名。新蔡楚簡“嬛”讀爲地支“亥”。

委

 睡虎地·效律 49　　考古與文物 1987-6，頁 22

○**睡簡整理小組**（1990）　（編按：睡虎地·秦律 42“有米委賜”）委，付。委賜，賞賜。

　　　　　　　　　　　　　　　　　　　　　　《睡虎地秦墓竹簡》頁 30

○**何琳儀**（1998）　委，甲骨文作🐾（乙四七七〇）。从女从禾，會女子如禾委曲之意。禾亦聲。委，影紐；禾，匣紐。影、匣均屬喉音，委爲禾之準聲首。《説文》：“委，委隨也。从女从禾。”

　　　睡虎地簡“委輸”，轉運。《淮南子·氾論訓》：“故地勢有無，得相委輸。”注：“運所有，輸所無。”

　　　　　　　　　　　　　　　　　　　　　　《戰國古文字典》頁 1169

【委輸】睡虎地·效律 49

○**睡簡整理小組**（1990）　委輸，以車運送。《史記·平準書》：“置平準於京師，都受天下委輸。”

　　　　　　　　　　　　　　　　　　　　　　《睡虎地秦墓竹簡》頁 75

嫢

（圖）十鐘

△**按**　《説文》：“嫢，媞也。从女，規聲。讀若癸。秦晉謂細爲嫢。”

婺

（圖）睡虎地·日乙 105 壹

△**按**　《説文》：“婺，不繇也。从女，孜聲。”秦簡“婺〻”爲“婺女”合文，星宿名。

嫺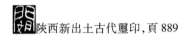

陝西新出土古代璽印，頁889

△按　《說文》：“嫺，雅也。从女，閒聲。”秦璽“嫺”用爲人名。

娭

包山66

○**何琳儀**（1998）　《說文》：“娭，戲也。从女，矣聲。”包山簡娭，人名。

《戰國古文字典》頁60

△**按**　《說文》：“一曰：卑賤名也。”楚簡正用爲人名，或即所謂卑賤名也。古人不避惡名賤名。

如

陶彙5·136　秦陶1115

信陽1·4　郭店·五行45　上博四·內豊8

○**何琳儀**（1998）　如，从女，口爲分化符號，女亦聲。或說从口，女聲。然从口之義不顯。《說文》：“如，从隨也。从女从口。”

　　齊璽“相如”，習見人名。信陽簡如，連詞，猶像。石鼓如，連詞，猶像。秦陶“如邑”，地名。

《戰國古文字典》頁559

△**按**　戰國文字雖已出現“如”字，但“如”多數仍借“女”字爲之。

妹

包山175

○劉彬徽、彭浩、胡雅麗、劉祖信（1991）　嫀。

《包山楚簡》頁 30

○何琳儀（1998）　嫀。

《戰國古文字典》頁 1524

○劉信芳（2003）　字從女，束聲。字見於《説文》，"謹也"。或釋作"嫌"，誤。

《包山楚簡解詁》頁 203

△按　劉氏釋"婡"是。"束"旁寫法可參《郭店·尊德》28"速"之作 。

旻

　集成 123 者汈鐘　　　集成 9452 長陵盉

○何琳儀（1998）　"妥（綏）安乃壽"　"妥"，原篆作" "（《録遺》一三·二），從"爪"從"女"，至爲明晰。（"妥"上之"爪"一般在"女"左上方，也可在"女"右上方。瘶鐘" "是其例。）饒釋"女"，郭亦摹作" "，脱"爪"旁。（中略）《説文》："妥，安也。"典籍亦作"綏"。《漢書·宣帝紀》："朕承至尊，未能綏安。"

《古文字研究》17，頁 152

○何琳儀（1998）　旻，金文作 （董鼎匜作 ），從女從日，會晏安之意。與安字構形相仿。戰國文字承襲金文。日旁或省作 、 等形。或與女旁借筆作 。《説文》：" ，安也。從女、日。《詩》曰：以旻父母。"

　　長陵盉"旻繡"，讀"纓緻"。《左·僖元》："公敗邾師于偃。"《穀梁》《公羊》偃作纓。是其佐證。"纓緻"，疑指銅盉之繫物。

　　者汈鐘"旻安"，讀"宴旻"。《左·閔元》："宴安酖毒，不可懷也。"

《戰國古文字典》頁 969—970

○李家浩（2001）　戰國文字多以"旻"爲"嬰"，疑盉銘"旻"應該讀爲"纓"。"纓"是一種帶子，既可以指繫帽的帶子，又可以指女子許嫁時佩帶的帶子、馬頸裝飾的帶子和捆綁用的繩帶。因爲"纓""帶"形制相似，故銘文連言，組成一個複合詞。"纓帶"跟春成侯盉銘文的"金帶"相當。少府盉與春成侯盉一樣，器身也有四圈紅銅嵌飾，當是銘文所説的"纓帶"。

《華學》5，頁 154

【旻繡】長陵盉

△按　參本條及卷十三"繡"字條李家浩説。近時馮勝君（《試説東周文字中

部分"嬰"及从"嬰"之字的聲符——兼釋甲骨文中的"癭"和"頸"》,《出土文獻與傳世典籍的詮釋——紀念譚樸森先生逝世兩周年國際學術研討會論文集》,上海古籍出版社 2010 年)提出,長陵盉此類寫法的"妟"與一般"妟"字有別,應是由"癭"字初文演變而成,亦有一定道理,請參考之。

妭

珍秦 55

△按　《説文》:"妭,耦也。从女,有聲。讀若祐。侑,妭或从人。"秦印"妭"爲人名。

嬰

澂秋 35　　陶彙 5·125

集成 10386 王子嬰次爐　　包山 278 反

港藏 7

○**王國維**(1924)　妟次二字即嬰齊無疑。古人以嬰齊名者不止一人,獨楚令尹子重爲莊王弟,故春秋書公子嬰齊,自楚人言之,則爲王子嬰齊矣。子重之器何以出於新鄭? 蓋鄢陵之役,楚師宵遁,故遺是器於鄭地。此器品質製作,與同時所出他器不類,亦其一證。然則新鄭之墓,當葬於魯成十六年(公元前575)鄢陵戰役後,乃成公以下之墳墓矣。

《觀堂集林》頁 900,1959

○**馬世之**(1984)　《王子嬰次爐》的國別問題,是一個長期以來爭執不已的問題,歸納起來大體上有周器説、鄭器説和楚器説三種意見。

周器説爲關伯(編按:當作"百")益所創,他在《新鄭古器圖録》中將爐銘釋作"王子頹次之庶盤"。王子頹係周莊王少子王姚之子。周惠王當政時,曾取蔿國之圃及邊伯之宮,又收石速之秩,從而引起三大夫的不滿,共逐惠王而立子頹。三年後,惠王借助於鄭國的力量復國,殺子頹及三大夫。由於關氏釋文有誤,將"嬰"錯釋爲"頹",因而周器説難以成立。

鄭器説影響甚大。郭沫若將"王子嬰次"釋作鄭子嬰,並説:"余意器出鄭墓,自當爲鄭器。"中國歷史博物館及河南省博物館的通史陳列,均采此説。鄭子嬰係鄭莊公之子,子亹之弟,繼子亹爲君,在位十四年,爲傅瑕所殺。歷史上鄭爲小國,鄭君只稱"公",從無稱"王"之説。關於鄭子嬰,《左傳》稱"子儀"或"鄭子",《史記·鄭世家》作"公子嬰",故非《王子嬰次爐》的作器者。此器雖出於鄭墓,但"彝器古人所重,上以之賜下,下以之獻上,與國以之爲酬酢,甲國之制不必恆在甲國,固也,亦不必制器者曾至乙國而乙國之人始能得其器也。蓋其變易遷流,不可紀極,據出土之地以定器之何屬,可以論其常,而不可以論其變"。故未可定爲鄭器。

楚器説認爲作器者爲楚令尹子重。王國維首倡其説:"嬰次即嬰齊,乃楚令尹子重之遺器也……古人以嬰齊名者不止一人,獨楚令尹子重爲莊王弟,故《春秋》書公子嬰齊,自楚人言之,則爲王子嬰齊矣。"王説誠是。楚令尹子重即嬰齊,乃楚穆王之子,莊王之弟,共王之叔。楚莊王在位期間,他曾任左尹,多次跟隨莊王北伐中原,討鄭侵宋,屢建戰功。莊王死後,其子審繼位,史稱共王。據《春秋大事紀》載,楚共王元年至二十一年(公元前 590—前 570 年)他一直擔任楚國令尹,執掌軍政大權。在此期間,他又多次伐鄭,並興師討衛、征宋、伐吳等。公元前 584 年,他曾請求以申、呂之地爲賞田,由於申公巫臣建議阻止,楚王未曾應允,他爲此遷怒巫臣,便同子反一起殺巫申之族子閻、子蕩、清尹弗忌及襄老黑要而分其室。公元前 570 年伐吳無功而病卒。《左傳·襄公三年》:"楚子重伐吳,爲簡之師,克鳩茲,至於衡山。使鄧廖帥組甲三百、被練三千以侵吳。吳人要而擊之,獲鄧廖。其能免者,組甲八十、被練三百而已。子重歸,既飲之。三日,吳人伐楚,取駕,駕,良邑也。鄧廖,亦楚之良也。君子謂:'子重於是役也,所獲不如所亡。'楚人是以咎子重。子重病之,遂遇心疾而卒。"子重一生戰功赫赫,威重一時,非王子頹及鄭子嬰能夠與之相比。當時列國之中,只有徐、楚稱王,子重爲穆王子,《春秋》及《公羊》《穀梁》二傳貶稱"公子嬰齊",對楚人言之,自可尊爲"王子嬰齊"了。河南淅川下寺楚墓出土的銅器銘文,將史稱公子午的楚令尹子庚寫作"王子午",可見《春秋》書"公子"而楚人自稱"王子"者,乃其慣例。

爐銘作"嬰次",嬰乃嬰的省寫,因古文從一貝與從二貝並沒有多大差異。又次、齊古同聲,齊聲之字,亦作次聲。《説文》餈饑、韲齏、穧穧均同字,故"嬰次"二字即"嬰齊"。作器者既爲令尹子重即楚公子嬰齊,此爐之國別則非楚莫屬。

○何琳儀（1998）　嬰，从女从賏，會女子有頸飾之意。賏亦聲。《説文》："𦅔，頸飾也。从女、賏，賏其連也。"

秦璽嬰，姓氏。晉大夫趙嬰齊之後。見《風俗通》。

《戰國古文字典》頁 780

賏，从貝，晏聲。疑賝之省文。《集韻》："賝，物相當也。"或嬰之異文（晏嬰雙聲）。

包山簡賝，人名。

《戰國古文字典》頁 971

△按　"嬰"从"貝"或从"贔"，或从"晏"聲。馮勝君《試説東周文字中部分"嬰"及从"嬰"之字的聲符——兼釋甲骨文中的"瘦"和"頸"》（《出土文獻與傳世典籍的詮釋——紀念譚樸森先生逝世兩周年國際學術研討會論文集》，上海古籍出版社 2010 年）認爲"嬰"字異構"賝"的聲符不是"晏"，而是"瘦"之表意初文，可參。

妝 牂

牀 郭店·緇衣 23　　牀 上博一·緇衣 12

△按　《説文》："妝，飾也。从女，牀省聲。"郭店《緇衣》"妝句"讀如今本"莊后"。

妒 𡚸　妬

妬 睡虎地·日乙 96 壹　　𡚸 東亞錢志 4·73

△按　《説文》："妒，婦妒夫也。从女，户聲。"段注謂字當以"石"爲聲，甚是。秦簡《日書》云："娶妻，妻妬。"字正作"妬"。"石""户"聲紐不近，蓋以形似兼韻近而致訛。

【妬邑】東亞錢志 4·73

○裘錫圭（1978）　下揭三孔布面文有"妬邑、女石邑"兩種可能的讀法。

《東亞》4·73

幣文中的二字地名，"邑"旁通常加在第一字上（中都、西都一類地名不在此例）。所以上引幣文讀作“女䣙”的可能性似乎可以排除。“妬”從“石”聲。
如果這種幣文確是“妬邑”二字的話，大概應該讀爲“石邑”。《漢書·地理
志》常山郡有石邑，在今河北省獲鹿縣東南。《史記·趙世家》：“（武靈王）二
十一年攻中山……王軍取鄗、石邑、封龍、東垣。”

　　　　　　　　　　　　《裘錫圭自選集》頁 94，1994；原載《北京大學學報》1978-2

　　天津市歷史博物館所藏方若舊藏三孔布，其面文有作“䣙”者。此布面文
也可能是從“邑”，“妬”聲的一個字。“妬”字從“石”聲，䣙應即石邑。《後漢
書·光武紀上》記光武改鄗爲高邑。䣙變爲石邑，與鄗變爲高邑同例。

　　　　　　　　　　　　　　　　　　　　《裘錫圭自選集》頁 102

○何琳儀（1998）　妬，從女，石聲。㚉之異文。《集韻》：“妬，《説文》婦妬夫
也。或作㚉。”

　　趙三孔布“妬邑”，讀“石邑”。見《漢書·地理志》常山郡。在河北獲鹿
東南。

　　　　　　　　　　　　　　　　　　　　《戰國古文字典》頁 546

○郭若愚（2001）　三孔布一兩幣，此幣文字爲“女石邑”三字，自右向左讀。
這三個字大小一樣，各占三分之一的地位。有學者棄“女”字不顧，釋爲“石
邑”。我以爲“女石邑”即“女石”之邑，地名。“女石”即“女思”。石，時繹切，
音碩。屬禪紐隨部，思，塞茲切，音偲，屬心紐支部，兩者同屬齒音，音同可通。
《水經注》：“女思谷水，出西南女思澗，東北流注於易，謂之三合口。”據此知
“女思”當有其地，疑在今河北易縣西南地，和燕境接壤。

　　　　　　　　　　　　　　《先秦鑄幣文字考釋和辨僞》頁 26—27

嫈　[嫈字形]

[印文] 印典

△按　《説文》：“嫈，小心態也。從女，熒省聲。”璽文“嫈”，人名。

姿　[姿字形]

 集成 171 之利殘器

△按　《説文》：“姿，態也。從女，次聲。”之利殘器“姿”，不詳。

嫌　

十鐘

△按　《說文》:"嫌,不平於心也。一曰:疑也。从女,兼聲。"戰國文字"嫌",
人名。

娿　

集粹

△按　《說文》:"娿,嫏娿也。从女,阿聲。"璽文"娿"用爲人名。

娃　娃

璽彙 2120

○何琳儀(1998)　《說文》:"娃,圜深目皃。或曰:吳楚之閒謂好曰娃。从女,
圭聲。"古璽娃,人名。

　　　　　　　　　　　　　　　　　《戰國古文字典》頁 739

娷　娷

包山 177

○何琳儀(1998)　《說文》:"娷,諈疾也。从女,坐聲。"包山簡娷,人名。《穆
天子傳》"叔娷",亦女子名。

　　　　　　　　　　　　　　　　　《戰國古文字典》頁 881

姎　姎

香續一 30

△按　《説文》：“姎，女人自稱，我也。从女，央聲。”璽文“姎”用爲人名。

婁

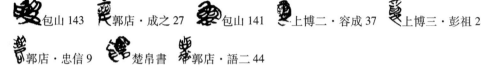

睡虎地·日甲 58 正壹　　集成 9452 長陵盉　　璽彙 3662

包山 143　　郭店·成之 27　　包山 141　　上博二·容成 37　　上博三·彭祖 2

郭店·忠信 9　　楚帛書　　郭店·語二 44

○饒宗頤（1985）　（編按：楚帛書）殘形可能是，《説文》古文作爲繁形，此疑讀爲遷。《周禮》：“保章氏掌天星，以志星辰日月之變動，以觀天下之遷，辨其吉凶。”此遷字依鄭注言：“天下禍福之變移。”若帛書言是月已遷，其義應指正曆之事，謂於是月遷置，而曆遂進於正，而後合天。

《楚帛書》頁 56

○李零（1985）　（編按：楚帛書）“㠯”下一字經仔細辨認作，與楚簡常見的婁字基本相同，楚簡婁字下半从女（或女），與从如同，這裏應讀爲數。

《長沙子彈庫戰國楚帛書研究》頁 58

○陳漢平（1986）　金文有字作（婁簋）、（嬰方鼎）、（長陵盉），徐中舒先生主編《漢語古文字字形表》將此三字俱釋爲要，所釋甚誤。

按婁字與要字古文字形較爲相似，每易混淆。然此二字有所區別，故於此不可不辨。

《説文》要字古文作，而婁字古文作。要字古文女上从作，婁字古文女上从作，二者顯然不同。

《説文》女部：“婁，空也。从母中女，空之意也。一曰婁，務也。，古文。”婁字古文與金文所从、形同。又徐鍇本《説文》有籀文婁字作；魏正始石經古文婁字作（石經僖公）；《汗簡》婁字作、、（書中此體假借爲樓）。又古文字中有文意可資證明者，有隨縣戰國曾侯墓出土漆二十八宿圖婁字作。而上列金文三體與婁字籀文、古文字形相同，以是知此三字當釋爲婁字無誤。

又古璽文有字作（《古璽彙編》3662），舊不識，此字亦當釋婁。

《説文》婁字从母中女作，字義表示母親生育女孩。因女性復生女性，故作爲右文之婁旁有屢、連、重、數、不絕等義，可參見从婁諸字訓詁。《説文》婁字訓爲“空也”，“空之意也”。所説指生育未獲男兒。婁字造字本義及以婁爲聲符之某些文字訓詁亦説明中國古代之重男輕女思想。又《説文》:"一曰婁,務也。""務,趣也。""趣,疾也。"此亦由婁字造字本義引申而來。對甲骨文、金文婁字之辨識,亦有助於對其他未識古代漢字之考釋。

《出土文獻研究》頁 229

○**何琳儀**(1989) 　(編按:楚帛書)"婁"是二十八星宿之一,屬西方白虎七宿之第二宿,由婁一、婁二、婁三等三星組成,即白羊座(Aries)。曾侯乙墓所出漆箱銘文"※"(《文物》1979 年 7 期圖版伍),與帛書"※"均爲婁宿。《吕覽·有始》:"西北曰幽天,其星東壁奎、婁。"《禮記·月令》:"季冬之月,日在婺女,昏婁中,旦氐中。"古人每以二十八宿與四時十二月相配。帛書上文言"亥惟邦所",此言"是月以婁,曆爲之正,惟十又二[月],惟悖德匿"。可參見《開元占經》引《甘氏歲星法》:"攝提在亥,歲星在辰……其失次見於婁,其名曰屏營,天下盡驚。"

《江漢考古》1989-4,頁 49

○**睡簡整理小組**(1990) 　(編按:睡虎地·日甲 48)婁,二十八宿之一。《開元占經·西方七宿占》引《石氏星經》曰:"婁三星。"

《睡虎地秦墓竹簡》頁 188

○**黄文傑**(1992) 　秦簡中由整理小組釋爲"要"字的有 4 例,分別作※(816反)、※(823 反)、※(874 反)、※(870),最後一字字形漫漶不清,中閒作"※"還是作"※"看不清楚。前兩例文例分別爲"疵在要(腰)"(新版改作"疵在※〈要〉")和"要(腰)有疵",釋"要"看來没有問題。但第三例※釋"要",從形、義考慮,均有不妥之處,須進一步辨析。

從字形看,此字釋"要"或釋"婁"均可能。金文婁(或要)簋有※字,長陵盉有※字,《漢語古文字字形表》(1981 年出版)釋爲"要",陳漢平先生釋爲"婁"。《古文字類編》(1986 年出版)釋爲"婁"。按,"婁"字,《説文》古文作※,三體石經古文作※,《汗簡》作※,曾侯乙墓出土漆器上之二十八宿作※。前兩形上作"※",後兩形上稍有變化。秦簡此字上也作"※",與上列古文相合。《説文》古文"要"作※,上揭秦簡前兩形"要"字上中均作"※"。與"※"有明顯區别。故從字形看,※應釋爲"婁"。但秦簡它處還有 9 例"婁"字寫作※、※,爲什麽這一例寫作※呢? 筆者以爲,這可從秦簡文字形體的來源作分析,它主要來自戰國秦篆,但同時有一部分字形保留了西周晚期和春秋時期大篆的寫法,少數字形與六國古文的寫法相合。※是六國古文的寫法,※是隸變到一定程度的寫法。從到,形體也非没有聯繫,蓋“”上移訛變作“”(《説文解字注》籀文“婁”字作“”,《説文通訓定聲》籀文“婁”作,詛楚文“數”字所从“婁”作、“臼”形均寫於字之上部,可證),“”則訛變爲“”。整個字的變化過程大概是→→。

從意義上看,也以釋爲“婁”爲妥。“婁”有“拘攣、駝背”之義。《集韻》:“婁,卷婁,猶拘攣也。”《莊子·徐無鬼》:“有卷婁者。”陸德明釋文:“婁,猶拘攣也。”成玄英疏:“卷婁者,謂背項俛曲,向前攣卷而佝僂也。”秦簡此字乃用“拘攣、駝背”的引申義,請看文例:

字四旁高,中央下,富。(879 反)
字四旁下,中央高,貧。(878 反)
字北方高,南方下,毋寵。(877 反)
字南方高,北方下,利賈市。(876 反)
字東方高,西方下,女子爲正。(875 反)
字有婁,不窮必刑。(874 反)
字中有谷,不吉。(873 反)
……

這一篇是講房屋周圍地貌的吉凶。“婁”之上文皆以“高、下”爲特徵,下文又有低洼之“谷”,則此處“婁”字之義當爲隆起,與低洼爲對,整句話的意思是,如果房屋地面不平,有隆起之處,則房主人不是生活貧困,就是一定要受到刑罰。如此字釋“要”,就難以解釋了。

從文例看,上揭第四例也應該釋作“婁”。此字文例爲:“乙卯生子,婁,不翯。”“婁”意即“駝背”。“不翯”疑讀爲“不翥”,《方言》:“翥,舉也;楚謂之翥。”“不翯”意爲“不舉”,即“背伸不直”之意。整句話的意思是:如果在乙卯這個日子生孩子,孩子必駝背,背難以伸直起來。由此看來,這個字的寫法應作,與上揭第三例“婁”字的形體相同。

《江漢考古》1992-4,頁 61—62

○**劉信芳**(1996) (編按:楚帛書)婁 字或釋“亂”,或釋“還”,或釋“遣”,皆誤,李學勤先生釋作“婁”而讀爲“數”。按字應讀如“膢”,《説文》:“膢,楚俗以二月祭飲食也。”“二月”應從《御覽》引作十二月。膢又稱儺,古代驅鬼逐疫之儀。

《長沙子彈庫帛書解詁》頁 91

○**何琳儀**(1998) 婁,从女,𦥯聲。𦥯,甲骨文作(後下二一·五)。从牛从曰从角,會兩手曳牛角之意,角亦聲。夒、角均屬侯部,陶(夒)爲角之準聲首。《公羊・昭廿五年》"夫牛馬維夒",注:"繫馬曰維,繫牛曰夒。"夒又孳乳爲搜。《説文》:"搜,曳聚也。从手,夒聲。"春秋金文作🖐(洹子孟姜壺夒作🖐),陶下从女,其義不明。《五音篇海》:"嫂,女字。"疑即夒之繁文。戰國文字承襲春秋金文。或角上加短横爲飾,或女下加=爲飾。三體石經《僖公》作🖐,加𣥂爲飾(參若字飾筆)。角或省簡爲🖐、🖐。漢代文字作🖐(汝陰侯墓二十八宿圓盤),中从角,尚且不誤。《説文》:"𡤾,空也。从毋、中、女,空之意也。一曰:夒,務也。🖐,古文。"古文省臼,但音符角未省。

　　齊璽夒,姓氏。邾夒國子孫以夒爲氏。見《風俗通》。

　　長陵盉夒,讀鏤。《廣韻》:"鏤,彫鏤。"

　　楚璽、包山簡夒,姓氏。望山簡夒,讀縷。《説文》:"縷,綫也。从糸,夒聲。"帛書、二十八宿漆書夒,二十八星宿之一。見《吕覽・有始》。

　　睡虎地簡夒,讀屢。《説文新附》:"屢,數也。"

《戰國古文字典》頁 336

○**劉信芳**(2003)　　夒:職官名。"夒"與"師、令、連囂"對舉,知是"新官"官署的屬員。簡 25 有"玉令步、玉夒瘺",文例相似,知"玉令步"即玉府之令,其名步,"玉夒瘺"即玉府之"夒",其名瘺。簡 128、141、143、162 有"正夒恌",爲左尹官署的重要屬員。簡 19、66 有"郊正夒",75 有"兼陵正夒",則是地方官署的屬員。"夒、正夒"作爲屬官,於史無徵。周官屬員有府、卿、史、徒、士、賈諸名,可與之參照,然未可相比附。

《包山楚簡解詁》頁 13

○**陳斯鵬**(2004)　　夒,《李釋》作"夒",以爲不識字。按:字作🖐,實爲"夒"字。包山楚簡有一名"恌"而官居"正夒"者,其"夒"字在第 143 號簡作🖐,爲正體;而第 141、162 號簡則分別作🖐、🖐,爲變體。本篇"夒"字寫法正與這種變體相同。"夒"讀作"數",機數也,道理也。

《華學》7,頁 158

【夒女】曾侯漆箱

○**裘錫圭**(1979)　　夒女之名也見於銀雀山漢簡,夒當是夒女的省稱。

《古文字論集》頁 414,1992;原載《文物》1979-7

【夒弁】幣文

○**黄錫全**(2001)　　筆者先後見到兩枚内容相同而文字書寫小别的尖足布。

一枚已入藏中國錢幣博物館，通高 5.6、肩距 2.6、足距 2.9 釐米，重 5.39 克。另一枚爲錢幣愛好者收藏，出自山西北部，與上列繁寺布同出，通高 5.7、肩距 2.7、足距 3.1 釐米（當時臨寫可能不夠準確）。根據銘文判斷。兩枚應當是同一品種。

第一字，从角，角左右各从一手，下面从口，可隸定作𡃏。其形與下列文字類似：

白婁府簠，《三代》7.12.5—6　　解子觶，《録遺》100

中山王鼎　　　　　　　三體石經婁　　　　《説文》古文婁

曾侯乙二十八宿　　　婁簠　　　　　　　長陵盉

古璽 0158、0159

白婁府簠的這個字，《金文編》列入附録。過去或釋爲要，或以爲即《説文》的𩲍字。所謂解子觶的解，于師思泊教授只作隸定，《金文編》列入“解”下。中山器銘文“方𡃏百里、列城𡃏十”，根據文意，該字無疑當釋讀爲“數”。三體石經、《説文》古文、曾侯乙墓出土漆衣箱上的二十八宿無疑是“婁”字。婁簠、長陵盉上的這個字，或釋婁，或釋要。這幾字的共同特點，就是上部相同，均从角从臼，下部各異。

張政烺先生對中山器的“數”字有如下的論述：

　　𡃏，从言，𩰫聲，讀爲數。按《説文》：“數，計也。从攴，婁聲。”婁从女，而上部之“串”篆文、古籀各不相同，許氏説解亦紛亂莫衷一是。詛楚文數从采𦥑，馬王堆帛書《老子》甲乙本數从𡣳，其結構皆不明了，唯此處𡃏字形完具，與三體石經《春秋》古文婁从𦥑𧢲合，可確認从臼从角。《爾雅·釋器》“角謂之觿”，疑即此字。《廣韻》觿有三音而皆與角音近，知角亦聲也。

按，張説當是。角屬見母屋部，數屬生母屋部，數从婁聲。婁、樓屬來母侯部。屋部即侯部入聲字。諸字音近。尖足布文从“口”與中山器文从“言”義近，當是同字異體。𡃏，从言，即譻字。《説文》：“譻，譴譻也。从言，婁聲。”譴譻或作嗹嘍，見《廣韻》。據中山器，尖足布文可以釋讀爲婁。

尖足布第二字，一作𢾭，一作𡙊。根據第一字，這兩個字無疑是一字，只是後一字增从木或寸（又）。經過反復琢磨及比較各種形近之字，我們以爲其可能就是“番”字。金文“番”字有如下省變之形：

番字本从采，金文簡省不一，下部或从田，或从口、甘等。尖足布當是其簡省之形。先秦貨幣文字形體簡省特别者，其例舉不勝舉，如下舉之字：

西　　　　　　　室　　　　　　襄

番，滂母元部。煩，並母元部。二字音近字通。如《説文》番“或从足从煩”作蹯。《穀梁傳·定公十四年》：“執曰膰。”《釋文》：“膰或作煩。”《史記·司馬相如列傳》：“煩鶩鷛鸔。”《集解》引徐廣曰：“煩鶩一作番鸊。”等等。婁番，應該就是婁煩或樓煩。裘錫圭先生見告，第二字也可能是“弁”字，借爲煩。特記於此。

樓煩，本春秋時北狄國，戰國時爲趙武靈王所破，見《史記·趙世家》。秦置樓煩縣，隸《漢書·地理志》雁門郡，治所在今山西寧武縣附近。秦的地名多沿襲戰國，估計尖足布的樓煩所在就是秦的樓煩縣，戰國屬趙。樓煩戎與樓煩縣是兩個不同的概念。這一點，王先謙《漢書補注》已有説明。樓煩原本屬燕的一個縣，後爲胡人占領，其後又屬趙，見《戰國策》齊策、趙策和燕策，與樓煩戎的分布有别。其地所指，學術界曾有不同的看法。

《先秦貨幣研究》頁 67—68

【婁者】上博二·容成 37

○**蘇建洲**（2003）　　婁者：即“傴者”，彎腰駝背的人；或“瘻者”，脖子腫起的人。李零先生以爲“婁者”，即“傴者”，彎腰駝背的人。孟蓬生先生《字詞》以爲“婁”應釋爲“瘻”，《説文·疒部》：“瘻，頸腫也。从疒，婁聲。”建洲按：二説於文獻均有徵，前者如《説文》：“傴，僂也。”《禮記·問喪》：“傴者不袒。”鄭注：“傴，背曲也。”《廣韻》：“僂，僂傴，疾也。”《馬王堆·五十二病方》223：“傴攣而未大者［方］。”馬繼興以爲“傴攣”指脊背前曲，行走不便狀（參《馬王堆古醫書考釋》頁 493—494）此外，《易之義》24 亦有“蛇身僂曲”之説。後者如《張家山漢簡·脈書》簡 4：“在頸，爲瘻。”（高大倫《張家山漢簡〈脈書〉校釋》頁 8—9）此外，《淮南子·説山》：“雞頸已瘻。”高誘注：“瘻，頸腫疾。”二説應可並存待考。或曰“婁”若指“瘻”則與簡文下“痿”指“瘻”，二者均指脖子毛病的人意思重複。但是在《國語·晉語四》“僬僥不可使舉，侏儒不可使援”，其中“僬僥”，宋庠曰：“人長三尺，短之極也。”（《國語集解》360 頁）與“侏儒”屬於身體有同一種殘缺的人。換言之，簡文“婁、痿”並指脖子有毛病的人並不奇怪。

《〈上海博物館藏戰國楚竹書（二）〉讀本》頁 112

○**劉信芳**（2004）　《容》2、37“婁”，整理者讀爲“僂”，可信。《數盡》“尪、
傴”，高誘注：“尪，凸胸仰向疾也。傴，傴脊疾也。”傴、僂經典多聯言，《左傳》
昭公七年：“一命而僂，再命傴，三命而俯。”《淮南子·精神》：“子求行年五十
有四，而病傴僂。”

《古文字研究》25，頁 326

奸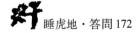

睡虎地·答問 172

△按　《説文》：“奸，犯婬也。从女从干，干亦聲。”秦簡“奸”有奸婬、奸邪
等義。

姪

珍秦 150

△按　《説文》：“姪，女出病也。从女，廷聲。”秦印“姪”爲人名。

媿 　 愧

集成 4190 陳眆簠蓋　　璽彙 0183　　郭店·老甲 9　　郭店·老丙 1

郭店·性自 60　　郭店·尊德 33　　上博一·性情 23

○**何琳儀**（1998）　陳眆簠蓋“媿忌”，讀“畏忌”。《詩·大雅·桑柔》“胡斯畏
忌”，箋：“此畏懼犯顔得罪罰。”楚璽媿，讀隗，姓氏。赤狄姓，隗潞子嬰兒是
也。見《通志·氏族略·以姓爲氏》。

《戰國古文字典》頁 1185

○**李守奎**（2003）　愧　《説文》媿之或體。

《楚文字編》頁 628

△按　《説文》：“媿，慙也。从女，鬼聲。愧，媿或从恥省。”戰國楚文字之
“愧”形體與《説文》“媿”之或體相合，但實不同字。楚簡“愧”或作“悢”，實繁
簡異體耳。另參卷十“悢”字條。字一般讀爲“畏”或“威”。

姦

包山 183

○**何琳儀**（1998）　姦，金文作𫠜（長甶盉），从女从姧，會姦邪之意。姧亦聲。姧，甲骨文作𫝹（乙四九六）。《說文》：“姧，訟也。从二女。”姧爲女之準聲首（泥紐雙聲），姦爲姧之準聲首（元部疊韻）。戰國文字承襲金文。《說文》：“嬲，私也。从三女。𢙌，古文姦。从心，旱聲。”

　　包山簡姦，人名。

《戰國古文字典》頁 999

妋

𫝹璽彙 3001

○**徐在國**（2002）　“妋”似應釋爲“九女”，與《璽彙》3384“𤲟”釋爲“九單”相類。“九女”讀爲“九如”，見《詩・小雅・天保》：“田保定爾，以莫不興。如山如阜，如岡如陵，如川之方至，以莫不增……如月之恆，如日之升，如南山之壽，不騫不崩，如松柏之茂，無不爾或承。”連用九個“如”字，爲祝頌之辭。璽文“九女（如）”爲人名。

《考古與文物》2002–5，頁 94

△**按**　“妋”當分析爲从女，九聲。古璽“妋”用爲人名。

妃

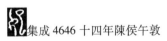集成 4646 十四年陳侯午敦

○**何琳儀**（1998）　妃，从女，巳聲。姬之異文。檢《集韻》：“姬，眾妾總稱。或作妃。”妃爲妃之訛誤，其音“盈之切”，是其確證。陳侯午錞妃，讀姬。

《戰國古文字典》頁 63

妥

集成 287 曾侯乙鐘　　　墨彙 3044　　　上博三·中弓 14

○**朱德熙、裘錫圭、李家浩**（1995）　讀望二 9"妥"爲"綏"。云:此簡之"綏"似指車綏。《説文》:"綏,車中把也。"《儀禮·士昏禮》"授綏"鄭注:"綏,所以引升車者。"

《望山楚簡》頁 119

○**何琳儀**（1998）　妥,甲骨文作（菁一〇·一四）。从爪从女,會晏安之意。參晏、安二字。《集韻》:"妥,安也。"金文作（寧簋）。戰國文字承襲金文。妥《説文》失載。典籍或借綏字爲之。《爾雅·釋詁》:"綏,安也。"或據綏讀"息遺切"歸妥入脂部。茲據《廣韻》妥"他果切"歸妥爲透紐歌部。

　　曾樂律鐘,讀"蕤賓"。《禮記·雜記》上"以其綏復",注:"綏當爲緌,讀如蕤賓之蕤。"《荀子·儒效》"綏綏兮其有文章也",注:"綏,或爲葳蕤之蕤。"是其佐證。"蕤賓",音律之名。《禮記·月令》:"律中蕤賓。"

《戰國古文字典》頁 867

△按　《説文》有从"妥"聲之"綏、桵"等字,而無"妥"字,當是疏漏。

【妥賓】曾侯乙鐘

○**李純一**（1981）　妥賓即蕤賓。妥、蕤是同音通假。

《音樂研究》1981-1,頁 58

妐

墨彙 0190

○**羅福頤等**（1981）　《説文》所無,《玉篇》:"妐,夫之兄也。"

《古璽文編》頁 292

○**吳振武**（1983）　0190 妐都枋郊左·妐（容）城都枋郊左。

《古文字學論集》（初編）頁 490

○**何琳儀**（1998）　妐,从女,公聲。《爾雅·釋親》:"夫之兄爲兄妐。"

　　燕璽"妐城",讀"容城",地名。《漢書·地理志》涿郡有"容城",在今河北容城北。

《戰國古文字典》頁 409

姝

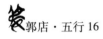郭店・五行 16

△按　《五行》篇引《詩》“淑人君子”句，“淑”作“姝”。“姝”从女，弔聲，當爲淑善之“淑”而造。

姒

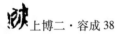上博二・容成 38

△按　“姒”字在簡文中用法不明。

妭

包山 191

○**何琳儀**（1998）　妭，从女，皮聲。《集韻》：“妭，女字。”包山簡妭，人名。

《戰國古文字典》頁 885

娑

秦代印風 209

△按　字从女，𣥵聲。秦印用爲姓氏。

婡

金符 6

△按　字从女，柬聲。璽文用爲人名。

娍

郭店・緇衣 1　　郭店・老甲 15　　郭店・老丙 7

上博五・三德 8　　上博四・逸詩・交交 1　　上博四・逸詩・交交 3

○**荆門市博物館**（1998）　（編按：郭店・老甲 15）散、散，皆讀爲“美”。《汗簡》引《尚書》“美”字从“女”从“散”，簡文“美”字另有作“岢”者，是“散”的省形。

《郭店楚墓竹簡》頁 115

○**劉釗**（2003）　（編按：同上）“散、娍”讀爲“嫩”，“嫩”即古“美”字。

《郭店楚簡校釋》頁 14

○**馬承源**（2004）　（編按：上博四・逸詩・交交鳴烏 1）“紋”，从糸，从女得聲，“女”“豫”疊韻通假。《荀子・禮論》“説豫娩澤”，楊倞注：“豫，樂也。”《孟子・公孫丑下》“夫子若不豫色然”，趙岐注：“顏色故不悦也。”《宋書・樂志四・朱路篇》：“人心惟愷豫。”“愷豫”，亦和樂之意。

《上海博物館藏戰國楚竹書》（四）頁 175

○**李零**（2005）　（編按：上博五・三德 8）娍（美）。

《上海博物館藏战國楚竹書》（五）頁 293

△**按**　“娍”爲“岢”增益“女”旁而成。“岢”本象人頭頂戴羽飾之形，取意與“美”之象人戴羊角形類同，實亦“美”之異構。“岢”之孳乳爲“娍”，亦正猶“美”之孳乳爲“媄”也。楚簡中“娍”均讀“美”。所从“岢”下部人形或易作“口”者，或受“敢”字影響而訛。“岢”旁上端羽飾形或訛爲“幺”，如《上博四・逸詩・交交》等，馬承源誤釋，董珊《讀〈上博藏戰國楚竹書（四）〉雜記》（簡帛研究網 2005 年 2 月 20 日）已正之。參見卷八“散”字條。

妹

璽彙 2902

○**何琳儀**（1998）　妹，从女，求聲。《集韻》：“妹，女字。”晉璽妹，人名。

《戰國古文字典》頁 178

姶

集成 9559 子姶迊子壺

○**劉釗**（1997） 子姶壺有"姶"字作

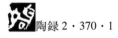 《集成》9559

所从之"※"亦"合"字，字从"女"从"合"，可隸作"姶"。"姶"字不見於字書。

　　　　　　《第三届國際中國古文字學研討會論文集》頁 455

○**何琳儀**（1998） 姶，从女，合聲。子姶迊子壺姶，人名。

　　　　　　　　　　　　　　《戰國古文字典》頁 498

姞

陶録 2・370・1

△**按**　陶文"姞"用爲人名。

娑

陝續

△**按**　"娑"疑爲"嫛"字異體。璽文"娑"用爲人名。

娠

集粹

△**按**　璽文"娠"爲人名。

嫀

詛楚文

○**容庚**（1934）　敊（親）。

《古石刻零拾》頁 2

○**郭沫若**（1947）　敊當是地名，下文“遂取吾邊城新郢及郝、長、敊”可證。

《郭沫若全集・考古編》9，頁 306，1982；《詛楚文考釋》

○**姜亮夫**（1980）　親本从見，亲聲，古見字或省略作 ，因以 混。又，凡近取諸身之字多可互異，如止、又、辵之易，見、首、身之易，子、女之易。自見之相易，皆其例。則从見與从女，亦得以此例之也。

《蘭州大學學報》1980-4，頁 60

【嫀戚】詛楚文“幽釣嫀戚”

△**按**　字見《集韻》，同“親”。（元）周伯琦《詛楚文音釋》已徑釋詛楚文“嫀”字爲“親”（見郭沫若《詛楚文考釋》），甚是。“親戚”爲成詞。同篇另有“親”字，文云：“親卬（仰）大神厥湫而質焉。”用親自義。疑“嫀”爲親戚義之專造字，故从女作，與“婚、姻”等字相類。

㑈

包山 181

○**何琳儀**（1998）　㑈，从女，柬聲。《集韻》：“㑈，女字。”包山簡㑈，人名。

《戰國古文字典》頁 999

嫍

包山 89

○**何琳儀**（1998）　嫍，从女，兹聲。疑嫍之省文。《集韻》：“嫍，女字。”《正字通》：“嫍，女性寬順。”

包山簡嫍，人名。

《戰國古文字典》頁 92

婸

天星觀

△**按**　天星觀簡"娚"字，義未詳。

婜

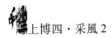上博四·采風 2

○**馬承源**（2004）　"婜"，女子。《集韻·上聲》："婜，女字。"此説明其人爲女子。

　　　　　　　　　　　　　　　　　《上海博物館藏戰國楚竹書》（四）頁 166

△**按**　曲目名《不要之婜》，義不詳。

嫥

包山 185

○**何琳儀**（1998）　嫥，从女，專聲。包山簡嫥，人名。

　　　　　　　　　　　　　　　　　　　　　　《戰國古文字典》頁 598

嬭

包山 35　　包山 237

○**李學勤**（1988）　湖北荆門包山二號墓出土大量楚簡，是一項重要發現，整理小組已有《概述》介紹。據稱簡中卜筮祭禱部分記有楚先祖名老僮、祝融、嬭酓、荆王、武王等，並指出老僮—祝融—嬭酓的順序。老僮即老童，見《大戴禮記·帝系》《山海經·大荒西經》及《世本》。《世本》另一條及《史記·楚世家》作卷章，應爲字形之誤。祝融文獻多見，《楚世家》云重黎與弟吳回都有祝融之號。只有嬭酓是什麽人尚待探討，這裏想提一個試探性的看法。

　　解決這個問題，還得由釋字入手。

　　"酓"字常見於楚國文字中的王名，前人已指出相當於文獻中楚王名的"熊"字。如胡光煒説："以聲求之，當讀爲楚氏之'熊'。《楚世家》記戰國以下楚王名，或單稱名，或加氏稱熊某（如悼王稱熊疑，宣王稱熊良夫，威王稱熊商，懷王稱熊槐，考烈王稱熊元，皆是）。'熊'讀入喻紐，'酓'讀入影紐，古讀清濁不分,於聲至近……知此文之‘畲’可讀爲‘熊’。"在古文字裏,只有秦國的詛楚文刻石楚王名用"熊"字,前人也有詳論。

胡氏的説法不盡準確,比如楚先祖也有稱熊某以及某熊的。下面依據《楚世家》寫出楚的早期世系:

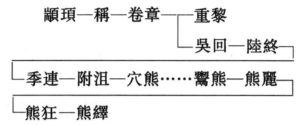

既然楚國文字把熊某的"熊"寫作"畲",某熊的"熊"也可能寫作"畲"。由世系知道,楚先祖名某熊的有穴熊、鬻熊二人。

再看"嫷"字。這個字右旁從二"虫",可與楚國文字的"韣"字相比較。春秋時期青銅器邾公釛鐘有"陸韣",即陸終;戰國時期楚帛書有"祝韣",即祝融。幾年前,我在一篇小文裏曾説:"王國維《邾公鐘跋》云:‘韣字從蚰,壽聲。壽,古墉字。以聲類求之,當是螽,陸螽即陸終也。’王氏説‘陸韣’即‘陸螽’,是對的,但他對‘韣’字的分析有缺點,因爲‘墉’字古音在東部,‘螽’字在冬部,是有差别的。王氏沿用王念孫父子的《説文諧聲譜》,沒有區别東、冬。實際上,‘韣’字應從‘蟲’省聲,與‘終’同屬冬部。在帛書上讀爲‘融’,是由於‘融’也從‘蟲’省聲之故。"1983年河南光山發現的黃君孟器,銘文有"鎡"字。從二"虫",也是"蟲"省聲。所以包山簡這個字是從"女","蟲"省聲,古音在冬部。它和在質部的"穴"字不會有什麼關係,因而簡上這一楚先祖名是穴熊的可能性應該排除。

鬻熊的"鬻"是喻母覺部字。我們知道,分别東、冬兩部,幽、覺、冬三部就是陰、入、陽的關係,《新編上古音韻表》即如此排定。"鬻"字和喻母冬部的"融"字剛好入、陽通轉。"嫷"和"融"都從"蟲"省聲,故可與"鬻"通假。包山簡提到的這個楚先祖不是别人,乃是文獻中的鬻熊。

《楚世家》關於穴熊以下僅説:"其後中微,或在中國,或在蠻夷,弗能紀其世。"從穴熊到鬻熊共有幾代,關係怎樣,是不清楚的。《左傳》僖公二十六年杜預注則説:"鬻熊,祝融之十二世孫。"如以吳回爲祝融,穴熊、鬻熊間當有七代,與《世家》不同,也許别有所本。

《世家》云:"周文王之時,季連之苗裔曰鬻熊。鬻熊子事文王,蚤卒。"其後成王封熊繹,爲楚子,正是由於鬻熊當年的功績。《左傳》僖二十六年記:

"夔子不祀祝融與鬻熊,楚人讓之。"夔係楚的別封,其君不祭祀祝融、鬻熊,受到楚人責難,可見楚人要祭祀鬻熊。這恰合包山簡反映的情況。

關於鬻熊的傳説還有許多。《漢書·藝文志》道家有《鬻子》二十二篇,班氏自注:"名熊,爲周師,自文王以下問焉。周封,爲楚祖。"小説家又有《鬻子説》十九篇,注云:"後世所加。"值得注意的是班固講"自文王以下問焉",可知《鬻子》内容表明鬻熊活到文王以後,和《史記·楚世家》所言"蚤卒"有異。《鬻子》一書在流傳中殘缺,《隋志》云一卷,列在道家,新、舊《唐書》列入道家、小説家不一。今存本一卷十四篇,乃唐人逢行珪所獻。前人已指出,《列子》《新書》所引《鬻子》都不在今本中,顯然佚失已多。從今本和能輯録到的佚文看,書中確有文王以後的事迹、對話,所以清人嚴可均認爲:"《鬻子》非專記鬻熊之語,故其書於文王、周公、康叔皆曰'昔者'。'昔者',後乎鬻子之言也。古書不必手著,《鬻子》蓋康王、昭王後史臣所録,或鬻子子孫所記。"今天我們看來,《鬻子》一書,性質類似同列《漢志》道家的《伊尹》《太公》《辛甲》等,固然爲後人所依托,但鬻熊受到推崇,也反應出他在古人心目中的形象和地位。此外《路史》等書還有一些鬻熊的傳聞,妄誕不經,在此無須詳述。

前面説過,在古文字裏過去已找到祝融、陸終,加上宋代在今湖北嘉魚出土的楚公逆鎛銘文有"吳雷"即吳回。現在又從包山簡發現老童、鬻熊等名,進一步證實古書所載楚先祖世系的可據。這對古史特別楚文化的研究,當然有很重要的意義。

《文物》1988-8,頁 87—88

○**朱德熙、裘錫圭、李家浩**(1995)　承湖北省博物館的同志見告,天門包山二號楚墓出土的竹簡中,有"楚先老僮、祝融、娬酓"之語。一二〇號、一二一號簡二簡字體相近。一二一號是簡首,疑一二〇號簡是簡尾,參照一二三號簡,其下尚缺一"鼄"字。若此,應連讀爲"【楚】先老禮、祝【鼄】、娬酓各一牂"。《山海經·大荒西經》:"顓頊生老童,老童生祝融,祝融生太子長琴。"《史記·楚世家》:"楚之先祖出自帝顓頊高陽……高陽生稱,稱生卷章,卷章生重黎……帝嚳命曰祝融。共工氏作亂……帝以庚寅日誅重黎,而以其弟吳回……爲祝融。吳回生陸終。陸終生子六人……六曰季連,芈姓,楚其後也……季連生附沮,附沮生穴熊……周文王時,季連之苗裔曰鬻熊。"集解:"徐廣曰:《世本》云老童生重黎及吳回。譙周曰:老童即卷章。"《史記》所言楚先之世系與《山海經》略有出入。"禮"從"童"聲,"鼄"從"章"聲。古代"章"有二音,一爲城郭之"郭",一爲城墉之"墉"。"鼄"字所從聲旁當讀爲

“墉”。“墉”“融”音近古通,祝融之“融”《路史·後記》即寫作“庸”。簡文的老裡、祝蟑當即《山海經》等的老童、祝融(長沙楚帛書祝融之“融”亦作“蟑”)。典籍所記楚王名多爲“熊某”,其“熊”字在楚國文字資料中皆作“酓”。“酓、琴”二字都从“今”聲。簡文娥酓是指《山海經》的長琴,還是指《史記》的穴熊或鬻熊,待考。

《望山楚簡》頁 102

○**李家浩**(1997) “蚅酓”之“蚅”,原文作 B:

B 𧍭

从“女”从二“虫”,可以隸定作“娥”,其字形結構與簡文“蟑”相同。在古文字中,从“虫”旁之字多寫作从二“虫”,如“蚰、蚪、蛤、蝕”等字。古代文字的偏旁位置不十分固定,左右並列結構可以寫作上下重疊結構,所以古文字中的“蚰、蚪、蛤、蝕”等字所从二“虫”,與簡文 A、B 所从二“虫”是一回事。古文字“蚰、蚪、蛤、蝕”等字所从二“虫”都是意符,簡文“蟑”字與之相同。以此例之,B 應該分析爲从二“虫”从“女”聲。《説文》説“如、奴”二字皆从“女”聲,所以在古文字中,从“如”聲之字和从“奴”聲之字都可以寫作从“女”聲。例如《説文》古文“恕”字和魏正始石經古文“怒”字,皆寫作从“女”。疑 B 即“蚅”或“蚭”的異體。“蚅、蚭”見於《玉篇》虫部,皆訓爲“蟲名”,二字讀音也十分相近。爲了便於稱引,本文暫且將 B 釋爲“蚅”。**(中略)**

　　楚王名“熊某”之“熊”,楚國文字寫作“酓”。因此,蚅酓有可能相當文獻中的“某熊”。據《史記·楚世家》,楚國先祖名“某熊”的有穴熊、鬻熊二人。“蚅”與“穴、鬻”二字的讀音都相隔甚遠,顯然簡文的蚅酓既不是穴熊,也不是鬻熊,而應該是另外一個人。

　　《山海經·大荒西經》有這樣一段記載楚先祖的文字:“有榣山,其上有人,號曰太子長琴。顓頊生老童,老童生祝融,祝融生太子長琴,是處榣山,始作樂風。”

　　簡文祭禱的楚先祖以老僮、祝蟑、蚅酓爲序,與此對照,蚅酓與長琴相當。上古音“蚅”的韻母屬魚部,“長”的韻母屬於陽部,魚、陽二部陰陽對轉。二字聲亦近,都屬端系。《周禮·地官·掌節》“以英蕩輔之”,鄭玄注引杜子春云:“蕩,當爲‘帑’。”《詩·秦風·小戎》“虎韔鏤膺,交韔二弓”,陸德明《釋文》:“韔,……本亦作‘暢’。”从“奴”聲的“帑”字與从“易”聲的“蕩”字相通,而从“易”聲的“暢”字又與从“長”聲的“韔”字相通,那麼从“奴”聲的“蚅”字與“長”字當然也可以相通。“酓”與“琴”都从“今”聲,也可以通用。因此,我們認爲簡文的蚩酓即《山海經》的長琴。長琴只見於《山海經》。據學者研究，《山海經》主要是戰國時期楚人的作品，與包山竹簡的時代、國別相同，它們所記的楚先祖世系相同是很自然的事。

《文史》42，頁 8—10

○**曾憲通**(1997)　例之三：

　　　　㫱望山簡　　　蚩包山簡　　　㫱包山簡

　　上三文分別見於望山楚簡和包山楚簡，除包山簡 2.35 一處用作人名外，其餘三處皆與"酓"字連文爲"媸酓"，用作楚先祖的專名。《望山楚簡》編者認爲："典籍所記楚王名多爲'熊某'，其'熊'字在楚國文字資料中皆作'酓'，'酓、琴'二字皆从'今'聲。簡文'媸酓'是指《山海經》的長琴，還是指《史記》的穴熊或鬻熊，待考。"李學勤先生在《論包山簡中一楚先祖名》中説："既然楚國文字把熊某的'熊'寫作'酓'，某熊之'熊'也可能寫作'酓'。由世系知道，楚先祖名某熊的有穴熊、鬻熊二人。"李先生接着分析説，包山楚簡這個字是从"女"，"蟲"省聲，古音在冬部。它和在質部的"穴"字不會有什麼關係。因而包山簡上這一楚先祖名不可能是穴熊，而應是鬻熊。鬻熊的"鬻"是喻母覺部字，與喻母冬部字的"融"剛好是入陽對轉。"媸"和"融"都从"蟲"省聲，故可與"鬻"通假。所以，楚簡提到的這個楚先祖不是別人，乃是文獻中的鬻熊。李先生考證楚簡中的"媸酓"即文獻的"鬻熊"，精確不磨，可以論定。有此反證，把"媸"字的"蚩"符作爲"蟲"省聲來處理也是正確無誤的。

《古文字與出土文獻叢考》頁 102—103，2005；
原載《第三屆國際中國古文字學研討會論文集》

○**曾憲通**(2004)　例之六：

　　　　媸(望山簡)　　　媸(包山簡)　　　媸(包山簡)

　　上三文分別見於望山楚簡和包山楚簡，除包山簡 2.35 一處用作人名外，其餘都與"酓"字連文，作爲楚先祖的專名。李學勤先生在《論包山簡中一楚先祖名》中寫道："既然楚國文字把熊某的'熊'寫作'酓'，某熊之'熊'也可能寫作'酓'。由世系知道，楚先祖名某熊的有穴熊、鬻熊二人。"他接着分析説，包山楚簡這個字是从"女"，"蟲"省聲，古音在冬部。它和在質部的"穴"字不會有什麼關係。因而包山簡上這一楚先祖名不可能是穴熊，而應是鬻熊。鬻熊的"鬻"是喻母覺部字，與喻母冬部字的"融"剛好是入陽對轉。"媸"和"融"都是从"蟲"省聲，故可與"鬻"通假。並强調指出"包山簡提到的這個楚先祖不是別人,乃是文獻中的"鬻熊"。很明顯,李先生在這裏是把"嬭"字的"蚰"符作爲聲符來認識的,因而得出了簡文的"嬭酓"就是文獻中的"鬻熊"的結論。

此字的另一種考釋見於《望山楚簡》,該書編者認爲,"典籍所記楚王名多爲'熊某',其'熊'字在楚國文字資料中皆作'酓','酓、琴'二字皆从'今'聲。簡文'嬭酓'是指《山海經》的長琴,還是指《史記》的穴熊或鬻熊,待考"。其後,李家浩先生發表了《包山楚簡所見楚先祖名及其相關問題》的長文,其中對蚰(即讙)酓即《山海經》的長琴作了詳細的論證。李文還在"附記"中提到河南新蔡葛陵楚墓出土的竹簡,也有像包山竹簡那樣的卜筮内容。並指出該墓竹簡所記祭禱的楚先,位於"老僮、祝蟺"後的"蚤酓"之"蚤"作穴下土。這個字从穴从土得聲,《史記·楚世家》的"穴熊"之"穴",即其訛誤。上古音"土"屬透母魚部,"女"屬泥母魚部,韻母相同,聲母都是舌音,故可通用。作者認爲,"葛陵楚簡的發現,不僅證明本文對包山 B(按指蚰字)的釋讀是合理的,同時還證明《山海經》的長琴與《楚世家》的穴熊應該是同一個人。本將長琴與穴熊作爲二人,現在看來應予糾正"。家浩先生此文對楚的先公和武王以前的楚王作了系統的疏理和闡釋,發明良多,十分欽佩。然而,"附記"中僅據"穴"字的另一種寫法就作出長琴與穴熊是同一個人的結論,似乎還有討論的餘地。葛陵楚簡的"空酓"據説也有寫作不从土的"穴熊",如果屬實,則土旁恐非聲符,因爲形聲字的聲符一般是不能省略的。又葛陵楚簡祭禱的楚先,據説還有寫作"襠酓"的,如果屬實,則"襠酓"有可能就是望山簡、包山簡"嬭酓"的異構。若將它們的女旁、示旁視爲聲符,恐有不妥;宜作爲形符看待(氏名、神名多有之)。它們共有的"蚰"符才是聲符。如此,則"嬭酓、襠酓"均可讀爲"鬻熊",正可與李學勤先生釋作"鬻熊"互相印證。而"蚰"符與上舉各例作爲原始聲符之用例也不相違背。從整體而言,這樣似乎更合理些。

《古文字與出土文獻叢考》頁 112,2005;原載《古文字研究》25

嫶 嫶

銘文選 902 韓氏私官鼎　　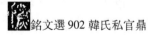銘文選 902 韓氏私官鼎

○**馬承源等**(1990)　嫶字《説文》所無,从女从鯊。《玉篇》云,鯊,魚名。

《商周青銅器銘文選》頁 599

△按　湯志彪《三晉文字編》（1679 頁，作家出版社 2013 年）釋“㸚”，是。戰國文字“焦”常加注聲符“小”，詳參吳振武《〈古璽文編〉校訂》（33—34 頁，人民美術出版社 2011 年）。《集韻》宵韻：“㸚，女字。”鼎銘“嫶”（㸚）用作人名。

嬞

 新蔡乙一 22

△按　新蔡簡“老嬞”讀爲楚先“老童”。

嬭

 集成 4643 王子申盞

△按　東周楚器“嬭”爲姓氏，即文獻中的“芈”。

嬠

 陶彙 5·158　　 陶彙 5·512

○高明、葛英會（1991）　《説文》所無。《玉篇》：“嬠，媄也。”

《古陶文字徵》頁 70

○何琳儀（1998）　嬠，從女，樂聲。《廣韻》：“嬠，美好也。”秦陶嬠，人名。

《戰國古文字典》頁 300

毋

 十鐘　　 璽彙 4887　　 包山 221　　 郭店·成之 29

 郭店·緇衣 22　　 上博二·民之 3

○何琳儀（1998）　毋，從女，中間加一橫筆爲分化符號。女亦聲。毋爲女之準聲首（均屬魚部）。或説毋由母分化（連接母字中間兩點即是毋）。毋，明紐魚部，母，明紐之部。之、魚旁轉。毋爲母之準聲首。其實女、母、毋均一字分

化。《説文》：“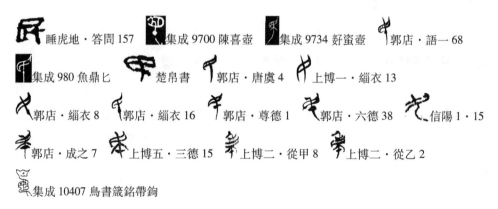，止之也。从女，有奸之者。”毋典籍通作無、勿。

信陽簡“毋俒”，讀“無它”。《國語‧晉語》三：“必事秦，有死無它。”

秦璽“毋治”，讀“無怠”。《書‧大禹謨》：“無怠無荒，四夷來王。”秦璽“毋”，姓氏，見《廣韻》。

古璽“參毋”，讀“三苗”或“三鐃”，複姓。《路史》“三苗”作“三鐃”。毋、無、矛、苗、堯聲系相通。《莊子‧德充符》“而與子產同師於伯昏無人”，釋文“《雜篇》作瞀”。《儀禮‧士相見禮》“在野則曰艸茅之臣”，注：“古文茅作苗。”《易‧説卦》“坎爲矯輮”，釋文：“輮，荀作橈。”《詩‧大雅‧民勞》“以謹惽恢”，《周禮‧地官‧大司徒》疏引恢作曉。均其佐證。

　　　　　　　　　　　　　　　　　　　　　　　《戰國古文字典》頁562—563

△按　“毋”字由“母”字分化而出。楚簡或作𢑔等形者，兼有“母”之二點與“毋”之一橫，正可視爲由“母”到“毋”的過渡形態。戰國文字中“毋”既可記録否定詞“毋”，也可表示父母之“母”，但前一種用法占明顯優勢，可見由“母”字分化出“毋”字，一開始就存在分散“母”字職務的動機。《十鐘》3‧15秦印“毋地”爲人名，田煒《古璽探研》(143頁，華東師範大學出版社2010年)讀作“毋惰”。

民 民

馬承源(1961)　(編按:陳喜壺)　字象目中有刺，即民字的異體。

　　　　　　　　　　　　　　　　　　　　　　　　　　《文物》1961-2，頁46

○黃盛璋(1961)　(編按:同上)第一字从四从乇，頗疑是“者”字之假，“者”“乇”聲近。

　　　　　　　　　　　　　　　　　　　　　　　　　　《文物》1961-10，頁37

○李零(1983)　(編按:鳥書帶鉤)民，不是母字，古璽文民字往往作𤔔，與此相同，

《説文》民字的古文作ﾒ，與此也比較接近。

《古文字研究》8，頁60

○**王輝**（1990）　在秦簡中，"民"與"吏"經常連用。如《語書》："令法律令已具矣，而吏民莫用。""令法律令已布，聞吏民犯法爲閭私者不止。"可見民或黔首與隸、臣、妾有別，黔首大體相當於小地主及一般農民、商人，這些人的態度如何，在很大程度上決定秦的統治是否穩固，故皇帝對他們還是關心的。琅邪臺刻石："憂恤黔首，朝夕不懈。""黔首安寧，不用兵革。"繹山刻石："熖害滅除，黔首康定，不用兵革。"對秦代大量存在的隸、臣、妾一類奴隸，皇帝就不十分關心他們是否"安"寧了。

《秦銅器銘文編年集釋》頁110

○**黃文傑**（1998）　先秦"民"字作ﾒ（何尊）、ﾒ（克鼎）、ﾒ（秦公簋）、ﾒ（楚帛書）等形。關於"民"字的形義主要也有二種絕然不同的説法。一種説法是來自《説文》的。《説文》："民，衆萌也，从古文之象，ﾒ，古文民。"林義光氏《文源》謂"民"爲"萌"之古文，"象艸芽之形"，高田忠周氏謂"民"萌生於母體，即萌生之意，皆就《説文》"民，衆萌也"而爲之解。另一種説法謂"民"即"盲"字，高鴻縉氏就是這樣認爲的，謂字象眸子出眶之形。郭沫若氏對"民"字作了比較詳細的分析：

> 作一左目形而有刃物以刺之。古人民盲每通訓。今觀民之古文，則民盲殆是一事。然其字均作左目，而以之爲奴隸之總稱。

按，以上二種對字形的説解均是難以令人信服的。所謂"象艸芽之形""象眸子出眶之形""作一左目形而有刃物以刺之"，都是依字形想象，缺乏有説服力的證據。筆者認爲，"民"與"氏"是密切相關的兩個字。從字形上看，"氏"作ﾒ而"民"作ﾒ，"民"比"氏"字多了一筆，兩者構形相近。從字義方面考慮，"民"字的意義也與"人"有關。在周金文中，"民"字的常見的意義爲人民、民衆，如克鼎："更（惠）于萬民。"中山王䷁壺："钗（作）斂（斂）中則庶民崀（附）。"傳世文獻"民"字也常用此義，如《詩・大雅・假樂》："宜民宜人，愛禄于天。"周統治者認爲"民"是周王朝"本支百世"這個根蒂派生出來的"芸芸衆生"。從這個方面考慮，"民"與"氏"一樣，也有"支"義。從古音上看，"氏"屬禪紐支部，又章紐支部，"民"屬明紐真部，支真通轉，元音相同。總之，從形音義相互關係來看，"氏"與"民"的關係主要在"形"的相近方面，而它們的意義都與人有關，這也是可以肯定的。

到了戰國中後期，"民"字開始出現隸變。杜從古《集篆古文韻海》卷一真韻下録古文"民"字或作、，前者與金文"民"字的構形相近，後者的寫法明顯不同，已是隸化。這種寫法恰好近似上述"氏"字增繁的寫法。詛楚文"愍"字作(《古石刻零拾》影印本)，所从"民"字寫作，也已隸化，不過，戰國以前"民"字像這樣簡省的寫法是比較少見的。

然而到了秦漢時期，漢字全面隸變，"民"字的簡省寫法迅速增加，演變爲下列兩種寫法：

第一類	第二類
《日書》乙種 134 《日書》乙種 60，以上秦代	《法律》157 《法律》157
《老子》甲本 25 《老子》甲本 32	《語書》3 《爲吏》37
《定縣竹簡》12，以上西漢	(《爲吏》34) 敃所从，《秦律》62
《漢印徵》12.16 上	擎所从，《法律》90，以上秦代
《漢印徵》12.16 上	羅福頤《秦漢南北朝官印徵存》396
《漢印徵補》12.6 上，以上漢代	開母廟石闕銘 新嘉量二，以上西漢
龍氏鏡二 曹全碑	《漢印徵補》12.6 上，以上漢代
岷所从，郙閣頌摩崖	漢安殘碑 魯峻碑
泯所从，尹宙碑，以上東漢	熹·公羊·宣十二年，以上東漢

上表"民"字，第二類是常見的寫法，第一類是簡省的寫法，其主要區别是第一類字的左上作(**編按**：此處原文漏字形)，留下缺口，與上述第一部分"氏"字的繁寫恰好相同。

總之，在先秦時期，"氏"和"民"形體的主要區别在於"民"字的上部比"氏"字多一畫，兩者區别明顯，一般不會寫混誤。到了戰國中後期，出現了個别"民"字寫作"氏"字的現象。到了秦漢時期，漢字全面隸變，"民"與"氏"均已隸化。"氏"字除了常見的寫法外，還出現了增繁的寫法；而"民"字除了常見的寫法外，又出現了簡省的寫法。"氏"字的第一筆向上彎曲延伸，形成增繁的寫法，作(**編按**：此處原文漏字形)；這種增繁的寫法，恰好與"民"字的簡省寫法相近，有的甚至相同。"氏"與"民"這種巧合，給釋讀出土文獻帶來了困難，是否"氏"或"民"字，要靠文例進行辨别。因此，有的學者在釋讀"氏"或"民"字的時候，有時會出現一些誤解。

《容庚先生百年誕辰紀念文集》頁 701—703

○何琳儀（1998）　　民，西周金文作 Φ（盂鼎）。从目而無珠，目内插入刑具。借體象形。盲之本字。《周禮·地官·遂人》"以疆予任甿"，《詩·周頌·載芟》箋引甿作民。《説文》眠"讀若盲"。可證民古讀盲。春秋金文作 Φ（齊侯鎛）。戰國文字承襲春秋金文。齊系文字从目，尤爲明顯。晉系文字或作 Φ，亦从目。圓點左右撇出作 $\mathcal{P}$，參央、周等字類似演化。古文與之形體相近。《説文》："民，衆萌也。从古文之象。$\mathcal{J}$，古文民。"以萌釋民屬聲訓。民、盲、眠一字之孳乳。《説文》："盲，目無牟子。从目，亡聲。""眠，民也。从民，亡聲。讀若盲。"民爲象形，盲爲形聲，眠爲標音（民、亡雙聲），萌爲假借。

帛書"民人"，猶"人民"。《左·昭三》："民人痛疾。""下民"，見《吕刑》。

《戰國古文字典》頁 1167

○陳偉（1999）　　25.君子不帝（諦），明乎民（萌）微而已　　六德 38

帝，釋文讀爲"啻"。"不啻"爲不僅、不只的意思，似與簡文不合。恐應讀爲"諦"，指詳細審察。民，似應讀爲"萌"，指發端，故與"微"連言。《淮南子·繆稱》云"福之萌也綿綿，禍之生也分分，禍福之始萌微"，可參證。簡文是説君子並非洞悉一切，只是把握住基礎性環節而已。此句與以下二條相關，可參看。

《武漢大學學報》1999-5，頁 32

○李家浩（2000）　　本墓竹簡"民"字有兩種寫法：$\mathcal{Y}$（四一號）、$\mathcal{Y}$（四七號），其上皆作"$\mathcal{Y}$"字形，字形比較特别。本簡"民"字原文略有殘泐，從殘畫看，是後一種寫法。

《九店楚簡》頁 71

○楊澤生（2009）　　過去釋爲"久"的那個怪字寫作如下之形：$\mathcal{E}$
此字見於下列殘簡：

(1)……$\mathcal{E}$則亦皆三代之子孫。夫……　　　　6
(2)……於（于）$\mathcal{E}$利乎？答曰……　　　　　　　15
(3)……天下有□$\mathcal{E}$則……　　　　　　　　　　25
(4)……金玉，$\mathcal{E}$乃……　　　　　　　　　　　　33

正如裘錫圭先生所説，"考釋古文字的根據主要是字形和文例"。從字形來看，"久"字《説文》寫作 $\mathcal{\lambda}$，秦簡作 $\mathcal{\lambda}$ 或 $\mathcal{\lambda}$，古陶文作 $\mathcal{Z}$ 或 $\mathcal{Z}$、$\mathcal{Z}$，這些寫法雖然小有差别，但是它們有個共同特點，就是右下部的斜筆或豎筆與中部的橫畫僅僅是相接而不是相交，更没有穿過上部的橫畫。而 $\mathcal{E}$ 上部的兩個橫筆在中閒被自上而下的彎筆穿過，與"久"字判然有别。從文義來看，根據殘存的簡文,第(1)(2)(3)句中的 ⿱ 都應該用作名詞。其中在第(1)句中用作主語,在第(2)句中用作介詞"於"的賓語,在第(3)句中用作主語或用作"有"的賓語。而"久"沒有這樣的功能。因此,無論根據字形還是根據文例,把 ⿱ 釋作"久"都是不可信的。

郭店楚墓竹簡的發現爲我們正確釋讀 ⿱ 提供了鑰匙。"民"字在郭店簡的出現率很高,共 146 次,其中下面一些形體很常見:

M1　　⿱　⿱　⿱

但是也有不少寫作下面的形體:

M2　　⿱　⿱　⿱

M1 和 M2 兩類形體的區別主要是上部兩個橫畫的左邊是否相連接。M1 的橫畫左邊相連作封閉形,應該是正體;而 M2 的橫畫左邊不相連應該是變體。⿱ 的橫畫左邊不相連,與 M2 這種"民"字的寫法相同。顯然,⿱ 也應該是"民"字的變體。

隨着上博竹書的陸續公布,這個判斷更加得到肯定。上博竹書的"民"字除了寫作 ⿱ 等戰國簡帛常見的形體之外,還出現了下面一些形體:

M3　　⿱　⿱　⿱　⿱　⿱　⿱

其中第一形見於《性情論》23 號簡,第二形見於《民之父母》1、3、12 號簡,第三形見於《從政(甲篇)》1、2、6、8、9 號簡和《從政(乙篇)》2 號簡,第四形見於《容成氏》8、28、29 號簡,第五形見於《容成氏》6、22、49 號簡,第六形見於《容成氏》44、48 號簡。M3 這些字形,以兩個橫畫左右兩邊都不相連爲常。至於 ⿱ 中間的豎畫作彎筆,與 M1、M2 的第三形和 M3 的第一、第二形中間的豎畫作彎筆相同。它們之間唯一的區別,是 ⿱ 的豎畫沒有飾筆。但是這點細微差別還不足以使它們有根本性的不同,因爲所謂飾筆本來就是可有可無的。所以從字形來看,把 ⿱ 釋作"民"沒有任何問題。

從文義來説,把 ⿱ 釋作"民"也很合適。第(1)句中的"民"用作主語。句中"亦"字原文作 ⿱,史樹青先生早在 60 年代已經正確釋出。其右邊中部作兩斜畫,與常見的"亦"字有所不同,但上博竹書《爲民父母》3、4 號簡的"亦"字都寫作 ⿱,可見此字釋爲"亦"是沒有問題的。先秦典籍中以"民"作主語的句子極其常見,如《左傳·文公元年》:"舉正於中,民則不惑。"《禮記·大傳》:"聖人南面而聽天下,所且先者五,民不與焉……五者一得於天下,民無不足、無不贍者。五者一物紕繆,民莫得其死。"簡文"民則亦皆三代之子孫",

似乎有一點人人平等的意味,包含了貴民重民、重視老百姓的思想。

第(2)句中的"民"用作介詞"於"的賓語。這在先秦典籍中也是很常見的。如《孟子・梁惠王上》:"王如施仁政於民……"《禮記・祭法》:"法施於民則祀之。"至於將"民"和"利"聯繫在一起,古書常見,如《老子》十九章:"民利百倍。"《論語・堯曰》:"子曰:'因民之所利而利之……'"《禮記・哀公問》:"食不貳味,以與民同利。"《逸周書・王佩解》:"王者所佩在德,德在利民,民在順上。"《墨子・節用中》:"諸加費不加於民利者,聖王弗爲。"《墨子・天志中》:"今天下之君子,中實將欲遵道利民。"《大戴禮記・衛將軍文子》:"貴之不喜,賤之不怒,苟於民利矣,廉於其事上也,以佐其下,是澹臺滅明之行也。"《大戴禮記・五帝德》:"使禹敷土,主名山川,以利於民。"漢王符《潛夫論・忠貴》:"帝王之所尊敬,天之所甚愛者,民也。今人臣受君之重位,牧天之所甚愛,焉可以不安而利之,養而濟之哉? 是以君子任職則思利民……"清汪繼培箋:"桓六年《左傳》云:'上思利民,忠也。'《説苑・建本篇》云:'賢臣之事君也,苟有可以安國家利民人者,不避其難,不憚其勞,以成其義。'《政理篇》云:'知爲吏者,奉法利民。'"簡文問"於民利乎?"反映了提問者爲民著想的利民思想。

第(3)句中的"民"如果在前面不識之字點開,則作主語;否則可能組成"□民"一詞,用作"有"的賓語。

第(4)句中的"民"作主語,古書也有相類似的句子,如《墨子・非攻下》:"民乃大振。"《莊子・馬蹄》:"而民乃蹺跂好知。"

另外,長臺關竹書裏有"先王"(7 號簡)、"周公"(1、12、74 號簡)、"卿大夫"(32 號簡)、"君子"(5、11、51、87 號簡)、"賤人"(1、2 號簡)等許多相關稱謂,所以竹書多次出現"民"這樣的稱謂也很合理。

可見,我們把過去釋作"久"的䒑字改釋爲"民"是可信的。根據殘存的簡文,我們可以約略知道長臺關竹書中對"民"的重視態度和利民的思想。

《戰國竹書研究》頁 36—38

弗　弗

弗　睡虎地・效律 20　　典　包山 156　　弗　郭店・語四 21　　弗　郭店・成之 10

弗　璽彙 2786　　弗　集成 2240 十年弗官容霤鼎　　弗　集成 9734 舒蜜壺

集成 11161 新佲戟　　上博一·緇衣 16　　璽彙 3126　　上博一·緇衣 11　　郭店·忠信 2

郭店·老甲 4　　郭店·尊德 13

○**商承祚**（1962）　（編按：新佲戟）“弗”，即《郾侯脮戈》的“鈸”字，不从金，同爲戈之別名。

《文物》1962-11，頁 58

○**容庚**（1964）　（編按：新佲戟）銘：“新弨自敀（命）弗戈”六字，惟戈字略作鳥形。郾王脮戈銘“郾王脮作乇萃鍨鈸”八字，鍨鈸乃戈之別名。此弗字不从金，文義相同。

《中山大學學報》1964-1，頁 86

○**羅福頤等**（1981）　易鼎弗亦作茻，與璽文略同。

《古璽文編》頁 292

○**李零**（1989）　（編按：新佲戟）“弗”即郾侯脮戈之“鈸”，《玉篇》：“鈸，飾也。”“𢧵”即“戟”字。

《古文字研究》17，頁 285

○**何琳儀**（1998）　弗，甲骨文作茻（前五·三四·一），从己（象繩索之形）从川（象二板夾一物之形），會纏束一物使之矯正不彎之意。或省作茻（佚 204）。西周金文作茻（毛公旅鼎），或加飾筆作茻（易鼎）。春秋金文作茻（筥小子簠）。戰國文字承襲兩周文字。或上加二飾筆作茻，與三體石經《多士》茻吻合。或上加一飾筆作茻，或下加一飾筆作茻。或上下加飾筆作茻、茻、茻、茻，或收縮筆畫作茻。《說文》：“弗，撟也。从丿从乀从韋省。”

　　侯馬盟書、哀成叔鼎、中山王鼎“弗”，見《廣雅·釋詁》四“弗，不也”。侯馬盟書、晉璽“弗”，姓氏。見《萬姓統譜》。或讀鄪。見鄪字。十年弗官鼎“弗”，疑讀弼。《易·頤》“拂經于邱頤”，釋文：“拂，子夏傳作弗。弗，薄密反，輔弼也。”弼，官名。《禮記·文王世子》“設四輔及三公”，疏：“其四輔者，案《尚書大傳》云，古者天子必有四鄰，前曰疑，後曰丞，左曰輔，右曰弼。”

　　新弨戟弗，讀刜。《說文》：“刜，擊也。从刀，弗聲。”《廣雅·釋言》：“刜，斫也。”

　　包山簡、帛書弗，不。

睡虎地簡弗，不。

《戰國古文字典》頁 1293—1294

〇**周鳳五**（1999） 教以樂，則民❉德清牀（《尊德義》簡一三）：此字《郭簡》不識，依形摹寫而無説。按，當是"弗"字之異構，《老子》甲種"民弗厚也"（簡4）、"果而弗驕"、"果而弗矜"（簡七）字作 **殳**，與此形相近，可以參看。《説文》："弗，矯也。"其意不明白，以音求之，當讀作"弼"，《説文》："弼，輔也。"段《注》引《士禮喪》注以爲即弓檠，"弛則縛之於弓裏備損傷，以竹爲之……縛之於弛弓以定其體也。弓必有輔而後正，人亦然，故輔謂之弼。"是矯、輔同義，而弗、弼一事也。此字經典又作"拂"，《孟子・告子下》"入則無法家拂士"《注》："輔弼之士。"《簡文》"弗德"讀作"弼德"，謂以德自輔，以德自正也。清，讀作"靖"，安也；《尚書・微子》："自靖人自獻于先王。"《經典釋文》云："靖，馬本作'清'。"是清、靖二字古通。牀，讀作"莊"，敬也。簡文此句謂教民以樂，則民以德自輔，安且敬也。

《張以仁先生七秩壽慶論文集》頁 359

〇**陳斯鵬**（2000） 郭簡《尊德義》簡 13 有字作如下形：

A.❉

整理者未釋。今按，字宜釋"弗"。戰國楚文字中，"弗"字常見下列幾種寫法：

B.**弗**包156 C.**弗**楚帛書2.12.19 D.**弗**包122

通過觀察，我們不難發現這些寫法是承金文而來的。金文"弗"字通常作**弗**，和B 實無二致。C 是由 B 中閒曲筆再向左下方拉引的結果。這種寫法在金文中已見端倪，如師嫠鼎作**弗**。D 則由 C 添加飾筆而成。郭簡"弗"字還有下面一種寫法：

E.**殳**《老子》甲.4

E 表面看來似乎離上面諸形稍遠，實際上也不難理解，不過是 D 中閒兩豎畫各向外撐，脱離曲筆的糾纏而略存粘連而已。我們拿 A 與 E 作比較，即可發現二者極爲相似。相對於 E，A 只作兩個小小的變化：（1）兩豎畫繼續外撐，完全與曲筆游離。（2）飾筆伸長，變成直貫曲筆的豎畫。所以我們認爲，A 當由 E 訛變而成，也應釋爲"弗"字。

順便看看郭簡中"弗"字的其他一些寫法：

F.   G.

很顯然，F、G 與上面的幾種寫法有較大差別。實際上，這一類寫法也可從金文中找到源頭。如易鼎作 ，哀成叔鼎作 ，上部已開始出現飾筆；新弨戈作 ，令左右對稱，蛮壺作 ，使上下協調；進一步發展，中閒曲筆省去一段，並使上下左右匀稱，便成了 F；再分豎畫爲兩筆，便寫成 G 了。現試結合上舉材料，將“弗”字形體演變圖示如下：

乙式具有明顯的美術化特徵。就目前所見材料來看，甲式遠比乙式常見。正因爲這一類形體使用頻繁，所以容易因草率而變形，這大概就是 A 不易被認識的原因。

　　本文所釋“弗”字所在文句爲：“耆（教）以樂，則民弗惪（德）清牆。”整理小組注云：“牆，《説文》古文‘醬’字。在此讀爲何字待考。”今按，“牆”在楚文字中常用爲“將”，在此宜讀爲“商”。牆古音屬精紐陽部，商在書紐陽部，韻部相同，聲紐一爲齒音，一爲舌音，齒音舌音關係最密切，每可相諧，故“牆”得以通“商”。商爲五音之一，因其調淒清悲涼，故謂“清商”。《韓非子・十過》：“公曰：‘清商固最悲乎？’師曠曰：‘不如清徵。’”《抱樸子・暢玄》：“夫五聲八音，清商流徵，損聰者也。”頗疑郭簡此處“清商”乃用爲樂章之泛稱。“德”宜讀爲“得”。古書例證甚多，不煩舉。《禮記・樂記》：“禮得其報則樂。”鄭玄注：“得謂曉其義，知其吉凶之歸。”簡文“得”正當訓“曉其義”。“教以樂，則民弗得清商”，意謂若不先教以道德，而教民以樂，則民不能真正領會樂之真義。本句所在段落强調“爲正（政）者耆（教）道之取先”（簡 12—13）、“先之以惪（德），則民進善安（焉）”（簡 16），故云。這與儒家一貫主張的禮樂教化並不矛盾。而拿簡文與上引《抱樸子》文比照，則又可看出儒道二家對“清商”態度的根本不同。

《華學》4，頁 80—81

○陳偉武（2002）　　長沙子彈庫楚帛書乙篇：“母（毋）弗或敬。”王引之云：“《易・益》上九曰：‘莫益之，或擊之。’或與莫相對爲文。莫者，無也；或者，有也。”楚帛書“母（毋）”與“或”對文，正如《益卦》“莫”與“或”對文。“或敬”即“有敬”。過去都以“弗”爲否定副詞，將這句話理解爲“無不有敬”。筆者以爲“弗”字當讀爲“悖”，從“弗”從“孛”之字聲近可通，例證已見於前文。

“母(毋)弗(悖)”與“或敬”文義互補,結構平列,類似的例子如“又(有)敬毋戈(忒)”(楚帛書乙篇)、“又(有)敬不違”(《論語・里仁》)、“君子敬而無失”(又《顏淵》)、“敬守勿失”(《管子・内業》)、“敬慎無忒”(又)、“敬而不懈”(郭店簡《五行》36號)、“日敬勿治(怠)”(《古璽彙編》4884)等等。“毋拔、不拔、毋弗(悖)、毋忒、無忒、不違、無失、勿失、不懈、勿怠”都是“敬”或“莊”的表現,只是從反面言之而已。

《古文字研究》24,頁 361—362

【弗官】弗官鼎

○**黃盛璋**(1989)　弗應是三晉地名,“弗官”或“弗上(下)官”之略。空首布幣有“郱釿”,和此鼎當爲同地所造。舊以魯季氏邑之費(山東費縣故城)或費伯邑(山東魚臺縣西南之費亭)釋郱,戰國皆在齊境内,不屬三晉。《路史・國名紀》丁:“弗(費,郱),費也,一作郱,扶味切,今河南緱氏滑都也,與費異……《姓纂》有郱氏,别爲郱,並音非也(《玉篇》以郱爲季氏之郱,亦非)。”按此即《左傳》成十三年“殄滅我費滑”之費。戰國已有緱氏之名,此地是否尚名費,無可確考。此外漢沛郡鄼縣有費亭,見《續漢書・郡國志》。《水經注・淮水》:“渙水又東南逕費亭南,漢建和元年封中常待曹騰爲侯國……此城即其所食之邑也。”《元和郡縣志》卷七“永城”下:“故費城縣南二十里。”《太平寰宇記》:“費城在永城西南二十五里,南臨渙水。”以地望推斷,戰國當爲宋地,宋滅後,地爲齊、楚、魏三分,費當屬魏,後廢縣爲亭,漢之費亭必來自戰國之費。“弗官”鼎與“郱釿”幣當爲一地所鑄。

《古文字研究》17,頁 8

○**饒宗頤**(1985)　(編按:楚帛書)戈、弋二字每通,殷契習見。弋即代之省。“相戈”猶言相代。代、歲叶韻(朱德熙説)。按《集韻・二十四職》:“代,行也。”

相弋(弌)亦即相代。

《列子·周穆王》:"幡交四時。"殷敬順釋文:"顧野王讀作翻交四時。"《小爾雅·廣詁》:"交,易也、更也。"翻交猶言翻更、翻易,與相代義同。相弋亦可讀爲相易。

《楚帛書》頁 20

○**李零**(1985) (編按:楚帛書)四神相弋,弋字橫筆右端有一彎,寫法與楚簡習見之弋字同。這裏疑讀爲隔。李家浩《戰國䣏布考》認爲此字也是用爲弋字,讀爲代,亦通。

《長沙子彈庫戰國楚帛書研究》頁 69

○**何琳儀**(1986) (編按:楚帛書)"弋",商釋"戈",讀"過"。李家浩《戰國䣏布考》(《古文字研究》第三輯)釋"弋",讀"代"。按,李説可從。

《江漢考古》1986-2,頁 81

○**劉信芳**(1996) (編按:楚帛書)戈,《尚書·多士》"敢弋殷命"即敢代殷命。代,更也。

(編按:楚帛書)弋,讀如"忒",《詩·魯頌·閟宮》:"享祀不忒。"《左傳》文公二年杜預注:"忒,差也。"字或作"慝"。《國語·楚語下》:"臨監享祀,無有苛慝於神者。"

《長沙子彈庫楚帛書解詁》頁 78、96

○**何琳儀**(1998) 弋,金文作𢆃(夃鼎),从才,右上加短橫分化。才亦聲。或作𢆂(牆盤)。戰國文字承襲金文。或加飾筆與戈形相混。《説文》:"𢆃,橜也。象析木衺鋭形。从厂,象物掛之也。"

晉璽"弋",姓氏。見《詩·鄘風·桑中》傳。

帛書"母弋",讀"毋忒"。帛書"相弋",讀"相代"。

《戰國古文字典》頁 69

○**周鳳五**(1999) (編按:郭店·唐虞9)乃式其孝:式,簡文作"戈",《郭簡》隸定爲弋而無説。按,戈乃"弋"之訛,楚簡从弋之字或訛从戈。如信陽楚簡一·○六"三伐"即"三代",包山楚簡"貸金"字凡二十四見,除簡一五○从弋外,餘均从戈;又,簡四四"伐易"即地名"弋易",皆其例證。簡文戈即"弋",讀作"式",在文中用爲虚詞,"乃式其孝、乃式其臣"即"乃其孝、乃其臣"。本篇另有三個"弋"字,與此處用法有別,詳下文。

(編按:郭店·唐虞12)出式兵革:式,簡文作"弋",《郭簡》無説。按,當讀作"式"。《左傳·成公二年》:"蠻夷戎狄,不式王命。"杜注:"式,用也。"簡文云:"咎繇入用五刑,出式兵革。"式訓爲"用",句法妥帖且文理明暢。

（編按:郭店・唐虞 17)今之式於德者未:此句當屬上讀,作"述乎大人之興微也,今之式於德者,未",以下與現存各簡均無法銜接,似有缺文,此墓曾遭盜擾,竹簡殘損,不能完全復原。據文意推測,似謂"較諸虞舜之興於寒微,當今以德行而爲世人所效法者,未"云云。《老子》二八章:"知其白,守其黑,爲天下式。"王弼注:"式,模則也。"《詩經・大雅・下武》:"文王之孚,下土之式。"傳:"式,法也。"簡文"式"字訓解同此。

《史語所集刊》70 本 3 分,頁 749—750、751、753

（編按:郭店・唐虞 18)年不忒:忒,《郭簡》作"弋"而無説。按,此簡上文不明所承,據下文"君民而不驕,卒王天下而不疑",推測"弋"字當屬上讀作"忒",《廣雅・釋詁》:"忒,差也。"

《史語所集刊》70 本 3 分,頁 753

○**白於藍**(1999)　咎采内用五型(刑)〔注一七〕,出弋兵革。(157 頁。《唐虞之道》圖版十二行)

　　注十七:咎采,人名,亦作"咎繇",皋陶,是帝舜之臣,制作五刑。事見《尚書・舜典》。

　　裘按:"采"音"由",與"繇"通。(159 頁)

簡文注釋中對"出弋兵革"一句未作解釋,然此句文義未暢,有必要疏通。筆者以爲"弋"字在此當讀爲"試",義爲用。《説文》:"試,用也,從言式聲。"試从式聲,而式又从弋聲,故弋可讀爲試。《史記・樂書》:"暴民不作,諸侯賓服,兵革不試,五刑不用,百姓無患,天子不怒。"裴駰《集解》引鄭玄曰:"賓,協也。試,用也。"其中"兵革不試,五刑不用"與簡文中"内用五型(刑),出弋兵革"正可參照。簡文中之"弋"字亦可讀爲"式",式字古代亦有用義。《爾雅・釋言》:"式,用也。"《左傳・成公二年》:"蠻夷戎狄,不式王命。"杜預《注》:"式,用也。"《戰國策・秦一》:"式于政不式于勇。"高誘《注》:"式,皆用也。"《法言・重黎》:"(伍子胥)謀越諫齊不式,不能去。"李軌《注》:"式,用也。"均其例。

郭店簡《唐虞之道》章中"弋"字又出現在下面兩段文句當中:

　　古者吳(虞)舜箮(篤)事𦥑寞,乃弋其孝;忠事帝堯,乃弋其臣。(157 頁。圖版九行)

　　今之弋於直(德)者,未年不弋。君民而不喬(驕),卒王天下而不矣(疑)。(158 頁。圖版一七—一八行)

考察文義,第一段文字中的"弋"字亦當讀爲"試"或"式",義爲用。第二段文字中的"弋"疑當仍用其本字,其義爲取。《書·多士》:"非我小國,敢弋殷命。"孔安國《傳》:"弋,取也。"孔穎達《疏》:"弋,射也。射而後取之,故弋爲取也。"《管子·侈靡》:"觀危國過君而弋其能者。"房玄齡《注》:"弋,取也。"《史記·楚世家》:"三王以弋道德,五霸以弋戰國。"弋字亦是取義。《史記·楚世家》之"弋道德"與簡文之"弋於德"可相參照。

《中國古文字研究》1,頁 112—113

○**顏世鉉**(2000) 《窮達以時》簡 14:"譽毁在旁,聖之弋,母之白。""譽毀"即"毀譽",通"非譽、誹譽",《淮南子·齊俗》:"親戚不相毀譽,朋友不相怨德。及至禮義之生,貨財之貴,而詐僞萌興,非譽相紛,怨德並行,於是乃有曾參、孝己之美,而生盜跖、莊蹻之邪。"又云:"聽失於誹譽,而目淫於采色,而欲得事正則難矣。"不聽於誹譽,行事方能得其正。《主術》:"夫釋職事而聽非譽,棄公勞而用朋黨,則奇材佻長而干次,守官者雍遏而不進。如此則民俗亂於國而功臣爭於朝。"簡文"聖之弋"可讀作"聽之,伿",《廣雅·釋詁一》:"聽,從也。"《說文》:"伿,惕也⋯⋯《春秋國語》曰'於其心伿然'是也。"《廣雅·釋言》:"伿、慎,愼也。"王念孫《疏證》訓爲"恐也"並引《管子·弟子職》"顏色整齊,中心必式"釋之。簡文"母之白"讀爲"毋之,怕(泊)",《說文》:"怕,無僞也。"《廣雅·釋詁四》:"恬、佁、憺、怕、安,靜也。"簡文之意謂:毀謗贊美之言論交相而來,若聽信之,則內心往往憂恐不安;若不聽信之,則內心就能淡泊平靜。故當如《荀子·正名》云:"不動乎衆之非譽。"《淮南子·詮言》:"聖人不爲可非之行,不憎人之非己也;修足譽之德,不求人之譽己也。不能使禍不至,信己之不迎也;不能使福必來,信己之不攘也。"君子信己之所行,而不計外在毀譽。

《江漢考古》2000-1,頁 40

○**孟蓬生**(2002) 《唐虞之道》簡 9:"古者吳(虞)舜笁(篤)事𠦪寞,乃弋其孝;忠事帝堯,乃弋其臣。"簡 12:"咎䌛(由、繇)內用五型(刑),出弋兵革。"這兩句話中的三個"弋"字,整理者均無説。

今按:"弋"應讀爲"試"。試諧式聲,式諧弋聲,故弋可假爲式或試。《緇衣》簡 13:"《寺(詩)》員(云):'成王之孚,下土之弋(式)。'"是其證。《説文·言部》:"試,用也。从言,式聲。《虞書》曰:明試以功。"然則"弋其孝"即用其孝道,"弋其臣"即用其臣道。典籍中常見試、用互文之例。《韓詩外傳》卷三:"《詩》曰:'俾民不迷。'昔之君子,道其百姓不使迷,是以威厲而不試,刑措而不用也。"《禮記·緇衣》:"刑不試而民咸服。"注:"試,用也。"《禮記·樂記》:"兵革不試,五刑不用。"第三個"弋"字,與"用"字互文,其義尤明。

○李銳(2003)　《唐虞之道》簡 17:弋於直者

"直"讀爲"德",郭店簡習見。白於藍先生指出:"弋"疑當仍用其本字,其義爲取。"弋於",李零先生釋爲"戴於";周鳳五先生釋爲"忒於"。丁四新先生指出:"弋"亦當讀爲"忒";忒,一也。

按:"弋"字形爲"𢦏",宜隸定爲"戈",張守中等先生的《郭店楚簡文字編》、湯餘惠等先生的《戰國文字編》即收入"戈"字下。"弋"字有時加點,然似無加"丿"者,故此當爲"戈"字(子彈庫帛書有"𠂇"字,與簡文字形似有不同,李家浩先生隸定爲"弋")。"戈",於此疑讀爲"歌",古音皆爲見紐歌部字。"於",即"烏"字。"戈"可讀爲"歌","烏"與"呼"古通,此疑可讀爲"歌呼"。又"烏"古音爲影紐魚部,疑可讀爲"謳"(影紐侯部)。《荀子·儒效》《荀子·議兵》:"近者歌謳而樂之。""歌謳"即"謳歌",《孟子·萬章上》:"謳歌者,不謳歌堯之子而謳歌舜。"今且讀爲"歌呼",待考。

簡 9"古者虞舜篤事瞽瞍,乃弋其孝;忠事帝堯,乃弋其臣",白於藍先生認爲:"弋"字當讀爲"試"或"忒",義爲用。李零先生釋爲"戴"。周鳳五先生釋爲"忒"。丁四新先生釋爲"忒(一)"。孟蓬生先生讀爲"試"。鄙意仍宜讀爲"歌"。

《唐虞之道》簡 18:未年不弋

李零先生釋爲"微年不戴"。"弋",周鳳五先生釋爲"忒"。

按:"未"有"無"之義:《戰國策·秦策五》:"秦人援魏以拒楚,楚人援韓以拒秦,四國之兵敵,而未能復戰也。"高注:"未,無也。"《論語·學而》:"不好犯上,而好作亂者,未之有也。"《荀子·正名》等篇多"無之有"之説。

"弋",當釋爲"忒"。郭店楚簡《緇衣》第 13 引《詩·大雅·下武》:"《寺(詩)》員:成王之孚,下土之弋(忒)。""弋",今本及毛詩皆作"忒"。忒,《説文·工部》:"从工,弋聲。""弋"爲"忒"之同音借字。《漢書·李廣傳》:"登車不式,遭喪不服。"服虔曰:"式,撫車之式以禮敬人也。"引申爲"敬":《後漢書·明帝紀》:"帝謁陵園,過式其墓。"注:"式,敬也。《禮記》曰:'行過墓必式。'"

△按　"弋"字甲骨文作𠂤、𠂤(《新甲骨文編》687 頁)，早期金文作𠂤(《金文編》815 頁)，裘錫圭《釋"柲"（附：釋"弋"）》(《古文字研究》3) 指出字象下端很尖的柲狀物，爲槷杙之{杙}的本字。戰國文字"弋"豎筆上圓點多變成長點或橫筆，又偶訛作一撇而與"戈"字混同。字可讀"代、式、試、忒、弒"等。

𩵋

璽彙 5678　　陶彙 3·618　　史學集刊 2004-4，頁 99

○**吳振武**（1990）　戰國齊私璽中有下列一璽：

母塜（《古璽彙編》5678）

"𩵋"字舊不識，羅福頤先生主編的《古璽文編》（1981 年）亦未收録。我們認爲，此字從"乁"（弋支切）"喜"聲，應讀作"胡"。其所從的乁即《説文》訓爲"流也"的"乁"字，《汗簡》作乁，正與此形相近。"喜"字雖然不見於後世字書，但我們從古文字偏旁單複多不别，以及《説文》"余"字或作"𣍻"、"䉎"和"魚"讀音相同等情況判斷，"喜"字的讀音極可能是和"古"字相同的。此璽"𩵋母"二字列右側，"塜"字列左側，從格式上看，"𩵋母"是姓氏，顯然就是典籍和漢印中習見的"胡母"氏或"胡毋"氏。《後漢書·孝獻帝紀》"胡母班"注："《風俗通》云：'胡母，姓，本陳胡公之後也。公子完奔齊，遂有齊國，齊宣王母弟别封母鄉，遠本胡公，近取母邑，故曰胡母氏也。'"胡母班是泰山人，前漢治《公羊春秋》的胡母生是齊人，此璽從風格上看，也是典型的齊璽。

齊陶文中又數見下列印戳陶文：

丘齊辛里之𩵋　　（《季木藏匋》39 下、《三代古陶軒藏瓦》）

"𩵋"字也應讀作胡氏之"胡"。其所從的乁即乁，尾後一小畫是飾筆。齊器陳喜壺"族"字作𣎴，"客"字作𡧱，"爲"字作𤔲，也都有類似的飾筆。

《説文》謂："乁，流也。從反厂，讀若移。""乁"訓"流"，"流"可指水流。"𩵋"字從"乁"，當是"胡蘇"之"胡"的本字。《爾雅·釋水》"胡蘇"，郝懿行《義疏》曰："胡蘇者，《詩正義》引李巡曰：'其水下流，故曰胡蘇……'孫炎曰：'水流多散，胡蘇然也。'"《漢書·溝洫志》"胡蘇"，顔師古注："胡蘇，下流急疾之貌也。""胡蘇"是疊韻連語，指水下流。"𩵋"字從"乁""喜"聲，自應是"胡蘇"之"胡"的本字。

《文物研究》6，頁 221

○**吳振武、于闓儀、劉爽**（2004）　（12）丘齊辛里之胡（室藏編號：1-522）：

　　泥質灰陶。殘片係陶缶之肩部。陶文印戳，陰文。舊未見著録，但有同文者，見《陶彙》3.615和3.617、3.618，傳世另見陽文的同文陶文，如《陶彙》3.612和3.616，但從文字上看，作陽文者皆係贋品。“胡”字原從“乁”（《説文》訓流，弋支切）從二“古”，曾在齊私印中被用作複姓胡母之“胡”。從其結構看，這樣寫法的“胡”字，很可能是當水下流講的胡蘇之“胡”的本字。陶文曰“丘齊辛里之胡”，這個“胡”字既可能是姓氏，也可能用作器物名。如用作器物名，不知應讀成何字比較合適。

《史學集刊》2004-4，頁96

也

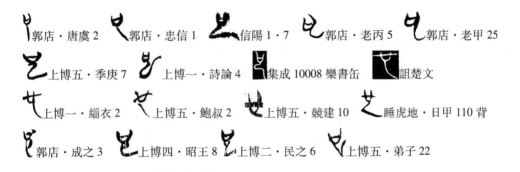

○**陳世輝**（1960）　（編按：李學勤《戰國題銘概述》）把“欒書缶”的字釋爲也，其實是巳字。“盂鼎”作，“新莽嘉量”作，可證。巳字當連下讀，缶銘“余畜孫書，巳擇其吉金，以作鑄缶，以祭我皇祖”，書與祖爲韻。

《文物》1960-1，頁72

○**李裕民**（1982）　欒書缶：“余畜孫書也擇其吉金，以作鑄缶……戀書之子孫，萬世是寶。”

　　此器，《商周金文録遺》稱爲書也缶，似以書也爲人名，不妥，觀下文自稱欒書，可知其名應是書。“也”是語氣詞，《論語·公冶長》：“女與回也孰愈。”又《先進》：“柴也愚，參也魯，師也辟，由也喭。”《國語·晉語八》：“子朱曰：‘朱也在此。’”均於人名下加語氣詞“也”，與此例正同。

《古文字研究》7，頁28

○**王冠英**（1990）　“余畜孫書巳”的“巳”，過去學者或釋兄，或釋老，或以爲屬下讀，讀如“以”，這都不一定可靠。書兄、書老和畜孫連言，文意扞格，文氣亦不順。下文連用兩個"以"字,都用本字,此處假巳而爲之,亦不可解。其實,以文意推之,"余畜孫書巳"與陳肪簋"余陳仲産孫鼇叔和子"、邵鐘"余畢公之孫、邵伯之子"的句式是一樣的。"余"係作器者自稱,"畜孫書巳"則是余的同位語。"畜孫"即孝孫。《禮記・祭統》:"祭者,所以追養繼孝也。孝者,畜也。順於道不逆於倫,是之謂畜。""書巳"即書嗣,巳假爲嗣。古漢語巳讀如"以",而與祀、祠相通假,如大盂鼎"故喪師巳"、趙孟壺"台(以)作祠器",巳、祠皆即祀字。《國語・鄭語》有"其後皆不失祀",《漢書・地理志》作"其後皆不失祠"。嗣從司,聲與祠同,與巳同屬邪母之部,古音極近,故可通假。《詩・大雅・江漢》:"召公是似。"似從以得聲,毛傳亦曰似即嗣字。由是可知,"余畜孫書巳"乃是說余孝順之子孫、欒書之後人的意思。銘末"欒書之子孫"云云,正應此爲句,不是説欒書和書巳是一個人。

那麽,"畜孫書巳"是誰呢?據《左傳》《史記・晉世家》和《世本》,能充當欒書"畜孫"輩的子孫只有欒盈和欒魴兩代。下面列出秦嘉謨輯補的欒氏系譜:

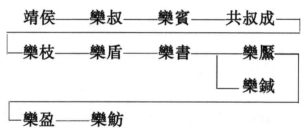

結合該缶的形制、銘文等特點,我們認爲該缶的作器者應是欒盈。欒盈是春秋晚期晉國的顯貴,曾爲晉國的公族大夫,到欒魴時欒氏已經衰敗。據《左傳》《國語》等文獻記載,欒盈由於與范氏的矛盾,曾爲士匄所逼,於襄公二十一年(前551年)出奔楚。第二年"自楚適齊"。後潛回晉國,攻范氏未成,爲范氏所殺,盡滅"欒氏之族黨,欒魴出奔宋"。

《文物》1990-12,頁44

○黃德寬(1997)　睡虎地秦簡是秦文字的代表,其"也"字的運用,呈現出一種很有趣的現象。在《日書》甲、乙兩種中,以用"也"爲主,只是偶爾出現"殹"(也)。兩種《日書》共用"也"近80次,而用"殹"(也)的大約占其十分之一;相反,在其他秦律文書中,基本用"殹"而不用"也"。只有《法律問答》簡64、《爲吏之道》簡45肆以及此篇所引魏律和引文後的一段話用了幾例"也"字。這似乎表明,秦文字主要用"殹"爲"也",秦簡中用"也"之例,

可能是受他國文字的影響,而《日書》多用"也"則可能是楚文字的影響所致。(中略)

春秋晉國器欒書缶也有一個"也"字,銘文曰:"余畜孫書ᔓ擇其吉金。"ᔓ舊釋"巳",遂屬下讀。由楚文字看,此字釋"也"字無疑。此銘應讀爲:"余,畜孫書也。"與《左傳》宣公十六年"余,而所嫁婦人之父也",哀公十四年"余,長魋也",十五年"子,周公之孫也"等辭例相同。(中略)

由地下出土古文字資料看,春秋到秦漢之際,"也"與"它"之字形分別明顯,各成發展系列。"也"字字形發展,除上列各例外,馬王堆漢墓帛書作ᔓ,銀雀山漢簡作ᔓ、ᔓ,定縣漢簡作ᔓ,居延漢簡作ᔓ,武威漢簡作ᔓ,其發展變化踪迹可尋。而"它"的典型字形,兩周金文如下:ᔓ(𦰩伯簋)、ᔓ(齊侯敦)、ᔓ(鄭伯匜),包山楚簡作ᔓ(包山164),睡虎地秦簡作ᔓ、ᔓ或ᔓ;馬王堆帛書作ᔓ、ᔓ等,進而發展爲ᔓ(居延甲172)、ᔓ(熹平石經)。可以看出,"也"與"它"是兩個字形來源完全不同、各有其發展線索的字,二者既非同源又非同字。考察以"也"或"它"爲偏旁的字例,可以看出,二者相混大都是隸變之後才發生的。

《第三屆國際中國古文字學研討會論文集》頁824—827

○**何琳儀**(1998)　也,從口從乙(《史記·東方朔傳》:"讀之止,輒乙其處。"),會言語停頓之意。ᔓ或訛作ᔓ、ᔓ、ᔓ形。也與它小篆形近,音亦近(均屬舌音),故二者在偏旁中每易相混(參見它字)。《説文》:"ᔓ,女陰也。象形。ᔓ,秦刻石也字。"也應屬歌部,茲據或説歸魚部,不便移動。

戰國文字"也",語末助詞。

《戰國古文字典》544

○**林清源**(2002)　出土文獻所見的"也"字,構形與缶銘最爲接近的,除了前述楚簡文字之外,大概首推寫作"ᔓ、ᔓ"等形的睡虎地秦簡。睡虎地秦簡出土於1975年,不僅較欒書缶最初著錄時間爲晚,更重要的是,二者構形並非完全對應。缶銘"也"字上半部寫成"口"形部件,下半部筆畫比較特別,先左轉,次右回,末尾再垂直往下直貫。然而,秦簡"也"字上半部皆作"廿"形部件,而且下半部筆畫末尾從未見垂直往下的寫法,與缶銘構形差別明顯。此外,《説文》收錄的秦刻石"也"字作"ᔓ"形,構形也與秦簡相近,而與缶銘明顯有別,同樣不足以成爲後人仿造的憑藉。

《史語所集刊》73本1分,頁33

○**楊澤生**(2004)　從引文"天也"來説,今本這兩首詩都沒有出現完整的"天也”二字,但是我們認爲,今本《鄘風·柏舟》的“母也天只”很可能就是“母也天也”之誤。

　　我們曾根據郭店簡中“也”和“只”相混的現象,運用唐鈺明先生等熟用的“變換”方法,寫作題爲《郭店簡裏的“也”和先秦文獻中的“只”》的文稿,認爲今本《詩經》中的“只”,包括《周南·樛木》和《小雅·南山有臺》《小雅·采菽》“樂只君子”,《邶風·燕燕》“仲氏任只”,《邶風·北風》“既亟只且”,《鄘風·柏舟》“母也天只,不諒人只”,《王風·君子陽陽》“其樂只且”中的“只”,以及《楚辭·大招》中的“只”,都很可能和“也”是一個字。

　　郭店簡中的語氣詞“也”一共出現 596 次,其字形大體可以分爲下面兩大類:

(1)

(2)

第(1)類寫作“也”,“口”形下部爲一長豎筆或斜、彎筆,共出現 358 次;而第(2)類寫作“只”,“口”形下部在長斜筆或彎筆的右上方還有一斜筆,共出現 238 次。於此可見“也”和“只”相混的嚴重。至於第(2)類寫法爲“只”字形,可以比較下列從“只”之字:

枳:《信陽》2·23　　《包山》259　　《包山》260　　《包山》265

釳:《信陽》2·24　　《集成》9·4661

芪:《包山》2　　《包山》19　　《包山》258

這些字所從的與上引郭店簡第(2)類“也”的寫法相同。

　　從句式來看,《周南·樛木》和《小雅·南山有臺》《小雅·采菽》中的“樂只君子”,與《商頌·長發》中的“允也天子”、上博竹書《緇衣》18 號簡所説《小雅》“允也君子”相同。《邶風·燕燕》中的“仲氏任只”,“任”字大體有兩種解釋:一種解作“大、寬大、善良、誠篤”等,在句中用作謂詞;一種解作姓氏,“仲氏”和“任”爲同位結構。如果采取第一種看法,那麼“仲氏任只”是“主+謂+助”結構,與《鄭風·將仲子》中的“仲可懷也”、《小雅·何人斯》中的“我心易也”等相同;如果采取第二種看法,那麼與“仲氏任只”就是“名詞結構或名詞+助詞”的結構,這種結構在先秦文獻中極其常見,如《衛風·氓》中的“女也不爽”“士也罔極”,《衛風·伯兮》中的“伯也執殳”,《論語·公冶長》中的“女與回也孰愈”“賜也何敢望回”等等。《邶風·北風》“既亟只且”和《王風·君子陽陽》“其樂只且”中的“亟只且”“樂只且”,與《鄭風·褰裳》“狂童之狂也且”中的“狂也且”結構相同。《鄘風·柏舟》中的“母也天只”,上引毛《傳》作“母也天也”,而“母也天也”與《邶風·日月》中的“父兮母兮”和《邶風·旄丘》《鄭風·蘀兮》《鄭風·丰》中的“叔兮伯兮”相類;“不諒人只”與《鄘風·蝃蝀》中的“不知命也”、《邶風·柏舟》中的“不可轉也”“不可卷也”“不可選也”和《鄘風·牆有茨》中的“不可埽也”“不可道也”“不可襄也”“不可詳也”等結構相同。

由於“只”和“也”字形相近而有許多混用之例,再加上它們用法相同,所以我們懷疑《詩經》中的“只”字是“也”字之訛。衆所周知,今本《詩經》有不少訛字。比如王顯先生曾作《〈詩·閟宫〉“三壽作朋”解》一文,證明傳本《詩·閟宫》“三壽作朋”的“作”是“亡(無)”之訛誤,也就是説,“三壽作朋”是“三壽無朋”之誤。今本《周頌·烈文》“無競維人”在《孔子詩論》6號簡中誤作“乍(作)競唯人”則是相反的例子。而最爲有名的文章莫過於于省吾先生的《〈詩經〉中“止”字的辨釋》,該文指出《詩經》中的許多“止”字實際上本應作“之”。這篇名文作出的結論,不僅有文義和古文字學的依據,而且還有異文的證據,如“歌以訊之”或作“歌以誶止、歌以訊止”,“高山仰止,景行行止”或作“高山仰之,景行行之”,這就大大增加了其結論的説服力。過去我們懷疑《詩經》中的“只”字爲“也”字之訛而不敢把這個意見發表出來,就是苦於缺乏有力的異文證據。而現在大家看到《孔子詩論》19號簡“既曰‘天也’,猶有怨言”的文字,正好證實我們原有的想法。

《戰國竹書研究》頁141—142,2009;原載《新出土文獻與古代文明研究》,略有修改

○**何琳儀、房振三**(2006)　《説文》:“也,女陰也。象形。𠃟,秦刻石也字。”(卷十二下十五)對於許慎此説,後世頗多微詞,或以爲無據,或以爲“匜”之借字,只有極少數學者墨守許説。其實,兩周金文中自有“匜”的象形字(集成10182、10232、10252),詳見另文。由於典籍中从“也”與从“它”的字每多混用,故學者又以爲“也”與“它”同源。對此,有學者認爲“也,即它之變化,古有它無也”,或認爲“它與也爲一字,形狀相似,誤析爲二,後人别構音讀……蓋不知也即它也”。關於“也”和“它”二者形體的關係,早已有學者正確地指出,“也與它(即蛇)古亦有别,因古音相同,世多混爲一字,謂也它爲一字則非也”。後又有學者撰文詳加考辨,認爲“春秋到秦漢之際也與它之字形分别明顯,各成發展系列……二者相混大概是隸變之後才發生的”。

按,“也”與“它”混用只是音近的關係。“也”,喻紐四等(古歸定紐),歌

部（或歸入支部、魚部）；"它"，透紐歌部。二字聲紐同屬端系，韻部相同（或相近）。在傳世和出土文獻中，从"也"與从"它"之字每多通用，純屬假借現象，與形體無涉。許慎釋"也"爲"女陰"之説，於形不可信；但"其説必有所本"，可能是由於方言的原因，留俟後考。

學者對"也"字的解釋之所以衆説紛紜，其主要原因就在於過去沒有發現可資參照的早期"也"字形體，但近年來隨着戰國楚簡文字的日益豐富，我們對"也"字的構形有了新的認識。"也"字的可靠形體當首推晚周銅器欒書缶，辭例爲"余畜孫書也擇其吉金"，其字形與下列楚文字可以比照：

欒書缶　　上簡·詩論 2　　信陽 1-07

凡此皆明確無疑的"也"字。至於欒書缶銘文的"也"字，學者或以爲語氣詞，並認爲"春秋時代語氣詞也在書面文本中已經出現"，但根據該銘文辭例，"書也"也有可能是人名用字。

曾侯乙墓樂律編鐘銘文有一字，出現頻率甚高：

A 　　 B 　　 C 　　 D

學者或釋爲"号"，或以爲"此字可能是也字"。驗之上引楚文字，釋"也"當無疑問，且其在銘文中釋讀也很順暢，如：

> 妥賓之才楚也，爲坪皇。　　（集成 287）
> 其才申也，爲夷則。　　（集成 292）
> 宣鐘之晉也，爲六墉。　　（集成 293）
> 太簇之才周也，爲刺音。　　（集成 322）

在這類樂律銘中，除與上引信陽楚簡標準的"也"字（A）相同者之外，尚有若干似"号"字（B），或加飾筆的"也"字（C、D），似乎都可以理解爲贅加各類飾筆。這應是極富裝飾性楚系文字的特點之一。且它們在辭例中所處的語法位置相同，可證 A、B、C、D 均應釋"也"。（中略）

從以上"也"字的各種古文字資料中，可以清晰地看出"也"字形體的發展演變脈絡：

A→B→C→D→E→F→G→H→I

由此可見，"也"字是由"口"和"丨"兩個部件所組成。其"丨"向左或向右撇出，但在戰國秦漢文字中則皆向右撇出。在"也"字的早期形體中，"口"和"丨"明顯爲兩個部分，但在發展與演變的過程中，其上面橫筆一頭或兩頭同時向下彎曲作 F 形，《説文》所載"也"之形體 I 當是銀雀山漢簡 G 這類形體進一步演化的結果，即橫筆左右向下回環，緊抱"口"旁兩側。通過以上形體分析,《説文》"也"之構形也就得到了合理的解釋。

《民俗典籍文字研究》3,頁 169—174

○徐寶貴(2007)　"也"字古文字作如下形體:

  ♉樂書缶　　　　　　　　　　　　　　♈《郭店楚墓竹簡·唐虞之道》1

  ♉《郭店楚墓竹簡·忠信之道》1　　　　　♉《包山楚簡》130

  ♉《郭店楚墓竹簡·老子甲》4　　　　　　♈卅二年平安君鼎

  ♉平安君鼎　　　♉《詛楚文》　　　　　♉《睡虎地秦墓竹簡·秦律十八種》106

  ♉《睡虎地秦墓竹簡·日書甲》72 反　　　♉秦兩詔橢量二

  ♉秦琅邪刻石　　♉《居延漢簡甲》79　♉《説文》篆文

從以上字例可以看到,"也"字本從口,下綴一筆畫。張世超先生認爲其造字方法跟"只"字相同。《説文》:"只,語已詞也。從口,象氣下引之形狀。"郭店楚墓竹簡的"只"字也用爲表示語氣停頓的語氣詞。"也"字在古文字中皆用爲語氣詞,也是表示語氣停頓的,"口"之下所綴筆畫亦當是"象氣下引之形狀"。"也"字本從口,其所從之口,戰國文字多寫作♉形,中間的橫畫多拉出於左右兩側直畫之外,此例在戰國文字中是非常多的,如:

  ♉師酉簋)　　　♉叔皮父簋　　　♉毛公鼎　　　♉《侯馬盟書》67·3

  ♉《古璽彙編》0091　♉刺鼎　　　♉《古璽彙編》1301　♉《印典》1·665

  ♉中山王方壺　　♉《古璽彙編》5067

  ♉《古璽彙編》0090　♉《侯馬盟書》67·28

作♉形者,是把"也"字所從之口與下綴筆畫,併爲三筆來書寫的,其橫畫右側的鉤,是書寫過程中收筆造成的。後來中間的短畫下部與左邊的弧形長畫分離寫作♉形,中間的斜畫寫成直形就變成了♉形,現在的"也"就是從這種形體演變過來的。現在我們可以將其形體發展演變的全部過程表之如下:

  ♉—♉—♉—♉—♉—♉—♉—♉—♉—♉—也
        |—♉

《説文》篆文♉是在♉形的基礎之上,把右側帶有圓鉤的橫畫的左側也寫成圓鉤形,使之左右對稱,再把上出的兩個直畫向兩邊彎曲,使整個字變得筆畫茂美、勻稱,結構非常規整。這樣處理的結果使形體出現了較大的訛變。許慎沒有見到較多的出土古文字資料,也不瞭解"也"字形體的發展演變歷史,因此見到♉字的訛變形體,必然會產生"也,女陰也,象形"的荒謬解釋。

《文史》2007-3,頁 230—231

○趙平安(2008)　在先秦兩漢古籍中,語氣詞"只"多見。它大致包括三類:

本原型、引用型和模仿型。本原型指早期出現的例子,如《詩經》中的"只"。後世作品對本原型用例的引用和模仿爲引用型和模仿型。前者如《春秋經傳》《禮記》《孔子家語》引用《詩經》,後者如"秦漢之際北方人模擬《招魂》的弔屈之作"《楚辭·大招》等。由於後兩類"只"的因襲性質,我們認爲考察上古漢語語氣詞"只",應當圍繞本原型的用例進行分析。

"只"的本原型用例是很有限的,主要見於《詩經》,《左傳》偶爾一見。爲方便討論,先將我們見到的本原型用例抄録如下:

1.樂只君子。(《周南·樛木》3 見,《小雅·南山有臺》10 見、《小雅·采菽》6 見)

2.仲氏任只,其心塞淵。(《邶風·燕燕》)

3.母也天只,不諒人只。(《鄘風·柏舟》2 見)

4.既亟只且。(《邶風·北風》3 見)

5.其樂只且。(《王風·君子陽陽》2 見)

6.叔向謂趙孟曰:"諸侯歸晉之德只,非歸其尸盟也。子務德,無爭先!且諸侯盟,小國固必有尸盟者,楚爲晉細,不亦可乎?"(《左傳》襄公二十七年)

這裏的"只",或位於句中,或位於句末,或單用,或與別的語氣詞連用。歷來注家都以"語辭""語助辭"(朱熹《詩集傳》)、"語已詞也"(洪興祖《楚辭補注》)、"詞也"(陳奐《詩毛氏傳疏》)、"辭也"(《左傳》襄公二十七年杜預注)來訓釋,即把它理解爲語氣詞或虛詞。這些理解,有的寬泛一點,有的具體一點,並没有什麼本質的不同。

盧以緯《籯頭助語辭》把只、止、忌、居、諸、且、思、斯置於一組,解釋説:

句末助聲,如"母也天只""既曰歸止""叔馬慢忌""日居月諸""椒聊且""神之格思""無射於人斯"之類,皆語辭也。只、止、諸、且、思、斯,本同一辭,特異書之耳。

把"只"和"止、諸、且、思、斯"看作"同一辭",顯然失之過寬。就語音而言,"只"(支章)與"止"(之章)、"諸"(魚章)同紐不同部,與"斯"(支心)同部不同紐,與"且"(魚清)、"思"(之心)聲韻都不同,不大可能是"同一辭"。

《毛詩故訓傳》在《鄘風·柏舟》"母也天只,不諒人只"下注釋説:

諒,信也。母也天也,尚不信我。"天"謂"父"也。

以"也"與"只"相對。這一解釋代表了漢代人的認識,對我們今天理解"只"字有很大的啟發性。其實"既亟只且"(《鄘風·北風》)、"其樂只且"(《王風·君子陽陽》)中的"只且"也與《鄭風·褰裳》"狂童之狂也且"的"也且"相當。這類"只",裴學海《古書虛字集釋》説"猶'也'也"。例 1、2 和 6 中的"只"也可以用"也"替代,分別表示感歎或肯定的語氣。因此從功能上看,"只"與"也"基本上可以對應。段玉裁《毛詩故訓傳定本小箋》、馬瑞長《毛詩傳箋通釋》説"也、只同訓",應該是符合語言事實的。

上海博物館藏戰國楚竹書《孔子詩論》19 號簡有"既曰天也,猶有怨言"一句,李鋭博士認爲:"從'既曰天也,猶有怨言'來看,疑指《邶風·柏舟》'母也天只,不諒人只'。"楊澤生先生更撰專文加以論證,認爲"無論從詩的主題來分析還是從詩句的文字來分析,《孔子詩論》19 號簡'既曰天也,猶有怨言'所評的詩應該就是《邶風·柏舟》"。

兩位先生的意見一致。我們認爲是很正確的。今本《詩經·邶風·柏舟》的"天只",竹書本《詩論》作"天也","只"和"也"構成一對異文。這從出土材料和傳世文獻的對照中,提供了"只"與"也"的對應關係。

在古文字資料裏,"也"字作語氣詞是比較早的。大盂鼎:

　　　我聞殷墜命,唯殷邊侯甸與殷正百辟,率肆於酒,故喪師也。

例中的"也"字,自清以來,學者多釋爲"巳"。黃德寬先生改釋爲"也",他説:

　　　　此字與宣王時期的毛公鼎及吳王光鑑、蔡侯盤等時代較晚的器物中所用"巳"相比,字形稍有區別,其下部與樂書缶的"也"倒頗相似,我們懷疑它就是早期的"也"字。

從字形和文例看,這一説法是可取的。大盂鼎鑄於西周康王時期,可見西周中期已經出現了語氣詞"也"。以後語氣詞"也"便用開了。如莒公孫潮子鐘、郭大夫甗、樂書缶、卅二年坪安君鼎、詛楚文,特別是曾侯乙墓所出樂器銘文和戰國秦簡、楚簡上,材料更爲集中。

目前資料顯示,"只"字的出現早到西周晚期。郜嫛諸器(鼎 7 件、簋 6 件、簋蓋 8 件、壺 2 件、盤 1 件)的𡛤,林義光認爲從"女"從"敄",即"娒"字。所從"只"作🔸。春秋戰國文字中"只"字較爲常見。

爲便於比較,我們把"也、只"兩字戰國以前的寫法抄在下面。"也"字作:

🔹大盂鼎　　🔹樂書缶　　🔹包山簡 130、🔹包山簡 204、🔹包山簡 231

🔹、🔹、🔹曾侯乙墓編鐘　　🔹郭店《唐虞之道》簡 1、🔹郭店《成之聞之》簡 35、

🔹郭店《窮達以時》簡 12、🔹郭店《語叢三》簡 66、

郭店《成之聞之》簡 17、　郭店《尊德義》簡 31、

郭店《成之聞之》簡 30、　上博《緇衣》簡 12、

上博《内禮》簡 10、　上博《孔子詩論》簡 16、

上博《緇衣》簡 11、　上博《昭王毁室、昭王與龔之脾》簡 8、

上博《昭王毁室、昭王與龔之脾》簡 9、　上博《敏之父母》簡 9

　　早期寫法在口下加一曲筆或豎筆,很可能就是語氣詞“也”的本字或專字,表示口中出氣之形。《説文》:“也,女陰也。象形。𠂹,秦刻石也字。”是據訛變字形爲説,不足據。《説文》字頭篆文“也”是在秦刻石“也”之類的寫法上訛變而來的,而秦刻石“也”字是早期象形“也”的演變。個中脈絡,清晰可尋。

　　“只”字作:

鄁嬰鼎“嬰”所从　　郭店《尊德義》簡 14　　昭之御釸“盌”所从

信陽楚簡 2.024“釸”所从　　　　包山簡 258“稹”所从

包山簡 219“郖”所从、　包山簡 83“郖”所从

郭店《唐虞之道》簡 26“枳”所从、　《語叢四》簡 17“枳”所从

上博《彭祖》簡 4、　上博《鬼神之明》簡 2 背、　上博《相邦之道》簡 3“枳”所从

字上从口,下从人肢,與“兄”相似而不同字。綜合音義來考慮,很可能是“肢(肢)”的本字。《説文》:“只,語已詞也。从口,象气下引之形狀。”也是據訛形爲説,靠不住。“只”本象人的肢幹之形。《説文》:“肢,體四肢也。从肉,只聲。肢,肢或从支。”“肢”是在象形“只”字上加“肉”旁,後又用“支”替換“只”,寫作“肢”。

　　“也”和“只”本是兩個完全不同的字。由於後來在“也”字豎筆或曲筆上附加羡畫,而“只”爲了與“兄”區別,在字下加羡畫或有意屈曲下邊的筆畫,於是導致兩字形體混同。從比較可以看出,郭店簡中“也”字的某些寫法,和“只”字的某些寫法,幾乎没有區别了。據張守中等先生的統計,郭店簡中“也”寫作“只”的例子達 234 個。上博簡中也有一些“也”寫作“只”的例子。可見“也”“只”相混絶不是偶然的現象。

　　一方面是“只”“也”形體大面積的混同,另一方面是古文字資料中“只”

沒有發現作語氣詞的用例。這種現象啟示我們從另一個角度來認識語氣詞"只",它極可能是"也"的寫訛。

"只""也"的混同有其深層的原因。"'也'與'只'不但形體有關,而且讀音亦近。'也'喻母四等(古歸定紐),歌部;'只'知紐(古歸定紐),支部;二者聲紐同屬端系,歌、支旁轉('也'或歸支部,則'也'與'只'同部)。"

寫訛的發生應該是比較早的。從古文字的角度看,大概是在戰國。傳世文獻也可爲證明:

 7.文公學讀書於曰季,三日,曰:"吾不能行也咫! 聞則多矣。"(《國語·晉語四》)

王引之《經傳釋詞》:"今本'不能行'下有'也'字,後人妄加之也。行下有'也'字,則'咫'字當下屬爲句。韋解咫字,亦當在句末矣。今注在'咫'字下,故知'咫'字上屬爲句,而'行'下本無'也'字也。今刪去'也'字。"又説:"'咫'與'只'同。"

 8.是知天咫! 安知民則! (《國語·楚語》)

王引之《經傳釋詞》:"'咫',與'只'同。"

 9.許由曰:"而奚來爲軹? 夫堯既已黥汝以仁義,而劓汝以是非矣,汝將何以遊夫遙蕩恣睢轉徙之深乎?"(《莊子·大宗師》)

成玄英疏:"軹,語助也。"陸德明《經典釋文》引崔譔注:"軹,辭也。"《經傳釋詞》"只"下"字亦作軹"。

 10.《詩》曰:"樂旨君子,邦家之基。"(《左傳》昭公十三年)

"樂旨君子"今本《詩經》作"樂只君子"。宋本《左傳》襄公十一年、二十四年引此句"只"都作"旨"。《經傳釋詞》"只"下"字亦作'旨'。"

上述各例"咫、軹、旨"都是"只"的借字,《説文通訓定聲》"咫、軹"下曰:"假借又爲只。""旨"下曰:"與用只同。""也"訛作"只"應在"只"的假借用法出現之前,即在《左傳》、《國語》、《莊子》內篇(《大宗師》屬於《莊子》內篇)成書之前,大抵是在戰國時期。這和郭店簡、上博簡所反映的情形可相互印證。

從上面的論證可知,"也""只"本不同字,後來形近混同。本原型語氣詞"只",是"也"的寫訛。寫訛以後,人們誤以爲語言當中有語氣詞"只"這個詞,不僅引用、模仿,而且用借字"咫、軹、旨"來表示它。這種現象使我們聯想到語氣助詞"那"。

上個世紀90年代,朱慶之先生根據包括漢魏六朝全部漢文佛典在內的一

批中古文獻資料,對疑問語氣助詞"那"的來源提出新的看法:

> "那"是近代漢語才有的疑問語氣助詞,中古文獻裏的"那"其實是"耶(邪)"的誤字;"那"在近代文獻的出現或者説"那"的産生應該是唐代以後人們對前代文獻裏本來是"耶"的誤字的"那"的盲目模仿造成的結果,是文字影響語言的産物。

論證詳密,頗可采信。語氣詞"只"和語氣助詞"那"産生途徑頗爲相似。這又爲文字影響語言提供了一個絶佳的實例。

《簡帛》3,頁 1—6

氏 氕

集成 2840 中山王鼎　貨系 2486　陶彙 3·685　璽彙 3335　璽彙 4860

上博一·詩論 5　上博三·彭祖 8　上博一·詩論 27　包山 13

○**于豪亮**(1979)　(編按:中山王鼎)氏與是通,《禮記·曲禮》"是職方",注:"是或爲氏。"是其證。此言惟傅姆是從。

《考古學報》1979-2,頁 172

○**張政烺**(1979)　(編按:中山王鼎)氏,讀爲是。

《古文字研究》1,頁 213

○**徐中舒、伍仕謙**(1979)　(編按:中山王鼎)"氏""是"二字古通用。《禮記·曲禮》"是職方",注:"是或爲氏。"馬王堆帛書《戰國策》"韓是急",即"韓氏急"。《侯馬盟書》是、氏通用。如"麻夷非是"又作"麻夷非氏"。

《中國史研究》1979-4,頁 86

○**商承祚**(1982)　(編按:中山王鼎)氏借爲是,禮經多如此。《儀禮·覲禮》:"太史是右。"注:"古文是爲氏也。"《漢書·地理志》:"至玄孫氏爲莊公。"師古曰:"氏與是同。"又漢張遷碑:"張是輔漢。"韓勑碑:"於是奮憤之思。"是皆作氏。在漢銅洗凡某氏者每作某是,漢銅鏡亦然。是、氏互用漢俗如此。

《古文字研究》7,頁 50

○**吳振武**(1991)　在戰國璽印中,常見下列三種成語璽:

(1) 《古璽彙編》4852—4859、4862、4863

（2）［印］同上 4864、4865　　　（3）［印］同上 4860、4861

羅福頤先生主編的《古璽彙編》（1981 年）和《古璽文編》（1981 年）將這三種成語璽均釋爲"正下可私"。參加這兩本書編撰工作的葉其峰先生在《戰國成語璽析義》一文中是這樣解釋的："此詞不見於經典。'可'讀作'何'，石鼓文'其魚隹（惟）可'，'可'就是'何'的借字，可見，古'何''可'相通。此詞大意是：治理天下自有禮制，何必用你自己的意思呢？"

我們認爲，這樣的釋讀是錯誤的。第一，"可"下一字明是"㠯"（以）字，決不能釋爲"厶"（公私之"私"的本字）。在戰國文字資料中，可以肯定的"厶"字，如"厶官、厶庫"等"厶"字，均作口、▽形，從未見有作6形的。古璽中常見的"亡（無）厶"（《古璽彙編》5694）、"正行亡（無）厶"（同上 4789、4791、4792）、"士正亡（無）厶"（同上 4881）、"厶公之璽"（同上 4827—4839）、"厶璽"（同上 0275、0438、1553、1575、3333、3713、4589—4591、4596—4603、4612—4619、4621、4622）等"厶"字也都作口、0、▽形，跟6字截然不同。第二，《古璽彙編》4918 號璽璽面作環形，璽文"可以正下尔（璽）"五字左旋讀，證明這類成語璽應先讀"可以"二字。過去丁佛言先生在《説文古籀補補》（1925 年）中將上列第三種成語璽釋爲"可以口千"（5·3 上、14·8 下）。丁氏不僅釋出了"以"字，而且在璽文的釋讀次序上也是正確的。第三，這三種成語璽"正"下一字各不相同，顯然不能作同一的釋讀。

基於這些理由，筆者過去在《〈古璽彙編〉釋文訂補及分類修訂》一文中曾將這三種成語璽分別改釋爲：（1）"可以正下"、（2）"可以正曲"、（3）"可以正口"。（1）中的"下"字是明確無疑的，一見可識。（2）中的"曲"字是根據李零、李學勤先生的意見釋出的。惟（3）中的"卜"字，舊釋"千"或"下"，皆不可信。當時覺得從字形上看，應是"氏"字，但在璽文中又講不通，所以只好存疑。

現在我們經過仔細的考察分析，知道（3）中的卜字看似"氏"字，但實際上卻是"民"字的簡寫。下面我們作一些具體的論證。

先看兩周金文中的"民"字和"氏"字：

民　卜盂鼎　卜克鼎　　卜沿其鐘（啟所从）　卜中山王方壺

氏　卜衞鼎　卜克鼎　　卜鑄弔臣　　卜中山王方壺

再看古璽中的"民"字和"氏"字：

民　卜《古璽彙編》3261（啟所从）

氏　　𰯊同上 1194

顯然,從總體上看,“民”字和“氏”字的主要差別是:“民”字的上部比“氏”多一畫。如果這一畫可以省略的話,那麼“民”字就有可能和“氏”字同形了。杜從古《集篆古文韻海》卷一真韻下錄古文“民”字或作

前者是常見的寫法,後者無疑是簡省的寫法。詛楚文“愍”字作:

《古石刻零拾》影印本

“愍”旁所从的“民”也是簡省的寫法。這種簡省的“民”字,在漢代文字中仍可見到。下面列舉的是秦漢篆隸中所見的“民”字,A 類是正常的寫法,B 類是簡省的寫法。

　　A　篆

　　　　秦漢印　　　　　開母廟石闕銘　　漢安殘碑

　　隸

　　　　雲夢秦簡　　　　馬王堆漢簡、帛書　　　　魯峻碑

　　B　篆

　　　　祀三公山碑

　　隸

　　　　馬王堆漢帛書(抿所从)　　　定縣漢簡

　　　　漢銅鏡　　　　　書全碑　　　郙閣頌(珉所从)

　　如將漢代篆、隸中“民”字的簡省寫法上推至戰國,那麼正應該跟“可以正𰯊”成語璽中的𰯊字寫法相同(𰯊係反書,正書當作𰯊)。可見把𰯊字釋爲“民”是合理的。“民”字的這種簡省方法,似乎跟“亡”字由𰯊簡省爲𰯊相類似。這種由雙線條變爲單線條的簡化,也可以算是一種“截除性簡化”。

　　正因爲簡省的“民”字跟“氏”字十分相似甚至相同,所以古人也往往把這兩個字弄混。如:秦陶文和漢印中的“氏”字既作𰯊、𰯊形,又作𰯊、𰯊形。後者跟上舉簡省的“民”字幾乎完全相同,以致今人常誤釋爲“民”。漢代銅鏡中的“氏”字一般多作𰯊、𰯊形,但有一面杜氏鏡“氏”字作𰯊,跟漢代銅鏡中的“人民”之“民”毫無二致。王念孫《讀書雜誌》曾指出《史記·趙世家》“趙氏壯者皆死長平”之“氏”應是“民”之誤。而馬王堆漢帛書《戰國縱橫家書》中的“氏”字多作𰯊、𰯊形,和同書“士民”之“民”作𰯊、𰯊者基本相同。又秦漢文字中从“氏”的“昏”字或“昏”旁往往从“民”作“昬”,段玉裁認爲“蓋隸書淆

亂"。其實,"民"和"氏"的淆亂,在戰國古文中即已出現。

馬王堆帛書《十六經・成法》:

黃帝問力黑,唯余一人兼有天下,滑(猾)民將生,年(佞)辯用知(智),不可法組。吾恐或用之以亂天下。請問天下有成法可以正民者?

《十六經》成書於戰國時期,正可證明我們對"可以正民"成語璽的釋讀。

綜上所述,本文開頭列出的三種成語璽應該分別釋爲"可以正下、可以正曲、可以正民"。這樣釋讀不僅十分通順,而且在字形上也都是有根據的。

《湖南博物館文集》頁 49—51

○黃文傑(1996)　青川木牘:"二年十一月己酉朔朔日,王命丞相戊(茂)、内史匽**民臂**更修《爲田律》。""内史匽"以下二字應讀何字尚無定論。于豪亮先生釋"民顚(愿)",李昭和先生釋"取臂(譬)",謂"牘文'取臂更修爲田律',上言'取臂',下言'更修',皆爲田律之令"。黃盛璋先生從李昭和釋"取臂(譬)",並認爲"取臂"應是内史之名,上文的"匽"即"燕",則爲内史之姓。李學勤先生釋"民臂",謂"民"爲職官名,或爲職官名的省稱,"臂"爲人名。徐中舒、伍仕謙先生釋"吏臂",謂"吏"是最基層的行政官員,"臂"即吏之名。考釋多家,迄無定論。

按,牘文"内史匽"下一字作**民**,可釋"氏"。睡虎地秦墓竹簡(下稱"睡簡")"氏"作**民**(簡 025 號),與牘文此形相合。睡簡中凡"氏"上均作彎曲之狀,是秦漢簡牘文字形體的特點之一。青川木牘與睡虎地秦簡字形結構幾乎完全相同,此字也不例外,其實,"氏"字上作彎曲之形,在秦漢文字中是習見的。如秦陶文"氏"作**氏**(《古陶文彙編》5.371),馬王堆帛書《春秋事語》九五"昏"作**昏**,東昏家行鐙"昏"作**昏**,《武威漢代醫簡》六四"昏"作**昏**,《居延漢簡甲編》三一七"邸"作**邸**,《漢印文字徵》六・二十"邸"作**邸**,以上諸字"氏"或所從"氏"上均作彎曲之形,與牘文形合。

"氏"是古代貴族標志宗族系統的稱號。上古時代,氏是姓的支系,女子用姓,男子用氏。《通志・氏族略・序》:"三代以前,姓氏分而爲二,男子稱氏,婦人稱姓。氏所以別貴賤,貴者有氏,賤者有名無氏。"清顧炎武《日知錄》卷二十三:"姓氏之稱,自太史公始混而爲一,本紀於秦始皇則曰趙氏,於漢高祖則曰劉氏。""内史"一職乃是"執國法及國令之貳,以考政事,以逆會計"(《周禮》)。所以,頒布田律,由内史署名,也在情理之中。"匽"字黃盛璋先生讀爲"燕",考證爲内史之姓,甚是。牘文"内史匽(燕)氏"應是一位頗有地位的姓燕的官員。"氏"字以下一字字形雖不清楚,但它是這位官員的名則無疑問。黃盛璋先生指出"丞相用名而内史姓名皆全,類似之例亦見漢簡,用名或用姓名不必絕對統一"。牘文言"丞相戊(茂)、内史匽(燕)氏𦳝",正是"丞相用名而内史姓名皆全"的明證,讀起來文從字順。

　　秦有如下三件瓦文,内容是:楊彐居貲大教(袁仲一《秦代陶文》485)、〔揚〕彐居貲公士富(同上486)、揚彐居貲武德公士契必(同上487)。第二字著者釋"民"。據上文秦漢文字"氏"作𣬉等形看,上揭瓦文第二字均當釋"氏"。同坑瓦文還有:平陰居貲北游公士滕(同上488)、闌陵居貲便里不更牙(同上491)。這兩句話與上述三句話形式相同,"居貲"之前"平陰、闌(應是'蘭'之訛)陵、楊氏"均是縣名。查《漢書·地理志》有"平陰"縣,屬河南郡,"蘭陵"縣,屬東海郡,"楊氏"縣,屬鉅鹿郡。而史籍似未見"楊民"之名,故上揭三例之縣名以釋"楊氏"爲妥,疑漢"楊氏"即秦"楊氏"之所從出。

《中山大學學報》1996-3,頁105—106

○**黃文傑**(1998)　先秦文字"氏"字作𣬉(甲骨文《後》2.21.6)、𣬉(不嬰簋)、𣬉(石鼓文·汧沔"氏"字所從)等形。《説文》謂:"氏,巴蜀名山岸脅之旁箸欲落墮者曰氏。氏崩,聞數百里。象形,乁聲。揚雄賦:'響若氏隤。'"《説文》對"氏"字的説解隱晦難明,不足爲信。學術界對"氏"字的形音義有二種較有影響的説法。一種是認爲"氏"爲"匙"之初文,這是郭沫若氏提出來的:

　　　　氏者余謂乃匙之初文。《説文》:"匙,匕也。"……匕之古文作𠤣(姒辛簋)若𠤣(木工鼎姒戊)即其形象也。匕之上端有枝者,乃以掛於鼎脣以防其墜……古氏字形與匕近似,以聲而言,則氏、匙相同,是、氏乃匙之初文矣。卜辭有从氏之字可證。

　　另一種較有影響的説法是來自林義光氏《文源》的,林氏認爲"氏"本義爲根柢,"氐"與"氏"古本同字,"氐"爲"氏"之分別字。

　　　　按,古作𣬉(不嬰簋)、作𣬉(公貿彝),不象山岸脅之形。本義當爲根柢。氏(蟹韻)柢(微韻),雙聲旁轉。𣬉象根,●其種也。姓氏之氏,亦由根柢之義引申。《説文》云:"氐,至也,本也。从氏下著一。一,地也。"按氐古作𣬉,當與氏同字。氏氐音稍變,故加一以別之。一實非地,氏象根,根在地下,非根之下復有地也。石鼓文作𣬉。

戴家祥先生主編的《金文大字典》也用大量的例證來支持林義光"氏"的本義爲根柢之説:

　　　　按林義光所釋可從。甲骨文作𣬉,金文作𣬉(鼄季鼎)、𣬉(厚氏匜),

蜷曲的一筆像樹的老根，右旁分出的一筆爲支根。支根上的一點（或一短橫）爲指事符號，表示支根之所在，爲象形兼指事字。《後漢書·郡國志》涼州·安定郡"烏枝"，《漢書》作"烏氏"。師古讀氏爲支。《梁統傳》亦作"烏支"。支、氏一聲之轉，史籍通假，而氏的初義正與支密切相關。《廣韻·眞韻》、《玉篇》四零九、《説文·羽部》均收䎬的重文翄。以鳥的身軀爲主體，鳥翼分在兩旁，因而稱作䎬（翄）。《玉篇》二八二軧的重文爲軝。《詩·小雅·米芑》（編按："米芑"爲"采芑"之誤），"約軝錯衡"，《詩詁》訓軝爲"轂之旁出者也"。《考工記》正軝之名曰："凡在輪中者通名爲轂。轂之旁出者爲軝。"可見，氏、支作爲聲符互換，並非單純音通的緣故，進一步説明了氏的初義是支根。

按，以上二種説法以後一種説法爲近是。林義光氏謂"氏"與"氐"同字。我們認爲兩字只是同源的關係，並非同字。《金文大字典》采用了林氏的説法並加以論證，引用了大量的例證來證明"氏"的初文與"支"密切相關，是有道理的。但其對"氏"字字形的説解卻不足取。所謂"蜷曲的一筆像樹的老根，右旁分出的一筆爲支根"之説，是爲了迎合"氏"的初義是支根而作的推測。

筆者認爲，"氏"字的構形與"人"字有關。試把"氏"字與"人"字字形作比較如下：

可以看到，"氏"字與"人"字字形確有相通之處，沒有加點（或小橫）的"氏"字與"人"字字形相似，都是二筆，且筆勢相同，只是彎曲的程度有所不同。再把"氏"字與有關"人"的變形的字相比。甲骨文"尸"字作ᠸ，象人彎身曲膝之形，金文"勹"作ᠵ（匍所从，杜伯盨）、ᠺ（匔所从，邧君壺），象人側面俯伏之形。"氏、尸、勹"都是兩筆，只是筆畫的形態有所不同，儘管筆畫的形態有所區別，但關鍵的是它們都是"人"的變形。因此，從形體來看，"氏"字與"人"字是密切相關的，應是"人"的變形。"氏"是一個指事字，加點（有的變爲一小橫）乃指示加點處是"肢"的部位。"肢"的部位不易描摹，故用符號標在肢上表示。正如"亦"（腋的初文）字一樣，加兩點處是指腋窩的部位，人體的腋窩不易描摹，故用符號在大（正面人形）兩邊表示。"氏"有"支"義。上古時代，"氏"是"姓"的分支。《左傳·隱公元年》："天子建德，因生以賜姓，胙之土而命之氏。"所謂"命之氏"，即是在周氏族的統治下，使其同姓宗支或異姓功臣統治以前有夏氏和殷商氏的領域和遺民，而另建較小的氏族，也即侯伯之國的意思。《詩·大雅·文王》："文王孫子，本支百世。"箋："其子孫，嫡爲天子，庶爲諸侯，皆百世。"疏："嫡譬本干，庶譬其枝。"上述《左傳》的"氏"意相當於《詩經》的"支"，"命之氏"，即成爲新的氏，對於本嫡子大宗而言，即新枝小宗。古音"氏"屬禪紐支部字，又屬章紐支部字。後者音"支"。漢代西域國名有"月氏"，《廣韻·支韻》："氏，月氏，國名。"《漢書·韋玄傳》："破東胡，禽月氏。"注："氏讀曰支。"《史記·韓信傳》："上乃使人厚遺閼氏。"正義："氏，音支。""氏、支、肢"均屬章紐支部字，古音相同，意義相關，因此，它們是同源字。據筆者的初步調查，先秦出土文獻中似無"肢"字。"肢"字最早見於《説文》或體。在傳世文獻中，"肢"則借"枝"之古文"支"爲之。《正字通·支部》："支，與肢通，人四體也。"有可能"氏"就是"肢"字的初文。

到了秦漢時代，"氏"字形體全面隸變。把"氏"字的形例加以歸納，其構形大體可以分爲兩類（見下表），第一類是"氏"字隸變後的常見寫法，第二類形體有了較明顯的變化，即"氏"字的第一筆向上彎曲延伸作〜之狀，這是秦漢文字"氏"字增繁的寫法。

第一類	第二類
抵所从，《語書》11，秦代	《編年紀》025
	氏所从，《日書》乙種 98
《縱橫》107	氏所从，《日書》甲種 1
《五行》184	氏所从，《日書》甲種 96 背
《天文雜占》1.3	抵所从，《日書》甲種 51
魏其侯盆	敃所从，《日書》甲種 143
氏所从，《稱》125 上	《秦代陶文》1488，以上秦代
氏所从，《倉頡篇》25，以上西漢	
	昏所从，《稱》154 上
《漢印徵》12.16 下	抵所从，《病方》380
《漢印徵》12.16 下	氏所从，《西陲簡》54.8
《漢印徵》12.16 下，以上漢代	昏所从，《老子》甲本 41
	昏所从，東昏家行鐙
熹·春秋·僖十七年	昏所从，《春秋》95
嚴窟.尚方鏡	緡所从，《居延簡甲》2106

建安二年洗　　　　　　　　　　緒所从,《居延簡甲》541,以上西漢

祇所从,武梁祠畫像題字　　　　　柢所从,《漢印徵》2.3下,漢代

孔和碑　　　　　　　　　　　　昏所从,熹・詩・邶風・谷風

曹全碑,以上東漢　　　　　　　　柢所从,建寧元年殘石

　　　　　　　　　　　　　　　昏所从,《武威醫簡》64,以上東漢

上表第二類"氏"字由於第一筆向上彎曲延伸,形體與"民"字非常接近,因此很容易與"民"字混淆。《稱》154上、熹・詩・邶風・谷風之"氏",已像是常寫的"民"字,"氏"寫作接近於"民"在秦和西漢時期例子最多,東漢就逐漸減少了。而且,這種現象多發生在合體字之中,獨體字則相對少些。

　　雖然"氏"字的繁寫在秦漢時不少,但繁寫不是"氏"字發展的主要方面。漢字簡化規律的強大作用使"氏"字最終還是保持其秦漢時簡便的寫法,今隸與楷書仍寫作"氏"。而"氏"作爲部件時,有的竟寫作"千",如"适、佸、話、括"等。"氏"字這樣變化的結果,恰好與"舌"字的上部同形。"舌"字是從另一篆書變化而來的,大致是:𦧝(《說文》小篆)、𠮛(《封診式》66)、舌(《足臂》15)、舌(楷書)。漢字的簡化作用使"𠂤"與"𠮛"兩個偏旁殊途同歸,均變作"千",這是漢字形體演變過程中的一種值得注意的現象。(中略)

　　戰國璽印中,有一成語璽作:

（《古璽彙編》4860,4861）

丁佛言氏釋此成語璽爲"可以□千",左下一字釋"千"。羅福頤氏將此璽釋爲"正下可私","正"下一字釋"下"。高明先生釋爲"可以正下",此字也釋"下"。吳振武先生看出此字釋"千"釋"下"的錯誤,在《〈古璽彙編〉釋文訂補及分類修訂》一文中釋"可以正□",此字存疑。後在《釋戰國"可以正民"成語璽》一文中釋"可以正民","正"下一字釋"民"。他認爲此字是"民"字的簡寫,而馬王堆帛書《十六經・成法》"可以正民"的短語,是吳先生釋此璽文爲"可以正民"的根據。然而"正"下一字恐怕不是"民"字,"民"字在戰國文字中似沒有這樣單獨簡寫的,而它與金文𠂤(鑄弔匜)、𠂤(林氏壺)以及古璽𠂤（《古璽彙編》1864）等的寫法相同,分明是"氏"字,故對此字似有重新考慮的必要。《古璽彙編》還有以下兩枚成語璽作:

同上 4852—4859、4862、4863　　　　　同上 4864、4865

吳先生在《〈古璽彙編〉釋文訂補及分類修訂》中分別釋爲"可以正下"和"可以正曲",是可信的。三枚印的意義是相近的,三者"正"下一字意義也應相

近。筆者認爲，上述第一枚印“正”下一字仍以釋“氏”爲妥。正如本文第一部分所言，“氏”有“支”義，“支”有分支、支派、非嫡系、非正統之意，“氏”與“下、曲”都是“正”的對象，“正氏”與“正下、正曲”意義相近。

《容庚先生百年誕辰紀念文集》頁 696—704

○**何琳儀**（1998）　氏，甲骨文作 ꓺ（後下二一·六），構形不明。西周金文作 ꓺ（叔妜簋），或加飾點作 ꓺ（录卣）。春秋金文作 ꓺ（國差𤭯），飾點延長爲短橫。戰國文字承襲兩周金文。飾點或變虛框作 ꓺ，飾筆或下移作 ꓺ，或縮半作 ꓺ，豎筆或穿透作 ꓺ，弧筆或收縮作 ꓺ、ꓺ、ꓺ。《說文》：“ꓺ，巴蜀山名。岸脅之旁箸欲落墜者曰氏，氏崩聞數百里。象形，乁聲。揚雄賦：響若氏隤。”

　a 齊器氏，姓之支系。《左·隱八》：“因生以賜姓，胙之以土而命之氏。”

　c 周幣氏，地名後綴。晉器氏，見 a。韓器氏，地名後綴。十一年庫嗇夫鼎氏，見 a。趙尖足布氏，地名後綴。趙三孔布“封氏”，疑讀“封斯”，地名。魏幣氏，地名後綴。中山王鼎氏，讀是。參是字。“氏㠯”，讀“是以”，猶“以是”。“隹偁俤氏從”之氏，讀是，賓語倒置之助詞。

　d 楚器氏，見 a。隨縣簡“氏裯”，讀“衹裯”。氏、氐一字分化，詳氐字。《方言》四：“汗襦，江淮南楚之間謂之襜，自關而西或謂之衹裯，自關而東謂之甲襦。”《說文》：“衹，衹裯，短衣也。”

　e 秦陶氏。見 a。

　f 古璽氏。見 a。

《戰國古文字典》頁 754—755

△按　從古文字看，《說文》對“氏”字形義的解釋恐不足信。頗疑“氏”字本取象於人體向下俯抵及地之態，可能是爲表示氏至義而造。“氏、氐”當爲一字之分化。戰國文字“氏”表氏族義，同時又常讀作“是”。

氐　氐

ꓺ詛楚文　　ꓺ集成 2840 中山王鼎　　ꓺ集成 4630 陳逆簠

ꓺ楚帛書　　ꓺ郭店·緇衣 37　　ꓺ上博三·周易 11

○**何琳儀**（1998）　氐，甲骨文作 ꓺ（存下七二九）。久與氐同形，且均屬見紐，疑一字分化。參久字。西周金文作 ꓺ（盂鼎），春秋金文或加飾筆作 ꓺ（攻吳王鑑）。戰國文字承襲商周文字。《說文》：“氐，木本。从氏，大於末。讀若厥。”

戰國文字乒，除貨幣銘文中不詳之外，均讀厥，指示代名詞，猶其。

帛書"又舑乒湿"，讀"有淵其汨"。意謂"深水淵淵然"。"有某其某"句式在《詩經》中習見，如"有蕡其實、有實其猗"等。其後爲名詞，有後爲形容詞，無一例外。

《戰國古文字典》頁 907

△按　"乒"疑"顧"之初文，象人顛仆形。一般讀作"厥"，爲假借用法。

氐 氐

睡虎地·日乙 98 壹　　陶彙 4·128　　曾侯乙衣箱
三晉 124　　上博二·容成 53 背

○**黄錫全**（1995）　戰國貨幣中有一種面文如下的平首方足布：

見《大系》2020，釋文爲"王陰"，並云："疑在王官附近涷水河南，或王垣旁汾河支流南岸。"

第二字全即金，借爲陰。如尖足布"壽陰"的陰或作全（辭典 300），幣文的"陽"或作"易"。智君子鑑的鑑字作鎣，金旁與布文類同。

第一字垒，左上方有一斜豎，不是"王"，而是"氐"字。氐比氏字下面多一橫。方足布"王氏"的氏，就有作乍、千、垒（大系 1998、2001、2002）。後一形即氐，借爲氏，《大系》釋文作"王□（疑王氏）"。虢金氏孫盤氏作乇，石鼓文作乇。氏、氐本一字之分化。古文字中从氏與从氐每不分別。如侯馬盟書的覘字，就或从氏或从氐。《説文》秪字，正篆从氏，而金文从氐（九年衛鼎）。《爾雅·釋水》"小渚曰坻"之坻，《釋文》"本又作泜"，而《汗簡》引作"汦"。《淮南子·原道訓》："非謂其底滯而不發。"高誘注："底讀曰泜。"上引布文"王氐"即王氏。因此，"氐金"即"氐陰"，亦即泜水之陰。

三晉地區古泜水有二。一爲北泜水，發源於元氏縣西群山中，即今之槐水。《史記·陳餘傳》"遣張耳與韓信破趙井陘，斬陳餘泜水上"，《淮陰侯傳》作"軍敗鄗下，身死泜上"。"漢王借兵而東下，殺成安君泜水之南"。即此水。一爲南泜水。《山海經·北山經》：敦與之山，"泜水出於其陰"。源出臨城西南敦與山北，東流歷唐山、隆平入寧晉泊。

《鐵云藏貨》74 頁著錄一面文作汦的方足布。此布又見於《大系》2021 號作汦。前一品，郭若愚先生在介紹此品時釋爲邸，李家浩先生進一步論證邸即泜,亦即出於河北元氏西張村西周銅器銘文中的軧。西張村位於槐河南岸,北距縣城約五公里。李學勤、唐雲明先生考釋出銅器銘文的軧就是軧、泜,墓主是軧侯之臣,西張村是軧國的一處墓地。

由此可知,泜水的泜,古本作軧(軧)、邸、氐。布文"氐陰"究竟是指南泜水,還是北泜水,目前還難以確定。不過,我們傾向於是指北泜水之南的一座城邑,其確切地點待定。

另外,還有一泜水,在河南魯陽一帶,見《左傳》僖公三十三年,戰國時已屬楚境。故布文"氐(泜)金(陰)"是指河北元氏一帶的泜,戰國屬趙。

《華夏考古》1995-2,頁 107—108

○**何琳儀**(1998)　氐,西周金文作𤣥(害簋底作𧾷)。从氐,下加一橫分化爲氐。氐,端紐;氐,定紐。端、定均屬舌音,氐爲氐之準聲首。春秋金文作𤣥(虢金氐孫盤)。戰國文字承襲兩周金文。《説文》:"氐,至也。从氏,下箸一。一,地也。"

廿八宿漆書氐,二十八星宿之一。見《吕覽·有始》。

石鼓氐,讀祇,適也。見《廣雅·釋言》。

《戰國古文字典》頁 1210

戈 戈

睡虎地·日甲 47 正壹　　　貨系 446　　　集成 11024 武城戈　　　曾侯乙 6

包山 261

○**石永士**(1985)　鄦王戈,也有自名爲"戈"者,它或是"鋸"的別名,或是一般徒卒所使用的戈的通稱。

《中國考古學會第四次年會論文集》頁 102

△**按**　"戈"或益以"金"旁爲繁構"鈛",見卷十四"鈛"字條。

肇 肇

集成 3939 禾簋　　　集成 4596 陳曼簠

○**何琳儀**(1998)　肁,金文作𣃈(犀尊)。从户,聿聲。肁,澄紐,古讀定紐;聿,喻紐四等,古讀定紐。肁爲聿之準聲首。戰國文字承襲金文。《説文》:

“**扉**,始開也。从户从聿。”

《説文》:“肇,上諱。”《切韻》:“肇,擊也。从戈,肁聲。”陳翺臣“肇”,讀肇。《爾雅・釋言》:“肇,敏也。”

《戰國古文字典》頁 313

戎 戒

珍秦 75　　陶彙 5・271　　集成 11276 郾王戎人矛　　璽彙 5707

郭店・成之 13　　曾侯乙 179　　上博三・周易 38　　集成 34 董武鐘

○**曹錦炎**(1996)　　(編按:搏武鐘) 戎,兵戎,《説文》:“兵也。”引申爲兵事,《周禮・巾車》“以即戎”,注:“戎,兵事。”本銘指軍隊。(中略)“戎桓搏武”,言器主之軍隊勇猛威武。

《于省吾教授百年誕辰紀念文集》頁 92

○**林清源**(1997)　　“戎”字指本戈的配屬單位或人員,《易・同人》“伏戎于莽”的“戎”字,即指兵士而言。

《第三屆國際中國古文字學研討會論文集》頁 429

○**何琳儀**(1998)　　戎,甲骨文作𢦦(前八・一一・三),从戈从甲,會兵甲之意。金文作𢦦(盂鼎)。戰國文字承襲金文,甲或演變爲十形。《説文》:“𢦧,兵也。从戈从甲。”

蚨生丕戈“戎戎”,見《宋書・禮志》“戎戎淹時”。

七年邦司寇矛“戎”,姓氏。宋微子後。見《潛夫論》。

楚金“戎”,西方種族。《禮記・王制》:“西方曰戎。”戎趄鐘“戎”,見《爾雅・釋詁》“戎,大也”。配兒鈎鑵“戎攻”,讀“戎功”。《詩・周頌・烈文》:“念茲戎功,繼序其皇王。”傳:“戎,大也。”隨縣簡“戎逄”,讀“戎路”。《左・莊九年》:“公喪戎路,傳乘而歸。”注:“戎路,兵車也。”

秦璽“戎器”,兵器。《易・萃》:“君子以除戎器,戒不虞。”秦璽“戎”,姓氏。

秦陶“戎”,地名。

《戰國古文字典》頁 277

○**董楚平**(2002)　　(編按:搏武鐘) 第一字,阮元隸定爲戉字。孫、譚、何隸定爲戎字。《集釋》説是戉字,但未説明理由。辨認花體字的關鍵,是要抓住該銘文的主要裝飾特點,抓住了它,就可剔除飾筆,凸現實字。此銘的主要裝飾特點是喜在豎筆中加一圓點,使不單調。諸家釋"戎"的原因,是把左旁豎筆當中的圓點當作横筆的收縮,倘釋一般金文自無不可,但此銘是花體字,圓點特多,皆爲裝飾,此字左旁的圓點自不例外。只要把這個圓點剔除掉,即爲"戊"或"戉"字。"戊"與下文不連貫。戉,《集釋》以爲越國之越,單就字形筆畫言,自無不可,但聯繫銘文字體,《董武鐘》不可能是越器,最可能是曾器,今改釋爲曾侯戉之戉。1978年發掘的曾侯乙墓,出土十多件銘有"曾侯邚"三字的戈、戟、殳。其中一件《曾侯邚殳》,字體與《董武鐘》《曾侯乙鳥篆三戈戟》相近,唯裝飾不繁,未飾圓點。《董武鐘》當作於"戉"未即位之時,故未稱"侯",戉字也不从邑。當時"戉"尚在父親的羽翼之下,未有自己獨立的城邑。《越王句踐劍》越字从邑,《越王之子句踐劍》越字不从邑,可能也是這個道理。李學勤先生認爲曾侯邚即曾侯乙。邚古月部,乙古質部,月與質元音相近,韻尾相同,古可旁轉。《董武鐘》器主是戉,字體與《曾侯乙鳥篆三戈戟》如出一人之手,這或許可作爲戉即乙的一個旁證。

《追尋中華古代文明的踪迹》頁46—47

○**李守奎、曲冰、孫偉龍**(2007)　(編按:上博三·周易38等)變形音化爲从"主"聲。

《上海博物館藏戰國楚竹書(一—五)文字編》頁568

【戎人】燕王戎人矛

○**李學勤**(1959)　戎人没有戣,近於燕王喜,他可能是孝王。

《文物》1959-7,頁54

○**河北省文物管理處**(1982)　根據以前出土而見於著録的和這次燕下都出土的郾王銅戈的資料來看,Ⅰ式戈,郾王職和喜都有,戎人和詈的銅戈尚未發現。Ⅱ式戈,職、戎人、詈和喜四王都有。但Ⅱ式戈中的"个萃鋸",只有職有,而戎人、詈和喜三王的兵器未見;"□萃鋸",職、戎人和詈三王都有,而喜的兵器未見;"□萃鋸",戎人、詈和喜三王都有,而職的兵器不見。Ⅲ式中的ⅢA式"五□鋸"和ⅢB式"□鋸",四個郾王都有。Ⅳ式戈,僅有詈器,而職、戎人和喜三王的兵器均未見。(中略)從以上的分析來看,我們認爲,郾王職,即"燕昭王"。戎人可能是燕國的惠王,郾王喜即王喜。郾王詈可能是武成王。

《文物》1982-8,頁48—49

○**石永士**(1985)　我們從表一和表二可以看到,郾王職和郾王戎人在標明爲其所鑄造的兵器上,使用的動詞是"乍",郾王詈在Ⅱ式、Ⅲ式和Ⅴ式戈上使用的動詞都是"造",在Ⅳ式戈上使用的動詞是"乍",也用"造";而郾王喜的銅兵器上使用的動詞都是"造"。

從以上的分析研究來看,我們認爲,郾王戎人的兵器上的動詞都用"乍"而不用"造",說明戎人的兵器接近於職,因此,他可能是燕惠王(前 278 年至前 272 年)。

《中國考古學會第四次年會論文集》頁 105

○**馮勝君**(1998)　郾王戎人戈銘文皆稱郾王(或釋《集成》11221 號戈銘之"郾侯職"爲"郾侯戎人",非是),且銘文中的動詞皆用"乍",具有年代較早的特徵(早期燕王戈如郾侯載戈與郾侯朕戈銘文中動詞一律用"乍",至郾王職戈銘文中才偶爾用"惡",而在年代最晚的郾王喜戈銘文中,動詞則皆用"惡",這一規律也可作爲判斷燕王戈年代早晚的標尺),其年代當與郾王職相近。王職的前一世爲王噲,考慮到戎人一名與噲懸殊,郾王戎人爲王噲的可能性似可排除。王噲的前一世即爲易王,前面已經提到,易王十年燕始稱王,而反映在燕王戈銘文中,燕君稱王與稱侯之間的界限似乎並不像史書所載的那樣嚴格。中間應有一個交替的過程。所以到郾王職時還偶爾稱侯。而在郾王戎人兵器銘文中已經全部稱郾王了。因此,將郾王戎人的年代置於王職之後似乎更爲穩妥。

《華學》3,頁 244—245

【戎攻】集成 426 配兒鉤鑃

○**沙孟海**(1983)　"戎攻"舊讀作"戎工、戎公"。《詩・江漢》"肇敏戎公",《叔夷鐘》"女肇勄于戎攻",《虢季子白盤》"胥武于戎工",《不嬰簋》"肇誨于戎工",皆是異文同義。《詩》毛傳:"肇,謀;敏,疾;戎,大;公,事也。"孫詒讓説:"戎攻亦當訓大事。"此銘可直訓爲"戎事"。"戜戎于戎攻"猶言精通於戎事。

《考古》1983-4,頁 340

○**曹錦炎**(1989)　不嬰簋、虢季子白盤作"戎工",叔夷鐘、嘉賓鐘作"戎攻",《詩・江漢》作"戎公",均爲同音假借。孫詒讓云"戎攻亦當訓大事"(《古籀拾遺》"齊侯鎛鐘"),"大事"指"兵事",《左傳》成公十三年:"國之大事,在祀與戎。"

《古文字研究》17,頁 87

戟 𢧢

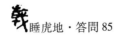 睡虎地・答問 85　 新收 1412 王四年相邦張儀戟　璽彙 2372　璽彙 2374

○**史樹青**（1956）　山西長治出土的銅器中，有銅戟數件，有的銘文作"宜乘之戟（賚）戟"，有的銘文作"虞之戟"，宜乘和虞，應是人名，惟最末一字均作戟，與"敔之造戟"寫法相同，當是戟字。關於銅戟的問題，郭沫若、郭寶鈞兩先生在殷周青銅器銘文研究中，講的都很清楚，長治出土的銅戟，都是"柲"端有"刺"，一器而兼刺兵、擊兵、勾兵、割兵之用，這次發現，有力地補充了兩位先生說法的正確，並給郭沫若先生所說的"戟字於金文僅一見"的說法，提供了新的文字資料。

《文物參考資料》1956-8，頁50

○**王輝**（1990）　戟字拓片《秦金文錄》比較清楚，作戟，與山西長治分水嶺出土的"宜乘之棗（刺）戟"戟字作戟形近似（《考古學報》1957年1期114頁）。而古璽戟字作戟，又戟字異體或作戟（滕侯戟，《三代》二〇·一三·二），作戟（元阿左造徒戟，《文物》1979年4期25頁，曾侯乙戟）。《說文》："戟，有枝兵也。从戈倝省。"倝字古文字或作倝，中山胤嗣妶蚉圓壺"佳邦之倝"，倝作倝；或作倝（朝字小篆从倝舟聲，而金文皆作朝）。戟、戟則皆戟之異體形聲字，戟古音鐸部見母，各同音，半月部見母，三字雙聲，鐸月通轉。金文又有戟字（平陸左戟）、鎈字（鄅王嘗鎈），鎈、戟亦戟之一種，癸古音脂部見母，與戟爲雙聲。

　　戟、戈之別在於有刺與無刺，而出土戟之刺（矛）每多脫落，故與戈不易區別。《說文》："戟，有枝兵也。"段玉裁注："戟爲有枝之兵，則非若戈之平頭而亦非直刃，似木枝之衺出也。"清人程瑤田《冶氏爲戈戟考》開始指出戟有刺，但他後來卻認爲戟之刺即内之刃。馬衡《戈戟之研究》（《燕京學報》第五輯）亦祖述程氏。郭沫若《說戟》（《商周青銅器銘文研究》卷二）說："余由進化過程以觀戈戟，曰古戈無胡，僅如單獨之棘刺之橫出而已，古人所謂棘者當是戈。繼進始有胡，繼進始鋒其内末而成二刃，更進而始於柲端著刺而成戟。戟有雌雄，雌者戟内之無刃者，雄者有刃者也，古戟至秦漢而制改。漢人於戟之雌者亦謂之戈，戟刺與援内合爲一體，更進則古戟之内變而爲鋬矣。"此後考古發掘中，濬縣辛村春秋墓出十字形戟，汲縣山彪鎮一號墓，輝縣琉璃閣七十一號墓出銅戈、銅矛、分體式戟，證明郭說至確（見郭氏《青研》一書附錄二郭寶鈞給郭沫若的信）。最近幾年的考古發掘進一步證明了這一點。秦俑一號坑東端探方出銅戟四件，均屬矛、戈聯合體，出土時戈、矛上殘存有韜的朽迹，柲已殘斷（參看《秦始皇陵兵馬俑坑——一號坑發掘報告》257頁圖一五二;下册圖版一八○:銅戟出土情況),可見秦始皇時仍是戈、矛分鑄。

《秦銅器銘文編年集釋》頁 36—37

○**何琳儀**(1998)　　斡,從戈,軋聲。斡,見紐;軋,匣紐;牙音、喉音通轉。斡爲軋之準聲首。晉璽軋與戈借用一橫筆和一豎筆。《説文》:"𢧄,有枝兵也。從戈、軋。《周禮》:斡長六尺(**編按**:《説文》原作"長丈六尺")。讀若棘。"

　　　晉璽"斡",讀棘,姓氏。《禮記·明堂位》"越棘大弓",注:"棘、斡同。"棘姓,衛大夫棘子成之後,後改爲棗。見《萬姓統譜》。

《戰國古文字典》頁 490

△**按**　"戟"有異體"戝、戠、㦸、㦸"等,參見本卷各條。

賊 賊　賊 戝

睡虎地·答問 44　　　睡虎地·爲吏 25 叁　　　上博三·彭祖 7　　　温縣 WT1K1:2667

温縣 T1K1:1961　　　温縣 T1K1:3211

温縣 T1K1:3802　　　温縣 WT1K1:3417　　　侯馬 156:25

○**睡簡整理小組**(1990)　　(**編按**:睡虎地·答問 43"甲告乙盜牛及賊殺人")賊,殺傷。《左傳》昭公四年:"殺人不忌爲賊。"《荀子·修身》:"害良曰賊,竊貨曰盜。"《晉書·刑法志》:"無變斬擊謂之賊……取非其物謂之盜。"《周禮·朝士》疏:"盜賊並言者,盜謂盜取人物,賊謂殺人曰賊。"

《睡虎地秦墓竹簡》頁 103

○**何琳儀**(1998)　　《説文》:"賊,敗也。從戈,則聲。"温縣盟書"賊",見《周禮·秋官·士師》"二曰邦賊",注"爲逆亂者"。

《戰國古文字典》頁 95

○**陳斯鵬**(2004)　　(**編按**:上博三·彭祖 7)"惻者自賊"蓋承接"多務者多憂"言之。《文子·符言》:"人生事,還自賊。"可比觀。另可注意者,郭店《老子》甲 1 等假"惻"字爲盜賊之"賊",而本簡"惻""賊"並見,則區分甚明。

《華學》7,頁 161

△**按**　温縣盟書"賊"或繁化作"賊",《上七·凡甲》23"具"字作🔣,所從"鼎"亦繁化作"員",可參證。又或簡省作"戝",楚簡即恆以"鼎"爲"則",亦可參證。另外,"戝"爲"則"字異體可能性亦不能完全排除,意符"刀、戈"可通用。

《侯馬》156:25"戠"即用爲"則"。如此理解,則温縣盟書以"戠"爲"賊"屬借用。

成　戒

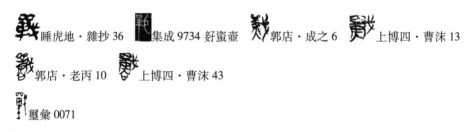

睡虎地·秦律101

○何琳儀(1998)　成,甲骨文作 𢀛(後下一三·五),从人从戈,會人負戈成守之意。金文作 𢀛(录卣)。戰國文字承襲金文。《説文》:"戒,守邊也。从人持戈。"陳璋壺"成",成守。

《戰國古文字典》頁361

△按　秦簡"成"指縣成。陳璋壺"陳璋内 戒匽(燕)"之 戒,據文例應釋"伐"。

戰　戰

睡虎地·雜抄36　　集成9734 舒蛮壺　　郭店·成之6　　上博四·曹沫13

郭店·老丙10　　上博四·曹沫43

聖彙0071

○胡小石(1934)　𢧵 从戈从 𤡋。蓋戰之異文。从 𤡋 即嘼。古从單从嘼字,可混用不別。殷虛契文以獸爲狩。其字作 𤡋(宰甶敦:王來狩自豆禁。狩亦作 𤡋)。史獸作父庚鼎獸作 𤡋,皆从單。戰本从單,此變从嘼耳。

《胡小石論文集三編》頁175,1995;原載《國風》4卷3期

○劉節(1935)　戳字从嘼从戈,即戰字。甲骨文字戰从丫作 𤡋,或从丫作 𤡋,或作 𤡋。獸字則从 𤡋 作 𤡋,皆从單从犬,未有从嘼作者。其在金文:師袁毀嘼作 𤡋,邵鐘作 𤡋,散盤作 𤡋,王母鬲作 𤡋,古匋文字中嘼作 𤡋,《古文四聲韻》引《王存乂切韻》作 𤡋。可見小篆之 𤡋 字,實從極簡單之丫字而來,是以六國文字皆以从嘼从戈爲戰。《古文四聲均》引《籀韻》戰字作 戳,三體石經戰字亦作 戳。《説文》以戰字从戈單聲;獸字从嘼从犬會意,蓋就小篆之立場而言也。

《古史考存》頁114,1958;原載《楚器圖釋》

○何琳儀(1998)　《説文》:"戰,鬥也。从戈,單聲。"楚文字單旁演化爲嘼

形。畜，《廣韻》：“亦作畜。”透紐。單，端紐。故單、畜疑亦一字之分化。

　　韓璽“戰壌”，讀“成皋”，地名。成、旦均从丁聲，而旦、單聲系可通，《周禮・考工記・矢人》“亦弗之能憚矣”，注：“故書憚或作但。”《法言・淵騫》“鄲聞以德詘人矣”，音義：“鄲猶但也，或古鄲、但通用。”《書・盤庚》中“誕告用亶”，釋文：“亶，馬本作單。”《詩・大雅・桑柔》“逢天僤怒”，釋文“僤本亦作亶”。是其佐證。《史記・秦本紀》：“使蒙驁伐韓，韓獻成皋、鞏。”在今河南成皋西北。中山王圓壺“戰忞”，讀“僤怒”。《詩・大雅・桑柔》“逢天僤怒”，傳：“僤，厚。”

　　楚王酓忑鼎“戰隻”，讀“戰獲”。《左・定九》“得用馬曰獲”，注：“若麟爲田獲，俘爲戰獲。”鼎銘“戰獲”之物爲銅兵器。

《戰國古文字典》頁 1023

○徐在國（2001）　《窮達以時》4 有字作𢧵，簡文爲：“邵（呂）𡩡（望）爲牂（臧）棾（棘）澭（津），𢧵監門棾（棘）地，行年七十而牏（屠）牛於朝歌，譻（遷）而爲天子帀（師），遹（遇）周文也。”原書釋此字爲“戰”，甚確。頗疑“戰”字在簡文中應讀爲“守”。《説文》認爲“戰”字从“戈”“單”聲，簡文此字即从“戈”“單”聲。郭店簡《老子》丙 10“戰勝”之戰字作𢧵，从“戈”从“畜”，酓忑鼎、酓忑盤及三體石經“戰”字均从“畜”作，畜、守古音同。戰、守二字古韻部雖不同，但二字雙聲，戰字可讀爲“守”。關於呂望之事，《史記・齊太公世家》：“呂尚蓋嘗窮困，年老矣，以漁釣奸周西伯。”《索隱》引譙周曰：“呂望嘗屠牛於朝歌，賣飲於孟津。”《説苑・雜言》：“呂望行年五十，賣飲於棘津，行年七十，屠牛朝歌，行年九十，爲天子師，則其遇文王也。”《韓詩外傳》卷七：“呂望行年五十，賣食棘津，年七十屠於朝歌，九十乃爲天子師，則遇文王也。”卷八：“太公望少爲人壻，老而見去，屠牛朝歌，賃於棘津，釣於磻溪，文王舉而用之，封於齊。”《戰國策・秦策五》：“姚賈曰：‘太公望，齊之逐夫，朝歌之廢屠，子良之逐臣，棘津之讎不庸，文王用之而王。’”《抱樸子・逸民篇》：“且呂尚之未遇文王也，亦曾隱於窮賤，凡人易之，老婦逐之，賣傭不售，屠釣無獲。”諸書所載呂望之事與簡文内容不完全一致，“呂望爲牂”“戰監門棾地”諸書皆無。關於“牂”字，裘錫圭先生説：“‘牂’疑讀爲‘臧’。《方言三》：‘臧、甬、侮、獲，奴婢賤稱也。荆淮海岱雜齊之間，駡奴曰臧……燕之北鄙，凡民男而壻婢謂之臧……’”所言極是。“監門”見於《韓詩外傳》卷八。“姚賈，監門之子也。”《史記・張耳陳餘列傳》集解引張晏曰：“監門，里正衞也。”《漢書・高帝紀》注引蘇林曰：“監門，門卒也。”監門的地位較低。結合上文可知呂望不僅在棘津爲臧(即典籍所載"賃於棘津""棘津之讎不庸"),也曾做過監門。"戰監門垄地"即守監門於棘(棘津)之地。據此可補傳世文獻之缺。

　　　　　　　　　　　　　　　　　　　　　《簡帛研究二○○一》頁 179—180

【戰忈】中山王圓壺

○**張政烺**(1979)　　戰忈讀爲僤怒,《詩·桑柔》"逢天僤怒",傳:"僤,厚也。"

　　　　　　　　　　　　　　　　　　　　　　　《古文字研究》1,頁 240

○**湯餘惠**(1993)　　戰忈,即僤怒。《詩經·大雅·桑柔》"逢天僤怒",毛傳:"僤,厚也。"从單聲的字,多有大義;僤怒,猶言盛怒。

　　　　　　　　　　　　　　　　　　　　　　　《戰國銘文選》頁 40

戲　戲

　　　戲 溫縣 WT4K6:212　　戲 睡虎地·封診 32　　戲 秦陶 1243　　戲 璽彙 3154　　戲 璽彙 1765

○**袁仲一**(1987)　　(編按:秦陶 1243 等)戲□、戲工禾。第一件印文第二字殘缺,第二件印文反書,印文不太清晰。禾爲工匠名,戲爲地名。秦代有戲亭,在今陝西省臨潼縣東北戲水西岸。《秦始皇本紀》記載,二世"二年冬,陳涉所遣周章等將,西至戲"。印文中的戲字是否指此地,尚難肯定。

　　　　　　　　　　　　　　　　　　　　　　　《秦代陶文》頁 51

○**睡簡整理小組**(1990)　　(編按:睡虎地·封診 32)戲,偏師,《説文》:"三軍之偏也。"王筠《説文句讀》:"凡非元帥則曰偏,《左傳》'彘子以偏師陷',又曰'司馬令尹之偏'是也。"

　　　　　　　　　　　　　　　　　　　　　《睡虎地秦墓竹簡》頁 153

○**何琳儀**(1998)　　《説文》:"戲,三軍之偏也。一曰,兵也。从戈,虍聲。"

　　晉璽"戲",姓氏。伏羲氏之後也。見《通志·氏族略·以名爲氏》。或地名,見鄘字。

　　秦器"戲",姓氏。或地名。《水經注·渭水》:"戲,邑名。"在今陝西臨潼東北。

　　　　　　　　　　　　　　　　　　　　　《戰國古文字典》頁 448

或　或

　　　或 侯馬 1:7　　或 睡虎地·效律 49　　或 集成 9734 䢐䣵壺　　或 集成 2782 哀成叔鼎

（字形）郭店・老甲 2　　（字形）郭店・老乙 3　　（字形）郭店・語三 42　　（字形）上博四・曹沫 50

（字形）上博一・性情 4　　（字形）上博一・性情 33

○張政烺（1979）　（編按：中山王鼎"或得賢佐"）或，讀爲又，兩周金文中常見。

《古文字研究》1，頁 237

○于豪亮（1979）　（編按：同上）或讀爲又，詳《經傳釋詞》卷三。

《考古學報》1979-2，頁 181

○徐中舒、伍仕謙（1979）　（編按：同上）或，又也。《詩・小雅・賓之初筵》"既立之監，或佐之史"。注："或，又也。"

《中國史研究》1979-4，頁 93

○蔡運章（1985）　（編按：哀成叔鼎）"或"，《經傳釋詞》卷三："或，猶'有'也。"

《中原文物》1985-4，頁 59

○馮時（1986）　（編按：侯馬）或，當讀如"惑"。《論語・顏淵》："崇德修慝辨惑。"《釋文》："惑，本作或。"《孟子・告子》："無或乎王之不智也。"《注》："或，同惑。"《説文・死部》段《注》："或、惑古今字。"是。《説文》："惑，亂也。"《戰國策・秦策》："所無失本來者，難惑。"《注》："惑，亂也。"《韓非子・孤憤》："惑主敗法，以亂士民。"知侯馬盟書的"惑"訓亂。

《考古》1986-7，頁 634

○何琳儀（1998）　或，商代金文作（字形）（或作父癸方鼎）。從丁（城之初文）從秘之初文，會意不明。西周金文作（字形）（保卣）、（字形）（何尊）、（字形）（盂鼎），漸變從戈。春秋金文作（字形）（秦公鎛）。戰國文字承襲兩周金文。《説文》："或，邦也。從口從戈，以守一。一，地也。域，或又從土。"

　　哀成叔鼎、侯馬盟書"或"，讀有。《書・微子》"殷其弗或亂正四方"，《史記・宋微子世家》作"殷有不治政不治四方"。《書・洪範》"無有作好"，《呂覽・貴公》引有作或，是其佐證。中山王圓壺"或"，讀又。《老子》四"道沖而用之或不盈"，《淮南子・道應》引或作又。《戰國策・韓策》一"今又得韓之名都一而具甲"，帛書本又作或，是其佐證。

　　楚器"或"，讀有。

　　秦器"或"，讀有。

《戰國古文字典》頁 18—19

○李家浩（2000）　（編按：九店 56・28）"或"原文作（字形），其字形結構可以有兩種分析。□所從的"乚",可能是"或"字下部一橫的變形。此是一種分析。古文字"國"或作□、□、□等形(《金文編》426 頁),第一、二兩體是把"口"旁右邊一豎省去作"匸"字形的一種寫法,第三體是第一、二兩體的進一步簡寫,是"匸"旁上邊一橫與"戈"旁上邊一橫公用的一種寫法。簡文□可能是屬於上引第三種寫法的"國"。此是又一種分析。按包山楚墓竹簡"國"作□(四五號簡),"或"作□(一二○號簡)、□(一三五號簡背),從"或"之"惑"作□(五七號簡),"郭"作□(三號簡),"彧"作□(一二四號簡)、□(一五一號簡)等,把它們進行比較,不難發現"或"與"國"之間的微妙區別。"或"字所從"乚"的豎畫一般不超過"戈"的橫畫。而省寫的"國"字所從"乚"的豎畫一般超過"戈"的橫畫,根據這一情況,所以釋文把□釋爲"或"。《禮記·祭義》"庶或饗之",鄭玄注:"或,猶有也。"

《九店楚簡》頁 85

○**大西克也**(2002)　　(編按:上博一·緇衣7)"四或",郭店楚簡《緇衣》12 號簡作"四方",和金文所得的"四或"一樣表示"天下"。今本《禮記·緇衣》和《詩經·大雅·抑》均作"國",可能是後代訛變。

《古文字研究》23,頁 189

　　總之,先秦時期的"或"系字應釋爲"域"。先秦時期國家的意義由"邦"字表現,從數量上看,"或"系字還没成爲國家通稱。它有時指稱國家,這只是其"域"義的一種引申,而且用法上有限制。一般只在比較莊重的語體中出現。漢朝創世,須避高祖劉邦諱,這樣選擇"或"系字的這一引申義來代替"邦"字,字也統一使用"國"形了。這是一個人造的變化。秦以前"或"系字指稱國家的例子寥寥無幾,一進入漢朝就出現了大量的"國"字表國家義。這樣劇烈的變化在自然狀態的語言中是不會產生的。

　　先秦時代,"或"系字的含義是"域"。漢以後語言中"國"和"域"是兩個不同的概念,二字語言也不同。那么釋爲"域"的"或"系字古音相當於"國"還是"域"? 後來"國"和"域"的聲母區別是怎么產生的? 是否先秦已經存在某種區別? 遺憾的是,由於資料的緣故,這些問題都暫時無法回答。

《古文字研究》23,頁 192—193

△**按**　"或、國"本一字之分化。從楚簡"或"可作□來看,李家浩所言的"或"與"國"的區別特徵亦非絕對。"或"在戰國文字中有"或、又、有、國、域、惑"等多種讀法。侯馬盟書"而敢或變改……"之"或"當讀"有",馮時讀"惑"恐

不可從。

戮

詛楚文

△按 《説文》："戮，殺也。从戈，翏聲。"詛楚文"刑戮孕婦"，正用殺戮義。"戮"另有異體作"㢪"，參卷四"㢪"字條。

戋 䟧

上博四·采風5 集成980魚鼎

○楊澤生（2006） （編按：上博四·采風5）簡文"戋"从"才"聲，當讀作"豺"，"豺虎"古書習見。

《古文字研究》26，頁336

△按 《説文》："戋，傷也。从戈，才聲。"上博簡《采風》"戋虎"，楊説可從。魚顛匕"戋"讀"哉"。

㦰 㦰

包山167 包山169

○何琳儀（1998） 㦰，甲骨文作（甲八六八）。从戈从从，會以戈傷眾人之意。从亦聲。㦰，精紐；从，從紐。精、從均屬齒音，㦰爲从之準聲首。戰國文字从旁演化爲并旁，包山簡二七三皆字作，可資類比。《字彙補》："㦰，田器。"从旁下加＝，亦屬同類演變。《説文》："㦰，絶也。一曰，田器。从从持戈。古文讀若咸。讀若《詩》云，攕攕女手。"

包山簡㦰，地名。

《戰國古文字典》頁1459

武 㦰

集成9735中山王方壺 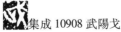集成10908武陽戈

○**薛惠引**（1979）　正式見於史册的中山國君是武公。《史記·趙世家》載：趙獻侯十年（公元前414年），"中山武公初立"。司馬貞《索隱》引《系本》説："中山武公居顧，桓公徙靈壽，爲趙武靈王所滅。"這次王譽墓出土的夔龍飾銅方壺上有"佳（編按：當作"隹"）朕皇祖文武，趄祖成考"的銘文，雖文公未見史籍，武公則是可靠無疑的。

《故宮博物院院刊》1979-2，頁85

○**朱德熙、裘錫圭**（1979）　（編按：中山王方壺）"文武"之"武"當指武公。

《朱德熙古文字論集》頁100；原載《文物》1979-1

○**張政烺**（1979）　（編按：同上）《史記·趙世家》獻侯十年（公元前414年）"中山武公初立"，又趙烈侯元年（公元前408年）中山爲魏文侯所滅，則中山武公在位年數不長。

《古文字研究》1，頁211

○**趙誠**（1979）　（編按：同上）古典文獻提到的中山國君有二，一爲首建中山國的武公（《史記·趙世家》），殆即"皇祖文武"之武。

《古文字研究》1，頁248

○**曹錦炎**（1992）　（編按：貨系165—168）武　周王的廟號

《中國錢幣》1992-2，頁58

○**何琳儀**（1998）　武，甲骨文作（甲二九四〇）。从戈，从止表示行動之義。西周金文作（緐簋）、（牆盤），或从戉（斧鉞之屬）。春秋金文作（晉公盦）。戰國文字承襲商周文字。《説文》："，楚莊王曰，夫武定功戢兵，故止戈爲武。"

因胥鐓"孝武"，謚號。齊兵"武城"，地名（城或作郕）。《左·昭廿三》："武城人塞其前。"在今山東費縣西南。《春秋·襄十九》："城武城。"在今山東嘉興南。二地均屬齊境。齊璽"武弜"，讀"武強"，地名。《漢書·地理志》信都國"武強"，在今河北武強西南。齊璽"武"，姓氏。夏時有武羅國，其後氏焉。見《世本》。

燕王職劍"武某"，讀"武舞"。見某字。燕璽"武尚"，疑讀"武陽"，地名。《汗簡》中一·四二黨作傷。是其佐證。《史記·趙世家》孝成王十九年"燕以葛、武陽、平舒與趙”。在今河北易縣南。燕璽“武城”,地名。《漢書·地理志》定襄郡“武城”,在今内蒙清水河西北。燕璽“武”,姓氏。

空首布、尖足布、圜錢“武安”,地名。見《漢書·地理志》魏郡。在今河北武安西南。

空首布“武采”,韓璽“武隊”,均讀“武遂”,地名。《史記·韓世家》襄王六年“秦復與我武遂”。在今山西臨汾西南。空首布“武”,地名,待考。晉璽“武”,姓氏。韓器“武庫”,藏兵器之庫。《史記·三王世家》:“雒陽有武庫敖倉。”武陽戈“武陽”,地名。見“武尚”。趙尖足布“武平”,地名。《史記·趙世家》惠文王:“二十一年,趙徙漳水武平西。”在今河北文安北。趙方足布“武邑”,地名,見《漢書·地理志》信都國。在今河北武邑。魏璽“脩武”,地名。

大武避兵戈“大武”,見《周禮·春官·大司樂》:“乃奏無射,歌夾鐘,舞太武,以享先祖。”注:“武,武王樂也。武王伐紂,以除其害,言其德能成武功。”楚璽“武陽”,地名。亦作“舞陽”。《戰國策·魏策》三:“然而秦之葉陽、昆陽與舞陽、高陵鄰。”黃丕烈曰:“《史記》(魏世家)舞作武。”在今河南舞陽西北。包山簡“武陵”,地名。見《漢書·地理志》漢中郡。在今湖北竹溪東。

包山簡“武城”,地名。《左·僖六年》:“蔡穆侯將許僖公以見楚子於武城。”在今河南南陽北。包山簡“武”,姓氏。包山簡“武王”,楚武王。見《史記·楚世家》。

搏武鐘“搏武”,讀“布武”。

脩武耳杯“脩武”,地名。武安戈“武安”,地名。武都矛“武都”,地名。見《漢書·地理志》五原郡。在今内蒙曼柏東北。秦兵“武庫”、秦陶“東武”,地名。秦陶“文武”,周文王、周武王。見《史記·周本紀》。

古璽“武”,姓氏。

《戰國古文字典》頁609—611

○何琳儀(1996) “武”(598)。顧棟高云:“晉、楚俱有武城。《文八年》秦人伐晉,取武城,在今陝西同州府華州東北十三里,一名武平城。《僖六年》蔡穆侯將許僖公,見楚子於武城。杜注:楚地。在南陽宛縣北。今在河南南陽府城北。”斜肩空首布“武”應是《左傳》二“武”之一。

斜肩空首布出土地多集中在河南省黃河流域西段。諸如:洛陽、宜陽、伊川等地區,僅建國以來已發現2526枚。其銘文内容大概只有上文所述六種。其中“首陽、三川”(大部分地區)一直屬周,“盧氏、武遂、武”周平王東遷之後仍屬周(戰國早期屬韓、魏,不再屬周)。“武安”春秋屬晉,戰國屬趙,春秋能否屬周,尚值得研究。因此,斜肩空首布爲春秋後半段周幣的可能性最大。

《古幣叢考》頁 65

【武安】睡虎地·編年 48、幣文

○**睡簡整理小組**(1990)　武安,趙地,今河北武安西南。

《睡虎地秦墓竹簡》頁 9

【武城】包山 175

○**徐少華**(1999)　簡 175　武城人番衰耳。

此"武城"當是故南陽宛縣北之武城,春秋早期以前爲古申國地,楚滅申後,轉屬爲楚邑。《左傳》僖公六年"蔡穆侯將許僖公以見楚子於武城",杜預注:"武城,楚地,在南陽宛縣北。"《讀史方輿紀要》曰:"武城在府北,春秋時申地,後屬楚。"即可爲證,故址在今河南南陽市以北。

另據《左傳》成公十六年記載,楚共王於武城,派公子成以汝陰之田求成於鄭,又與鄭大夫子駟盟於武城;魯襄公九年,秦人伐晉,楚子師於武城爲秦援;昭公四年,楚靈王會諸侯於申,隨後又田於武城,説明武城是楚申縣以北的重要城邑和北通中原的前沿基地之一。《左傳》定公四年載楚有"武城黑",杜預注説:"黑,楚武城大夫。"按武城大夫即楚之武城縣尹,杜預是以中原之制説楚官,説明至遲在春秋晚期,楚已於武城設縣。又《左傳》哀公十七年載楚有"武城尹",杜預注:"武城尹,子西子公孫朝。"子西爲楚平王之子,楚昭王之兄,歷任昭王、惠王兩世令尹,公孫朝以王孫身份出任武城縣尹,可見其地位之重要。進入戰國以後,文獻中不再見有關武城的記載,簡文中"武城人"的出現,説明戰國中期武城仍爲楚邑,可補文獻記載之不足。

《考古》1999-11,頁 76

○**劉信芳**(2003)　武城:《左傳》僖公六年"蔡穆侯將許僖公以見楚子於武城",杜預《注》:"武城,楚地,在南陽宛縣北。"《續漢書·郡國志》汝南郡:"安城,侯國,有武城亭。"其地在今河南汝南東南,汝河以南。包簡武城以杜預説爲近是,其地在今河南南陽北。

《包山楚簡解詁》頁 203

【武陵】包山 169

○**劉信芳**(2003)　武陵:《漢書·地理志》漢中郡有"武陵"縣,其地在今湖北竹山縣以西。又有武陵郡,原注云:"高帝置。"《水經注·沅水》:"秦又取楚巫、黔及江南地,以爲黔中郡。漢高祖二年,割黔中故治爲武陵郡。"二年,《續漢書・郡國志》作"五年"。漢"武陵"或因襲楚地之舊名,簡文"武陵"以漢中郡之武陵爲近是。

《包山楚簡解詁》頁196

【武庫】秦封泥集一.二.83 等

○周曉陸、路東之(2000)　《漢表》中尉屬官有"武庫令丞"。《後漢・百官志四》:"武庫令一人,六百石。本注曰:主兵器,丞一人。"

《秦封泥集》頁174

【武陽】武陽戈

○張德光(1988)　"武陽"係古邑名,"左"係庫名,"武陽左"即"武陽左庫"之略。《史記・趙世家》記載,趙孝成王十九年,"趙與燕易土,燕以武陽與趙"。這説明武陽原是燕國的古邑,于趙孝成王十九年(公元前247年)才歸趙。當時武陽是燕下都城,長平之戰後,秦敗趙軍,燕孝王想乘趙危而取之,不料多次交戰,反爲趙所敗,燕爲形勢所迫,才將武陽歸趙。同時,《史記・趙世家》還記載,趙孝成王十一年(公元前255年),武陽君鄭安平死後,趙收其地。《史記》有兩條武陽歸趙的記載,前後很不一樣,有八年之差,但是武陽先屬燕,後歸趙,是沒有問題的。《水經注》易水條,武陽燕昭王所城,東西二十里,南北十七里,《讀史方輿紀要》卷十二記:武陽城在易州東南二十七里,故燕下之都也。易州在今河北易縣。武陽戈可能鑄於此地。

《考古》1988-7,頁618—619

戠　戳　戲

○中大楚簡整理小組(1977)　戠,甲骨文作𢆶𢆷諸形,金文中《免簋》作𢆸,《胸簋》作𢆹,古鉢作𢆺,簡文作戠,可見其前後發展變化之迹,當爲戠字。戠牛,卜辭中屢見,指牲體黄色。如"其戠牛,兹用"(見《殷墟書契》前編卷一、21頁,4版),"其戠牛"(見《簠・典》85頁),"戠衆"(《殷契佚存》815版)。戠

牛,即黄色的牛。

《戰國楚簡研究》3,頁 10

○**葉其峰**(1979) "𢧵室之璽"(圖 7)著録於《衡齋藏印》和《尊古齋古璽集林》。𢧵字作𢧵,所从偏旁日寫作田,與"中山王鼎"昔字作𤊾、"易文□璽"易字作𦥑同例。𢧵當是織之省,這在金文中亦不乏其例,譬如,"免段"的織字作𢧵,"趞段":"錫趞𢧵衣"的織字也作𢧵。𢧵室就是織室。織室之官見於《漢書》,《漢書·百官公卿表》:"少府,秦官,掌山海地澤之税,以給共養。有六丞,屬官有……東織、西織。""河平元年省東織,更名西織爲織室。""𢧵室之璽"的發現,證明戰國已有織室一官,可補史籍之佚。"𢧵室之璽"殆是管理紡織手工業的工官璽印。

《故宫博物院院刊》1979-2,頁 73

○**吳振武**(1983) 0154 𢧵內師鈢·戠(職)內師鈢。

0156□陵□𢧵筥師·□陵□戠(職)筥師。 0314 𢧵字同此釋。

《古文字學論集》(初編)頁 489

0213 𢧵室之鈢·戠(織)室之鈢。

《古文字學論集》(初編)頁 490

○**湯餘惠**(1983) 現在可以回頭探討璽文的涵義了。璽文的"𢧵(職)𢧵(載)"應即《周禮·天官》的"職歲"。《爾雅·釋天》:"唐虞曰載,夏曰歲,商曰祀,周曰年。"此語不盡可信,但從年載的意義上説,這四個字異名而同實,至少戰國時代如此。字義相同或相近的字常常相互代用,古書上不乏此例,如同一語句此處用"年"而彼處用"歲",此處稱"荆"而彼處稱"楚",已是人們所熟知的事實,璽文"職載"《周禮》作"職歲"當屬同一道理。據《周禮》記載,職歲掌官府、都邑、群吏的財務支出,年終與司會等官署共理會計事宜,是直屬王室的財政機構之一。"𢧵𢧵之鈢"應即職歲所用的璽印。

《古文字論集》1,頁 64

○**裘錫圭、李家浩**(1989) "𢧵"字亦見於 54 號簡,原文作𢧵,應是"𢧵"字的變體。此字在 81 號簡从"翼"作"𦥑"。古文字時有加注聲符的現象,如同墓出土的鐘銘"姑洗"之"洗"作"𣲷",即在"先"字上加注聲符"㞷"。疑"𦥑"亦屬此類,蓋在"𢧵"字上加注聲符"翼"。《説文》"織"字的或體作"紝",从"弋"聲,而"弋"从"弋"聲。"弋""翼"古通。《書·多士》"非我小國敢弋殷命",孔穎達正義謂"鄭玄、王肅本'弋'作'翼'"。陸德明《釋文》謂"弋,徐音翼,馬本作‘翼’”。此是“戠”“翼”古音相近之證。81 號簡“乘馬戠白羽”之“戠”與此“戠豪羽”之“戠”,疑並當讀爲“戴”或“載”。54 號簡“戠組之綴”之“戠”,疑讀爲“黕”。《廣雅·釋器》:“黕,黑也。”

《曾侯乙墓》頁 515

○**牛濟普**(1992)　“職室”,“職飤”可能是直接爲楚王室服務的職官。時代晚些的漢代有“織(職)室、暴室”,《三輔黄圖·卷六》載“作室,上方工作之所”。據王先謙《漢書補注》引程大昌云“織室,暴室之類在未央宮西北處”。石志廉先生曾著文釋“職室之璽”及“中職室璽”爲楚璽。

《中原文物》1992-3,頁 89

○**朱德熙、裘錫圭、李家浩**(1995)　“戠牛”亦見一一二號簡。“戠”當讀爲“特”。“特”古亦作“犆”,“埴”古亦作“埻”,可證“戠”“特”古音極近。《國語·楚語》“諸侯舉以特牛”,韋注:“特,一也。”《詩·魏風·伐檀》毛傳謂“獸三歲曰特”。《廣雅·釋獸》謂“獸四歲爲特”。簡文“戠牛”似當與《楚語》“特牛”同義。

《望山楚簡》頁 99

○**曹錦炎**(1996)　傳世楚官璽另有“下郗(蔡)戠(職)襄”(圖 156),也是下蔡地方官所用的印。戠,讀爲“職”,主掌之義。襄,讀爲“禳”,《説文》:“禳,殊禳祀,除癘殃也。”楚俗信巫祀,禬禳之事屬巫祀所爲,《周禮·天官》有女祝,“掌以時招、梗、禬、禳之事,以除疾殃”。

此璽當爲下蔡邑主管禳事官之印。

《古璽通論》頁 105—106

室,宮室。大概東國建有楚王行宮,所以設有“職室”之官。

楚官璽中有“戠(職)室之鉢”(0213)、“中戠(職)室鉢”(圖 117),前者是中央機構之官署,後者當是楚王宮中(即中宮)之屬。《後漢書·百官志》記中宮官名甚多,可以參看。

《古璽通論》頁 109

○**何琳儀**(1998)　戠,甲骨文作🔸(前四·四·四)。從言從戈,會意不明。或作🔸(京津四三〇二),加二點爲飾。金文作🔸(格伯簋)、🔸(免簋),漸似從音旁,小篆遂誤以爲“從音”。戰國文字承襲金文,變異甚鉅。《説文》:“戠,闕也(編按:“也”字衍)。從戈從音。”

燕王職戈戠,燕昭王職。見《史記·趙世家》。

楚璽“戠歲”,讀“職歲”,官名。《周禮·天官·職歲》:“職歲,上士四人,中士八人。"注:"主歲計以歲斷。"楚璽"戠室",讀"織室",官名。《漢書·百官公卿表》:"少府,秦官……屬官有東織、西織。成帝河平元年,省東織,更名西織爲織室。"以楚璽驗之,織室一官戰國已有之。又《風俗通·正失·孝文帝》:"傳詣雒陽織室。"楚璽"戠歟、戠戁、戠盨(鑄)、戠遮(旅)"均官名,戠讀職。楚簡"戠牛、戠豢、戠猎"之戠,均讀臘。《儀禮·聘禮》:"薦脯五臘。"《儀禮·鄉射》:"臘,長尺二寸。"注:"臘,猶脡也。"包山簡"戠之",讀"識之"。《論語·述而》:"默而識之。"亦作志。《周禮·春官·保章》"以志星辰日月之變",注:"志,古文識,記也。"包山簡"戠獄、戠罬",均官名,戠讀職。隨縣簡戠,讀熾。《書·禹貢》"厥土赤埴墳",注:"埴讀爲熾,赤也。"

《戰國古文字典》頁 53

戠,從戠(左下昔形**㣊**或**㣌**由**㣊**或**㣌**繁化所致),止爲疊加音符。

包山簡戠,或作戠,均讀臘。

《戰國古文字典》頁 54

叜,從又,戠聲。疑撨之異文。《集韻》:"撨,持物使相當也。"

齊璽"叜內",讀"職內",官名。《周禮·職內》:"職內,掌邦之賦入,辨其財用之物而執其總。"

《戰國古文字典》頁 54

○**陳秉新**(1998)　　(編按:包山)簡 243:"**摹**(趣)禱卲王戠牛,饋之。"簡 248:"**摹**(趣)禱吾(部)公子春、司馬子音、蔡公子豪,各戠豢,饋之。"

"牛"和"豢"上一字,釋文、字表隸定爲戠是對的,惜未説明當今何字。考釋 479 云:"戠,戠字異體。"隸定和考釋均誤。

按:此字從古文歲省,昔聲,當是腊的古文。《釋名·釋飲食》:"腊,干昔也。"《廣雅·釋器》:"腊,脯也。"《易·噬嗑》:"噬腊肉,遇毒,小吝,無咎。"孔穎達疏:"腊是堅剛之肉也。"《周禮·天官·腊人》:"腊人掌干肉,凡田獸之脯腊膴胖之事。"鄭玄注:"腊,小物全干。"歲的初文作**歲**,從戉(鉞的本字)從二止(趾的本字)會意,本義爲肢解牲體。腊肉係將牲體肢解後腌製風干而成,故古文又從歲。《説文》:"豢,以穀圈養豕也。"《禮記·月令》:"乃命宰祝,循行犧牲,視全具,案芻豢。"鄭玄注:"養牛羊曰芻,犬豕曰豢。"孔穎達疏:"食草曰芻,食穀曰豢。"引申爲肉類製作的菜肴,《孟子·告子上》:"故理義之悦我心,猶芻豢之悦我口。"簡文腊牛指腌腊的牛肉,腊豢當指腌腊的豬肉。

《南方文物》1998-3,頁 60

○**劉信芳**(2003)　　(編按:包山 21)戠:讀"識",記也。古多作"志"。《周禮·春官・保章氏》：“以志星辰。”鄭玄《注》：“職，古文識，識，記也。”“戠之”謂記獄。

（編按：包山200）戠牛：簡 222 作“犆牛”，並讀爲“特牛”。戠、犆、特古音同在職部，古多通用。《尚書・禹貢》：“厥土赤埴墳。”陸德明《釋文》：“埴，鄭作戠，徐、鄭、王皆讀曰熾。”《詩・邶風・柏舟》：“實爲我特。”《韓詩》“特”作“直”。凡祭祀用一牲，或牛或豕，稱作“特”，《禮記・郊特牲》鄭玄《注》：“郊者，祭天之名，用一牛，故曰特牲。”《國語・楚語下》：“大夫舉以特牲，祀以少牢。”韋昭《注》：“特牲，豕也。”

《包山楚簡解詁》頁 35、214

戔 戔

戔 信陽 1・1　　戔 郭店・緇衣 18　　戔 郭店・成之 34

○**中大楚簡整理小組**（1977）　戔，小也；戔人，即小人、賤人。

《戰國楚簡研究》2，頁 2

○**何琳儀**（1998）　戔，甲骨文作𢦔（林二・五・一四）。從兩戈相向，會傷殘之意。春秋金文作𢦏（王子申盞盂盞作𢦏）。戰國文字承襲春秋金文。《説文》：“戔，賊也。從二戈。《周書》曰，戔戔巧言。”

信陽簡“戔人”，讀“賤人”。《禮記・曲禮》上：“雖賤人大夫士必自御之。”

《戰國古文字典》頁 1042

△**按**　郭店簡“戔”字數見，亦都讀作“賤”。

戎

戎 郭店・成之 10　　戎 上博二・容成 2

○**李零**（2002）　相戎：從文義看，似相當“矇瞽”，意思是瞎子。《晉語四》有“矇瞍修聲”。

《上海博物館藏戰國楚竹書》（二）頁 251

△**按**　“戎”爲“攻”字異體。

戎

上博三·中弓 20　　上博四·曹沫 16

△按　"戎"爲"敬"字異體。另參卷三"敬"字條。

戟

集成 11172 曾侯乙戟　　曾侯乙 37

集成 11158 平阿左戟　　集成 11098 曾侯郙戟　　包山 61　　包山 269

包山牘 1　　集成 11563 二年鄭令矛

○**裘錫圭**（1979）　先談"戟"字的問題。根據墓中戈戟出土情况和戈頭有内無内的區别,可以肯定竹簡和戈銘裏的"䟡、䟡、鉢"等字應該釋爲"戟"。這個字在戈銘裏有時還寫作䟡,新鄭所出二年鄭令銅矛的䟡字,就是這種寫法的變體。郝本性同志把銅矛的這個字釋作"戟",曾侯墓的新資料證明他的釋文是正確的。戰國時代的齊國戈銘有時自稱爲"戟",其字或加"金"旁作"鐵",以前我們懷疑它們是"戟"字而苦無確證,現在就可以放心地把它們釋作"戟"了。

"戟"字,滕侯吳戟作"戤",从"各"聲（見《積微居金文説》第 112 頁）。"䟡"字當从"丯"聲,《説文》有"袼"字,疑與"飼、餵"等兩半皆聲之字同例,似"丯"聲在古代有與"各"相近的一種讀法,故"戟"字可从"丯"聲。又戟在古代亦名"孑"（《左傳》莊公四年）,"孑、丯"（古拜切）古音同聲同部（"孑"爲入聲）,也可能"䟡"本讀"孑"（"戟"字似本从"釴"聲,"孑""釴"陰陽對轉,音亦相近）,後因同義通讀（如"石"也讀"擔"）而變讀爲"戤"。

《古文字論集》頁 414、417

○**湯餘惠**（1993）　戟,同戟,銘文兩偏旁合書,新鄭出土的銅矛"戟束"字或作䟡（T1:64）,寫法相近。

《戰國銘文選》頁 4

○**湯餘惠**（1993）　牘 1　必·戟（戟）簡文戟字數見,通常寫作䟡273、䟡269,此篆將兩偏旁合書,與吳字作䟡同例。新鄭出土銅矛自名"戟束",字或

作�(《文物》1992 年 10 期,圖版伍 1),與此類似。從此例看,此簡與另外兩簡可以比較:

　　　十翌車𦥑,戠羽,一翌,其帶术。(269)

　　　二𦥑,戠,二翌,二帶皆术。(273)

　　　車𢧑,戠习(羽),一翌,亓帶术。(牘 1)

　　車𢧑,即車𢧑,可以無疑。

《考古與文物》1993-2,頁 79

○李家浩(1993)　　(3)的"𢧑"字寫法比較特別,原文將"丯"旁與"戈"旁的筆畫公用,新弨戟的"戟"字和新鄭兵器 123 號戟"戟"字所從的"𢧑"旁也是這樣寫的,可以比較。《包山》將此字釋爲"必",非是。

《第二屆國際中國古文字學研討會論文集續編》頁 383

○何琳儀(1998)　　戨,從戈,丯聲。戟之異文。戨(戟)、丯均屬見紐,戨爲丯之準聲首。戈與丯或借用筆畫作𢧑。晉系文字戈、丯或筆畫相連,訛變甚巨。楚系文字丯之左方或加乚爲飾。

　　戰國文字戨,讀戟。

《戰國古文字典》頁 490—491

戏

𢧑集成 11177 曾侯戟　　𢧑集成 11176 曾侯戟

○陳偉武(1997)　　戏(胑、戟):戈:我　　裘錫圭先生考釋曾侯乙墓出土的竹簡和戈銘上的𢧑、𦥑、鉾爲戟字。曾師論證戈、戏、我、戟同源甚詳,指出:"'我'字的本義原應指鋸形或多戈戟一類的兵器,既是'我',亦是'戟',二字應屬同一語源……又古音戈、戟、我乃一聲之轉,亦三字同源之一證。"曾侯乙戈銘戟字或作𢧑,即從二戈,同符合體,而作𦥑則爲形聲字。金文戟或作𢧑(裛盤),從月得聲。或作𢧑(滕侯吳戟)。𦥑從丯得聲,戨從各得聲。《說文》訓"枝挌也"的挌,當爲雙聲符字。向者謂戨借爲戟,實是一字異構,用作動詞訓爲"擊",用作名詞即是"戟"。陶文𢧑,《古陶文字徵》入於附錄,孫敬明先生釋爲"臌(戟)",筆者以爲此説可從。而字當隸定作臌,從戈,從丯聲、月聲的雙聲符字。

《中山大學學報》1997-4,頁 109

戏　戜 㦰

上博三·周易 22 新蔡甲三 380 上博四·逸詩·交交 4 上博六·用曰 6

楚帛書

新蔡甲三 363

○**饒宗頤**(1985)　戜字从爻从戈止。按从戈與从殳同意,故字可釋殽。《説文》:"殽,相襍錯也。"不戜即不殽。上下指天地。言如神、民之不襍糅。山陵各就其所。《禹貢》:"奠高山大川。"此禹與冥治水之功也。

戜即殽:《禮記·禮運》:"殽以降命。"借殽爲效。《説文》:"效,象也。"《易·繫》:"爻者,效天下之動。"此句"以爲其戜(殽)"猶言以爲其效。《廣雅·釋詁》:"爻、象、爻攴,效也。"戜與爻攴原應爲一字,从戈从攴無别。金文鬼字作[illegible]亦作[illegible]、或[illegible],即其例。此處與上文訓殽亂,同字異義。

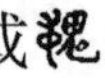

《楚帛書》頁 16—17、19

○**李零**(1985)　㦰,从武與从疋同(古音皆魚部),饒宗頤(1968)讀爲疏即疏,甚確。《國語·周語下》:"疏爲川谷,以導其氣。"韋昭注:"疏,通也。"古人認爲"國必依山川",川原塞,國必亡(見《周語上》),"川,氣之導也;澤,水之鍾也"(《周語下》)。"山陵不疏",所以要開通山谷,以通其氣。

《長沙子彈庫戰國楚帛書研究》頁 68

○**高明**(1985)　㦰乃疏字之别體,《説文·疋部》:"疏,通也。"段玉裁注:"此與云部疏音義皆同,《玉篇》引《月令》:'其器疏以達',今《月令》作疏,諸書枎疏字,《太玄》作枎疏。"繒書"朕傅山川不疏",猶言朕憂山川固塞不通。

《古文字研究》12,頁 377

○**何琳儀**(1986)　"㦰",嚴釋"茂",饒先(生)釋"爻",後釋"疏"。按,"㦰"之所从"爻、武"均有做聲符的可能。然而結合上下文兩"㦰"字的釋讀,知釋"疏"(疏)較妥。《説文》:"疏,通也。从爻从疋,疋亦聲。"這與帛書"㦰,从爻从武,武亦聲"應是平行現象。首先,"疋,足也"(《説文》)。"武,迹也"(《爾雅·釋訓》)。義本相近。其次,"疋"與"武"均屬魚部,音亦相近。"乃上下騰傳,山陵不疏"與典籍載"絶地天通"的傳説有密切關連。《國語·楚語》"古者民神不雜……及少昊之衰也,九黎亂德,民神雜糅……顓頊受之,乃命

南正重司天以屬神,令火正黎司地以屬民,使復舊常,無相侵瀆,是謂絶地天通……重寔上天,黎寔下地",注:"言重能舉上天,黎能抑下地,令相遠,故不復通也。"這裏"民神雜糅"的"天梯",應該就是帛書中的"山陵"。《山海經・海内經》:"有山名曰肇山,有人名柏高。柏高上下於此,至於天。"是神人憑借"山陵",上下天地閒的確證(參徐旭生《中國古史的傳説時代》82 頁和袁珂《山海經校注》)。

《江漢考古》1986-2,頁 80

〇**李零**(1995) 饒宗頤先生舊釋疋(即疏的本字),但後來又改釋殽,以爲淆亂之義。今按帛書此字仍以釋疋爲妥,讀爲序(古書中的疏、敍、序三字均有條理之義,音同義通)。帛書此篇的上文有"山陵不疋,乃命山川四臂(海)"兩句,饒先生指出這裏所述與《書・吕刑》"禹平水土,主名山川"相似,"命"是命名之義,至確。但下句既然是説爲山川四海命名,照理説上句應是講山川未經命名時的情況。山陵未有其名則亂,"不疋"應指無序而不是有序,也是很明顯的。可見以淆亂釋疋字正好是把意思搞反了。

《國學研究》3,頁 269

〇**劉信芳**(2002) 饒宗頤先生初釋"疋",後改釋"殽"。按:釋"疋"是。《離騷》:"及前王之踵武。"王逸章句:"武,迹也。《詩》曰:履帝武敏歆。"《説文》:"疋,足也。"疋、武古音同在魚部,音近義通,此所以从疋與从武無别。《説文》:"疋,通也。"疋又作疏,《禮記・月令》:"其器疏以達。"《玉篇》引作"其器疋以達。"知"山陵不疋"即山陵不通。

《子彈庫楚墓出土文獻研究》頁 27

〇**何琳儀、程燕**(2005) 竹簡本"班車△",馬王堆帛書本作"曰闌車衞",今本《大畜》作"曰閑輿衞"。

△,與長沙子彈庫楚帛書一字(从"止",△聲)有關:

上博・周易 22

楚帛書・甲 3"山陵不△"

楚帛書・甲 3"以爲其△"

△,从戈,爻聲。楚帛書"山陵不△、以爲其△"之△,似均應讀"殽"。《説文》:"殽,相雜錯也。"

竹簡本△疑讀"較"。《説文》:"較,車輢上曲鉤也。从車,爻聲。"典籍亦作"較"。《詩・衞風・淇奥》:"寬兮綽兮,猗重較兮。"竹簡本所謂"車△"應指古代車廂兩側銅製扶手,在考古出土實物中比較常見。車廂有兩較,"班"

訓“分”，似可互證。

《易·大畜》：“九三，良馬逐，利艱貞，曰閑（班）輿（車）衛（較），利有攸往。”意謂“良馬奔逐，雖艱難尚吉利。驗辭：分立兩較之側，出行吉利”。《易》“閑（班）輿（車）衛（較）”與《詩》“猗（倚）重較”文意可參。

“爻”，匣紐；“衛”，匣紐。二字雙聲可通。故竹簡本之△，馬王堆帛書本、今本皆作“衛”。

《江漢考古》2005-4，頁 76—77

○李零（2006）　戣，簡文从爻从戈，馬王堆本、今本作衛。最後這個字見於楚帛書，下面有止旁，辭例是“……乃上下朕（？）斷，山陵不~。乃命山川四海，□熱氣寒氣，以爲其~，以涉山陵……”，過去讀爲疏或殷，現在看來是與衛字有關，或與衛字有通假關係。上博楚簡《容成氏》簡 31 有段話，作“以衛於溪谷，濟於廣川”，衛下有止旁，可能相當此字。楚帛書和《容成氏》的例子，還可以研究，我懷疑，簡文的這個字是讀爲車壹的壹字。壹、衛都是匣母月部字。

《中國歷史文物》2006-4，頁 59

○陳斯鵬（2007）　帛書“山陵不戣”，“以爲其戣”，“戣”字原作：

舊或釋“茂”，非是。饒宗頤先生初隸釋爲“斌”，以爲“疌”之異構。後改隸作“戣”，釋爲“殷”，解“山陵不戣”爲山陵各就其所不淆亂，讀“以爲其戣”之“戣”爲“效”。而諸家則多從饒氏舊說。

後來，我們發現新蔡楚簡有兩個字與此字相關，即“戣”字及从“戣”从“又”之字：

甲三380　　　　甲三363

由此可見“戣”是一個獨立的字。所以，把帛書戣字的“戈”旁分離出來與“止”組合成“武”顯然是不對的。饒氏後說實勝前說一籌。字確由“戣、止”二部件組成，隸定爲“戣”才是正確的。然而帛書中此二句前後呼應，意義應當相關，饒氏對前後二“戣”作出截然不同的兩種訓釋，恐怕是有問題的。

上舉新蔡簡二字似均用爲地名，且文有殘斷，音義頗難確定。不過我們很快又從上博藏簡《周易》22 中發現了“戣”字，寫作戣，與新蔡簡無異。這一次它是作爲“衛”的異文出現的。今本《周易·大畜》九三爻辭“曰閑輿衛，利有攸往”的“衛”，馬王堆帛書本同，而竹簡本作“戣”。今本王弼注云：“衛，護也。”按之爻辭，文意似無障礙。然則“戣”極可能應讀爲“衛”。新近公布的上博簡《逸詩》也有"戉"字,云:"君子相好,以自爲戉。豈嬺是好,隹心是萬(賴)。"從音韻和字義兩方面看,"戉"讀"衛"也都是合適的。

我懷疑"戉"字可分析爲从戈,爻聲,是表護衛義的"衛"的專字。"爻"爲匣母宵部字,"衛"爲匣母月部字,現代音韻學家一般認爲宵類韻和歌類韻主要元音相同(多構擬爲[a]),故"爻""衛"有相通的可能;宵部字"小、少"(二者爲一字之分化),一般認爲是歌部字"沙"的初文,亦可爲旁證。

既釋"戉"爲"衛"字,則加"止"旁的"戔"及加"又"旁的"戉"大概也都可以看作它的繁體而釋爲"衛"。衛尊銘文"衛"字作🈂️,上博簡《容成氏》31"衛"作🈂️,也都是增益了"止"旁,正與"戔"相同。而加"又"者,則有如上博簡《柬大王泊旱》10、15,《相邦之道》2 等處"相"字之作🈂️。加"止"或加"又",大概都是爲了彰示其動作行爲的性質。

帛書"山陵不衛"意謂山陵不得護衛,猶言山陵不安也。所以要借助"熱氣滄氣""以爲其衛"。古代醫家有"衛氣"之説,帛書則言以二氣爲山陵衛,其中觀念實有共通之處。

《簡帛文獻與文學考論》頁 5—6

△按　由新出楚簡《周易》《逸詩》證知"戉"當讀"衛",字疑即"衛"之異構。"戔、戉"爲其繁體。在楚帛書文例中讀"衛"亦甚通。

哉

郭店・老甲 31

○裘錫圭(1999)　(6)今本"奇物",帛甲本作"何物"(帛乙本此二字已殘去),簡文作"哉勿(物)"(《郭店》釋文誤"哉"爲"戠")。一般把它們都讀爲"奇物"。此章上文"以奇用兵"句的"奇"字,帛書本作"畸",簡文作"戠"。"何物"之"何"與"哉物"之"哉",似乎不應該也都讀爲"奇"。疑此二字皆應讀爲"苛刻、苛細"之"苛"。傅奕、范應元二本"奇物"作"衺事"。"物"字本可訓"事"。《詩・大雅・烝民》"有物有則"毛傳:"物,事也。"《周禮・地官・大司徒》"以鄉三物教萬民"鄭注:"物猶事也。"例不勝舉。"苛物"猶言"苛事","苛"字用法與"苛政、苛禮"之"苛"相類。

《道家文化研究》17,頁 57

○劉信芳(1999)　簡甲三一"人多智(知)天,哉勿(物)慈(兹)记(起)"。

《郭店》以"天"爲"而"字誤書,讀"哉"爲"奇",將上引二句作一句讀,皆誤。按"知天"者,推算時日吉凶之類也。"哉勿"即"課物"。《天問》:"何不課而行之?"王逸注:"課,試也。"古測天用土晷、栻盤之類,占卜用龜策之類。"課物"謂此類測試之物。

《中國古文字研究》1,頁 107—108

○劉國勝(2000)　需要進一步討論的是"哉物、法物"的釋讀問題。哉,從可從戈。帛書《老子》甲本相當之字作"何",一般釋爲"奇"。奇從可得聲。馬王堆帛書《春秋事語》"宮之柯",《左傳·僖公二年》作"宮之奇"。簡本《老子》甲組二九、三〇號簡簡文云:"以正之邦,以哉用兵,以無事取天下。"第六字"哉"從奇從戈。帛書《老子》甲、乙本相當之字皆作"畸",一般也釋爲"奇"。與帛書《老子》同墓出土的《道原》佚書有"操正以政畸"句,而並出的《十大經》佚書有"操正以正奇"句。我們以爲,簡本《老子》中的"哉、哉"均可釋爲"奇",但兩字詞義各有側重。作"哉"形的奇字,作偏解。《荀子·天論》"故道之所善,中則可從,畸則不可爲,匪則大惑",楊倞注:"畸者,謂偏也。"《漢書·鄒陽傳》有"繫奇偏之浮辭哉"句。睡虎地秦墓竹簡《爲吏之道》簡文云:"申之義,系畸,欲令之具下勿議。""系畸"與"繫奇偏之浮辭"是一個意思。作"哉"形的奇字,作異解。"奇物"就是指怪異、邪惡的事物。《荀子·儒效》"倚物怪變",《韓詩外傳》作"奇物"。《荀子·君道》云:"衆庶百姓無姦怪之俗,盜賊之罪。"可與簡本《老子》將"奇物"與"盜賊"並言相映證。

《郭店楚簡國際學術研討會論文集》頁 517—518

△按　字當從今本讀"奇"爲妥。

戦

戦 郭店·性自 7　　戦 上博四·曹沫 2 背

○荊門市博物館(1998)　戦(伸)。

《郭店楚墓竹簡》頁 179

△按　"戦"字從"戈","申"聲,當爲戰陣義之"陣"而造。《曹沫》篇"戦"字數見,均讀爲"陣",諸家無異議。《郭店·性自》7"鴈生而戦",諸家多從整理者讀"戦"爲"伸",吳振武曾指出應讀"陣"(2002 年在香港第一屆中國語言文字學國際學術研討會上書面告知陳偉武),白於藍《簡牘帛書通假字字典》

（334 頁,福建人民出版社 2008 年）亦有此説,甚是。簡文謂鷓天生而能列陣而飛。戰陣義之"鴃"銀雀山漢簡猶見沿用。

秡

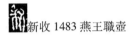新收 1483 燕王職壺

○**周亞**（2000）　秡,應即殺。此字右旁之戈形,與同銘其他从戈之字的戈形略異,然按其結構仍屬戈形無疑。殺有勝義,《爾雅·釋詁一》:"勝、肩、戡、劉、殺,克也。"故此殺字,在此指伐齊之役大獲全勝。

《上海博物館集刊》8,頁 149

○**董珊、陳劍**（2002）　銘文中最後一字的寫法確實很像"殺",但是現在真正可以確認的"殺"字,左下半部分從來不寫作類似"巾"的形狀。我們認爲,這個字除掉"戈"旁以外的部分,就是"禾",這是比較直接的分析。《汗簡》《古文四聲韻》都引《義雲章》古文"穫"字作如下形體:

《汗簡》中之一禾部　　　　《古文四聲韻》入聲鐸部

鄭珍《汗簡箋證》認爲此字"从戈聲",何琳儀《戰國古文字典》從之（詳下）。但是戈和穫古韻一在歌部,一在鐸部,聲母穫在匣紐,戈在見紐,二者的古音並不接近。所以恐怕不能把這個"穫"字的古文看作形聲字。我們認爲這個字係从禾从戈會意,就是"刈穫"之"穫"的表意字。郾王職壺的"秡"和古文"穫"的不同之處,僅在於一個是戈援畫在禾的中間,另一個把禾寫在戈的下面。燕王職壺此字的構造,可以跟甲骨文中"刈"字的一種異體"𢇻""𢆟"相比較。"𢇻"和"𢆟"是表示用"丂"這種工具來刈禾,"丂"畫在禾的中間表斷禾、刈禾之意,是刈禾之"刈"的專字;燕王職壺"秡"字也把戈援畫在禾的中間,表示的也應該是斷禾、刈禾之意。它跟"獲"之初文、象獲鳥之形的"隻"字比較,可以看作是爲刈穫、收穫禾的"穫"所造的專字（穫與獲音義皆近）。在甲骨文中也已經有不少"丂"和"禾"分開寫的"刈"字,傳抄古文"穫"字的寫法與之相類。跟傳抄古文比起來,燕王職壺"秡"字的寫法更能表示"穫"的本意,當更爲原始。（中略）

把燕王職壺最後一個字隸定作"秡"並釋爲"穫",當然應該讀爲"獲"。

《北京大學中國古文獻研究中心集刊》3,頁 44—45

△**按**　董珊、陳劍説是。

钺

新收 1188 攻𡉚王叔钺此邻劍

○**陳千萬**(2000)　钺字雖不見於《説文》,但此字從戈,句聲,清楚可見,或可視爲"句"字的繁寫。

《考古》2000-4,頁 95

○**曹錦炎**(2005)　𢧀,從戈從句,爲雙聲字,讀作"戈"或"句"均可。

《文物》2005-2,頁 68

○**李家浩**(2007)　"𢧀"字還見於下面將要提到的《攻𡉚王叔钺此邻劍》,唯"戈"旁寫在"句"旁的右邊。此字也不見於字書。在古文字裏,"戈、攴"二字作爲表意偏旁可以通用,例如"救、寇、攻、敔"等字所從"攴"旁或寫作"戈"。疑"𢧀"或"钺"即"敂"字的異體。

《古文字與古代史》1,頁 295

𢧜

集成 11310 越王者旨於賜戈

○**殷滌非**(1983)　戈胡的另一面即戈胡正面,不是它的反面,其銘文首一字作"𢧜"(按容老《鳥篆考》誤摹成𢧜,今予更正),是很清楚的。它從圭從戈,疑戈亦聲,或即戈之異文。《商周金文録遺》第 109 頁 578 載銘中"弌",與此形近,驗其器形拓本,也是二穿之戈,亦應爲"陳胐歲□賡之戈"。《説文》戈,"平頭戟也"。《書·牧誓》"稱爾戈",戈短,人執以上舉。《顧命》:"執戈上刃。"戈如戟而橫安刃,但頭不向上爲鉤也。是戈乃主勾殺功用的兵器。《説文》句,"曲也",《周禮·考工記·廬人》"句兵欲無彈",注:"句兵,戈戟之屬。"《左·哀十九年》"越子爲左右句卒",注:鉤伍相著,別爲左右屯。故知戈乃句兵,句亦句兵,二名義通。古禾切戈,古侯切句,是戈、句同紐,古音相通。

《古文字研究》10,頁 216—217

○**何琳儀**(1988)　銘文首字從"圭",與曾侯乙墓所出二十八星宿漆書"奎"作"奎",適可互證。"土"作"圡",見《璽彙》0146。

"𢧜",是從"戈"從"圭"得聲的形聲字。由辭例推勘,"𢧜亥"應讀"癸

亥”，乃干支名。“圭”，見紐，之部；“癸”，見紐，脂部。之、脂二部或可通轉，故“圭、癸”音讀頗近。《漢書・息夫躬傳》“至有武蜂精兵，未能窺左足而先應者也”，注：“窺，音跬，半步也。”《老子・德經》四十七章“不窺牖”，馬王堆帛書《老子》乙本“窺”作“規”。由此可見，“圭”“窺”音同。而《説文》：“媙，媞也。從女，規聲。讀若癸。”此“或”可讀“癸”之旁證。

《文物研究》3，頁 118

戓

集成 11162 王子□戈　　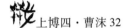上博四・曹沫 32

新收 1408 越王差徐戈　　集成 11047 觴戈

○**李零**（2004）　（編按：上博四・曹沫 32）戓兵：疑讀“輂兵”，用馬車運載兵器。《説文・車部》：“輂，大車駕馬也。”本指馬拉的輜重車。《方言》卷十二：“輂，載也。”也指用輂車運載輜重。

《上海博物館藏戰國楚竹書》（四）頁 264

○**曹錦炎**（2004）　（編按：越王差徐戈）拱字原篆從共從戈，《殷周金文集成》11162號王子□戈的“拱”字寫法，同於本銘。（中略）《説文》：“拱，斂手也。從手，共聲。”訓爲執持，《國語・吳語》：“行頭皆官師，擁鐸拱稽。”韋昭注：“拱，執也。”“拱戟”猶言“執戟”。戈的專名還有“行戈、寢戈、萃戈”等稱呼，與“拱戟”一樣，均是根據用途來命名。

《古文字研究》25，頁 209

戜

集成 9735 中山王方壺

○**何琳儀**（1998）　戜，從戈，朱聲。《集韻》：“戜，《博雅》殺也。一曰，戈名。”中山王方壺戜，誅殺。《汗簡》誅作戜。

《戰國古文字典》頁 400

戟

上博一・緇衣 10

○**徐在國、黄德寬**（2002）　184 頁第十簡“執我戟戟”。

　　按：“戟”字簡文作𢧵，表面上看此字好像是从“戈”从“各”，實際上此字應分析爲从“戈”，“咎”省聲。古音“咎、臼”均爲群紐幽部字，簡文“戟”當讀爲“臼”，而今本正作“臼”。《郭店・緇衣》19 與之相對的字作𢧵，我們已指出原書隸定作从“戈”从“考”是錯誤的，應分析爲从“戈”，“棗”聲，讀爲“臼”。

《古籍整理研究學刊》2002-2，頁 2

△**按**　“戟”字見於《集成》11123 滕侯昊戈、《集成》11150 蔡侯戈等春秋兵器。楊樹達《積微居金文説》［增訂本］（93 頁，中華書局 1997 年）認爲从“戈”，“各”聲，即“戟”字異體。其説可從。但《上博一・緇衣》10“戟”對應傳本的“仇”，按“戟”本字解在語音上較有差距，徐在國、黄德寬以从“各”爲从“咎”之省，似可從。

戣

集成 11295 章子戈

○**何琳儀**（1998）　戣，从戈，交聲。章子戈戣，不詳。

《戰國古文字典》頁 297

旄

新鄭 20　集成 11507 鄭坙庫矛

○**郝本性**（1972）　銅矛銘文中有“奠坙庫旄束”（編號 6）。旄作𣄼，从戈从㫃，㫃乃軍旅所執的旂（旗）的象形，旂彝旂从㫃，作𣃟，旂觚旂字从𣃟。此旄字即戟（今作戟），王國維云：“㫃、𣄼皆㫃之異文。”郭沫若同志於《説戟》一文中云：“字實从戈、㫃，戟乃建於車之戈，故从戈、㫃也。”郭、王之説至確。

《文物》1972-10，頁 37

○**黃茂琳**(1973)　郝文表列兵器中有兩件矛(編號 6 與 21),銘文最後刻有
"旂束、找束",郝同志以爲應釋作"戟刺",即戟之刺部,從而論證郭沫若同志
《説戟》意見精確,郝文此處頗爲有見,所惜例證太少,今又補充兩例,特別是
那件"安陽斷矛",原著《陶續》稱爲斷劍,羅福頤校補的《三代秦漢金文著錄
表》6·26 曾指出"原誤作斷劍",而改稱爲"安陽斷矛"。原器藏故宮博物院,
確是矛非劍。四矛中"束"字寫法結構基本同於甲、金文中之"束"字,同時又
都確是矛。至于第一字各矛寫法雖然不一致,但山西長治分水嶺 14 號墓出土
一銅戟銘文爲"宜□之乘戟","戟"字作𢧵,其形制確是戈與矛合配而用矛爲
其刺部。此墓正是韓國早期墓。《錄遺》578 著錄一戟,銘爲"陳眸歲□賡
(府)之找",最後一字就是"戟"字,又《三代》20·15·1 的戟銘爲:"君子羽□
造找。"銘文作反書,最後一字正書爲"找",亦即戟字,𢧵(戟)晚期簡寫爲𢧵
(旂),又簡而爲"戎、戊"等,特別是旂字由戟字變來,有長治分水嶺 14 號墓出
土戈銘爲證,就完全可以確定。

《考古》1973-6,頁 378

○**湯餘惠**(1993)　戟,《説文》作𢧵,"有枝兵也。从戈、倝。《周禮》:𢧵長丈
六尺,讀若棘"。銘文倝旁省作倝。束,六國古文多作𣓀,此銘省下。戟束,即
戟刺,指戟前的矛頭。古代的戟,柄前由戈、矛兩部分組成,矛以直刺,戈以橫
擊。本器自名戟刺,表明它不是一般的矛,而是裝在戟上的矛頭。

《戰國銘文選》頁 56

○**陳偉武**(1996)　山彪鎮攻戰圖中戟上有旗,新鄭鄭韓故城所出鄭罜庫矛
(《集成》11507)"戟"字作𢧵,从戈从㫃,㫃表旗旌,正與攻戰圖有旗之戟相
吻合。

《華學》2,頁 74

栽

包山 247　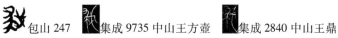集成 9735 中山王方壺　　集成 2840 中山王鼎

○**張政烺**(1979)　栽,从戈,求聲,救之異體。戰國秦漢閒文字,从攴常改从
戈,蓋形近致誤,馬王堆帛書中其例不可勝舉。

《古文字研究》1,頁 219

　　栽，讀爲仇。

《古文字研究》1，頁 231

○**于豪亮**（1979）　栽即救字，一作扴，讀爲仇。《管子·中匡》："安卿大夫之家，而後可以危救敵之國。"所謂"救敵之國"即"仇敵之國"。《方言》三："扴，仇也。"

《考古學報》1979-2，頁 176

○**徐中舒、伍仕謙**（1979）　中山處於齊、趙兩大國閒，與齊較親。"娿邦難親"指趙言。"栽人在旁"，則指齊言。栽與壺銘"曾無一夫之栽"同从戈，求聲，義亦當相同。栽，亦可釋讎，救、讎古之韻字，亦可通。但以"讎人在旁"承上文"鄰邦難親"言，語意重複，似非原文本意，仍以釋救爲是。

《中國史研究》1979-4，頁 92

○**趙誠**（1979）　栽，救字異體。

《古文字研究》1，頁 252

○**商承祚**（1982）　栽爲仇字。

《古文字研究》7，頁 61

△**按**　諸家以"栽"爲"救"字異體，甚是。包山簡"栽、救"互作，均用救援義。中山王方壺"曾無一夫之栽"之"栽"亦讀"救"，而中山王鼎"栽人在旁"之"栽"則以讀"仇"爲妥。

戲

　　包山 34　　上博二·從甲 17

○**何琳儀**（1998）　戲，从戈，吾聲。包山簡戲，讀梧，地名。見郚字。

《戰國古文字典》頁 508

○**劉信芳**（2003）　戲公：簡 39 作"敔公"，又見 70、125。職官名，參簡 70 注。整理小組注云："關敔公，守關官吏。"按："關敔公"不當連讀。

《包山楚簡解詁》頁 47

○**李守奎**（2003）　疑爲敔字異體。敔字見《説文》卷三。

《楚文字編》頁 702

○**陳偉武**（2003）　《説文》："敔，禁也……从攴，吾聲。"段玉裁注："敔爲禁禦本字，禦行而敔廢矣。""敔"之同源字作"圄"指監獄，亦與"樊"之名詞義相近。“兌(樊)敊”義指阻礙禁錮,簡文意謂小人領先他人時就會阻礙壓制人家,而與君子領先他人時啟發引導人家之行爲截然相反。

《第四屆國際中國古文字學研討會論文集》頁202—203

△按 “戜”應爲“敊”之異體。《上博二·從甲》17“少(小)人先_(先人)則兌戜之”,“戜(敊)”字陳偉武釋義甚確。包山簡職官名“戜(敊)公”之“戜(敊)”亦應取禁禦義。參卷三“敊”字條。

戜

包山61　　郭店·語四8　　玉印19　　上博五·弟子19

○**裘錫圭**(1998) （編按:郭店·語四8)“戜”字從“戈”“豆”聲,“豆”“朱”古音相近,此字應即“誅”字別體。

《郭店楚墓竹簡》頁218

○**許學仁**(2002) （編按:同上)《釋文》將 **戜** 隸定爲“戜”,謂字從“戈”“豆”聲,“豆”屬定紐侯部,“朱”屬端紐侯部,古音相近,此字應即“誅”字別體。考戰國列國所用古文“廚”字,各具特色。而楚器作“脰”,屬定紐侯部,壽縣出土諸器,銘文屢見“集脰”一名,見諸楚器《鑄客鼎》《太子鼎》《集脰太子鎬》《太后鼎》《太府鎬》,又天星觀楚簡贈賵助喪官員有“集脰尹”。朱德熙、裘錫圭釋“脰”爲“廚”,學者並指出“集脰”爲楚機構名,掌管楚王、王后及太子飲食膳羞,其長爲“集脰尹”。

古音“豆、朱、尌、廚”均在侯部。《中山王豐方壺》“氏(是)(以)身蒙輴(皋)冑,目(以)䶂(誅)不忈(順)”。誅殺字之“誅”,中山器從“戈”“朱”聲作“䶂”,郭店楚簡從“戈”“豆”聲作“戜”。《集韻》平聲十虞:“‘䶂’,《博雅》‘殺也’。一曰戈名。”《汗簡》卷五戈部引《義云章》“誅”作“戜”。

楚文字中,“戜”字或讀爲“鬥”,古音在端紐侯部,荊門《包山楚簡》受期簡:“十月辛未之日,不行代易廄尹郚之人戜(鬥)于長㮊(沙)公之軍,阱鬥又敗。”(第61簡)“戜”字王輝、何琳儀讀“戜”爲爭鬥之鬥。爭鬥義之“戜”字,《包山楚簡》又寫作“恆”,如“九月戊戌之日,不謙(驗)公孫輴之恆之死,阱鬥又敗”(第42簡),“恆”亦讀爲“鬥”,簡文意謂丙申受期,戊戌爲第三日,查驗公孫輴鬥毆及死亡情形。

《古文字研究》23,頁125

○**劉信芳**(2003) （編按:包山61）郭店《語叢四》8"竊鉤者戜","戜"讀爲"誅",然從句法上説,簡文"戜找"是動賓結構,讀"戜"爲"誅"很難理解。"戜"應是"戲"之省形。《説文》:"戲,三軍之偏也。一曰兵也,从戈,虗聲。"段《注》:"一説謂兵械之名也,引申之爲戲豫,爲戲謔,以兵杖可玩弄也,可相鬥也。故相狎亦曰戲謔。"至於"戲"之讀音,古音學家或歸入魚部,或歸入歌部(段玉裁説)。楚帛書"伏戲"之"戲"作"虗",文獻作"犧",知"戲"入歌部説應屬有據。然郭店《性自命出》33:"㰥遊心也。""㰥"从戜,亡聲,楚簡"無"多作"亡",知"㰥"乃魚部字,"㰥"與"戲"可視爲聲符互換,"㰥遊心也"即"戲遊心也",可謂文從字順。又"嗚呼"亦作"於戲",知"戲"入魚部説亦不可否定。要之,"戜找"即"戲找",《性自命出》"㰥"亦應讀爲"戲"。若以"戲"从"虍"聲,則是魚部字,"㰥"字可爲其例;若以"戲"从"虗"聲,則應是歌部字,帛書"虗"可爲其例。是古讀已有歧,並存其説可也。詳辨其音聲之源,尚有待於賢者。

《包山楚簡解詁》頁 63—64

△**按** 包山簡"戜找"讀"誅戟"或"鬥戟"均可,謂用於誅殺之戟或用於格鬥之戟均可通。

戜

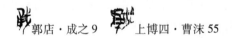

戜 郭店・成之9　戜 上博四・曹沫55

△**按** "戜"字从戈,甬聲,爲"勇"字異體。戰國文字"戜"讀"勇"。

戜 戈

戜 郭店・語三28　戜 上博五・弟子10

戜 郭店・語三26

○**裘錫圭**(1998) "戈"與見於此後有些簡的"戜"字當是一字異體,疑當讀爲"治"。

《郭店楚墓竹簡》頁 213

△**按** 裘説是。字从"戈",聲旁"旤、呂"繁簡互作,疑即爲攻治義而造。

㓞

㓞 曽侯乙 4　　㓞 曽侯乙 93

○**何琳儀**（1998）　㓞，从戈，利聲。隨縣簡"脉㓞"，讀"虎犁"。參《山海經・東山經》："其中多鱅鱅之魚，其狀如犁牛。"注："牛似虎文者。"

《戰國古文字典》頁 1261

△**按**　曽侯簡"㓞"或作人名，見簡 4 等。

戠

戠 郭店・老甲 29

○**劉信芳**（1999）　（編按：郭店・老甲）簡甲二九："以正之邦，以戠甬（用）兵，以亡事取天下。""戠"字帛書本作"畸"，王本作"奇"，《郭店》因謂"戠"乃"奇"字之借，誤也。"戠"字从"戈"聲，戈、果古通用。曽侯乙簡"戈"字作"果"，"以戠用字（編按：當作"兵"）"即"以果用兵"。蓋"以正之邦"，若不得已而用兵，則事成則已。果者，成也。類似例簡甲三一"哉"字讀"課"，另條。

《中國古文字研究》1，頁 107

△**按**　字當從今本讀"奇"。參本卷"哉"字條。

戲

戲 新收 1408 越王差徐戈

○**曹錦炎**（2004）　戟的異體字，有㦰、㦰、戯、戲、鉡、鍼等多種構形，本銘作戲，是新出現的一種寫法。

《古文字研究》25，頁 209

戲

戲 上博二・魯邦 3　　戲 上博六・季桓 14

○**馬承源**（2002）　　（編按：上博二・魯邦 3）殴，讀作“也”，古通假字，在此用爲語助詞。

　　　　　　　　　　　　　　　　　　　　《上海博物館藏戰國楚竹書》（二）頁 207

○**何琳儀**（2004）　　（編按：上博二・魯邦 3）“戙”，整理者屬上讀爲“也”，恐不確。從現有資料看，只有秦文字以“殴”爲“也”，楚文字則無其例。按，此字當屬下讀爲“繄”，用作語首助詞。《左傳》隱公元年：“爾有母遺，繄我獨無。”

　　　　　　　　　　　　　　　　《上博館藏戰國楚竹書研究續編》頁 447

○**俞志慧**（2004）　　（編按：上博二・魯邦 3）第三簡“否”下之字，當依何琳儀釋爲“繄”，屬下讀，爲語首助詞。“繄”字處在前後二個問句之間，當讀如同樣爲語首助詞的“抑”，意義相當於或者，這樣就能使文氣貫通起來。

　　　　　　　　　　　　　　　　《上博館藏戰國楚竹書研究續編》頁 512

○**濮茅左**（2007）　　（編按：上博六・季桓 14）“戙”，《上海博物館藏戰國楚竹書（三）・周易》井卦有“劓”，字上半與“戙”形近。又《上海博物館藏戰國楚竹書（四）・季庚子問與孔子》（第八簡）“戙”字，與“戙”應是繁簡之別。疑“劓”字異文。《玉篇》：“劂，唯芮切，籀文銳。”《博雅》：“劂，傷也。”《集韻》：“劂，小傷也。”“銳，《説文》‘芒也’，亦姓。籀作劂，或作梲，亦省（作兑）。”字亦見《包山楚簡》（一七四、一八六）等，字或爲“烈”之或體。

　　　　　　　　　　　　　　　　　《上海博物館藏戰國楚竹書》（六）頁 212

○**陳劍**（2008）　　（編按：同上）按“戙”字作🔥（包山簡 3）一類形，從“炎”。整理者説簡文此形爲“戙”之簡體，即其左半省而只從一個“火”旁，但簡文此形所從其實跟楚簡文字“火”旁的寫法也並不相同。《上博（二）・魯邦大旱》簡 3“戙”字作：

　　　　　🔥

同篇簡 6 作“敄”。“攴”旁、“殳”旁與“戈”旁常可通作，“戙、敄”無疑並即“殴”字異體。戰國文字中“矢”形、“大”形常互作，“大”又往往斷爲兩截書寫。如“庆（侯）”字或作🔥（《殷周金文集成》15.9616 春成侯壺，三晉兵器、記容銅器銘文中“侯”字作此類形者多見），“因”字作🔥（郭店《成之聞之》簡 18）或🔥（郭店《六德》簡 14；楚簡文字“因”從“矢”形者多見），皆可爲釋簡文此字爲“戙”之證。

　　“殴”讀爲“抑”表轉接，前已見於《上博（二）・子羔》簡 9（陳劍 2003，56 頁）；上引《魯邦大旱》簡 3 的“戙”字，俞志慧（2004，512 頁）也已提出當讀爲

“抑”,但説用爲“語首助詞”,“意義相當於或者”則不確。裘錫圭(2006)(編按:指裘錫圭《〈上博[二]·魯邦大旱〉釋文注釋》,未刊稿)指出,《魯邦大旱》讀爲“抑”的兩“殹”字皆應用爲“轉接連詞”。又《上博(六)·莊王既成、申公臣靈王》簡3—4(釋文用寬式):“載之專(?)車以上乎？ 歐(殹)四駖(?)以逾乎？”“歐(殹)”字亦應讀爲表轉接的“抑”(凡國棟 2007)(編按:指凡國棟《讀〈上博楚竹書六〉記》,簡帛網 2007 年 7 月 9 日)。

《出土文獻與古文字研究》2,頁 176

△按　“戲”爲“殹”字異體,讀“抑”之説可從。另參卷三“殹”字條。

戗　戯

溫縣 WT4K6:250　　包山 138 反　郭店·緇衣 19

郭店·緇衣 43　上博六·天乙 5

溫縣 WT4K6:211　　溫縣 WT4K6:315

○何琳儀(1998)　戗,從戈,來聲。包山簡“戗”,疑讀來。

《戰國古文字典》頁 81

○黃德寬、徐在國(1998)　緇 19 有字作戯,原書隸作“戗”,注釋 53:“戗,從‘戈’‘考’聲,在簡文中借爲‘仇’……裘按:‘此字似不從‘考’,待考。’”(134頁)我們認爲此字所從的“夲”即“棗”之省,老乙 1“曓”字作杲,語三 19 作杲,所從“棗”作朿、朿,與夲形近。如此,戯字應隸作“戯”。緇 19“執我戯戯”,此戯字應讀爲“仇”。古音棗屬精紐幽部,仇屬群紐幽部,而“戯”字應從“棗”聲,故“戯”字可讀爲“仇”。此字又見於緇 43“《寺(詩)》員(云):‘君子好戯’”,今本作“君子好述”。“述”字爲群紐幽部字,故“戯”字也可讀爲“述”。包山簡中亦見此字,《簡帛編》隸作“戗”(877 頁)。包山 138 反:“由𨺇之戯敘於𨺇之所諆(證),與其戯,又(有)悬(怨)不可諆(證)……”疑此“戯”字應讀爲“仇”。《廣雅·釋詁三》:“仇,惡也。”《玉篇·人部》:“仇,怨也。”簡文之意爲與𨺇有仇有怨的人不能出庭作證。

《吉林大學古籍整理研究所建所十五周年紀念文集》頁 102—103

○顏世鉉(1999)　執我戯(仇)戯(仇),亦不我力。《緇衣》一八—一九

　　《詩》云:“君子好戯(述)”《緇衣》四三

　　戠字作戈、戈，《郭簡》釋作戠，注云：“戠，從‘戈’‘考’聲，在簡文中借作‘仇’。包山楚簡第一三八號反面有此字，其文如下：‘戠敘於旌之所諆（證）。與其戠，又惰不可諆（證）。’文中之戠讀作‘考’。《廣雅·釋詁二》：‘考，問也。’裘按：此字似不從‘考’，待考。”按，裘說是也。從簡文來看，此字可讀作仇、述，可能是個幽部字。包山二號楚墓竹笥籤牌有栥、㭉，笥內裝棗，劉信芳釋作“棗”字，以實物證之，此說可信。此外，《老子乙》簡一：“夫唯嗇，是以杲（早），是以杲（早）備（服）是謂……”早作㫐、杲；《語叢四》簡一二：“杲（早）與賢人。”簡一三：“杲（早）與智謀。”早字作杲、杲，《郭簡》均釋爲“早”，《老子乙》注云：“‘杲’當是‘杲’之異體，從‘日’‘棗’聲。‘棗’‘早’同音。”《語叢四》注云：“杲，簡文下部作‘棗’字複體。中山王䤹鼎有‘杲’字，與簡文形似。讀作‘早’。”此四字均當釋作“杲”，讀作“早”，棗、早，均爲精紐幽部。故《緇衣》簡二字當釋作“戠”，通“棗”，述、仇，群紐幽部，音近可通。

　　包山簡一三八反的戈、戈，當釋作“栽”，讀作“來”，此字與《緇衣》簡的戠字左半上部稍有不同。不過“棗”字和“來”字所從的偏旁往往因形近會有混同的情形。楚簡的來（埭）字，天星觀簡作埭，包山簡一三二反作埭，郭店簡作埭（《老子乙》簡一三）、埭（《成之聞之》簡三六），天星觀的來字上半所從偏旁就和《緇衣》簡的戠字所從相同。而睡虎地秦簡《日書甲》簡一四：“利棗（早）不利莫（暮）。”《日書乙》簡六七：“甲乙榆，丙丁棗，戊己桑，庚辛李……”棗字作棗、棗，所從偏旁和《秦律》簡一八五來字作來，《秦律》簡四三的麥字作麥，其所從相同。

《張以仁先生七秩壽慶論文集》頁 382—383

○劉國勝（1999）　《緇衣》一九號簡有字作戈，原釋文隸定作“戠”，應隸作“栽”。讀爲“賴”，訓爲仇。此字又見於包山楚簡。此字當從來從戈，江陵天星觀楚簡簡文云：“從十月以至來歲之十月。”“來”字寫作埭。“栽”字不見於字書，當從來得聲。來、賴古音相近，來屬來紐之部，賴屬來紐月部。古庲、瘌、癩三字可互訓是其證。“栽”疑爲“賴”之異體。《方言》卷二：“賴，仇也。南楚之外曰賴，秦晉曰仇。”錢繹箋疏：“賴之訓仇，以相反爲義也……賴訓爲仇，聲轉爲屬。猶賴訓爲善，聲轉爲戾也。”簡文云：“彼求我則，如不我得。執我賴賴，亦不我力。”今本《緇衣》作“執我仇仇”，鄭玄注：“言君始求我，如恐不得。即得我，持我仇仇然，不堅固，亦不力用我，是不親信我也。”今本之“仇”與簡本之“賴”義同，在此意爲表面相親，實則不信賴。古賴字可反訓，古仇字亦兼訓嘉偶、怨匹二義。包山楚簡簡文云：“思盈之賴除于盈之所證。”簡

文前後涉及的是一件有關人命案的司法審判。上引簡文是判案中的一個環
節,即是對當事人之一的舒盈所擬請的證人作資格審查,排除其中與舒盈有
所親近而可能對公正舉證不利的人。簡文中的“賴”亦訓作仇解。

《武漢大學學報》1999-5,頁 43

○何琳儀(2000)　執我戴(仇)戴(仇),亦不我力。《緇衣》19

　　“戴”原篆作⿰戈⿱𣎴戈,《釋文》釋“栽”,非是。黃德寬,徐在國《郭店楚簡文考
釋》(載《吉林大學古籍整理研究所建所十五周年紀念文集》)釋“戴”讀“仇”,
甚確。檢《古文四聲韻》上聲二十引《汗簡》“棘”作⿰弓矛,與簡文左旁甚近。

《文物研究》12,頁 198

○劉信芳(2000)　仇,原簡該字作“栽”,《郭店》隸作“栽”,非是(《唐虞之
道》簡 6 另有“考”字)。望簡 1-124 所記神名有“埭”,簡 125 作“徙”,《史
記·封禪書》記漢初所祀諸神有“諸布、諸嚴、諸述之屬”,“徙”即“述”之異
構。《緇衣》43“君子好栽”,今本作“述”。包 138 反:“栽敘于旌之所證。”
“栽”讀爲“仇”。惟楚簡另有“求”字,例多見,其義多爲“索取”,另有“栽”字,
即“救”之異構,如此則“栽”爲淘汰字形,雖其讀音、釋義明確,然無法隸定。

《郭店楚簡國際學術研討會論文集》頁 171

○孔仲溫(2000)　《郭店》簡 19、43 有⿰来戈字,隸定作“栽”,並以爲假借作
“仇”,19 號簡文作:

　　執我栽(仇)栽(仇),亦不我力。

　　43 號簡文作:

　　《寺(詩)》員(云):“君子好栽(述)。”

　　《郭店》依據今本《詩經》,讀“栽”爲“述”,這個論證的方向,基本上是正確
的,但是將⿰来戈釋爲“考”,甚至將《包山楚簡》138 號反面簡文所作⿰来戈也釋爲“考”
則值得商榷。裘錫圭先生即懷疑此字“似不從‘考’”。《包山楚簡》釋爲“來”,
個人以爲《包山楚簡》所釋爲是。就字形而言,裘氏懷疑它不從“考”是有道理
的,主要是在“考”的寫法。包山、郭店所從⿱來十、⿱來十的形符,其下面“十”的部件,跟
戰國時期“丂”多作⿱丅丁、丁,豎筆不出頭的寫法,顯然不同,這裏部件豎筆出了
頭,就應該不是“丂”,字不從“丂”就不是“考”字。且《包山楚簡》釋⿰来戈爲“栽”,
讀如來,從字形與上下文意都可以説得通。考天星觀卜筮祭禱簡文有“從十月
以至來戴之十月”的“來”字作⿱來土之形,我們可以看出⿰来戈、⿱來土二者只是偏旁從戈從
止的差異,餘相同的就是“來”的形體。至於從戈從止,這在楚簡中是經常互通

的偏旁,並不影響字義。又從包山楚簡 138 號反面簡文"甶娌之栽敘於娌之所
訴,與其栽,又悁(怨)不可誶"的上下文意觀之,此處"栽"讀如"來"也能通達無
滯。也就是甶娌他來述説事情於娌的處所,以作爲呈堂供證,但就是他來,因爲
心中有怨,恐怕言語不能作爲證詞。因此,我們認爲"栽"可釋爲"來",而今本
《詩經》"栽栽"作爲"仇仇",則爲假借。"栽"上古聲母屬來母*l-,韻部屬之部
*-ə,"仇"上古聲母屬匣母*r-,韻部屬幽部*-əu,聲母不同,但韻部屬主要元音相
同韻尾不同的旁轉,聲韻仍可稱爲相近。

《古文字研究》22,頁 247

○**陳劍**(2001)　　郭店楚墓竹簡對古代文史研究各個領域的深遠影響,現在正
隨着研究的深入逐步顯現。僅就古文字學研究而言,依靠郭店簡提供的證據
和線索,舊有的戰國文字尤其是楚文字中的不少奇字難句已經得到了正確釋
讀。同時,郭店簡文字中還"蘊含着許多商周以來傳襲的寫法,爲解讀更早的
文字充當了鑰匙"。利用郭店簡釋讀更早的古文字,目前已經取得了一些成
績。但它所提供的"鑰匙",相信還有不少未被研究者注意到。所以本文想再
舉一個根據郭店簡釋讀西周金文的例子,希望引起大家的注意。

我們先來看西周金文中尚無定釋的以下字形:

A ▨　　B ▨　　C ▨

D ▨　　E ▨　　F ▨

它們分別見於以下各器(釋文儘量用通行字):

1.何尊:昔在爾考公氏克 A 文王,肆文王受兹大命,唯武王既克大邑商,
則廷告于天……(《集成》11.6014)

2.史牆盤:鼐(柔?)惠乙祖,B 匹厥辟,遠猷腹心。(《集成》16.10175)

3.單伯鐘:丕顯皇祖烈考,C 匹先王,庸(?)堇(勤)大命。(《集成》1.82)
【編按:2003 年初陝西眉縣楊家村出土銅器窖藏虞逑諸器(見陝西省文物局、中
華世紀壇藝術館編《盛世吉金——陝西寶雞眉縣青銅器窖藏》,北京出版社
2003 年 3 月。又《中國歷史文物》2003 年第 3 期、《文物》2003 年第 6 期、《考古
與文物》2003 年第 10 期等),器主名"▨"即本文所論之字;其中逑盤銘文云"雩
朕皇高祖公叔,克▨(即▨字,拓本字形略有漫漶)匹成王,成受大命……",該
字辭例"～匹"與史牆盤、單伯鐘同。】

4.長甶盉:穆王饗醴,即(次)井伯、大祝射。穆王蔑長甶以 D 即(次)井
伯。井伯氏(視)彌(引)不姦。長甶蔑曆。(《集成》15.9455)

5.交鼎:交從昌,E 即(次)王。賜貝,用作寶彝。(《集成》4.2459)

6.義盉蓋:唯十又一月既生霸甲申,王在魯,卿(合)即(次)邦君、諸侯、正、有司大射。義蔑曆,罙于王 F。義賜貝十朋,對揚王休,用作寶尊盉。(《集成》15.9453,《考古》1986 年第 11 期第 978 頁圖一:3 拓本較爲清晰。)

從字形和用法看,上舉 A—F 諸形當爲一字無疑。它顯然應該分析爲从"辵"从"❇"聲,其聲符"❇"(下文用"△"代表)是釋讀的關鍵。在過去對此字考釋的意見中,吳大澂、劉心源釋△爲"來",方濬益、孫詒讓釋爲"朿",郭沫若、李亞農釋爲"木",從字形上看都明顯不能成立,原文也根本無法講通,早已不爲人所信。20 世紀 70 年代何尊銘文被發現以後,張政烺先生在考釋其中的此字時,把△釋爲"奉",原字在銘中讀爲"弼",得到不少學者的贊同。新版《金文編》第 109 頁直接將上舉諸形釋爲"逑",就是采納了這個意見。我們認爲把"△"釋爲"奉"本有一定的合理性(詳後文),但由於當時對"奉"字本身的理解存在問題,所以讀原字爲"弼"亦不可信。同時,由於金文中不論是單獨的"奉"字還是在饙、捧(拜)等字中用作偏旁的"奉"字,其形體大多與△仍有很明顯的區別(看《金文編》第 706—707 頁、774—776 頁、356 頁),因此近年又有學者不從釋"奉"之説而另立新解。或把△釋爲"市",原字在銘中讀爲"弼";或把△釋爲"丞",原字在銘中讀爲"佐"。兩説在字形和通解原文方面也都不同程度地存在問題,遠未得到大家的公認。

郭店楚墓竹簡《緇衣》篇中,第十章(相當於今本第十五章)引《詩》"執我仇仇"(見《詩經·小雅·正月》),第二十一章(相當於今本第十九章)引《詩》"君子好逑"(見《詩經·周南·關雎》),"仇"和"逑"簡文用同一個字表示("逑"今本《禮記·緇衣》就作"仇"。逑與仇是同一個詞的不同書寫形式),其形作:

G 戜 簡 19　　　　H 戜 簡 43

又包山二號墓楚簡 138 反有兩形與此相近:

I 戜　　　　　　　J 戜

已有學者指出當據郭店簡釋爲怨仇的"仇"。

以上諸形應該分析爲从"戈",从"奉"或"丰"聲。其聲符與我們前面所討論的"△"形體頗爲相近,可以聯繫起來考慮。二者相比較,其不同之處主要有兩點:第一,奉、丰較△下端多一短橫。我們知道,古文字字形經常有豎筆中間贅加裝飾性的小點,小點又演變爲短橫的現象,奉、丰下端短橫的來源可能也是屬於這種情況。第二,△形上端作"❇、❇",與此奉、丰上端作"夼、丯"不同。按西周春秋古文字中含有"■、■"形的字,到戰國文字中"■、■"形演變爲"■、■"形的情況是屢見不鮮的。例如:西周金文中"每"字和用作偏旁的"每"字作■(■何尊)、■(大盂鼎"敏"所從)、■(曶鼎)、■(師虎簋"緐"所從)等形(看《金文編》第 32 頁、211 頁、863 頁),戰國文字中變作■(楚鄂君啟節"緐"所從)、■(楚簡"緐"所從多如此)等形(參看何琳儀先生《戰國古文字典——戰國文字聲系》第 1069—1070 頁,中華書局 1998 年 9 月);又如:"弁"字上半所從在西周金文中作"■"形(師酉簋,看《金文編》第 160 頁。"弁"原誤釋爲"鼻"),春秋末年或戰國初年的侯馬盟書中作■、■等形(看《侯馬盟書·字表》第 328 頁),到戰國楚簡中則多作■、■等形(看《戰國古文字典——戰國文字聲系》第 1064—1067 頁);此外,把"粵"字上半所從與"妻"字上半所從在西周金文裏的某些寫法,跟它們在戰國楚文字裏的寫法相比較,也可以看到類似的演變情況。通過以上分析,我們有理由認爲:前舉郭店簡和包山簡諸形所從的■、■,很可能就是由西周金文的"△"演變而來的。

而且,最爲重要的是,根據郭店簡提供的"■"形當與"仇"讀音相同或相近這一證據,把前舉西周金文中以與■可能爲一字的"△"爲聲符的 A—F 諸形釋讀爲"仇",有關銘文的文意就都豁然貫通了。

下面我們用"仇"代入原銘對文意略作疏解。前舉 6 器"仇"的用法可分爲兩類。前三器説"克仇文王、仇匹厥辟、仇匹先王","仇"字用法當相同。對 2、3 器中"匹"字的解釋,裘錫圭先生在論新出戎生編鐘的"(昭伯)召匹晉侯"時有一段話説得很好:

> 這種"匹"字其實本應作"匹配"講。古人於臣對君的關係,也用"仇、匹、妃(配)耦(偶)"等語,古書中例子甚多,張政烺先生在《奭字説》中論之甚詳(見《歷史語言研究所集刊》第十三本,165—171 頁,商務印書館 1948 年)。所以不但晉姜對其夫文侯可以説"匹"(引者按:晉姜鼎説"用召匹台辟"),昭伯對晉侯,周王朝之臣對周王,也都可以説"匹"。有些學者讀這種"匹"爲"弼",是没有必要的。

史牆盤、單伯鐘"仇匹"連用,前人雖然對"仇"未能正確釋讀,但已經認識到它與匹"應是同義關係"。"仇"訓爲"匹",正是古書常訓,例子極多(看《經籍籑詁》卷二十六仇下"仇,匹也"條)。"仇匹"同義連用,如董仲舒《春秋繁露·楚莊王》:"《詩》云:'威儀抑抑,德音秩秩;無怨無惡,率由<u>仇匹</u>。'"《詩經·秦風·無衣》"與子同仇"毛傳:"仇,匹也。"孔疏:"與子同爲<u>仇匹</u>。"

《易·鼎》九二爻辭"我仇有疾,不我能即"孔疏:"仇是匹也……六五我之仇匹,欲來應我,困於乘剛之疾,不能就我……"

古書中講到君臣關係時,常用"仇、匹、妃(配)耦(偶)"等語,下面擇要抄録張政烺先生在《奭字說》中已經舉到的有關材料(最後三條是我們添加的):

《詩經·周南·兔置》:"赳赳武夫,公侯好仇。"陳奐《詩毛氏傳疏》:"仇,匹也……公侯好匹言武夫能爲公侯之好匹。匹當讀'率由群匹'之匹,《假樂》箋云'循用群臣之賢者,其行能匹耦己之心'。昭三十二年《左傳》史墨曰'物生有兩,有三,有五,有陪貳。故天有三辰,地有五行,體有左右,各有妃耦。王有公,諸侯有卿,皆有貳也。'《晉語》(《國語·晉語三》"惠公改葬共世子章")國人誦之曰'若狄公子,吾是之依兮。鎮撫國家,爲王妃兮'。韋注云言重耳當伯諸侯,爲王妃耦……並與《詩》'仇'字義同。"

《詩經·大雅·皇矣》:"帝謂文王,詢爾仇方(上章"萬邦之方"毛傳"方,則也")。"毛傳:"仇,匹也。"陳奐疏:"仇讀如'公侯好仇'之仇。仇訓匹,匹爲匹偶,謂群臣也。"

《文選》楊雄《甘泉賦》:"乃搜逑索偶,皋伊之徒冠倫魁能。"李善注引韋昭曰:"搜,擇也。逑,匹也。索,求也。偶,對也。"

《漢書·董仲舒傳·贊》:"至向子歆,以爲伊吕乃聖人之耦。"師古注:"耦,對也。"

《楚辭·九辯》:"太公九十乃顯榮兮,誠未遇其匹合。"

楊雄《太玄·奭·次五》測"侯逑耦也",司馬光集注:"逑,匹也……士不進者,侯明君。君明臣賢,相匹偶也。"

《尚書·君奭》周公勉勵召公説"汝明勗偶王",僞孔傳釋爲"汝以前人法度明勉配王",孔疏説"戒召公'汝當以前人之法度明自勉力,配此成王'"。"偶王"的"偶"用作動詞,與金文"仇文王"等仇字的用法更爲接近。

古書用仇(逑)、匹、合、妃(配)耦(偶)等,西周金文用仇、仇匹,其義均如張政烺先生在《奭字說》文中所言:"國之重臣與王爲匹耦","君臣遭際自有匹合之義也。"

義盉蓋記載射禮之事説到"仇",仇也應當訓爲"匹",意爲"仇匹、匹偶"。用於記敘射禮的場合,則指在帶有比賽性質的射禮中同一方的人員。與"仇"

相對,射禮中處於兩方的對手則互稱爲"耦(偶)"。據《儀禮·鄉射禮》和《大射儀》的記載,在可以視爲射禮主體的第二番射中,"主人與賓爲耦",即主人與賓客組成比賽的兩方;大夫與大夫(或士)爲耦;餘下的衆人再分成兩方,兩兩配合成爲"衆耦"。比賽的順序是主人與賓先射,然後大夫與大夫(或士)射,最後衆耦射。具體的比賽過程,以主人與賓爲例:雙方人員輪番上場,兩人一組,每人射四矢(即"耦射");每組中賓一方的人員爲"上射"先射,主一方的人員爲"下射"後射。在第二番射全部完畢計算成績時,則只分爲主與賓左右兩方,而不管具體每耦的勝負。其集體比賽的性質十分明顯。在記載與射禮相類的投壺禮的《禮記·投壺》和《大戴禮記·投壺》中,主賓兩方分別稱爲"主黨"和"賓黨"。用"黨"字,也顯示出參加射禮的"主"和"賓"每方不止一人,而且都是作爲一個集體參加。西周時代的射禮雖然不一定與後代禮書所記完全相同,總也應該有可以相印證之處。分析義盉蓋銘的内容,周王會合比次邦君、諸侯、正、有司諸人大射,"正、有司"作爲王朝官員,是周王的屬下,很可能與周王一起組成"主"一方即"主黨";邦君、諸侯則組成"賓黨"。每一方不止一人也是可以肯定的(其它記載射禮的西周金文也能清楚地反映出這一點)。射禮中稱同在一方的人員爲"仇",見於《詩經·小雅·賓之初筵》:"大侯既抗,弓矢斯張。射夫既同,獻爾發功……其湛曰樂,各奏爾能。賓載手仇,室人入又。"《釋文》:"仇毛音求,匹也。"毛傳:"手,取也。室人,主人也。主人請射于賓,賓許諾,自取其匹而射。主人亦入于次,又射以耦賓也。"孔疏:"故燕末將射,賓則自取其匹偶以共發,而居室之主人亦入于次,故取弓矢又射以耦賓也。"孔疏又説:"此摠陳賓主之黨,不獨陳主與衆賓二人也。"體會傳疏之意,當是説主人請賓客先挑選人員組成一方即"賓黨",並且先射;主人也挑選人員組成"主黨"與賓黨耦射,以進行比賽。義盉蓋的"眔于王仇","眔"作動詞,與"及"用法相同,意爲"參預、加入"。這種用法的"眔"字屢見於西周金文。如沬司徒疑簋"王來伐商邑,誕(?)令康侯啚(鄙)于衞,沬司徒疑眔啚(鄙)";裘衞盉"眔授田";五祀衞鼎"邦君厲眔付裘衞田"等。"眔于王仇"意爲義在大射禮中有幸加入到周王一方成爲其中的一員。在義看來這是很光榮的事情,加上又受到王的賞賜,故作器紀念。"仇"字用法與《賓之初筵》的"仇"字適可相印證。

長由盉同樣記載射禮,"仇"無疑也應該訓爲"匹",與義盉蓋的"仇"不同的只是用作動詞;"次"有"亞、副貳"一類意思,引申之則意爲"輔助、佐助"。因爲作助手的人相對於主人而言,其地位總是處在次一等的。次的這個關係很近的引申義古書或用“佽”字表示。例如《詩經·唐風·杕杜》：“人無兄弟，胡不佽焉。”毛傳：“佽，助也。”又《逸周書·祭公》說“王若曰：‘祖祭公，次予小子虔虔在位！’”潘振《周書解義》謂“次，通佽，助也。言助予小子，敬在天子之位”。釋“次”爲“助”是很正確的。長由“仇次”井伯，是說射禮中長由在井伯一方佐助井伯。分析長由盉記載的射禮，井伯外來當是賓，長由應與大祝同爲主一方。不過據《禮記·投壺》“司射、庭長，及冠士立者，皆屬賓黨；樂人及使者、童子，皆屬主黨”（類似的話又見於《大戴禮記·投壺》），可見主人一方的執事人員是可以加入到賓一方的。

　　研究西周時代的射禮，西周金文是最重要的第一手材料。以上對“仇、仇次”的釋讀，對深入探討西周時的射禮無疑是有意義的。

　　接下來該討論交鼎的“仇次”，不過首先有必要簡單談談銘中的“嘼”字。本文初稿從通行的釋法將它讀爲狩獵的“狩”。後來裘錫圭先生告訴我，此銘的“嘼”字和大盂鼎中從“辵”從“嘼”的那個字，都應該釋讀爲戰爭的“戰”。考察有關材料，我認爲裘先生的這一意見是完全正確的。其實，郭店楚墓竹簡《六德》篇第16簡說“……弗敢嘼（憚）也”；又《成之聞之》篇第22簡引《君奭》的一句話，其中“嘼”今本《尚書·君奭》作“單”，裘錫圭先生的按語說：“‘嘼’在古文字中即‘單’字繁文，《說文》說此字不可信。”已經簡明地指出了問題的要害所在。寫作本文初稿時未予注意，是不應有的疏失。按狩獵的“狩”古作“獸”，本從單從犬會意。“嘼”是後來其中“單”形的繁化，獨立的“嘼”字音義當與“獸”無關；在戰國文字及傳抄古文中，“戰”字所從的聲符“單”多作“嘼”；上舉郭店簡及《汗簡》《古文四聲韻》、王存乂《切韻》等書中保存的傳抄古文資料，都有以“嘼”表示“單”和“單”聲字的例子；因此從文字學的角度說，“嘼”即“單”字的繁體無可懷疑。其實這個問題也已經有學者部分注意到了。金文中“嘼”和從“嘼”的字，其中重要者用法可以分爲三類：一類是重言形況詞，與“簡簡”連用，見於命瓜君壺、王子午鼎，舊多誤釋爲“獸”。李零先生舉數證釋“嘼”爲“單”，讀爲見於《詩經·大雅·崧高》的“嘽嘽”，是很正確的。但他沒有涉及下面兩類用法的“嘼”字：一類大概是表示“敵方首領”之意，見於師袁簋、小盂鼎。舊據傳統讀音“嘼”與“獸”音近，讀爲“酋”或“首”，不可信。我們雖然肯定這類用法的“嘼”也應該釋爲“單”字繁文，但對它當如何解釋，現在還沒有確定的見解，待考；一類即交鼎此字，及邵黛鐘：“余顉岡（頑）事君，余嘼婁武。”這是器主誇耀自己的忠心和勇武，釋爲“單”讀爲戰爭的“戰”，顯然比舊說釋讀爲狩獵的“狩”要好；又大盂鼎“賜乃祖南公旟,用遣”。旟旅用於軍旅戰陣,“嘼”釋讀爲“戰”當然遠勝舊説釋爲“狩”。總之,古文字中的“嘼”皆當釋爲“單”,交鼎此字也不應該例外。它在銘中作動詞,當從裘先生之説讀爲“戰”。

“交從戰,仇次王”,是説交跟從時王出去征戰,在王的一方佐助王。“仇次王”與長由盉的“仇次井伯”結構相同。“仇”字訓爲“匹”,用於説到戰爭的場合,表示與敵方相對的我方人員,已見於前引《秦風·無衣》“與子同仇”。當然,戰爭與射禮畢竟不同,交在王這一方是不言而喻的事情。本銘的“仇次王”理解爲“佐助王”就可以了,不必過於拘泥。

討論至此,前舉西周金文中 A—F 諸形的讀音和意義應該説都已基本明了。但要確定它到底是後來的什麽字,卻並不容易。在這個問題上,目前所見的對郭店簡 G、H 兩形的幾種解釋都不能令人滿意。

《郭店楚墓竹簡》把前舉《緇衣》兩形 G 和 H 釋作“裁”,分析爲“从‘戈’‘考’聲”(第 134 頁注[五三])。這種解釋恐怕主要是從讀音出發的(“考”與“仇”古音極近),從字形看則明顯不能成立。裘錫圭先生的按語已經指出其非。

一種意見認爲 G 和 H 兩形左半所從爲“來”。或以爲“乃混來爲求”。或以爲 G 形當分析爲从戈來聲,“疑爲‘賴’之異體”,引《方言》卷二“賴,仇也”爲説。或直接把“栽”講成“仇”的假借。我們既已找到了此形左半所從在西周金文中更原始的寫法,則釋“來”之説就都失去了立論的根據。而且,有必要指出,簡單地根據 G 和 H 兩形左半所從與楚簡中“來”的某些寫法相同,就認定它左半所從爲“來”,這種方法本身就是很危險的。我們知道,戰國文字中字與字、字與偏旁、偏旁與偏旁之間形體混同的情況相當嚴重。僅僅通過在戰國文字間橫向比較,往往難以確定某形究竟是何字,或從什麽偏旁。橫向比較的結果,往往也很難作爲釋字的根據。郭店簡中“弁”字的形體有時與“史”字混同,不少人就必欲改釋《老子》甲本的“三言以爲叟(弁—辨)不足”爲“三言以爲史(讀爲“使”或“事”)不足”,就是對這個問題缺乏深刻認識的表現。

另一種意見認爲 G 和 H 兩形左半所從爲“棗”之省,棗是其聲符,以音近借爲“仇”。此説注意到了“棗”和“△”在字形和讀音上的聯繫,值得重視。不過按照我們的看法,“棗”和“△”的關係恐怕還並非“△”爲“棗”之省這麽簡單,詳後文。

我們認爲,綜合各方面的情況考慮,“△”應該是由“棗”分化出來的一個字。

　　“ 奉 ”字古文字中很常見，舊有許多不同解釋。它在甲骨金文中多用做
“祈求”義，我們同意冀小軍先生將這類用法的奉釋讀爲“禱”的意見。冀先
生認爲，“《説文》對奉字的形體分析不可信”，《説文・夲部》説“奉，疾也。
从夲，卉聲。捧从此”是搞錯了形聲。根據西周春秋金文中邾國“曹”姓的
本字寫作从“奉”得聲的“嫭”，結合奉字字形的演變情況，可以斷定“奉”的
篆形中“夲”才是聲符。“夲”與“禱”讀音相近，故“奉”在甲骨金文中可以
表示“禱”這個詞。下文我們對奉與△關係的分析，就以對奉的以上認識作
爲出發點。

　　我們先來看“△”與“奉”在字形上的關係。古文字中奉字的不同寫法很
多，最常見的一類作 ✳ （看《甲骨文編》第 426—427 頁）、✳ （看《金文編》第
706—707 頁、774—776 頁、356 頁）等形，與“△”的主要區別在於字形下部位
於中豎左右的兩筆總要多一層。以我們對古文字的構造已有的一般認識，這
種差異恐怕很難説成是最初造字時有意的區分，而很可能是在文字的使用
中，分用同一字的繁簡形體表示音同或音近的詞而造成的字形分化。這種現
象在古文字發展中是屢見不鮮的。同時我們還注意到，“△”跟“奉”字和作偏
旁的“奉”字的某些寫法形體極爲相近。這也透露出它們是由一個形體分化
的消息。例如：《甲骨文合集》32683：“癸酉卜，✱于父丁卅牛。”32685：“甲戌
卜，✱于父丁卅牛。”對照相關辭例，“✱”沒有問題應該釋爲“奉”，而其下半筆
畫不重；“奏”字从𠬞从奉，甲骨文中奏字所从的奉也有不少寫作“✱”形的，見
《甲骨文合集》460、2072、14311、21091、27884 等；西周金文中用作偏旁的“奉”
字或作 ✱ （𡩜鼎拜所从）、✱ （農卣拜所从），下半也不作重畫，與“△”形近；此
外，“奉”字還有一類上半作重畫而下半不重的形體，如《甲骨文合集》12859、
34390“奉”作“✱”，西周金文中“捧（拜）”字所从或作“✱”（見尹姞鬲、靜卣、師
酉簋、虢簋等器，看《金文編》第 774—776 頁）。而西周金文中單獨的“△”字，
也正有寫作這類形體的。請看一件西周中期的青銅器銘文：

　　7.乖伯簋：王若曰：“乖伯，朕丕顯祖文武，膺受大命。乃祖克✱先王，異
　　自它邦，有茻于大命……”（《集成》8.4331）

“✱”與前舉何尊“克△文王”的“△”用法全同，字形跟“△”也相近，它與“△”
無疑當爲一字。但由於它又與“奉”字的某些寫法很接近，從郭沫若開始學者
們多將此字誤釋爲“奉”。再看下面一件銅器銘文：

8.季寧尊：季寧作寶尊彝，用🔣畐。（《集成》11.5940）

按照我們對古文字中"夆"字用法的認識，"🔣畐"無疑當釋讀爲"夆（禱）福"。這是獨立的夆字，字形與上銘用作"仇"的"🔣"更爲相近。以上都是"△"與"夆"可能由一字分化在字形上的證據。

從讀音上看，"△"與"夆"也有密切關係。"△"在金文中表示"仇"這個詞，"夆"在甲骨金文中大多表示"禱"這個詞。"仇"和"禱"都是幽部字。就聲母而論，仇是見系群母字，禱是端系端母字。壽本身是照三系禪母字，壽聲字除入端系外，又多在照三系。在諧聲系統中，照三系和端系字大量跟見系字發生關係。例如，唐（定母）從庚（見母）聲，貪（透母）從今（見母）聲，答（端母）從合（匣母）聲，騙（胡管切，匣母）從耑（端母）聲；屈（溪母）從出（昌母）聲，收（書母）從丩聲（見母），股（見母）從殳（禪母）聲，饎（昌母）從喜（曉母）聲，睢（《廣韻》許維切又許規切，曉母）從隹（照母）聲；從甚（禪母）聲的字或屬端系（如湛、椹），或屬照三系（如甚、斟、箴、諶），堪、勘則屬見系溪母。從支（章母）聲的字，枝、肢屬章母，忮、技則屬群母，等等，類似的例子是舉不勝舉的。研究古韻的學者普遍認爲這種現象反映出這部分照三系字、端系字和見系字的聲母應該有一個共同的上古來源。對此古韻學家有種種不同的構擬和解釋，在此不能詳述。我們認爲"△（仇）"和"夆（禱）"的聲母的關係應該也是屬於這種情況。也就是説，"△"與"夆"最初應該聲韻都很相近，後來讀音發生變化，聲母分入見系和端系。它們後代讀音的較大差別，反映了語音的歷史發展。這種語音的分化體現在字形上，就是它們最初可能共用一個字形，讀音的變化促使文字分工明確，最終導致"△"與"夆"分化成字形和讀音都有明確區別的兩個字。

以上論證了西周金文中的△和從辵從△得聲的那些字應該釋讀爲"仇"，並從字形與讀音兩方面推測△應是從"夆"分化出的一個字。從現有材料看，△及從△之字在篆隸中應已遭到淘汰。我們猜想這可能是被"求"聲字兼併了的結果。這個猜想的根據是：在戰國文字中，栽、𢦏並存，兩字讀音極近，又可以表示同一個詞（中山王鼎"栽——仇——人在旁"，栽與包山簡𢦏字用法相同。"仇敵"是"仇匹"很近的引申義），很可能是因使用不同聲符而形成的異體字或部分異體字；而在馬王堆漢墓帛書《周易》中，《鼎》卦九二爻辭"我仇有疾"的"仇"用"栽"字表示，已不再像郭店簡那樣使用"𢦏"字。西周金文的"辿"字，古書或作"述"，也很像是以"求"替換"辿"字的聲符"△"而形成的異體字或古今字。由於"辿"與"述"可能存在這種關係，又考慮到"述"字迄今在古文字中尚未見到,爲了方便起見,我們建議今後可以把前舉 A—F 諸形,或許連同乖伯簋的"🐾"字,一併直接釋寫爲"述"。

最後,我們想對"棗"字、傳抄古文中的"奏"字和"壔"字所從的偏旁、傳抄古文中的"就"字,跟"夆"字和△字的關係提出一些推測。

"棗"字《説文・束部》篆形作🔲,分析爲"從重束"。從古文字材料看,《説文》的篆形和説解都是有問題的。在戰國文字中,棗字和用作偏旁的棗作🔲(宜無戟)、🔲(酸棗戈)、🔲(中山王鼎曓——早——所從)等形;春秋時期的韓鍾劍銘中用作"造"的那個字從金曓聲,曓作🔲,除去重複的兩個意符"日",餘下的部分也與前舉三形接近。這些形體所從的明顯不是兩個"束"。有學者據此認爲棗字"戰國文字多從二來"(《戰國古文字典——戰國文字聲系》第227 頁)。如果再往上溯,可以發現棗字與"夆"字也有關係。前文已經提到,在西周春秋金文中,邿國的姓用從夆聲的"嫛"字表示,古書中則作"曹"。"夆"與"曹"都是幽部字,聲母分別是舌音和齒頭音,其發音部位相近,可以相通。金文中的"戈"與古書中戴國的"戴"、古文字中的"肖"與古書中趙國的"趙",其聲母也是齒頭音與舌音的關係,跟"曹"與"嫛"相類。值得注意的是,西周晚期的邿友父鬲中"嫛"字寫作"🔲"。其右半所從與後來棗字的聯繫是顯而易見的,郭沫若先生就曾據此把金文的嫛字都改釋爲"𡢖"。在前引冀小軍先生對"夆"字的意見的那篇文章中,他論證了絕大部分表示邿國曹姓的那個字仍應釋爲"嫛",其説有理,請讀者參看。不過他也同意釋上舉一形爲"𡢖"之説。現在我們則認爲,上舉字形右半所從,尤其是其上半,與"夆"字的聯繫也是相當明確的。再考慮到"夆"與"棗"讀音也相近(棗與曹音韻地位極近),我們有理由推測"棗"其實也應該是由"夆"分化出的一個字。因此,邿友父鬲中的那個字,仍以與其它同樣表示曹姓的字形統一釋爲"嫛"較爲合理。不過它右半所從的形體確可看作由"夆"演變爲"棗"在字形上的連鎖。其上半作🔲,宜無戟棗字上半作🔲,楚簡文字中則上半作🔲(《包山楚墓》下册圖版四六竹笥籤牌"櫄"字所從)、🔲(郭店簡《語叢四》簡 13"曓〔早〕"所從),演變軌迹與我們前文所論"△"形由金文到郭店簡的演變軌迹是基本平行的。

我們認爲"△"是從"夆"分化出的一個字,又説"棗"字也由"夆"分化,但從有關材料看,這兩個分化過程是發生在不同的歷史時期的。"△"從"夆"字中完全分化出來,西周早期應當就已經完成;【編按:此語當修正爲:"從現有材料看,'△'從'夆'字中完全分化出來,似不會晚於西周晚期。"裘錫圭先生指出,原文"'△'從'夆'字中完全分化出來,西周早期應當就已經完成","似乎把話説得太絶對了一些”。他舉出前文已引到的宎鼎“捧”字“夲”旁作![字形]，與有些△字無別，而宎鼎是西周中期銅器；又“西周晚期銅器善夫山鼎‘捧’字‘夲’旁作![字形]，下部斜筆也比一般夲字少一層，豎畫上加一小横”，則與後來的楚簡△旁的寫法如出一轍。見裘錫圭《燹公盨銘文考釋》，原載保利藝術博物館編《燹公盨——大禹治水與爲政以德》，線裝書局 2002 年 10 月；又載《中國歷史文物》2002 年第 6 期；收入其《中國出土古文獻十講》第 53 頁，復旦大學出版社 2004 年 12 月。】而由“夲”分化出“棗”，最早不能早過西周晚期。體現在字形和讀音上，“△”與“棗”的字形演變情況以及它們跟“夲”字讀音的關係，就都不相同。我們的這兩個推測並不矛盾。

《説文・夲部》“奏”字古文有一形作![字形]，又見於《汗簡》卷一支部、《古文四聲韻・侯韻》。《古文四聲韻》另外還有![字形]、![字形]、![字形]三形。對它們的形體結構，似尚無很好的解釋。按古文字中奏字的結構是从収从夲，以上諸形，除去収、支（支與収可視爲相近意符的替換），餘下的部分按理當與“夲”有關。排比有關材料我們認爲：“![字形]”形有可能正是“△”的簡省訛變形體。

在傳抄古文中，偏旁形體與![字形]相近的還有“墺”及“燠”字。《説文・土部》墺字古文作![字形]，又見《汗簡》卷六土部、《古文四聲韻・屋韻》。又《汗簡》卷四火部燠字古文作![字形]，又見《古文四聲韻・屋韻》，其右半所从當爲上舉墺所从“![字形]”形之寫訛。對這些形體也還没有很好的解釋。按奥及奥聲字古音多爲影紐幽部入聲，讀音與我們所討論的“△”比較接近；從形體上看，![字形]的上半與“△”的上半也基本相同。如果能把墺、燠的古文形體講成从△得聲，顯然是較爲理想的。

傳抄古文的形體不同程度地都有訛變，未可盡據。在春秋時期的鼄鐘銘文中有“合![字形]鎗鎗”句，李家浩先生引傳抄古文“奏”字字形證明“![字形]”當釋爲“奏”，上下文意通暢無礙，其説可信。如果把“△”與此形及傳抄古文中奏、墺所从聯繫起來，可以設想其演變過程如下：

![字形演變圖：木 → 中形 → 分化出两形]

這種演變是否可能呢？我們來看金文中“![字形]”字的各種異體（字例均采自《金文編》第 422 頁![字形]字下，請參看）：

![四個金文字形]

　　其上半所从的"米"省簡、變化的各種情況,可以證明以上我們對"△"形與"乎、孚"形的關係的設想很有可能符合事實。【編按:春秋金文要君盂(《集成》16.10139)"餴"字所从之"奉"旁作█;西周金文"帝"字多作帝,亦或作帝(見寏子卣。看《金文編》第6頁);"啻"字多作啻,亦或作啻(見師酉簋。看《金文編》第67頁)。其字形變化皆可爲上文所論內容之補證。】由此進一步猜測,甚至連"奧"字本身,其篆形中的"米"會不會也與△有關係,都是可以考慮的。

　　《汗簡》卷一走部引貝丘長碑"就"字古文作遒,《古文四聲韻·宥韻》"就"字下引略同。《古文四聲韻》又引《籀韻》三形,其中兩形作遒、遒。這些形體都與前引西周金文中的A—F諸形相當接近。它們也有可能就是由金文的"辻"訛變而來的。辻在金文中用作"仇",仇與就都是幽部字。不過,它們的聲母畢竟有較大的差別。以△爲聲的字,在西周金文和戰國楚簡文字中都表示發舌根音的"仇",爲什麼在傳抄古文所反映的戰國文字中又可以表示發齒頭音的"就",我們感到難以解釋。這到底是語音演變造成的方言歧異的體現,還是另有我們尚不清楚的原因,有待進一步研究。

　　《甲骨金文考釋論集》頁20—38,2007;原載《北京大學古文獻研究中心集刊》2

○王輝(2001)　《緇衣》簡引《詩》云:"皮(彼)求我則,女(如)不我得。執我戟(以下以B代之)戟,亦不我力。"同篇又引《詩》云:"君子好戟。"所引前詩見《詩·小雅·正月》,毛詩B作"仇";後詩見《詩·周南·關雎》,毛詩B作"逑"。

　　B字影本隸作戟,讀爲仇,逑,並云:"《包山楚簡》138號反面有此字,其文如下:'戟敚於煋之所諆(證),與其戟,又悁不可諆(證)。'文中之'戟'讀作'考'。《廣雅·釋詁》:'考,問也。'"裘錫圭先生按語則説:"此字似不從'考',待考。"

　　B字從字形來看,聲符絕非考,而是來。考字古文字作"考"(沈子它簋)、"考"(大鼎),從老,丂(丁)聲,明顯不同於B。來字金文作"米"(害夫鐘)、"█"(逨觶逨字聲旁)、郭店簡作"米"(《語叢四》"逨言傷已"逨字聲旁),與B字形相近,只是B下部多一短橫,此在戰國文字習見。《包山楚簡》一書將B隸作戟,應該是正確的。不過來古音之部來紐,與仇(幽部禪紐)、逑(幽部群紐)古音仍有距離,也難通用。

　　考上古音幽部溪紐,與仇、逑疊韻,但文獻,古文字並未見三字通用之例,故戟、仇、裘通用之説頗可疑,更何況B根本不從考。

在古文字中,求字作""(鱻鎛)、""(邿君求鐘)、""(郭店簡同篇),與來字作"來"有某種程度的相似,故二字在典籍中每有誤用之例。《尚書·呂刑》:"惟貨惟來。"陸德明《釋文》:"惟來,馬本作求,云有求、請賕也。"

依照這個思路,我們推測 B 字或當是救字之訛。救字見中山王方壺:"曾亡(無)一夫之救。"字从戈,求聲,應是救字之異體。字亦讀爲仇,中山王大鼎:"叟(鄰)邦難親,救人在彷(旁)。"又馬王堆帛書《六十四卦·鼎卦》:"我救有疾,不我能即。"今通行本《易》"救"作"仇"。

照這樣理解,則《緇衣》簡 B 讀作仇、述,文從字順。

至於包山簡中的 B 字,並無充分證據説明應解作"問"。從上下文義看,也可能應讀作仇。

據陳偉《包山楚簡初探》的研究,包山簡 138—139 號正面連讀,爲一條簡文;背面分讀,爲兩條簡文,反映的是與訴訟盟證有關的事。簡文記陰人舒埲提出取證請求,所列證人有陳旦、陳龍等人。楚左尹向子郇公轉述王命,"爲陰人舒埲盟其所命於此箸之中爲證"。簡 138 反"似爲陰地官員的報告"。簡文云:"思埲之 B〈救(仇)〉敘於埲之所證。與其 B〈救(仇)〉,有悄(怨)不可證,同社、同里、同官不可證,昵至從父兄弟不可證。"證人因爲有怨、同社、同里、同官、親昵至從父兄弟等原因不能充當證人,"這次取證似乎因此並未舉行"。

在簡文中把 B 看作"救"字之訛誤,讀爲仇,也是可以的。《説文》:"仇,讎也。"又云:"讎,應也。"段玉裁注:"讎者以言應也。"《玉篇》:"讎,對也。""仇敘"就是"對敘";"與其仇",就是"與之對勘、對證"。也就是對證人進行口頭瞭解、審查。

　　　　　　　　　　　　　　　　　《簡帛研究二〇〇一》頁 171—172

○李零(2002)　(七)"仇"字和"述"字(10 章:簡 19 和 21 章,簡 43)

楚文字中的"救"字多从戈从求,簡文中的這兩個字都是"救"字的異體。它們的聲旁與"來"字無別,我們認爲是混來爲求。近北京大學中文系的陳劍同學指出,簡文中的這種寫法,恐怕應聯繫西周金文舊釋爲"逨"而其實應改釋爲"述"的字(如莊白窖藏出土史牆盤的"～匹厥辟")重新考慮。因此,他是把簡文中的這類寫法當作从求得聲的字。他認爲,西周金文中的"述"字(按:這是受簡文啟發而改釋),其聲旁與殷墟卜辭和西周金文中的""字有關,當是从秫得聲(《據郭店簡釋讀金文一例》)。此説對認識簡文字形的來源很有啟發,但殷墟卜辭和西周銅器中的""字,陳文從冀小軍説(《説甲骨金文中表祈求義的夲字——兼談夲字在金文車飾名稱中的用法》)釋"禱"卻值得商榷。因爲從有關辭例看,此字或與"勹"字對文(如杜伯盨和瘋鐘第六組的"用~壽,勹永命"),用法更接近於"求"。他所舉殷墟卜辭中的"~雨、~年、~禾"等辭,西周銅器銘文中的"~福、~壽、祈~"等辭,我們從古代的閲讀習慣看,也是以讀"求"更順。如古代訓詁,"求"字的同義詞是"乞、祈"和"勹"(《廣雅·釋詁》)。又祈求降雨,古書多稱"求雨"(《春秋繁露》有《求雨》《止雨》),而不説"禱雨";祈求豐收,古書也多稱"祈年"(《詩·大雅·雲漢》。秦漢有"祈年宫"。"祈年"與"求年"意思相近),而不説"禱年"。而事實上,對前一類辭例,早期的甲骨學家,孫詒讓、羅振玉、王國維,他們也正是釋爲"求雨、求年、求禾"。我認爲,現在既然我們已經知道,西周金文中的"述"字是從這種偏旁得聲,則我們應該回到的是孫氏和羅、王等前輩的看法,而不是冀小軍先生的看法。他所舉的各種辭例,恐怕都有重新審查的必要(這裏不能一一討論)。另外,簡文中的"求"字,它有兩種寫法,一種是作偏旁(聲旁),來源是甲骨、金文中專門表示"祈求"之義的"求"字(字形象兩手捧穀類農作物),它的比較簡略的寫法(省去雙手),早在西周時期就與"來"字容易混淆。另一種是單獨出現的"求"字,來源則是甲骨、金文中專門表示"裘皮"之義的"求"字,後世小篆隸書沿用的"求"字就是屬於這一種。戰國以來,來源於前一種寫法只作偏旁使用的"求"字,其寫法已混同於"來",在文本閲讀上極易造成誤解。如我們已經指出,《老子》乙組簡 13 的"終身不來",王弼本作"終身不救",就是二者發生混淆的例子。在這個意義上,我們説它們是形近混用,也不能認爲就是錯誤的説法。

《郭店楚簡校讀記》(增訂本)頁 76—77

○陳偉(2003)　18—19 號簡寫道:"彼求我則,如不我得。執我戟戟,亦不我力。"傳世本《緇衣》及《詩·小雅·正月》與"戟戟"對應處作"仇仇"。

　　"戟",左旁似"來"形,右旁爲"戈"。整理者認爲是从"戈""考"字,借作"仇"。裘先生按語云:"此字似不从'考',待考。"這個近似"來"的形體,與郭店簡《老子》乙 1 號簡、《語叢》三 19 號簡中的"早"字所从相似。黄德寬、徐在國先生指出:此字左旁即"棗"之省,應隸作"戴"。古音"棗"屬精組幽部,仇屬群組幽部,"戴"字應从"棗"聲,故可讀爲"仇"。《古文四聲韻》卷三録《汗簡》"棗"字正與此形類似,可以資證。

　　上博本 10 號簡此字寫作"弑",整理者依形隸定,無説。今按,此字應釋爲“戟”。《滕侯戟》的器名用字即从“各”从“戈”。楊樹達先生在《積微居金文說》中分析説：“按‘戟’爲會意字，銘文‘戟’字作‘𢧵’，从戈，各聲，爲形聲字，‘戟’之或作也。从‘各’聲者，‘各’與‘戟’古音相同故也（同鐸部見母）。”《汗簡》“格”字下亦收此形。聯繫到《釋名·釋兵》“戟，格也”之説，更可相信楊樹達先生之説。

　　在上古音中，戟爲見母，仇爲群母，屬於旁紐，音近可通。因而簡書中的“戟戟”大概是傳世本中“仇仇”的假借字。

　　鑒於“戟、𢧵”皆與“仇”讀音相近，而“𢧵”也以“戈”爲義符，“𢧵”很可能也是“戟”字異體。

《郭店竹書別釋》頁 38—39

△按　陳劍將楚簡此字左旁與西周金文“■”字所从“■”聯繫起來是有道理的，釋讀“■”爲“述、仇”亦可信。但以“■、棗”均由用作祈求義之“㞷”分化而出，則恐不可從。“■、棗、㞷”三者的早期形體均有較嚴格的區別，將它們聯繫起來的理由並不充分。西周早期史述諸器“述”字或作“■”（《集成》02164），或作“■”（《集成》09063）；又小臣謎簋“謎”字蓋作“■”，而器作“■”。疑其聲符之原始寫法應是“■”。此形商及周初文字多見，結合形、音線索，似有二種可能值得考慮：一是象球體之平視形（六點連接即成圓廓），爲球狀物之“球”的初文；二是象輻轐之形，爲“轐”之初文。東周文字“𢾗”字的聲符與“來、朿、棗”等形近訛混。字或增“止”爲繁體。溫縣盟書之“𢾗、𢾖”，魏克彬《説溫縣盟書中讀爲“討”的“𢾖/𢾗”》（中國古文字研究會第 19 次年會論文，上海 2012年）、《溫縣盟書 T4K5、T4K6、T4K11 盟辭釋讀》（《出土文獻與古文字研究》5，上海古籍出版社 2013 年）主張讀“討”，可備一説，然似不若統一讀作“仇”也。

戗

集成 11182 朝歌右庫戈

△按　“戗”字从戈，兒聲。朝歌右庫戈“戗”爲人名。

𢾗

包山 273　包山牘 1　楚帛書　上博三·周易 13

○許學仁（1983） （編按：楚帛書）戩，从帚从戈。帚作"𢆶"，與魏三體石經《春秋》僖公三十年古文侵作𢆶，僖公二十八年古文歸作𢆶二字偏旁同。繒書言"利侵伐"，此字从戈，侵伐之意，灼然明矣。

《中國文字》新 7，頁 106

○李家浩（1993） 一畚正車：……亓（其）上軡（載）：絑（朱）晳（旌），百條四十攸翠（翠）之頁（首）。笔中干，絑（朱）緇七窅，車軡（載），戩（侵）习（羽）一窅，亓（其）帛（旆），术五窅。 牘 《包山》圖版二一一

"侵""曾"二字古音相近，上古音"侵"屬侵部，"曾"屬蒸部，侵、蒸二部字音關係密切，例如"任、朕"二字屬侵部，而从"任"得聲的"凭"字和从"朕"得聲的"勝、縢、腠"等字卻屬蒸部，"侵""曾"二字的聲母亦近，"侵"屬清母，"曾"屬精母，都是齒頭音。疑包山簡牘的"侵"和曾侯乙墓簡的"翻"是同一個詞的不同寫法，其義當是一種羽毛的名字，不過包山簡牘所記的戟柲的翼狀物名字與旆幅的翼狀物名字是有區別的，把前者叫作"侵"，把後者叫作"术"。

《第二屆國際中國古文字學研討會論文集續編》頁 386

○劉信芳（1997） 包山簡二六九："車軡，戩羽一窅；亓帛（旆），术五窅。"（牘文所記同）又二七三："二軡，戩二窅；二帛（旆），皆术九窅。"

軡即楚系文字"戟"，《方言》卷九"三刃枝，南楚宛郢謂之匽戟"。

所謂"戩羽一窅"，謂以絲線綴羽一旒。"戩"字又見於楚帛書，"侵"字異體，此讀如"緌"，《詩・魯頌・閟宮》："貝胄朱綅。"毛傳："朱綅，以朱綅綴之。"《說文》："綅，線也。"江陵鳳凰山一六八號漢墓竹簡五一："糸，糸侵各一。""糸侵"謂絲線也。《爾雅・釋天》之釋"旌旐"："練旒九，飾以組，維以縷。"練者繒也，繒乃帛之名，是謂綴九旒於下垂之帛，以組緣邊，以絲縷維繫之。《詩・商頌・長發》："爲下國綴旒。"箋云："綴猶結也，旒，旌旗之垂者也。""綴旒"與"戩羽一窅"辭例結構相同，古漢語名動相因，"戩"在此用如動詞。

《中國文字》新 22，頁 182

○何琳儀（1998） 戩，从戈，侵省聲。疑侵之異文。

銅柱"戩逮"，讀"侵陵"。《禮記・聘義》："則不相侵陵。"或作"侵淩"。《墨子・天志》下："今天下之諸侯，將猶皆侵淩攻伐兼并。"

包山簡戩，讀緌。《說文》："緌，絳綫也。从糸，侵省聲。《詩》曰：貝胄朱緌。"帛書"戩伐"，讀"侵伐"。《易・謙》："利用侵伐。"《左・莊廿九》："凡師

有鐘鼓曰伐,無曰侵。"《公羊·莊十》:"觕者曰侵,精者曰伐。"

《戰國古文字典》頁 1416—1417

○濮茅左(2003)　"戬",从戈,侵省聲,《説文》所無,《包山楚簡》《江陵望沙冢楚墓》(編按:"望"後脱"山"字)簡數見,疑爲"侵伐"之"侵"本字,从"戈"當爲干戈動武之意。《左傳·莊公二十九年》"夏鄭人侵許。凡師有鐘鼓曰伐,無曰侵",《春秋集解》:"聲罪致討曰伐,潛師掠境曰侵。聲罪者,鳴鐘擊鼓,整衆而行,兵法所謂正也;潛師者,銜枚臥鼓,出人不意,兵法所謂奇也。"

《上海博物館藏戰國楚竹書》(三)頁 154—155

【侵伐】楚帛書

○劉信芳(1996)　侵伐　《左傳》襄公四年:"楚人使頓閒陳而侵伐之。"秦簡《日書》九五七:"利單(戰)伐。"

《中國文字》新 21,頁 104

△按　楚帛書及楚簡《周易》等"戬"均用爲侵伐字。包山簡"戬羽"之義待考。

戩

璽彙 2356

○何琳儀(1998)　戩,从戈,豈聲。或疑戈爲疊加音符。晉璽戩,人名。

《戰國古文字典》頁 479

戗

陶彙 6·79

包山 144　　上博二·從甲 19　　上博五·姑成 7　　上博五·三德 5

△按　戰國文字"戗"即"傷"字異體。詳卷八"傷"字條。

骩

包山 267

○劉信芳(2003)　(編按:包山 277)骩:字从戈,骨聲,讀爲"勿"。《説文》解"勿"

爲旗幟，"所以趣民，故遽稱勿勿"，"勿勿"猶"忽忽"（參《顏氏家訓・勉學》、朱琦《説文假借義證》），"戗"古音在物部見紐，"忽"古音在物部曉紐，簡文"戗"是一種旗幟，所指應即經典之"勿"。李家浩《包山楚簡研究五篇》（《第二屆國際中國古文字學研討會論文集》，1993，香港）讀"戗"爲"旞"。

《包山楚簡解詁》頁 318

○**李家浩**（2003）　"戗"不見於字書，根據漢字結構的一般規律，此字當分析爲從"戈"從"骨"聲。"迂"見於《古文四聲韻》卷二尤韻，是古文"遊"，在此當讀爲"斿"。"斿"或作"旒"，是古代旌旗旗幅末端的下垂飾物。從簡文"戗"有"滕組之斿"來看，似是旗名。古代有一種旗名"旞"，字或作"旟"。《説文》㫃部："旞，導車所以載。全羽以爲允。允，進也。從㫃遂聲。旟，旞或從遺。"《周禮・春官・司常》"全羽爲旞，析羽爲旌"，鄭玄注："全羽、析羽，皆五采，繫之於旞、旌之上，所謂注旄於干首也。"《釋名・釋兵》："全羽爲旟。旟，猶滑也，順滑之貌也。"《釋名》以"滑"爲"旞（旟）"之聲訓，説明"滑""旞"古音相近。"滑"也從"骨"聲。疑簡文"戗"應當讀爲"旞"。

《古籍整理研究學刊》2003-5，頁 7

旇

上博四・曹沫 51

○**陳斯鵬**（2007）　"旇"字原形作 ，《李釋》隸爲"㦰"，細審之，其左旁實從"㫃"從"亓"，爲"旗"字之簡體，這種寫法的"旗"，戰國文字中並不罕見。字又從"戈"者，殆爲戰旗之專字，此亦猶"車"之作"載"也。陳文以爲字左從"㫃"（楚簡中讀爲"斯"，或作"斯"字聲旁），這種可能性不能完全排除，但細察筆意，則從"㫃"從"亓"的可能要大得多。退一步説，即使左旁是"㫃"，分析爲從戈，㫃聲，同樣可以認爲是戰旗字。"則旗"是修飭整頓戰旗的意思。古代作戰，戰旗扮演着十分重要的角色。《管子・兵法》："旗，所以立兵也，所以利兵也，所以偃兵也。"所以復戰前的"則旗"是必要的。

《簡帛文獻與文學考論》頁 104

○**李守奎、曲冰、孫偉龍**（2007）　疑爲"斯"之異體。

《上海博物館藏戰國楚竹書（一——五）文字編》頁 575

△**按**　簡文云："則旇（旗）宅（度）剔（傷），㠯（以）……"陳劍《上博竹書〈曹

沫之陳〉新編釋文（稿）》（簡帛研究網 2005 年 2 月 12 日）以爲“䘕”字左從
“睪”，連下“宅”（陳文作“乇”）字讀作“廐徒”，整句讀爲“則廐徒傷亡”。所
謂“亡”字蓋沿整理者之誤。

戝

曾侯乙 10　　　曾侯乙 15

○**裘錫圭、李家浩**（1989）　“戝”，即“敠”字的或體。《玉篇·盾部》：“敠，扶
發切，盾也。《詩》曰‘蒙敠有菀’。本亦作‘伐’。鄭玄云：‘伐，中干也。’戝，
同上。”據此，“戝”似應分析爲從“盾”“伐”省聲。

《曾侯乙墓》頁 506

○**何琳儀**（1998）　戝，從盾從戈，會以盾禦戈之意。敠之初文。《集韻》：“敠，
《説文》盾也。或從戈。”《説文》：“敠，盾也。從盾，犮聲。”或説戝從伐省聲。
《詩·秦風·小戎》“蒙伐有菀”，《傳》：“伐，中干也。盾之別名。”釋文：“伐，
本或作戝。”茲據戰國文字立戝爲聲首。

　　隨縣簡戝，讀敠。《方言》九：“盾，自關而東，或謂之敠，或謂之干，關西謂
之盾。”

《戰國古文字典》頁 955

△**按**　卷四“敠”字條重見（作“䮻”）。

戔

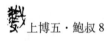上博五·鮑叔 8

○**陳佩芬**（2005）　戔齊　讀爲“戔齊”，即“伐齊”。“戔、伐”同屬月部，可通。
《説文·人部》：“伐，擊也。從人，持戈。”

《上海博物館藏戰國楚竹書》（五）頁 190

△**按**　字從戈，戔聲，爲“伐”之異體。

戲

包山 10　　　包山 3　　　上博五·季庚 14　　　新蔡甲三 361、344-2　　　包山 150

○**何琳儀**（1998） 戡，从戔（剢之異文）或戔省，疑乙聲。剢之異文。

包山簡戡，讀遂。參剢字。《周禮·地官·遂人》："五鄙爲縣，五縣爲遂。""遂人掌邦之野，以土地之圖經田野，造縣鄙形體之法。""戡尹"相當"遂人"或"遂大夫"。

《戰國古文字典》頁 931

○**劉信芳**（2003） 戡：黃錫全云："頗疑戡爲'戡'之別體，如同《説文》湛之古文作潗。作爲地名的戡（戡）當即湛。"按釋"戡"爲"戡"在字形上是有根據的。只是此"戡"非一地之地名，而是楚國的行政區劃單位，"戡"讀爲"沈"，《文選》載班固《答賓戲》："浮英華，湛道德。"李善《注》："湛，古沈字。"凡《漢書》志、傳"湛"字注皆讀曰沈。考簡文戡（沈）字計出現 31 例，可歸納其具體涵義如次：

其一，戡（沈）爲行政區劃名。簡 10、163、172、180 有"郯戡"，162 有"鄟戡"，187 有"遊戡"，191 有"膚戡"，194 有"郟戡"，皆其例。所謂"鄟戡"應是鄟地下屬之"戡"，餘同此例。

其二，管理"戡"的職官名"戡尹"，以下徑書"戡"爲"沈"。簡 125"沈尹癸"（邚易之沈尹），162"鄟沈尹豫"，166"子西沈尹之人辛"，186"新沈尹"，194"郟沈尹"。"沈尹"《左傳》屢見，宣公十二年："沈尹將中軍。"杜預《注》："沈或作寑，寑，縣也，今汝陰固始縣。"解"沈尹"爲沈縣之尹是有問題的，第一，楚國縣尹衆多，何以僅"沈尹"屢見於史書？僅見於《左傳》的，有"沈尹赤"（昭五年）、"沈尹射"（昭五年）、"沈尹朱"（哀十七年）、"沈尹壽"（襄廿四年）。又《漢書·古今人表》有"沈尹華"，《吕氏春秋·當染》有"沈尹蒸"，《贊能》有"沈尹莖"，又《察傳》有"沈尹筮"，《新序》有"沈尹竺"，《韓詩外傳》有"沈令尹"（"令"字衍）。如此衆多的"沈尹"見之於史書，統統解爲沈縣之尹是不可思議的。第二，僅《左傳》昭公五年就有"沈尹赤、沈尹射"，其一縣有二沈尹，亦難以理解。

既然包山簡不少縣（地）都有"沈尹"，那麼"沈尹"就如同"連傲、莫敖"之類，是通用職官名，而非某一縣之縣尹。簡 166"子西沈尹之人辛"，此"沈尹"是子西的屬官，説明同是"沈尹"，也有國家直屬官員、地方官員、私官之區別。

其三，關於"佶沈、大佶沈、中佶沈"等，計有："佶大戡"（91）；"佶戡"（167、168、174、175、186）；"大佶戡"（170）；"宷佶戡"（180）。其中"佶大戡"應是"大佶戡"之倒誤。按"佶戡"讀"造沈"，"造"是楚國負責營造的官府（參簡 45 注），"造沈"即"造"所管轄的供營造的區域。《漢書·百官公卿表》載水衡都尉屬官有"上林、均輸、御羞、禁圃、輯濯、鐘官、技巧、六廄、辯銅九官令丞",武帝將鑄錢、銅器製作等一系列重要作坊置於上林苑中,非一般人所能出入,楚國"造沈"與之類似,是由重要作坊形成的營造區域。

簡文所記"戠"之文例與"廄"類似,"廄"有"大廄"(164、167)、"中廄"(163、167)、"易廄尹"(189)。"廄"即"廐",是管理馬匹的機構,其中"廄尹"是職官名。"大廄"是楚王的馬舍,"中廄"是王后的馬舍,地方馬舍冠以地方名,如"易廄"。"大倍戠、中倍戠"是否亦有此區別,目前尚未能斷言。

其四,人名用字,簡146:"戠緩爲李"。

其五,地名用字,簡160:"戠里人石紳。"

綜上:楚國"戲"(沈)是特別行政區劃單位,國家直屬官府設戲,不少地方設戲,少數高官封地設戲,管理"戲"的官員稱"戲尹",應即見於史書之"沈尹"。

　　　　　　　　　　　　　　　　　　　　　　　《包山楚簡解詁》頁9—10

○王輝(2004)　　《容成氏》簡16:"當是時也,戲役不至,妖祥不行。"李零爲影本所作注釋説戲楚簡或用爲列,疑是古烈字,"烈山氏"古書亦作"厲山氏",竹書"戲役"讀爲"癘疫",甚是。戲字亦見包山楚簡,作:

a.簡3:剢戲

b.簡10:邸戲;簡25:戲尹登

c.簡91:倍大戲;簡146:寑戲五帀

戲黃錫全疑爲戠字別體,解爲地名。何琳儀隸作戲,爲剢之異體;説字從戕或其省文,乞聲,讀爲遂,"戲尹"相當遂人或遂大夫。戠字字形似有差距;遂上古音物部邪紐,與列、癘(二字均月部來紐)聲韻俱懸隔,故二説仍有疑問。

我以爲此字應隸作威。《説文》:"威,滅也。從火、戌。火死於戌,陽氣至戌而盡。《詩》曰:'赫赫宗周,褒姒威之。'"許慎説威爲會意字,恐非。段玉裁注:"會意。《詩》釋文引有'聲'字。"可見陸德明已疑威爲會意兼形聲。

甲骨文有字(《後下》18.9),于省吾先生隸定作威,云:"字從火從戉,當即《説文》威之初文……《詛楚文》'伐威我百姓',滅作威,滅爲後起字……威字自東周以後,訛戉爲戌,《説文》遂有'火死於戌'之誤解。考之初文,方知其爲從火,戉聲。以威爲會意字既誤,以爲形聲字亦無當矣。"

包山簡、上博竹書戲字從炎,與從火同。聲旁a爲戉,其中橫畫爲戉與火(大)共用。戉字越王句踐劍邸字偏旁作;歲字從二止,戉聲,陳璋壺作。

𢦏、𢦏與楚簡書同，故戲釋威應無問題。

在古文獻中，威與列、厲聲字通用。《周禮·夏官·戎右》：“贊牛耳桃茢。”鄭玄注：“故書茢爲滅。杜子春云：‘滅當爲厲。’”

《古文字研究》25，頁 318

旘

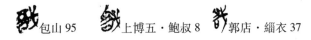

○孫敬明、蘇兆慶（1990）　戟字作𦣻形，與新鄭所出兵器銘文中戟字相近同。

《文物》1990–7，頁 41

○何琳儀（1998）　旘，從𢧐，疊加𣏾聲。𣏾、𣏞一字分化，參戟字。疑𢧐之繁文。韓兵旘，讀戟。

《戰國古文字典》頁 491

戡

🖋包山 95　　🖋上博五·鮑叔 8　　🖋郭店·緇衣 37

○何琳儀（1998）　戡，從戈，害聲。疑鼔字異文。《玉篇》：“鼔，擊也。”
　包山簡“無戡”，讀“不害”，習見人名。

《戰國古文字典》頁 900

○廖名春（2000）　“戡、割”一字異體，從戈與從刀義同。其本字當作“害”。“周”爲“害”之形訛，“厥”爲“害”之聲誤。曾運乾以爲“害”“當讀爲曷，如‘時日害喪’之‘害’，何也”。楊筠如則訓“害”爲大。疑皆有誤。鄭注“割之言蓋也”，説明“古害蓋通用”。“害”爲“蓋”之借字，“蓋”表推測原因。其意是説過去上帝大概是多次看到了文王的德行，才把統治天下的大命降臨到他身上。

《郭店楚簡國際學術研討會論文集》頁 115

○劉信芳（2000）　割申觀文王德：原簡“割”字從戈，害聲，“割”之異構。今本該句作“周田觀文王德”，鄭玄注：“古文‘周田觀文王德’爲‘割申勸寧王之德’，今博士讀爲‘厥亂勸寧王之德’，三者皆異，古文似近之。割之言蓋也，言文王有誠信之德，天蓋申勸之。”今本《君奭》同鄭注所引“古文”。按：據竹簡可知,漢博士所讀"厥亂"誤,"寧"誤,七字竟誤三字。是知伏生所傳《尚書》,輾轉抄録,文字多訛。鄭引古文當爲孔安國所傳壁中書,亦有"勸、寧"二字之誤,致使鄭對國名"申"有誤釋。今本《緇衣》雖有"周田"之誤,然存"文王"之真,尚屬可貴。"割申"者,《書・堯典》"湯湯洪水方割",《湯誓》"率割夏邑",《大誥》"天降割于我家","割"皆讀爲"害"。"申"應是國名。申國早在商代晚期已立國,與周關係密切。由"害申"而見出文王之德,應與商末文王修德政之舉有關。惟其史實闕載,今不能明矣。

《郭店楚簡國際學術研討會論文集》頁 176

○劉信芳(2003)　戜:"割"之異構,有如簡 142"剔",簡 144 作"戜",古文字從刀、從戈往往互作。"無割"讀爲"無害",簡 121"競不割"即"景不害"。

《包山楚簡解詁》頁 90

△按　"戜"字應即爲傷害之"害"而造。包山簡人名"無戜"即"無害",《鮑叔》8"亦不爲戜"之"戜"亦讀"害"。至於《緇衣》引《書》"戜申……"之"戜"則尚待研究。

魊

璽彙 2674　　　上博六・用曰 16

△按　璽文人名"亡魊",讀"無畏"。《上博六・用曰》"魊頌"當讀"威容"。

戭

包山 139

○劉彬徽、彭浩、胡雅麗、劉祖信(1991)　戭。

《包山楚簡》頁 27

○黄錫全(1992)　139　㪍　戭　戭。

《古文字與古貨幣文集》頁 399,2009;原載《湖北出土商周文字輯證》

○李天虹(1993)　㪍 139,釋文作戭

按:此乃熾字。《説文》古文熾字作㷠,是其證。又古璽文識字所從之戠旁或作㦰(彙 0338),與此字及《説文》古文熾字所從相似。

《江漢考古》1993-3,頁 87

○何琳儀（1993） 原篆作𢧰，應釋戠。楚帛書“寮”作𡫩，包山簡“鄩”作𤕦
179，均可資佐證。“戠”與“熾”古文𤑶十分近似，但非一字。“戠”讀“轑”。
《説文》：“轑，蓋弓也。从車，寮聲。一曰，輻也。”“轑三十”即“輻三十”。《老
子》第十一章：“三十輻共一轂。”

《江漢考古》1993-4，頁58—59

○湯餘惠（1993） 𢧰139，戠·戠（敠）。左旁从寮，179簡鄩字作𤕦、長沙帛
書寮字作𡫩，可參看。古文字戈、支形近每有混用之例，故疑“戠”即古“敠”。
《玉篇》：“敠，小長兒。”

《考古與文物》1993-2，頁72

○陳偉（1996） “戠”疑讀爲僚。《左傳》文公七年：“同官爲僚。”簡138反所
謂“同官”，蓋即指此。

《包山楚簡初探》頁143

○李零（1999） （131）773頁：熾。

按：此據《説文》熾字的古文寫法而釋，但《説文》熾字的古文作𤑶，字形有
訛，《汗簡》作𤑶。今正爲“戠”，从熱字的古文从戈。

《出土文獻研究》5，頁149

○李守奎（2003） 古文熾。

《楚文字編》頁704

○劉信芳（2003） 戠：字與《説文》“熾”之古文同形，疑讀爲“載”，朱駿聲《説
文通訓定聲》解“熾”之古文曰：“从火，載省聲。”古代訟獄須納財物於官府，
“與載三十”乃舒㨉爲要求盟證所付的訴訟費。説參簡33反“受期”注。

《包山楚簡解詁》頁135

○蘇建洲（2008） 此字仍應理解爲从“炅”得聲。劉信芳先生認爲字與《説
文》“熾”之古文同形，疑讀爲“載”，並指出：“古代訟獄須納財物於官府，‘與
載三十’乃舒㨉爲要求盟證所付的訴訟費。”但是“載”，見紐鐸部，不管與
“日”（日紐質部）或是“熱”（日紐月部），聲韻均有距離，可知釋爲“載”是有疑
問的。陳偉先生已指出《包山》簡138—139應連讀，爲舒㨉的取證請求，所列
爲證人名單。但他將“戠”讀爲“僚”現在看來也是不對的。結合兩位學者的
意見，筆者以爲“戠”應讀爲“矢”（書紐脂部），與“日”聲紐同爲舌上音，韻部
對轉。而且《禮記·仲尼燕居》：“軍旅武功失其制。”“制”，《孔子家語·論
禮》作“勢”（从“埶”聲），則“制”與“熱”音近可通。而【制與折】【誓與矢】關

係密切,古籍常見通假,可見"矢、熱"相通應無問題。或曰楚簡既見"矢"字,爲何還要將字形寫得如此繁瑣?但是只要看楚簡常見的"文"字亦作就應該不覺奇怪。《周禮·秋官·大司寇》:"以兩造禁民訟,入束矢於朝,然後聽之。"鄭玄《注》:"訟,謂以財貨相告者。造,至也。使訟者兩至,既兩至,使入束矢乃治之也……必入矢者,取其直也。《詩》曰:'其直如矢'。"孫詒讓曰:

> 《管子·中匡篇》:"軍無所計而訟者,成以束矢。"又《小匡篇》:"無坐抑而訟獄者,正三禁之,而不直,則入束矢以罰之。"並禁訟入束矢之遺制。據《管子》所云,蓋訟未斷之先,則令兩入束矢,既斷之後,則不直者,没入其矢以示罰,其直者則還其矢。

此次的盟證大概是舒痙自己要求的,或他是當事人、興訟人,所以要"入束矢"。"戭"從戈,與兵器相關,或可作爲釋"矢"之證。又"束矢",一般認爲指"百矢",簡文是"三十矢",亦有不同。另外,《集成》9456 裘衛盉:"裘衛迺龘告于白邑父、焚白、定白、寢白、單白。""龘告"即"矢告",馬承源先生認爲"矢告"就是"直告",也就是"正告",可能也與《周禮·秋官·大司寇》"以兩造禁民訟,入束矢於朝,然後聽之"的制度有關。

《上博楚竹書文字及其相關問題研究》頁 169—170

△**按** "戭"字左旁何氏以爲"尞",顯然不似。大徐本《説文》"熾"字古文作𤑕,與此字同形,但小徐本則作𤓊,又有所區別。由於"熾"字古文本身的結構和來源尚不明確,所以亦不宜遽與楚簡"戭"字認同。楚帛書有"寅"字,下部所從與"戭"字左旁同,其基本聲符均應爲"炅"("熱"之異體)。簡文"戭"當爲一種兵器名稱,讀"戟"的可能性倒是存在的。

戲

𢧢 包山 135 反　　𢧢 包山 138　　𢧢 璽彙 0310　　𢧢 璽彙 0335

○**何琳儀**(1998)　戲,從戈,童聲。《説文》漢古文作𢧢,其𢧢疑即戲之訛變。楚璽戲,讀觀。包山簡戲,或作戲。見戲字。

《戰國古文字典》頁 1322

○**李家浩**(2004)　《璽彙》著録的 0335 號印,白文四字,筆畫稍有殘泐,但都可以辨認。現將其印文揭示於下:

《璽彙》將印文四字釋寫作"郢戠迴敷"。按第一、四兩字的釋寫沒有問題,第二、三兩字的釋寫從表面上看,似乎也沒有什麼問題,但仔細分析卻不一定正確。

第二字亦見於《璽彙》0310號"東國戠交"印,鄭超《楚國官璽考述》根據裘錫圭先生意見釋爲"戠",是十分正確的。"戠"字或寫作"墣",從"土"從"戠"聲,即"埴"字古文,見《廣韻》職韻和《古文四聲韻》職韻引《籀韻》等。《汗簡》卷下之一戈部引《尚書》"植"字作如下之形:**軒**,即借"戠"字爲之。不過將印文"戠"字與《汗簡》"戠"字進行比較,兩者的字形有明顯的區別,即印文將左半"章"寫作"墓(堇)"字形。唐蘭《古文字學導論》有《字形的混殽和錯誤》一節,主要講古文字中的合體字所從偏旁之一,往往訛誤作跟它形近的字。這種情況在戰國文字中尤其突出。例如:

僵(《璽文》300·2544) 此是"彊"字,所從"弓"旁訛誤作跟它形近的"尸"。

徛(《璽文》302·3248) 此是"信"字,所從"人"旁訛誤作跟它形近的"弓"。

貣(《金文編》430頁) 此是"貳"字,所從"弋"旁訛誤作跟它形近的"戈"。

𤎩(《璽文》198·3977) 此是"瘏"字,所從"焦"旁訛誤作跟它形近的"魚"。

禀(《楚帛書》289頁) 此是"福"字,所從"畐"旁訛誤作跟它形近的"酉"。

䰟(《陶徵》211頁) 此是"蓺(藝)"字,所從"云"旁訛誤作跟它形近的"虫"。

阺(《故宮》43·232) 此是"陰"字,所從"云"旁訛誤作跟它形近的"缶"。

0335號印將"戠"字所從"章"訛誤作跟它形近的"墓(堇)",與上面所舉的例子屬於同類情況。

近年荊門包山二號楚墓出土竹簡中也有"戠(戠)"字,其所以(**編按**:當作"從")"章"亦作"墓",與印文同。字或作"鼓",從"攴":

陰之䤱（戟）客。（《包山》62・135 反）

䤱（戟）客百宜君。（《包山》60・138）

陰之䤱（戟）客。（《包山》58—59・133、134）

䤱（戟）客百宜君。（《包山》59・134）

王國維説："凡从'攴'、从'戈'，皆有擊意，故古文字往往相通。"

　　第三字《璽彙》釋爲"週"，雖然與字形相合，但是從戰國文字的特點來考慮，我們卻認爲它是"過"字的省寫。衆所周知，戰國文字很重要的一個特點，就是簡體字繁多；造成簡體字的方式之一，是將文字的某一部分省去。下面以璽印文字中的"骨"字和从"骨"的"瘠"字爲例：

　　　　多　多《璽文》90 頁　　　　瘠　瘠《璽文》197 頁

這兩個字的前面一種寫法是正體，後面一種寫法是簡體，即將"骨"所从的兩個"冎"省去一個。璽印文字"過"作：

　　　　過《璽文》36・2004

若像上揭"骨、瘠"二字省寫那樣，將"咼"旁所从的兩個"冎"也省去一個，就成爲"週"字形了。

　　在戰國文字中，有一些字因省寫而造成跟另一個字同形的情況屢見不鮮。我們在這裏舉幾個例子作爲代表：

　　　即（《幣文》259 頁）　　此是"即"字的省寫，與"皂"字同形。

　　　官（《璽徵》14・2）　　此是"官"字的省寫，與"𦣞"字同形。

　　　宜（《璽彙》391・4270）　　此是"宜"字的省寫，與"肉"字同形。

　　　金（《璽彙》431・4739）　　此是"金"字的省寫，與"百"字的異構同形。

　　　年（《璽彙》427・4699）　　此是"年"字的省寫，與"禾"字同形。

　　　器（《陶徵》48 頁）　　此是"器"字的省寫，與"哭"字同形。

　　　瘧（《盟書》333 頁）　　此是"瘧"字的省寫，與"痁"字同形。

此外，貨幣文字中的地名"大陰（陰）"之"陰"或省去"金"旁，與"阜"字同形；"雺（露）"或省去"各"旁，與"雨"字同形。這些都是大家熟悉的例子。所以0335 號印將"過"字省寫作"週"字形，一點也不奇怪。

　　根據以上所説，0335 號印可以釋作"郢戟過敷"。

“郢”是楚國國都,在今湖北江陵縣北;楚考烈王二十二年(公元前 241年)徙都壽春,即今安徽壽縣,仍名曰郢。古代人往往以國都指代國家,如三晉以“邯鄲”指代趙國,“梁”指代魏國,“鄭”指代韓國。《戰國策·秦策四》或爲六國説秦王章:“郢威王聞之,寢不寐,食不飽。”馬王堆漢墓帛書《戰國縱横家書》第一七章:“楚割淮北,以爲下蔡□,得雖近越,實必利郢。”這裏的“郢”都是指代楚國。印文“郢”也可能是指代楚國。

“戠過敷”當讀爲“職過傅”。“戠”與“職”、“敷”與“傅”,所從聲旁相同,故可通用。《周禮·春官·敘官》“職喪”鄭玄注:“職,主也。”“職過傅”之“職”與此同義。古代有諫官“司過”:

湯有司過之士。(《吕氏春秋·自知》)

司過薦至,而祝宗祈福。(《晏子春秋·内篇問上》第十章)

武靈王少,未能聽政,博聞師三人,左右司過三人。(《史記·趙世家》)

陳王以朱房爲中正,胡武爲司過,主司群臣。(《史記·陳涉世家》)

“司過”的職責是督察國君和群臣的過失。“職過傅”可能是“司過”的異名,其職掌應該與之相同。

上引 0310 號印“戠交”之“戠”和包山楚簡“戠客”之“戠”,也都應該讀爲“職”。《周禮·秋官》的《掌交》:“掌以節與幣巡邦國之諸侯及其萬民之聚者,道王之德意志慮,使咸知王之好惡,辟行之……”《掌客》:“掌四方賓客之牢禮、餼獻、飲食之等數與其政治……”“職交、職客”當分别是“掌交、掌客”的異名。

《出土文獻研究》6,頁 14—16

(二)本文第二篇説《璽彙》0310、0335 號印的“戠(戠)”字見於包山楚墓竹簡,字或作“戠(戠)”,並且還説簡文“戠(戠)客、戠(戠)客”應該讀爲“職客”。上海博物館藏戰國竹簡《緇衣》也有“戠”字(4 號),或省去“土”作“戠”(17 號)。原文説“戠惡以虛(御)民淫,則民不惑”;“民慎於言而戠於行”(馬承源主編《上海博物館藏戰國楚竹書[一])》,上海古籍出版社 2001 年,48、61、178、192 頁)。“戠、戠”二字,郭店楚墓竹簡《緇衣》6、33 號皆作“懂”(荆門市博物館《郭店楚墓竹簡》,文物出版社 1998 年,17、19、129—130 頁),整理者把它們都讀爲“謹”,是十分正確的。在古文字中有異讀現象,例如銀雀山漢墓竹簡“塊”的異體“凷”讀爲“詔”。這是因爲“凷”從“凵(坎)”,故“凷”又有“凵(坎)”音,漢墓竹簡假借作“詔”。説見拙文《從戰國“忠信”印談古文字中的異讀現象》(《北京大學學報》[社科版]1987 年 2 期 9—19 頁)。“戠”在包山楚墓竹簡中是作爲“䝤(戠)”字的異體而讀爲“職”的,因爲它从“墓(堇)”,故又有“墓(堇)”音,在上博竹簡中假借作“謹”。這跟銀雀山漢墓竹簡“甾”讀爲“諂”的情況類似。

《出土文獻研究》6,頁 20

△**按**　字當以釋“戳”爲是。楚簡中“戳、戠”二字均頗常見,並不相混。包山簡“戳客”又作“歏客”,“戳、歏”爲一字之異體。而“歏”既然在郭店《緇衣》中明確讀“謹”,則包山簡之“戳客、歏客”亦極可能應讀“謹客”。《荀子・王制》:“易道路,謹盜賊。”楊倞注:“謹,嚴禁也。”“謹客”疑是負責嚴禁盜賊等犯罪行爲(包括追捕罪犯)的職官。這與包山簡所記“謹客”之具體活動正相吻合。何琳儀讀“覲”,非是。《璽彙》0310“戳交”和 0335“戳迵(通)”,疑均指嚴禁交通外敵之職官。《璽彙》0335 末字殘泐不清,如確係“尃”字,則可讀“捕”,“郢戳通捕”就是郢地負責禁通外敵之捕官。

戭

包山 272　包山 273

○**曾憲通**(1996)　包山楚簡在遣策簡牘中屢見一“戭”字,有關簡文摘録如下:

五翌,戭。(簡 269)

臼戭。(簡 272)

九翌,二戭,皆韍。(簡 273)

五翌,戭。(牘 1)

本組所記,皆屬遣策簡中“甬車”上所載的兵器,其中簡 269 與牘 1 所記文字基本相同。“臼”疑讀爲舊,他處還有“臼毦、臼戠”等。戭與翌每相連爲文,可見二者關係之密切。翌讀如厹。戭字从戈臭聲,按上節臭即焞的音讀,當讀爲錞或鐏。《詩・秦風・小戎》“厹矛鋈錞”,傳:“厹,三隅矛也;錞,鐏也。”秦詩“厹、錞”連言,猶簡文之“翌、戭”連文,二者正可互證;且由此反證戭在此當讀爲錞。包山二號楚墓出有雙葉下延成倒鉤狀的矛,包山楚簡整理小組以爲可能就是厹矛。但以戭爲鍛即錐狀之矛則非是。《説文・金部》:“錞,矛戟柲下銅鐏也。”又云:“鐏,錞下銅也。”桂馥曰:“柲下銅也者,戈柲下銅也。矛戟下曰錞,戈下曰鐏。”此以矛戟與戈,區别其下銅爲錞與

鐏。但矛戟下也有稱鐏之例,《釋名·釋兵》:"矛下頭曰鐏,鐏入地也。"上揭包山簡文:"九瞀、二戗,皆戗。"楚帛書邊文"以利戗伐",戗用作侵。按戗在此當讀爲錟,銳末曰錟,字也作鐵。簡文的意思是:九矛二戗皆銳末。與《釋名》所言相符。《禮記·曲禮》:"進戈者前其鐏,後其刃;進矛者前其鐓。"鄭注:"鐏鐓雖在下,猶其首。銳底曰鐏,取其鐏地;平底曰鐓,取其鐓地。"鐓即錞之繁構。要之,鐏、錞二字同源,泛指長兵柲下之銅飾物,其制有銳底、平底之分,渾言之則鐏錞不別,彼此可以互注;析言之則略有差異,當視其實際情況加以判定。

《中山大學學報》1996-3,頁61

○**何琳儀**(1998) 戗,从戈,奂聲。包山簡戗,讀攅或欑。《玉篇》:"欑,鋋也。攅,同上。"《説文》:"鋋,小矛也。"

《戰國古文字典》頁1343

○**李家浩**(2003) 包山遣册所記車上的裝備物中有一種叫作"戗"的兵器,見於下列簡牘文字:

(1)甬車一乘:……白戗。(簡 《包山》圖版二〇五·268、二〇七·272)

(2)一乘正車:……其上載:……戗,三瞀。(簡 《包山》圖版二〇七·271、二〇六·269)

(3)一乘韋車:……其上載:……二戗,皆侵二瞀。(簡 《包山》圖版二〇八·273)

(4)一畚正車:……其上載:……戗,三瞀。(牘 《包山》圖版二一一)

"戗"字應當分析爲从"戈"从"奂"聲。楚簡中常見月名"奂月"。據雲夢秦簡《日書》秦楚月名對照資料"奂月"作"爨月",可知"奂"即"爨"字的異體。"戗"从"戈",説明它應當是一種兵器,疑即"攅"字的異體。"攅"从"爨"聲。"攅"字的通行寫法作"欑",其異體或作"鋑"。值得注意的是,"鋑"从"㕙"聲,而"㕙"从"允"。曾憲通先生認爲"戗"字所从的聲旁"奂"从"允"得聲,與"鋑"字所从的聲旁相同。從這一點來説,也可以證明我們把簡牘文字"戗"定爲"攅"字的異體是合理的。下面按照"攅"字的通行寫法,將"戗"徑寫作"欑"。

《玉篇》矛部:"欑,鋋也。攅,同上。"《説文》金部:"鋋,小矛也。"玄應《一切經音義》卷一一引《字詁》:"古文鋉、欑二形,今作欙(攅),同粗亂反。欑,小矛也。""鋉"字亦見於《説文》,以爲是"鏦"字的重文,沈兼士認爲這是"義通換用"。《淮南子·兵略》"修鍛短鏦",高誘注:"鏦,小矛也。"慧琳《一切經音義》卷八引《古今正字》:"欑,短矛也。"卷二九引《韻詮》:"欑,小稍也。荆楚巴蜀今謂之欑。"《釋名·釋兵》:"矛長八尺曰稍。"這些訓釋雖然有所不同,但意思卻是相同的,都説欑是短小的矛。

(1)的"臼欑"之"臼",是修飾語。這種用法的"臼"還見於 272 號簡"臼骹"、277 號簡"臼骹"等。《説文》説"舊"从"臼"聲。疑簡文"臼"都應當讀爲新舊之"舊"。

據(3)"侵二碧"語,(2)(4)的"三碧"之前省略了名詞"侵"。我曾經指出,簡文的"侵"是一種羽毛的名字;"碧"从"合"聲,讀作訓爲重、匝的"就"。"侵二就"和"侵三就",是指欑柲上有羽毛二匝和羽毛三匝的裝飾。

此墓南室出"小刺矛"三(2:231、2:232、2:234),231 號、232 號"小刺矛"位於南室第一層北邊,234 號"小刺矛"位於南室第一層南邊。矛柲紅漆,柲上部捆扎三匝羽毛。231 號"小刺矛"最上端一匝羽毛下還纏繞一束頭髮。"小刺矛"的銅矛,231 號、232 號長 12.4 釐米,234 號長 12.5 釐米。231 號通長390.8 釐米,232 號、234 號通長 417.2 釐米。

這三件"小刺矛"的矛刺都很短小,與文獻中的欑訓爲小矛、短矛等相合,當是簡牘所記的欑。簡文(1)所記的欑是一件舊的,而且欑柲上没有"侵"羽的裝飾,與出土物不合,這件欑可能没有隨葬。本文開頭説過,簡文(2)和牘文(4)所記的是同一乘正車。那么,(2)(4)所記的欑是同一件。若此,位於南室第一層北邊的 231 號、232 號"小刺矛"當是(3)所記的"二欑",位於南室第一層南邊的 234 號"小刺矛"當是(2)(4)所記的"欑"。(2)(4)所記的欑柲有"侵"羽"三就",與出土實物相合。但是(3)所記的欑柲只有"侵"羽"二就",比出土實物的羽毛少一匝,可能"侵二就"之"二"本應當作"三",因涉上文"二欑"之"二"而致誤。

《古籍整理研究學刊》2003-5,頁 1—2

○**劉信芳**(2003)　"戜"字从戈,臭聲,曾憲通、李家浩分別釋作"攢"。"臭"與簡 67 等"臭月"之"臭"同形,秦簡《日書》(簡 795)作"爨月",知"戜"从爨聲,作爲兵器名而又讀如"爨"者,應是"攢"字。《玉篇》攢同"欑","欑,鋋也"。《説文》:"鋋,小矛也。"《方言》卷九:"矛,吴揚江淮南楚五湖之間謂之鍦,或謂之鋋,或謂之鏦。"又云:"鑽謂之鐫。"《廣雅·釋器》:"欑謂之鍛。"《一切經音義》卷十一:"欑,小矛也。"又引《字詁》云:"古文錄、欑二形,今作欑。"攢、欑、錄、鍛、鑽、鐫皆一音之轉,《説文》:"鑽,所以穿也。"是以矛之刃作爲矛名,王念孫云："戈、戟、矛皆以其刃得名。"其説是也。

　　戠爲矛名，應無疑問，究其形制，《史記・匈奴傳》："其長兵則弓矢，短兵則刀鋋。"《索隱》引《埤蒼》："鋋，小矛鐵矜。"《元史・儀仗志》："欑制如戟，鋒兩旁微起，下有鐏鋭。"核之出土實物，該墓出土小刺矛三件，銅質矛、鐏，積竹柲，柲上部捆扎三箍羽毛，矛有脊，上有一穿。銅鐏圓筒形，上端粗，下端細。標本 2-231 長 390.8 釐米，該矛上捆扎的三箍羽毛應即簡文所記"三游"。

《包山楚簡解詁》頁 310

戲

新蔡甲三 64

△按　字从戈，虗聲，簡文"遠戲"讀爲"害虐"。

戲

新收 1483 燕王職壺　 郭店・尊德 26　 上博七・吴命 6

上博六・天甲 6　 上博六・天乙 5

○**周亞**（2000）　戲，不識，疑是剏字之異體。《古文四聲韻》卷四，剏字的古文作"釖、剉、剢、剡、餿、刜"等。戰國陶文中，剏有寫作"剉"，倉寫作"僉"。戰國璽印中倉寫作"金、金"；蒼字寫作"蒼、蒼"等。戲字在字形上與這幾個字較爲接近，故暫釋爲剏。《尚書・益稷》"予剏若時"，孔安國傳："剏，懲也。"《詩・魯頌・閟宮》："戎狄是膺，荊舒是懲。"孔穎達疏："荊楚群舒叛逆者，於是以此懲剏之。"此前齊曾伐燕，故此次燕伐齊，具有懲罰之意。燕國位於齊國之北，然齊國地處中原之東部，齊湣王曾自封東帝。此次燕國伐齊，聯合了秦、魏、韓、趙等國，應是由西、北方向發起進攻，故謂之東剏。

《上海博物館集刊》8，頁 148

○**董珊、陳劍**（2002）　"戲"字从"壽"从"戈"，"壽"旁的這種寫法是燕國文字所特有的，可以參看《古璽彙編》5630、1889 兩枚燕系私璽"壽"字的寫法。古文字中"戈"和"殳"或"攴"作爲意符常常可以互換。《説文·殳部》有一個"縠"字,説解云"縣物討擊也",段玉裁注:"此與手部搗音義同。搗,手椎也。"《攴部》又有一個和"縠"很相似的"譈"字,説解云:"譈,棄也。从攴,壽聲。《周書》以爲'討'。《詩》曰:'無我譈兮。'"段玉裁注:"《鄭風》毛傳曰:魗,棄也。許本毛也。鄭乃讀爲'醜'。(《周書》以爲討)此言假借也。今《尚書·周書》中無'討'字,惟《虞書·咎繇謨》云'天討有罪'。疑'周'當作'虞'。《釋文》云:魗本亦作譈。"從字形上説,燕王職壺銘文裏的"戴"字應該是"縠"或"譈"的異體。從文意來説,"戴"字在銘中出現於談到昭王伐齊這一事件的場合,無疑當讀爲"討",正與《説文》所根據的六國古文"譈"字的用法相同。

《北京大學中國古文獻研究集刊》3,頁37—38

○**黃錫全**(2002)　　我們認爲,如將此句理解爲"東創齊國",似是而非。一是與下面文義不諧調,還未選擇良辰吉日,怎麼會先出現"東創齊國",而下面又出現"克邦隳城"。如果中閒没有"命日壬午"倒還可以這麼理解。二是銘文也不是這個意思。第13字,開始我們以爲是"戴"字,中閒似乎多出一畫,懷疑刻寫者草率所致,在此讀爲"會"。其字與下列會與从會之字類似:

所从的█,可能是由█、█、█等形訛變。

从攴與从戈義近。如"寇"字,大梁戈从戈;救字,中山王壺从戈,包山楚簡也多从戈;敬字,王孫誥鐘、包山楚簡从戈。

董珊、陳劍之文釋爲从"壽",舉《古璽彙編》5630█、1889█爲證。儘管上部不作彎筆而小有區别,但下部所从的"臣"形則類似。兩相比較,目前當以釋从壽爲長。但董文仍理解爲討伐仇國,則與我們不同。如釋从壽,當讀爲"籌",義爲籌劃、謀策。《史記·高祖本紀》:"運籌帷幄之中。"《荀子·正論》:"至賢疇四海。"注:"疇同籌,謂計度也。"

《古文字研究》24,頁250

○**裘錫圭**(1998)　　"戴"从"戈""昌"聲。讀爲"讎",仇敵也。

《郭店楚墓竹簡》頁175

○**李守奎**（2003）　疑爲戴之異體。

《楚文字編》頁704

△**按**　“戴”從“戈”，“壽”聲。聲符“壽”或有簡省。《郭店・尊德》26：“弗愛，則戴（讎）也。”《上博六・天甲》6：“栽（仇）戴（讎）戔（殘）亡。”“戴”均讀爲“讎”。燕王職壺“東戴畋（？）國”，“戴”讀“討”固然可通，但從用字習慣看似仍以讀“讎”爲好。“讎”可當報復講，如《史記・范雎蔡澤列傳》：“今君之怨已讎而德已報。”

懲　戲

郭店・唐虞13　　上博五・三德20

○**荆門市博物館**（1998）懲，讀作“威”。

《郭店楚墓竹簡》頁159

○**李零**（2005）　“戲”，待考。

《上海博物館藏战国楚竹書》（五）頁302

○**李守奎、曲冰、孫偉龍**（2007）　使人畏曰“威”。“戲”當是“威”字異體。

《上海博物館藏戰國楚竹書（一——五）文字編》頁575

△**按**　《郭店・唐虞》13：“□用懲（威），虽（夏）用戈，正不備（服）也。”《上博五・三德》20：“□之不戲（威）。”後者所從“鬼”省爲鬼頭，遂致整個左旁與“思”字同形。

戳

曾侯乙1　　曾侯乙12　　上博七・君甲7

○**裘錫圭、李家浩**（1989）　簡文“戳”從“戈”“囂”聲。“大莫戳”即“大莫囂”。

《曾侯乙墓》頁501

○**何琳儀**（1998）　戳，從戈，囂聲。隨縣簡“莫戳”，楚官名。

《戰國古文字典》頁283

△**按**　楚官“莫戳”又作“莫囂、莫敖”。字從“戈”作者，蓋以其職司軍事之故。

戉 戊

集成 122 者𣱦鐘　集成 11511 越王者旨於賜戈

○**何琳儀**（1998）　戉，甲骨文作𰀀（乙四六九二），象圓形斧之形。鉞之初文。《書·顧命》：“一人冕，執鉞。”鄭注：“鉞，大斧。”金文作𰀀（虢季子白盤）。戰國文字承襲金文，多保留斧刃作𰀀形之特徵。或徑作豎刃，與戊混同。《説文》：“𰀀，斧也。从戈，𠄌聲。司馬法曰，夏執玄戉，殷執白戚，周左杖黃戉，右秉白旄。”𠄌不成字，疑乚之訛。小篆从乚有聲化趨勢，戉、乚均屬喉音月部字。越金戉，讀越，國名。

　　　　　　　　　　　　　　　　　　　　《戰國古文字典》頁 894

戚 戚

十鐘　詛楚文　郭店·尊德 7　郭店·語一 34

○**郭沫若**（1947）　或假爲𢧕，字本作𰀀，虢季子白盤“折首五百，執訊五十，是以先行。桓桓子白，獻𢧕于王”，作𰀀，與此形近。古人言𢧕每兼生𢧕與死𢧕，如虢盤即其證。“折首”死𢧕，“執訊”生𢧕，而統之以“獻𢧕”，故“獻𢧕”猶言獻俘。此之“幽約敉𢧕”即暗中縊殺敉地之被俘者。“敉或”舊均釋爲“親戚”，不僅“戚”字不類，敉字从女，與上文“親仰”之親迹迥然有別。

　　　　　　《郭沫若全集·考古編》9，頁 306—307，1982；《詛楚文考釋》

○**林澐**（1989）　在比甲骨文晚的文字中，我們發現了字形上和𰀀字有承襲關係的字。東周時代的詛楚文中有“幽䜌敉𰀀”一語，元代周伯琦《詛楚文音釋》讀爲“幽刺親戚”。按䜌字又見於詛楚文“變輸盟䜌”一語，顯然是約字的異構。（中略）在馬王堆漢墓帛書《老子》甲文後古佚書中“不親不戚”之戚作𰀀，“遷於兄弟，戚也”之戚作𰀀。所以，詛楚文之“幽䜌敉𰀀”當讀爲“幽約親戚”無疑。故下文接言“拘囿其叔父置者（諸）冥室櫝棺之中”，即幽約親戚的具體事例之一。在文字逐漸由圖像向符號轉變的過程中，不少圖形部分都被簡化爲單線條。例如，原象鉞首形的𰀀、𰀀之簡化爲𰀀、𰀀。又如原象刃部有齒之斧鉞的𰀀、𰀀，在丙種子卜辭（即“子組卜辭”）和歷組卜辭中均簡化爲𰀀。以此類推，則𰀀、𰀀、𰀀演化爲𰀀是完全合理的。故由已知𰀀之爲戚，可反推𰀀、𰀀、𰀀確是戚字。

《古文字研究》17，頁 200—201

○**何琳儀**（1998）　戚，甲骨文作 ✦（屯南二一九四），象斧鉞有齒形扉棱之形。秦文字以戈形代替斧鉞形，兩側扉棱相連爲⺟形。六國文字从戈，朱聲，參 ✦ 聲。小篆从戊，朱聲。茲據甲骨文及秦文字立戚聲首（舊歸朱聲首）。《説文》：“戚，戊也。从戊，朱聲。”

詛楚文“嫁戚”，讀“親戚”。

《戰國古文字典》頁 230

△**按**　《郭店·尊德》7“戚父”即“造父”，“戚、造”古音通。《郭店·語一》34“戚”用哀戚義。

㦛

璽彙 0083

△**按**　“㦛”字可分析爲从“戈”，“井”聲。古璽“㦛”，不詳。

我　𢦏

貨系 0448　　郭店·老甲 31　　郭店·語四 6　　集成 10008 欒書缶

上博四·東大 13　　上博二·魯邦 1　　集成 424 姑馮勾鑃

○**何琳儀**（1998）　我，甲骨文作 ✦（前四·四五·四）。象齒刃戈之形。假借爲第一人稱代詞。西周金文作 ✦（盂鼎）、✦（猷鐘），春秋金文作 ✦（秦公鎛）、✦（王孫鐘），筆畫多有穿透。戰國文字承襲兩周金文。燕系文字或作 ✦，可與三體石經（《隸續》）儀作 ✦ 所从偏旁印證。楚系文字或作 ✦、✦，秦系文字或作 ✦、✦，均頗似弗形，可與《墨子》義作羛印證（參義字）。《説文》：“𢦏，施身自謂也。或説，我，傾頓也。从戈从禾。禾，或説古垂字。一曰，古殺字。𢦏，古文我。”我从戈，戈亦聲。茲暫以我爲獨立聲首。

戰國文字我，除人名、地名之外，多爲第一人稱物主代詞。

《戰國古文字典》頁 855—856

△**按**　“我”字的形體來源及其演變，詳參林澐《説戚、我》（《古文字研究》17

輯,中華書局 1989 年)。

義 羕

義 故宮 448　義 璽彙 2119　義 集成 2811 王子午鼎　義 包山 249

義 上博一·緇衣 23　義 郭店·尊德 26　義 楚帛書　義 上博四·曹沫 36

義 郭店·唐虞 8

○何琳儀(1998)　義,从羊,我聲。義从羊,與善、美从羊同意。《説文》:"羕,
己之威儀也。从我、羊。羕,《墨翟書》義,从弗。魏郡有羕陽鄉。讀若錡。今
屬鄴,本内黄北二十里。"

　燕璽義,姓氏。漢有酷吏南陽太守義縱,世居河東。見《通志·氏族略》。

　楚簡義,姓氏。者汋鐘義,讀宜。《釋名·釋言語》:"義,宜也。裁制事
物,使合宜也。"

　十三年相邦義戈義,讀儀,秦相張儀。見《史記·張儀列傳》。秦陶義,
姓氏。

《戰國古文字典》頁 857

【義旬】郭店·尊德 26

○陳偉(2002)　儀軌,字本作"義旬"。後一字,李零先生以爲"笵"字別體,
讀爲"軌",似可從。如然,"義"似當讀爲"儀"。古書有"儀軌"或者"軌儀"之
説。前者如《三國志·蜀書·諸葛亮傳》評曰:"諸葛亮之爲相國也,撫百姓,
示儀軌……"《世説新語·示誕》記阮籍喪母箕踞不哭,裴楷往弔之,並且解釋
説:"阮方外之人,故不崇禮制;我輩俗中人,故以儀軌自居。"後者如《國語·
周語下》説"度之於軌儀",《三國志·魏書·陳留王奂紀》説"示之軌儀"。簡
書"儀軌"似與相同,指規範、法度。《淮南子·修務訓》説:"嗜欲不得枉正
術。"與簡書文意略同。

《郭店竹書別釋》頁 155—156

琴(琴) 斝 盉 盉 盉

琴 曾侯乙衣箱　盉 上博一·詩論 14　盉 上博一·性情 15　盉 郭店·性自 24

○**饒宗頤**(1983)　最末一句"經天嘗和"，絰是奇字，疑即經。(中略)這句言眾星宿經天，常得其和。《天官書》："……其出也不經天，天下革政。""經天"是天官的習語。楚帛書："日月則經(盈)絀，不尋其常(常)。春夏秋冬，又□又尚(常)。"周原小字卜辭："自三月至三月二，隹五月，⊕(惠)亡尚(常)。"(《人民畫報》1978 年 8 期)都以尚爲常。《管子・五行篇》"有常而有經"，這一類語可以參證。

《古文字研究》10，頁 194

△**按**　曾侯乙衣箱"琴"字饒宗頤釋"經"非是。應從劉國勝説釋"琴"，詳見下"瑟"字條。《説文》："珡，禁也。神農所作，洞越練朱五弦，周加二弦。象形。凡珡之屬皆從珡。鑫(鑫)，古文珡從金。"楚簡"琴"字從一"丌"，或二"丌"，或三"丌"，皆象琴瑟弦柱之形(《説文》篆文"費"本當象弦柱上繫有琴弦之形，可參證)，從"金"聲(古文"鑫"亦從金聲，後世作"琴"則從"今"聲，"金、今"古音通，亦可比觀)。

瑟　瑟　开　开　卅　瑟　瑟　瑟

珡 上博一・詩論 14　瑟 望山 2・50　开 曾侯乙衣箱

开 郭店・性自 24　珡 上博七・君甲 3　珡 上博七・君乙 3

瑟 包山 260　瑟 信陽 2・3　珡 上博一・性情 15　瑟 上博二・容成 2

珡 南京市博物館藏印選，頁 48

○**劉信芳**(1996)　一、釋"瑟"。信陽簡二：○三："三觳瑟，柰。"包山簡二六○："一瑟，又柰。""瑟"字信陽簡作"瑟"，包山簡作"瑟"，字從柰必聲，"柰"尚不清楚其來源。包山二號楚墓出土一瑟，信陽長臺關一號墓出土二瑟，並與竹簡所記之數相合。

"柰"，《説文》："牛鼻上環也。"按簡文"柰"謂瑟柱，蓋瑟柱之形正與穿牛鼻之"柰"形近，用以捲弦，讀音亦合，且"柰"之辭例皆與"瑟"相屬，其爲瑟柱無疑。

《于省吾教授百年誕辰紀念文集》頁 186

○**劉國勝**(1997)　漆文有相連的二字作"鈦开"，上一字左旁從金，右旁與其下一字"开"同形，"鈦开"當從金從"开"。

琴,《説文》古文作“[illegible]”,从金。瑟,《説文》古文作“[illegible]”。段注:“玩古文琴、瑟二字,似先造瑟而琴從之。”依段玉裁説,“[illegible]”字所从“[illegible]”即是“[illegible]”,从金得聲。

我們以爲漆文“[illegible]”即古文瑟,[illegible]、[illegible]皆取象三“辛”,从辛从辡,辡亦聲。瑟所从必,係附加的聲符。

不妨先來分析楚簡及璽印裏的幾個字:

A1 [illegible]　　A2 [illegible]

見於江陵望山楚簡(望 2・49、50):二[illegible],关;一非衣;其一[illegible],丹秋(紬)之阩丝(絶);其一[illegible],霝(練)光之阩丝(絶)。

B [illegible]

見於荊門包山楚簡(包・260):一[illegible],又(有)柣。

C [illegible]

見於信陽長臺關楚簡(信・203):二笙,一簹竽,皆又(有)條;一□□;一彫(雕)鼓;二棗;四檔,一威盟之柜,邊土螽,鄴(漆)青黄之彖(緣);二鄴(漆)[illegible],柣。

D [illegible]

見於《古璽彙編》0279,:童(鐘)[illegible]京鉩。

上例舉之字,A1 與 A2 顯然是同一個字,兩字字形中的[illegible]、[illegible]互作,應無别。从三[illegible],一[illegible]在上,二[illegible]並在下。B 下部當从必,上部所从應即是 A1、A2,惟結構作一[illegible]在下,二[illegible]並在上。C 出現在記有一組樂器名的句子裏,下部亦當从必,上部从三[illegible]。D 作一[illegible]在上,二[illegible]並在下,[illegible]同漆文“[illegible]”所从的[illegible]。

B,劉信芳先生釋爲瑟,這是正確的,惟上部字形無説。

包山楚簡有字作“[illegible]”(包・164),上部从二[illegible]並置。《包山楚墓》報告據《汗簡》麗作“[illegible]”,釋此字爲纚。下列是麗的幾種寫法,爲行文簡便,字形出處從略:

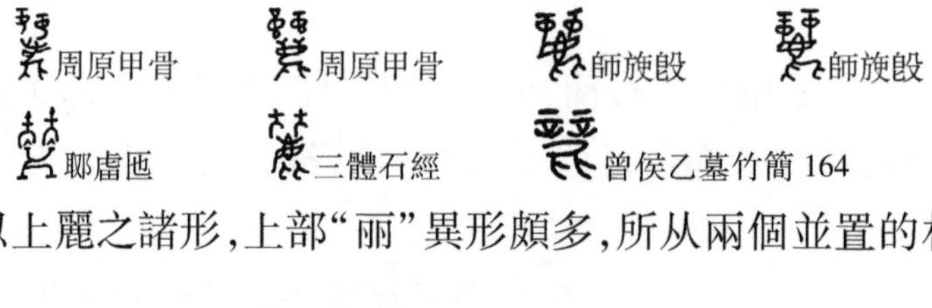

周原甲骨
周原甲骨
師旋毁
師旋毁
郘鐘匜
三體石經
曾侯乙墓竹簡 164

以上麗之諸形,上部“丽”異形頗多,所从兩個並置的相同字符,我們以爲是辛。

辛,郭沫若先生在《甲骨文字研究》一著中認爲:辛象古之剞劂形,剞劂即曲刀,乃施黥之刑具,其形如今之圓鑿而鋒其末,刀身作六十度之弧形,辛字金文之作🔶若🔶,即其正面之圖形,作🔶若🔶者則縱斷之側面也,知此則知辛、亏、辛何以爲一字之故。應該説,辛、亏皆爲帶干柄的刀類工具恐怕没有什麽疑問,兩者實際用途可能因刀刃形制差異而有區别。在文字上,由於兩者屬性接近,作爲表意符號是可以通用的,不便嚴格。辛之字形上部示柄,下部示刀,寫法不僅有正、側之分,且多省變,並注重突出刃部。這在下列辛(或以辛作偏旁的字)的一些寫法裏可以體現:

辛　🔶甲骨粹405　　🔶甲骨粹511　　🔶甲骨乙3119

　　🔶甲骨京津4802　🔶《汗簡》　　🔶《汗簡》

辟　🔶《汗簡》　　　🔶《汗簡》

　　🔶三體石經　　　🔶出土石經

皐　🔶中山王鼎　　　🔶三體石經

辯　🔶辨毁　　　　🔶作册魅卣　　🔶《汗簡》

辡　🔶《汗簡》

　　比較字形,"麗"所從的兩個並置的相同字符應是辛字的省變形。麗作🔶(《説文》古文鈜本)、🔶(古文鐯本)、🔶("篆文"鈜本)、🔶("篆文"鐯本)、🔶(《汗簡》)、🔶(《汗簡》)、🔶(陳麗子窬戈)實際上都爲麗所從"丽",從二辛。還可以用來證明的是:麗所從"鹿"之字形所表現出的兩鹿角不如單個鹿字兩鹿角突出,顯得短平,有的甚至没有表現出鹿角。麗的這一字形結構特徵可以説明麗從"丽"是表示用兩個並行刀類工具並割鹿角,使其兩角平齊、諧和。作二辛並置的"丽"字可能就是後來《説文》説成"皐人相與訟也,從二辛"的辡字(辡有平獄的意思)。

　　如是,則包山楚簡中的"🔶"當釋爲"辯"。而前舉楚簡及璽印諸字所從🔶、🔶、🔶及漆文"🔶"所從🔶,皆爲辛的省變形,字形取三辛,從辛從辡。

　　古文瑟作🔶,段本改作🔶以合琴之古文🔶,此大可不必。《古文四聲韻》録古文瑟作🔶、🔶等形。🔶、🔶應是辛的省變形,與上述辛作🔶、🔶、🔶等字形接近。🔶、🔶、🔶亦是辛的省變形,前二字形突出刃部,後一字形突出辛之柄(又古字辛、王兩字形近,秦以皐似皇字改作罪。王本象斧戉工具,故古文瑟從王也有可能是表意符號通用)。🔶、🔶、🔶應視作辡的省變形。古文瑟可能從辡得聲,辡、必古音相近,瑟所從必當係附加的聲符。

　　綜上所述,前舉楚簡及璽印諸字和漆文"🔶"當釋爲"瑟"。則漆文"🔶"應即是琴。

《第三屆國際中國古文字學研討會論文集》頁699—705

○**田煒**（2006）　《南京市博物館藏印選》著録了右揭一方古璽，左字缺釋。在戰國楚文字中，“瑟”字有很多種寫法，或作 、、、 等形，或加“必”作 等形。

印文左字从 从必，參照 與 的關係， 應該是 的異體。因此，印文左字應該釋爲“瑟”。

《古文字研究》26，頁 386

△**按**　《説文》：“瑟，庖犧所作弦樂也。从珡，必聲。（乑），古文瑟。”楚簡“瑟”字从二“丌”，或三“丌”，古璽“瑟”字从二“丁”（曾侯乙衣箱“琴、瑟”二字本均从三“丌”，唯筆畫有所脱落耳，非从三“辛”，亦非从三“丁”），皆象琴瑟弦柱之形（與篆文从“珡”取象相類；古文“”本亦當象瑟板上有弦柱之形），或益聲符“必”。近時郭珂《説楚文字“瑟”》（《出土文獻》3 輯，中西書局 2012 年）更舉考古所見古瑟及瑟柱實物以證明楚文字“瑟”之取象，殆可無疑。值得注意的是，戰國文字从二“丌”形的“瑟”與“麗”之古文“丽”存在相訛混的現象，有時須據文例分別之。就字形來源看，“瑟”字所从二“丌”作上下結構或左右結構均無不可，而所謂“麗”之古文“丽”，本是从“麗”字上方象兩個並列的大鹿角之形的部分演化分離出來的（參童麗君柏簠“麗”字作 ），應以左右結構爲正。《郭店·性自》24“丌”爲“瑟”字無疑，但《璽彙》0279 地名“童丌”（），卻應從劉信芳説釋爲“童丽（麗）”，讀爲“鍾離”（《安徽鳳陽縣卞莊一號墓出土鎛鐘銘文初探》，《考古與文物》2009 年 3 期）。《郭店·六德》30“爲宗族丌朋友，不爲朋友丌宗族”的“丌”結合字形和文意考慮，應以釋“丽”（麗）讀“離”爲妥（參卷十“麗”字條），但《上博七·君甲》3、《上博七·君乙》3“丌”卻應釋“瑟”。《君甲》《君乙》的“丌”作似二“元”之形，應是訛寫。整理者釋“”，疑从“元”聲而讀爲“管”，非是，趙平安《上博簡釋字四篇》（《簡帛》4 輯，上海古籍出版社 2009 年）改釋“瑟”，可從。郭永秉《補説“麗”、“瑟”的會通》（《中國文字》新 38 期，藝文印書館 2012 年）認爲“瑟”之作“丌”，是音假“麗”爲之。然如上所言，作“丌”形之“瑟”與“麗”實各有來源，只是在戰國文字中發生訛混。且設若“瑟”之作“丌”爲“麗”之音假，則其作“冊”將難以解釋，而“琴”之从“丌、丌、冊”尤不得其解。以古音言，“瑟”在生紐質部，“麗”在來紐歌部，亦不甚近。郭文所舉《爾雅·釋樂》“大瑟之謂灑”之“灑”的語源尚不明確，似亦難以作爲“瑟、麗”會通的證據。我們倒是可以懷疑是寫作“丌”形的“瑟”被誤會爲“麗”，再轉讀爲“灑”。至於郭文引白於藍説認爲《君甲》《君乙》訛作二“元”形之“丌”（瑟）源自甲骨文之 ，恐亦不可據。

直 直　植

直 陶彙 5・83　　直 睡虎地・爲吏 2 壹　　直 郭店・唐虞 17　　直 上博六・天乙 5

直 郭店・緇衣 3　　直 郭店・五行 34

○**睡簡整理小組**（1990）　（編按：睡虎地・封診 33）直，《史記・留侯世家》索隱引崔浩云：“猶故也。”即故意。

《睡虎地秦墓竹簡》頁 153

○**何琳儀**（1998）　直，甲骨文作直（乙四六七八）。從目，十聲。直，定紐；十，透紐。定、透均屬舌音，直爲十之準聲首。金文作直（恆簋），加匸其義不明。戰國文字承襲商周文字。《説文》：“直，正見也。從匸從十從目。直，古文直。”

晉璽直，姓氏。楚人直躬之後。見《姓苑》。秦陶直，地名。

《戰國古文字典》頁 67

△**按**　秦簡“直”或讀爲“值”，楚簡“直”或讀爲“德”。

亡 匕

匕 睡虎地・雜抄 22　　匕 璽彙 3666　　匕 璽彙 2506　　匕 璽彙 0360

匕 包山 171　　匕 郭店・尊德 33　　匕 郭店・語三 64

○**吳振武**（1989）　十二　無智

此璽重新著録於《古璽彙編》（二九八二）。璽中字《古璽文編》列於附録（549 頁第六欄）。

今按，應釋爲“亡智（智）”二字合文。上部即“亡”。古璽“亡”字既作匕，又作（《古璽文編》297 頁），是的進一步演變。這跟古璽中“正”字既作正，又作正（同上 33 頁），“止”字既作止，又作止（同上 38 頁迢字所從）是同類現象。古璽中有氏（《古璽彙編》二二四八），或作（同上二三〇四），《古璽文編》將前者誤釋爲“苫”（12 頁），將後者列於附録（368 頁第二欄）。其實、皆應釋爲“芒”，漢印中有“芒勝之印”（《漢印文字徵》一·十四），可證古有芒氏。古璽中又有字（《古璽文字徵》附録三五），舊亦不識。實際上這個字就是見於《說文·亡部》的“霥”字。這些都是我們釋爲“亡”的有力證據。下部即“暂”（智）。中山王諸器中的“暂”（智）字作（《中山王器文字編》58頁），與此全同。此璽中的“亡暂（智）”是人名，“亡”應讀作“無”。“無暂（智）”是古人常用名，如魏大梁鼎中有“肖（趙）亡（無）暂（智）”（《文物》1972年第6期），古璽中有“萈亡（無）（暂—智）”（《古璽彙編》二三〇〇），漢印中有“胥于無暂（智）”（《漢印文字徵》四·三）等，可參看。

《古文字研究》17，頁277

○**徐寶貴**（1994）　　此字見於《古璽彙編》85頁，編號爲2615的姓名私璽：

　　此古璽文是兩字的合文。“戚”字，秦詛楚文作“”，帛書《老子》甲種本卷後古佚書作“”，銀雀山汗簡《孫臏兵法》作“”，均與古璽文“”形相同，可證其爲“戚”字。

　　“”，當釋爲“亡”。古璽文“亡智”合書作“”（《古璽彙編》2982），“亡”作“”，與此字形同，可爲之證。

　　通過以上論證，可以證明“”爲“亡戚”二字的合文。由於爲使整個印面文字工整方正，作者將“亡”字安排在“戚”字左下方的空缺處，所以“亡戚”二字的順序倒排。古璽文二字倒排的現象，除此之外，還是有例可舉的：

　　　　箴言璽

　　　　敬上：正排作4210；倒排作4212

　　　　姓名璽

　　　　相如：正排作1005；倒排作0788

　　　　五鹿：1764　吉大藏古璽印選37

　　其中“”將“五”字安排在“鹿”字的空缺處，“亡戚”的處理方法與之相同。《詩·小雅·小明》“心之憂矣，自詒伊戚”，《毛傳》：“戚，憂也。”“亡戚”義爲“無憂”，應與古璽文“亡羊（恙）”用意相同。

《考古與文物》1994-3，頁105

○**何琳儀**（1998）　　亡，甲骨文作（佚二九）、（甲二六九五）。从刀，刀刃施短豎表示刀刃鋒鋩。指事。鋩之初文。《集韻》：“鋩，刃端。”鋩與刃造字方法相同，唯指事符號在刀刃之位置有別而已。西周金文作（天亡簋），指事符號演變爲弧筆。春秋金文作（杞伯簋）。戰國文字承襲兩周金文。齊系文字或作凵、凵，指事短豎向左、右彎曲。晉系文字或作凵、凵、凵、凵、凵、凵、凵，趁隙加飾筆丨、一、丶。楚系文字作止，與止形易混；或作凵，則省一筆，與曲形易混。《説文》：“凵，逃也。从入从乚。”

　　無鹽戈“亡瀘”，讀“無鹽”，（亡、無相通，典籍習見。無、亡陰陽對轉。）地名。《史記·項羽本紀》：“身送之至無鹽。”在今山東東平南。齊鈢“亡鐵”，讀“無鐵”，習見人名。

　　侯馬盟書“亡”，或作麻，參麻字。晉鈢“亡（無）忌、亡（無）澤（數）、亡（無）己（忌）、亡（無）墜（它）、亡（無）魁（畏）、亡（無）智”，均習見人名。晉鈢“亡埃”，或作“亡羊”。晉鈢“亡曲”，讀“無曲”。《雲笈七籤》“無曲潛形體令真”，注：“心無曲萬神足。”晉鈢“亡厶”，讀“無私”。《禮記·孔子閒居》：“天無私覆，地無私載，日月無私照。”晉鈢“亡陞”，地名。趙三孔布“亡邻”，讀“無終”，地名。《漢書·樊噲傳》：“破得綦毋卬、尹潘軍於無終、廣昌。”在今河北蔚縣、淶源之間。趙三孔布“余亡”，讀“余無”或“余吾”，地名。魏金“亡智”，讀“無智”，習見人名。中山王鼎“亡不”，讀“無不”。《禮記·中庸》：“辟如天地之無不持載，無不覆幬。”中山王壺“亡彊”，讀“無疆”。《詩·豳風·七月》“萬壽無疆”，傳：“疆，竟也。”中山王圓壺“亡道”，讀“無道”。《左·僖十九》：“今邢方無道，諸侯無伯。”兆域圖“亡若”，讀“無赦”。《書·康誥》：“乃其速繇文王作罰，刑茲無赦。”

　　望山簡“亡童”，信陽簡作“梟庿”，均讀“盲僮”，木俑。參梟字。包山簡“亡”，姓氏，疑讀“芒”。伏羲臣有芒氏。見《世本》。包山簡“亡愄”，讀“無畏”，習見人名。帛書“亡尚”，讀“無常”。《荀子·修身》：“趨舍無定，謂之無常。”帛書“亡又”，讀“無有”。《書·洪範》：“無有作好，遵王之道；無有作惡，遵王之路。”

　　古鈢“亡羊”，疑讀“毋將”，複姓。見《通志·氏族略·複姓》。古鈢“亡”，姓氏。古鈢“亡曲”，讀“無曲”。

　　　　　　　　　　　　　　　　　《戰國古文字典》頁726—727

△按　戰國文字“亡”多讀爲“無”。

集成9710曾姬無卹壺　　集成11230郾王職戈

郭店·六德2　　　　上博二·子羔9

○何琳儀（1998）　乍，甲骨文作乚（乙五七〇），構形不明。金文作乚（伯矩簋）。戰國文字承襲金文。或略有變化，或省作乚、乚與止形易混，或省作乚與亡形易混，或省作乚與曲形易混，或省作乚、乚尤爲奇詭。《説文》：“乚，止也。一曰，亡也。从亡从一。”

戰國文字“乍”，除人名之外多讀作。

帛書“乍福”，讀“作福”。《書・洪範》：“惟辟作福。”

睡虎地簡“乍”，見《廣雅・釋言》：“乍，暫也。”

《戰國古文字典》頁 577

△按　“乍”字本从耒形取象，本義爲以耒起土，引申而爲耕作、農作之作。説詳曾憲通《“作”字探源——兼談耒字的流變》（《古文字研究》19 輯，中華書局1992 年）。

望望　室夰痓望𧡡

（圖）郭店・語一 104　（圖）郭店・語二 33　（圖）上博五・三德 1

（圖）郭店・窮達 4　（圖）郭店・語一 1

（圖）上博一・緇衣 2

（圖）郭店・緇衣 3　（圖）上博五・季庚 4

（圖）上博一・詩論 22

（圖）上博六・競公 2

△按　《説文》分“望、朢”爲二字。云：“望，出亡在外，望其還也。从亡，朢省聲。”“朢，月滿，與日相望以朝君也。从月从臣从壬。壬，朝廷也。𡶩，古文朢省。”對“望、朢”二字結構的分析均不可信。實則二者本一字之異體。本作“𡶩”，以人挺立張目表遥望之意。因月爲人們日常遥望之對象，故增月旁作“朢”。因滿月最能引人遥望，故月滿之時亦謂之“朢”。“朢”所从豎目（“臣”）替換爲“亡”以表聲則爲“望”。同理，“𡶩”亦可聲化作“室”。“室”所从“壬”或换作“介”形（實即“人”旁加兩飾筆）而成“夰”。“室”表意不顯，故又或加“見”旁作“痓”，或加“目”旁作“望”，或加“見”省“壬”作“𧡡”。諸家之説，另參卷八“朢”字條。《上博一・緇衣》2 之“夰”，最近施謝捷《説上博簡

〈緇衣〉中用爲“望（聖）”、“湯”的字》（《華學》11 輯，中山大學出版社 2014 年）隸定作“宀”，以爲“宂”字異體。

无 睡虎地·爲吏 42 貳　无 睡虎地·爲吏 43 貳

○何琳儀（1992）　據《秦簡文字編》統計，“无”二見，“無”三見。凡五見：

无官不治	25.4.16
无志不劈（徹）	25.4.17
吏（事）無不能殹（也）	2.2.2
無很（墾）不很（墾）	2.3.3
無貴賤	11.1.4

楚帛書有和秦簡“无、無”共見，屬平行現象；今本《易》作“无”，群經作“無”，也屬這類現象。凡此説明，“无”確爲“無”之奇字。這猶如後代書法作品中，往往不嫌同字異體。（中略）

“無”同“橆”，換言之，“橆”是“無”的疊加音符字。《説文》：“橆，亡也。從亡，無聲。无，奇字无，通於元者。王育説：天屈西北爲无。”許慎以爲“无”與“元”有關，王育以爲“无”與“天”有關。清代小學家牽合舊書，失之彌遠。驗之戰國秦漢文字，兩説均非。不過，所謂“通於元者”略勝於“天屈西北”。因爲“无”與“元”下均從“儿”，而“儿”恰恰也是“人”之“奇字”，即側面人形而在文字下方者。除“无、儿”外，《説文》還收録“奇字”：仝（倉）、㕣（涿）。所謂“奇字”，據《説文·敘》乃是“古文而異者”，可能取材於“壁中書”之外的“逸經”。在戰國文字偏旁中，已發現“倉、儿”等“奇字”。揆之情理，戰國文字中也應有“无”。本文所釋戰國文字“无”及從“无”之字，正可印證《説文》“奇字”確爲戰國文字異體。

根據上揭戰國秦漢文字“无”及從“无”之字，基本可以展現“无”的形體演變序列：

（中略）“無”，甲骨文作𡘭，象人執禽獸之尾而舞，應是“舞”之初文。金文作𣎜，其二尾演化爲二“某”，遂借“某”爲音符（“無”“某”雙聲）。後又疊加音符

"亡"作"𣥺",爲小篆所承襲。"無"或"𣥺"筆畫繁多,不便書寫,而"無"又是使用頻率甚高的虚字。於是借用"无"以代替"無"。既然是假借,"无"必有其自身的形體來源。關於戰國文字"无"是否與甲骨文"伐"之省體作𠂇形音有聯繫? 遽下結論爲時尚早。不過從現有的材料觀察,似乎可以得出如下結論:殷周文字使用"無",戰國文字始以"无"代"無",秦代文字"無、无"並用,漢代文字"无"盛行。

《江漢考古》1992-2,頁 73—75

○**詹鄞鑫**（1992）　古代繪圖中有一類徒手舞蹈,其形象與"无"的古文字形體完全一樣。下圖所示是采自漢代繪畫資料的舞蹈圖和"无"的古文字形,"无"字各體則作爲參照例。

　　根據《古老子》、漢魏碑等古文字資料,可知"无"字本應寫作"𣞤",大約是爲了區別於"既"的偏旁,才利用訛體寫作"无",《説文》引王育説"天屈西北爲无",透露出王育所説的"无"也應作"𣞤",否則"'天'屈西北"就没有著落了。比較上揭各圖形和字形,一眼就可以看出,古文字中"无"和"無"都是古代舞人的象形。"無"的甲骨文象人手持毛尾而舞,是"舞"字初文。這一點自甲骨文發現以來經諸家的考釋,如今已成爲不刊之論。現在我們又進一步知道,"無"的異體字"无"則是另一種類型的古代舞人形象。

　　關於古代舞蹈類型,《周禮·春官·樂師》云:"凡舞:有帗舞,有羽舞,有皇舞,有旄舞,有干舞,有人舞。""帗舞"是手持五彩繒所製的舞具而舞,"羽舞"是手持雉尾所製的舞具而舞,"皇舞"是頭戴羽冠身披翠羽而舞,"干舞"是手持干戚而舞,"旄舞"手持旄尾而舞,而"人舞"則是徒手而舞。甲骨文"無"(舞)象兩手持毛尾而舞,是"旄舞"形象,而金文及《古老子》的"无"字,則正是徒手長袖而舞的"人舞"形象。"无"和"無"都是舞人的象形,其區别只不過代表了古代不同類型的舞蹈而已。

　　上揭金文是商器卣的族徽文字,就是説器主以"无"作爲氏族的族號。古代有以職事爲氏之例,如巫、屠、陶、匠、皮等氏皆是。很可能"无"氏祖先曾經充當"司巫"之職。《周禮·春官·司巫》:"掌群巫之政令,若國大旱,則帥巫而舞雩。""雩"是由女巫舞蹈祈雨的祭祀,而參加舞雩的女巫則是由司巫率領的。從音讀看,古音"无"與"巫"也相同,都是魚部明母。

《古漢語研究》1992-3,頁 41—42

○**趙平安**(1996)　從出土材料來看,无字始見於秦漢早期簡帛文字。(**中略**)這些无字的形態非常豐富,主要有以下幾種寫法:

　　无睡虎地秦墓竹簡　　　夫老子甲本及卷後古佚書

　　夫孫臏兵法　　　　　　无老子乙本及卷前古佚書

這些寫法和夫字下列寫法相同相近:

　　夫威簋　　　　　　　　夫睡虎地秦墓竹簡

夫无同是魚部字,聲紐同是脣音,古音很近,古漢語中有通用之例。如《文子·符言》:“故夫爲而寧者,失其所[以]寧則危,夫爲[而]治者,失其所[以]治則亂,故‘不欲碌碌如玉,落落如石’。”《淮南子·精神訓》:“夫以天下爲者,學之建鼓矣。”《老子甲本及卷後古佚書》392:“是故擅主之臣罪夫赤(赫)。”其中夫均通無。從夫的字也是如此,《戰國策·魏策二》:“先王必欲少留而扶社稷安黔首也。”《呂氏春秋·開春論》扶作撫。因此我們認爲古文无是夫的通假字。

夫借來表示有無的無,至少不會晚於戰國末年。自從借夫表示無後,因爲二字都是常用字,使用頻率很高,從形體上進行區別就顯得非常迫切,從睡虎地秦簡看,人們已經在探索區別二字的途徑。如夫作夫夫,无作无无。很明顯,秦簡中夫无求別與後世是不同的。後世主要通過中筆是否出頭來區別,這種區別方法在《戰國縱橫家書》中已經萌芽,至遲在東漢時代已經成爲嚴格的規範,校官碑、孔龢碑、熹平石經的无都不出頭。《説文》所收的奇字无當是漢代的產物。

　　　　　　　　　　　　　　　　　　　《簡帛研究》2,頁102—103

○**何琳儀**(2002)　檢《説文》“無”奇字作:无,故“无”理所當然與“無”形體有關。眾所周知,“無”爲“舞”之初文,象“大”形持尾狀物而舞,春秋金文“無”所從“大”形或作“夫”形:

　　無毛叔盤　　　　　　　無子璋鐘

“夫”形完全對稱,然而也有不對稱者:

　　無庚兒鼎　　　　　　　無王子申盞盂

戰國秦漢文字之“无”即由這類不對稱者演變而來。換言之,截取“無”中間“夫”形即是“无”。其演變序列爲:

　　　　　大→夫→无→无→无→无

最近新出郭店楚簡《窮達以時》3“堯舜”之“堯”頗似“无”形。這是否能使燕尾布“杶”字的釋讀又回到“橈”字的老路？其實楚文字這一明確無疑的“堯”字，與楚文字“无”字不盡相同：

　　堯　　无　

　　具體而言，前者在豎筆上施圓點，而後者在豎筆上施短橫，這是區別二字的癥結所在。凡此與古文字在豎筆上施圓點爲“由”，施短橫爲“古”，同屬微妙的區別文字手段，值得古文字研究者特加重視，以免產生不必要的混淆。總之，郭店簡“堯”字並不影響燕尾布“杶”字的釋讀。

《古幣叢考》（增訂本）頁 230—231

△按　戰國文字未見从“亡”之“橆”。有無之“無”見卷六。奇字“无”的來源以趙平安説較爲可信。

匈　匃

十鐘　　秦陶 1109

○何琳儀（1998）　匃，甲骨文作（粹一二六〇）。从刀从亡，會意不明。金文作（牆盤）。戰國文字承襲金文，或省簡爲、。《説文》：“匃，气也。逯安説亡人爲匃。”

　　秦器“匃”，人名。

《戰國古文字典》頁 904

區　匦

璽彙 0239　　　包山 3　　　郭店·語三 26

集成 10374 子禾子釜　　陶彙 3·723　　　陶彙 3·13

○何琳儀（1998）　區，甲骨文作（甲五八四）。从品从ㄴ，會眾物藏於曲形器之意，ㄴ亦聲，ㄴ即（曲）字簡省，上加一橫爲，正是戰國文字曲字異體（參曲字）。區爲（曲）之準聲首。《説文》：“匦，踦匦藏匿也。从品在匚中。品，眾也。”或省从二口、一口。

　　子和子釜“區夫”，讀“曲阜”，地名。《禮記·明堂位》：“成王封周公於曲阜。”在今山東曲阜。齊陶區，姓氏。歐冶子之後，轉爲區氏。望出渤海。見《萬姓統譜》。

侯馬盟書區,姓氏。

楚璽"區夫",讀"曲阜"。戰國晚期曲阜一度屬楚。楚璽區,姓氏。

《戰國古文字典》頁 349

匿 🄰

🄰 睡虎地・效律 34　　🄰 包山 138 反　　🄰 楚帛書　　🄰 郭店・緇衣 34

○何琳儀(1998)　匿,商代金文作🄰(匿罕),从匚,若聲。匿、若均屬泥紐,匿爲若之準聲首。金文作🄰(盂鼎),戰國文字承襲商周文字。《說文》:"🄰,亡也。从匚,若聲。讀若羊騶箠。"

包山簡"匿",讀暱。《爾雅・釋詁》:"暱,近也。"帛書"慝匿",見慝字。

《戰國古文字典》頁 78

○陳偉(2003)　匿,似當讀爲"慝",通作"忒"。《書・洪範》"民用僭忒",《漢書・王嘉傳》引作"慝",是二字通假之例。"忒"訓爲變更。《爾雅・釋言》:"爽,忒也。"邢昺引孫炎曰:"忒,變雜不一。"《說文》:"忒,更也。"《詩・魯頌・閟宮》"享祀不忒",鄭玄注:"忒,變也。"

《郭店竹書別釋》頁 43

37—42 號簡有一段文字寫作:"不柬,不行。不匿,不辯于道。有大罪而大誅之,簡也。有小罪而赦之,匿也。有大罪而弗大誅也,不行也。有小罪而弗赦也,不辯于道也。簡之爲言猶練也,大而晏者也。匿之爲言也猶匿匿也,小而訪<診(軫)>者也。簡,義之方也。匿,仁之方也。剛,義之方。柔,仁之方也。不彊不梂,不剛不柔,此之謂也。"

帛書本相應部分爲:"【不簡】不行,不匿,不辯于道。有大罪而大誅之,簡。有小罪而赦之,匿也。有大罪而弗【誅,不】行。有小罪而弗赦,不辯【于】道。簡之爲言也猶賀,大而罕者。匿之爲言也猶匿匿,小而軫者。簡,義之方也。匿,仁之方也。《詩》曰:'不劇不救,不剛不柔。'此之謂也。"

這裏"匿、辯"二字的釋讀或理解存在歧義,我們試作些討論。

先說"匿"。帛書本整理小組注釋引《爾雅・釋詁》云:"匿,微也。"郭璞注:"微謂逃藏也。《左傳》曰'其徒微之'是也。"龐樸先生解釋"匿匿"說:"後匿字通慝。"魏啟鵬先生說:"匿,隱匿。""簡文'匿匿也'殆抄寫有誤,當作'匿也匿',後一匿字屬下句,在'少(小)'之前……'匿之爲言也猶匿',其首'匿'

謂隱匿也,其尾'匿'字讀爲暱。《爾雅·釋詁》:'暱,近也。'郭注:'暱,親近也。'《左傳·襄公二十五年》:'而知匿其暱。'杜注:'親也。'"劉信芳先生説:"匿,隱也。第 28 章簡 40'匿匿'猶'隱隱'。《國語·齊語》:'則事可以隱令。'韋昭注:'隱,匿也。'隱謂同情心……"又説:"匿匿,猶隱隱,謂惻隱也。"郭沂先生説:"'匿匿',第一個'匿',藏也,隱也。第二個'匿',小也。《爾雅·釋詁》:'匿,微也。'又比喻小的過錯。'匿匿',意爲隱匿小的過錯。"

在郭店簡書《六德》32—33 號簡中,有一段話與本篇關聯。這段話寫作:"仁薔而容,義强而柬。容之爲言也,猶容容也,小而炅多也。□其志,求養親之志。蓋亡不以也,是以容也。"

這段話中的"容",顯然與《六德》篇中的"匿"對應。"容"有容納、包容義,"匿"有隱藏義,辭義相近。在這個意義上,理解《六德》與《五行》的異文,應該是比較適當的選擇。從這一推測出發,《六德》中的"匿"和"匿匿"應該都訓爲隱匿,簡文的抄寫和原釋文的斷讀也沒有疑其有誤的必要。

《郭店竹書別釋》頁 56—58

囨 匜

睡虎地·日甲 20 背肆

○**睡簡整理小組**(1990)　　囨,疑讀爲陋,義爲邊塞狹隘,在此當指宅院的角隅。

《睡虎地秦墓竹簡》頁 211

○**劉樂賢**(1994)　　按:《説文》:"匜,側匜也。"段玉裁云:"各本作'側逃也',今依《玉篇》逃作匜。《玉篇》曰:'又作陋。'是知側匜即《堯典》之'側陋',謂隱藏不出者也。"是知匜、陋乃古今字。本篇囨當依整理小組訓爲宅院的角隅。又朱駿聲《説文通訓定聲》以爲匜當作匜,並云:"《説文》各本从匸从丙,誤多一橫,今正。"今據睡虎地秦簡《日書》,知許慎之説實有來歷,朱説不確。

《睡虎地秦簡日書研究》頁 220

○**何琳儀**(1998)　　囨,構形不明,或説丙爲内之誤,待考。《説文》:"匜,側逃也。从匸,丙聲。一曰:箕屬。"

睡虎地簡"囨",讀陋。《説文》:"陋,陁陜也。从阜,匜聲。"

《戰國古文字典》頁 381

匽 匽

匽 故宮 454　　匽 陶彙 5・384　　匽 睡虎地・日甲 81 背

○**周曉陸**（1988）　“燕亳”一詞見《左傳・昭九年》“武王克商……肅慎、燕亳，吾北土也”。“亳”即亳社，宗廟之謂，《左傳・定六年》魯陽虎“盟國人于亳社”，《左傳・哀六年》魯國“以邾子益來，獻于亳社”。“燕亳”當指燕國建于首都之亳社。

《考古》1988-3，頁 261

○**何琳儀**（1998）　《説文》：“匽，匿也。從匸，晏聲。”

陳璋壺“匽亳”，讀“燕亳”。《左・昭九》：“燕亳吾北土也。”齊璽“匽”，姓氏。皋陶之後，本偃氏，去人爲匽。見《古今姓氏書辯證》。皋陶生於曲阜，是爲偃姓，六蓼皆偃姓之國，祀皋陶。見《通志・氏族略》。

燕王職戈“匽”，讀燕，國名。

杕氏壺“匽歓”，讀“燕飲”。《詩・大雅・鳧鷖》：“公尸燕飲，福禄來成。”亦作“宴飲”。《漢書・敘傳》：“設宴飲之會。”宴樂飲酒。

秦陶“桑匽”，地名。

《戰國古文字典》頁 972

○**崔恆昇**（2002）　盱眙壺：“匽亳邦。”陳璋方壺：“伐匽亳邦之隻（獲）。”匽即燕，亦稱郾、北燕國。西周初封置。亳爲古邑名，原指商湯的都城，後演變爲都城的通稱。匽亳即燕國都城薊邑。邦指邦國。匽亳邦實指燕國。《左傳・昭公九年》：“肅慎、燕亳，吾北土也。”此“燕亳”借指燕國，與上文“匽亳邦”之“匽亳”有所區別。

《古文字研究》23，頁 219

匹 匹

匹 睡虎地・雜抄 28　　匹 睡虎地・答問 158

匹 曾侯乙 187　　匹 郭店・唐虞 18　　匹 上博一・緇衣 21　　匹 郭店・老甲 10

○**何琳儀**（1998）　匹，金文作匹（戴簋）。從石，乙聲。匹與乙均屬至部，匹爲乙之準聲首。从石待考。楚系文字承襲金文，秦系文字訛變爲从匸，八聲。匹則爲八之準聲首。茲從舊説，匹聲系獨立。《説文》："匹，四丈也。从八、匸，八揲一匹。八亦聲。"

戰國文字"匹"，計馬之數。《書・文侯之命》："馬四匹。"

《戰國古文字典》頁1105

○**袁國華**（1998）　"匹"字見簡本《老子》甲本第10簡，字形作。《郭店楚簡》隸定作"庀"，老子甲本《釋文注釋》注27云："疑爲'安'字誤寫。"唯據字形看，字似當即"匹"。曾侯乙墓簡"匹"字數見，字作形：

 179　 187　 189

將""字與以上各形比較，分别只在於""字把右下的筆畫改變，使之音化，遂成从"匕"得聲的聲化字。查銅器銘文亦有一例與此相彷，"大鼎"銘云："取繇鷳卅匹。""匹"字即作""，與常見的金文"匹"字之作"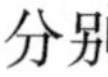"，分别亦只在於右下旁的筆畫"變形聲化"而已。

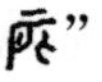

"匕"字上古音（本文所言音韻，皆指上古音，以下例同）屬幫母脂部，又屬並母脂部；"匹"屬滂母質部。幫、滂、並發音部位相同，而脂、質二部可旁轉，故"匹"當可从"匕"得聲。

簡本《老子》甲本第10簡的内容與馬王堆帛書甲乙本以及王弼本所載亦頗見紛歧：

簡　　本	竺能濁以朿者牆舍清
馬王堆甲	濁而情之　余清
馬王堆乙	濁而靜之　徐清
王 弼 本	孰能濁以靜之　徐清
簡　　本	竺能匹以　迬者牆舍生
馬王堆甲	女以　重之　余生
馬王堆乙	女以　重之　徐生
王 弼 本	孰能安以久動之　徐生

歷來各家於此二段文字的釋讀，迄今未有一致的結論，今新獲簡本又與他本有很大的出入，故無論簡本、帛書本以及傳世本的内容，都有待深入研究。

《中國文字》新24，頁138—139

○**何琳儀**（2000）　"方才（在）下立（位），不以仄（側）夫爲巠（輕）"《唐虞之道》18　《注釋》："裘按，據文意，仄夫似應爲匹夫之訛寫。"按，"仄"疑讀"側"

（參高亨《古字假借會典》423）（編按：“假借”爲“通假”之誤）。《正字通》：“側，卑隘也。”《書・堯典》“明明揚側陋”，蔡傳：“側陋，微賤之人也。”《書・舜典・序》“虞舜側微”，傳“爲庶人故微賤”，正義：“不在朝廷謂之側，其人貧賤謂之微。”故“側夫”猶“微賤之人”。

《文物研究》12，頁 201

○**顏世鉉**（2000）　《老子》甲簡 10：“竺（孰）能庀以迬者。”“庀”，帛書本作“女”（安），王本作“安”，《注釋》：“疑爲‘安’字誤寫。”按，“庀”當讀爲“宓”，庀爲滂紐脂部，宓爲明紐質部，旁紐陰入對轉。《說文》：“宓，安也。”段注：“此字經典作密，密行而宓廢矣。《大雅》：‘止旅乃密。’傳曰：‘密，安也。’正義曰：‘《釋詁》曰：密、康，靜也。康，安也。轉以相訓，是密得爲安。’”《廣雅・釋詁一》：“宓，安也。”《簡文》“迬”字，裘按：“帛書本作‘重’，今本作‘動’。‘主’與‘重’上古音聲母相近，韻部陰陽對轉。”此說可從。

　　《老子》甲簡 9—10：“孰能濁以靜者，將徐清。孰能庀（宓）以迬（動）者，將徐生。”王本作“孰能濁以靜之徐清，孰能安以久動之徐生”。元吳澄說：“‘濁’者動之時也，動繼以靜，則徐徐而清矣。‘安’者靜之時也，靜繼以動，則徐徐而生矣。‘安’謂定靜，‘生’謂活動。蓋惟濁故清，惟靜故動。”“安”釋爲“定靜”正與“庀”（宓、密）釋爲“靜”相合。《管子・大匡》：“夫詐密而後動者勝。”戴望云：“此‘詐’字當爲‘計’，字之誤也。‘計密而後動者勝’，即《老氏》‘不敢爲天下先’之意。”陶鴻慶云：“‘計密而後動’，猶言謀定而後動也。”此正可與上引《老子》文互證。

《郭店楚簡國際學術研討會論文集》頁 101

△按　《老甲》“匹”字結構當從袁說，音義則應從顏說讀“宓”，訓靜。

匠　匠

陶彙 5・321　璽彙 3180　璽彙 0234

○**睡簡整理小組**（1990）　匠，即匠人，營建宮室城郭溝洫的技工，見《考工記》。

《睡虎地秦墓竹簡》頁 48

○**湯餘惠**（1993）　《古璽彙編》0234 著録一鈕白文方璽，陰刻六字，云：卑醫匠芻仜鈢。匠芻，人名。古人有以匠爲氏的，《風俗通》：“氏於事者，巫、卜、陶、匠是也。”《説文》訓匠爲“木工”,匠氏來源的職事。春秋魯國有大匠名匠慶,見於《左傳·襄公四年》,又《成公十七年》有匠麗氏。

《考古與文物》1993-5,頁 80

○**何琳儀**(1998)　匚,甲骨文作匚(鄴初下四〇·一一),象方形側面器之形,或説方圓之方的初文,或説祊之初文(象神龕之形)。或作匚(甲二六六七),筆畫雙鈎繁化。金文作匚(乃孫作祖己鼎)、匚(曶鼎匚作匚),雙鈎方框内又加紋飾。戰國文字承襲商周文字。《説文》:“匚,受物之器,象形。讀若方。匚,籀文匚。”

匠,從斤,匚聲。《説文》:“匠,木工也。從匚從斤,斤所以作器也。”

齊璽“匠”,姓氏。氏於事者,巫卜陶匠是也。古有匠石,望出河東。見《風俗通》。晉璽“匠”,姓氏。秦陶“匠”,陶匠。

《戰國古文字典》頁 717—718

匧 匧

匧睡虎地·答問 204

【匧面】睡虎地·答問 204

○**陳偉武**(1998)　《法律問答》:“可(何)謂‘匧面’?‘匧面’者,耤(藉)秦人使,它邦耐吏、行纏與偕者,命客吏曰:‘匧’,行纏曰‘面’。”整理小組注:“匧(音怯),即‘篋’字。”

今按,匧爲篋之或體,《説文》訓“藏也”。秦簡此處當讀爲頰。《説文》:“頰,面旁也。”睡虎地秦簡甲種《日書·盜者篇》:“疵在頰。”用本字本義。頰與面是類義詞,意義有局部與整體之別,故律文分别借指客吏與行纏。

《胡厚宣先生紀念文集》頁 207

匡 匡

匡璽彙 4061　匡璽彙 0602　匡陶彙 4·96　匡望山 2·48

○**中大楚簡整理小組**(1977)　(編按:望山 2·48)匡,即筐,盛物竹器。

《戰國楚簡研究》3,頁 48

○**何琳儀**(1998)　《説文》:“匡,飯器筥也。從匚,㞷聲。筐,匡或從竹。”

魏璽“匡”，地名。《左・定六年》：“公侵鄭，取匡。”在今河南扶溝南。匡上加下字，疑爲與《論語・子罕》“子畏於匡”（在今河南長垣西南）區別。

望山簡匡，讀筐。《詩・小雅・鹿鳴》“承筐是將”，傳：“筐，筥屬。所以行幣帛。”

《戰國古文字典》頁 634

匴 匴 匴

匴睡虎地・日甲 62 背貳

○**睡簡整理小組**（1990）　匴，竹製的淘米用具，《説文》：“淥米籔也。”

《睡虎地秦墓竹簡》頁 218

△**按**　“匴”字《戰國文字編》失收。

匫 匫

曾侯乙衣箱　　曾侯乙衣箱

○**裘錫圭**（1979）　再舉幾個比較簡單的例子。有些漆盒自銘爲“匫”，這顯然就是《説文・匚部》訓爲“古器”的“匫”字。由此可知清代人釋曶鼎的“曶”字爲曶，雖然受到後人的懷疑，實際上卻是可信的。（**編按**：有人認爲“匫”應釋爲从“昏”聲的“匫”。今按《碧落碑》“惟恍惟惚”之“惚”以🌀爲之，《古文四聲韻》没韻“忽”字引《古老子》亦作🌀，“匫”無疑應釋爲“匫”。）

《古文字論集》頁 415，原載《文物》1979–7

○**何琳儀**（1998）　曶，金文作🌀（曶鼎），从爪，曰聲。曶與曰均屬匣紐，曶爲曰之準聲首。曶，扢之初文。《吕覽・安死》“不可不扢”，注：“扢，發也。”《説文》：“🌀，出气詞也。从曰，象气出形。《春秋傳》曰：鄭太子曶。🌀，籀文曶。一曰：佩也。象形。”籀文从口，與金文🌀（曶尊）吻合。許慎所謂“象气出形”，乃爪之訛變。《説文》：“匫，古器也。从匚，曶聲。”

曾墓漆器“匫”，矩形衣箱。

《戰國古文字典》頁 1176

匱 匱

包山 13

○**劉彬徽、彭浩、胡雅麗、劉祖信**（1991）　匱，簡文寫作匱。《説文》：“匣也。”

《包山楚簡》頁 41

○**何琳儀**（1998）　匲，從匚，僉聲。疑匝之繁文。《廣韻》：“匝，筥也。”
包山簡“匲”，讀匝。

《戰國古文字典》頁 1068

△**按**　字從“貴”，應以釋“匱”爲是。《説文》：“匱，匣也。從匚，貴聲。”

柩 柩　匶

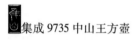集成 9735 中山王方壺

○**朱德熙、裘錫圭**（1979）　《説文》“柩”字籀文作“匶”。《周禮》“柩”字多書
作“匶”。銘文“匶”當讀爲“救”。

《朱德熙古文字論集》頁 101；原載《文物》1979–1

○**于豪亮**（1979）　“不匶者（諸）侯”，《説文・木部》（編按：實在匚部）以匶爲柩
之古文，當以音近讀爲友。

《考古學報》1979–2，頁 179

○**張政烺**（1979）　匶，從二疑是匚之誤，舊聲，蓋即柩之異體，此處讀爲忌。

《古文字研究》1，頁 216

○**趙誠**（1979）　舊。

《古文字研究》1，頁 250

○**商承祚**（1982）　此銘從二不從匚，當爲一字，在此假爲“就”。“不就諸侯”
謂不與諸侯相謀也。

《古文字研究》7，頁 66

○**何琳儀**（1998）　匶，從匚省，舊聲，柩之異文。《汗簡》下一・六九柩作匶。
《説文》匶籀文柩。中山王方壺匶，讀舊。《公羊・莊廿九》“脩舊也”，注：
“舊，故也。”

《戰國古文字典》頁 177

△按　壺銘"匭"似以何琳儀説讀"舊"爲優。

匝

璽彙 2434

○何琳儀（1998）　匝，从匚，之聲。晉璽匝，人名。

《戰國古文字典》頁 48

㔂

璽彙 3266

○何琳儀（1998）　㔂，从匚，子聲。晉璽㔂，人名。

《戰國古文字典》頁 90

匡

陶彙 5・239　考古學集刊 5，頁 166

○何琳儀（1998）　匡，从匚，土聲。秦陶匡，人名。

《戰國古文字典》頁 530

△按　陶文"左匡"疑機構名。

㰷

望山 2・9

○朱德熙、裘錫圭、李家浩（1995）　《集韻・覃韻》："㰷，受物器。"不知簡文
"㰷"是否用此義。

《望山楚簡》頁 119

○何琳儀（1998）　㰷，从匚，今聲。《集韻》："㰷，受物器。"望山簡"㰷"，
不詳。

《戰國古文字典》頁 1475

○程燕（2003）　M2.9 簡文：塪（雕）鞥，劓純。兩馬皆又（有）㰷。"㰷"原篆

作：匛，《考釋》：“《集韻·覃韻》：‘匛，受物器。’不知簡文‘匛’是否用此義。”《考釋》的隸定甚確。

按：“匛”應讀“函”。“匛、函”同屬侵部，音近可通。《禮記·月令》：“羞以含桃。”《釋文》：“含本又作函。”《周禮·考工記》：“燕無函。”鄭注：“鄭司農云：函讀如‘國君含垢’之含。”《文選·南都賦》：“巨蟒函珠。”李注：“楊雄《蜀都賦》曰：‘蟒函珠而擘裂。’蟒與蚌同，函與含同。”《説文》：“函，俗作聆。”以上皆爲匛、函相通之例證。

《周禮·考工記》：“燕無函。”鄭玄注：“函，鎧也。”（武億云：“漢名甲爲鎧。”）《周禮·考工記·函人》云：“函人爲甲。”《廣雅·釋詁》：“函，鎧也。”《釋名·釋兵》云：“甲亦曰函，堅重之名也。”《孟子·公孫丑》：“矢人豈不仁於函人哉？矢人唯恐不傷人，函人唯恐傷人。”趙注：“函，甲也。”

“兩馬皆又（有）匛”，蓋謂兩匹馬都有馬甲。“馬甲”在考古出土實物中習見。1987年荆門二號墓出土一件罕見的書寫有文字馬甲。馬甲左側有兩處文字“郙公、贏”。望山1號墓出土有人甲（見《江陵望山沙冢楚墓》圖版18），但望山2號墓未見有“馬甲”，可能是腐爛或被盜了。

《江漢考古》2003-3，頁86—87

区

匸 璽彙 3179

○**何琳儀**（1998）　区，从匸，文聲。晉璽区，姓氏。疑讀文。

《戰國古文字典》頁 1364

㞐

巴 鹽印山房 25

△按　璽文“㞐”用爲人名。

㞷

区 璽彙 0718　　区 璽彙 0719

○**何琳儀**(1998)　⿷匚出,从匚,出聲。晉璽⿷匚出,人名。

《戰國古文字典》頁 1237

⿷匚禾

集成 2840 中山王鼎　璽彙 2315　集成 11579 越王州句劍

○**朱德熙、裘錫圭**(1979)　"⿷匚禾"象禾在匚中,疑是"囤"之表意異體字。"囤"亦作"笹"。《説文》:"笹,篅也。从竹,屯聲。所以盛穀,高大之器也。"方壺銘"余知其忠信也而專任之邦"與鼎銘此句相當。"屯""專"古音相近("蓴"亦作"蒓"可證),"囤任"疑即"專任"。

《朱德熙古文字論集》頁 104;原載《文物》1979-1

○**于豪亮**(1979)　⿷匚禾从禾聲,以音近讀爲倚,蓋禾與倚同爲歌部字。《漢書·韓安國傳》"上方倚欲以爲相",注:"謂仗任之也。"

《考古學報》1979-2,頁 174

○**徐中舒、伍仕謙**(1979)　,此魏字之簡字。《汗簡》魏字作,與此形同。中山出自魏,故將魏字簡化爲,與《侯馬盟書》趙簡化爲肖同。此處作委任之委解。

《中國史研究》1979-4,頁 90

○**張政烺**(1979)　⿷匚禾,从禾在匚中,匚音方,受物之器。按《説文》:"囷,廩之圜者,从禾在囗中。"⿷匚禾小於囷,疑即篅之異體,《説文》:"篅,判竹圜以盛穀也,从竹,耑聲。"篅讀如顓,顓任之邦與壺銘謭任之邦音義相符。

《古文字研究》1,頁 227

○**張克忠**(1979)　"⿷匚禾",今本《説文》所無,與囷同意。《説文》:"囷,廩之圜者,从禾在囗中。圜謂之囷,方謂之京。""匚,受物之器,象形……讀若方。"據此,《説文》原來有⿷匚禾字,讀若京,後世逸亡。"⿷匚禾賃之邦"與"家賃之邦"同意。

《故宫博物院院刊》1979-1,頁 40

○**李學勤、李零**(1979)　銘文卅九行有⿷匚禾字,對比《古徵》第一所收⿱艹⿷匚禾字當釋爲菌,⿷匚禾就該釋爲囷。《釋名·釋宫室》:"囷,綣也。"説明文部的囷可與元部字通假,在此應讀爲全。"全任之邦",語意與方壺銘"專任之邦"、𡣕䖵壺銘"家任之邦"大致相同。

《考古學報》1979-2,頁 158

○**商承祚**（1982）　“伛賃之邦”，與方壺“謼賃之邦”的語句相同。伛字，徐中舒、伍仕謙釋委，可信。

《古文字研究》7，頁 55

○**黄盛璋**（1982）　伛（委）：“是以寡人伛任之邦。”朱、裘疑爲“囦”字，未敢最後定奪，較爲矜愼，李、張皆釋“困”，但讀音不同。李讀“全”而張讀“京”，于釋“倚”，謂“禾、倚”同歌部。我以爲此字乃“委”字，《汗簡》禾部有：“𫇭：魏，出《字略》。”雲夢秦簡《編年記》“魏”字作“𨚲”，則《汗簡》所收“魏”字篆文顯爲“委”字，假爲國名之“魏”，故加“邑”旁，鼎銘此字與《汗簡》“魏”字篆文就是一字。“委”有任意，《蒼頡篇》：“委，任也。”又《左傳》昭六年：“委之常秩。”杜注亦用“任”爲訓，銘文正是“委任”連文，又有“屬付”意，如《左傳》成二年“王使委之三吏”，注：“委，屬也。”《戰國策·齊策》“願委之於子之”，注：“委，付也。”後代尚“委托”連文，司馬成公權：“五年司馬成公朔殹事。”“殹”字舊不能識，今據中山銅器解決了，此字也是“委”字，只是多加了“殳”旁，表示動作，兩銘讀“委”完全合適。

　　《古文四聲韻》卷四未韻下“魏”下收有“𫇭”（雲臺碑）、“𫈯”（李商隱《字略》），而卷一微韻“巍”下收有“𫈯”（王惟恭黄庭經），三者皆从禾从山，實是巍字省略，然而也可假爲“魏”。《汗簡》之“𫇭”亦出《字略》，應與《四聲韻》所引爲一字，乃是巍字省略而假爲魏字，皆截取魏字左邊“委”之上部“禾”。中山鼎銘“伛”亦取“委”上部而加匚爲“委”，看來明確無疑。

《古文字研究》7，頁 76—77、85

○**吳振武**（1983）　2315 陽伛𡑭·陽伛（魏）𡎾（府）。

《古文字學論集》（初編）頁 506

○**湯餘惠**（1993）　伛，通委。王䚂把邦國之事托付給司馬賈，自己外出遊樂，以表示對他很放心。

《戰國銘文選》頁 35

○**曹錦炎**（1993）　“利”字的刀旁有省筆，相同的劍銘有不省的構形（中略）。“利”，順利，吉利。《易·謙》：“無不利，撝謙。”是其義。（中略）“唯余土利邘”，即“唯余土邘利”，語法位置變更而已。正因爲吳被越滅，所以越王州句才會把邘地（即吳地）作爲“余土”而爲之稱頌吉利。

　　史籍記載，越滅吳後，句踐引兵北上，大會諸侯於徐州，號稱霸主，一度把國都也遷到琅玡，到戰國初期，州句之子越王翳才遷都於吳。州句時，越國的國力達到鼎盛。州句爲自用之劍鑄銘而稱頌吳地吉利，是否已有遷都吳地之議,也不是没有可能。甚或越王翳遷都吳,正是秉承其父遺願。否則偌大一個越國,越王州句只爲吳地一處頌吉,似乎顯得太突兀。只是史缺有閒,唯有推測而已。

《第三届國際中國古文字學研討會論文集》頁 391—393

○**李家浩**(1998) "困"字原文作从"禾"从"乚",曹文釋爲"利",非是。按此字見於甲骨文,其異體作"禾"从"匸"。陳邦懷先生和郭沫若先生,把這兩個字分別釋爲"困"。甲骨文寫作从"禾"从"匸"的"困",還見於戰國中山王鼎銘文和古璽文字,李學勤先生也釋爲"困"。中山王鼎銘文説:

氏(是)以寡人困賃之邦。

按"困、委"二字古音相近,可以通用。上古音"困"屬溪母文部,"委"屬影母微部。溪、影二母都是喉音,微、文二部陰陽對轉。《説文》艸部:"蔶,牛藻也。从艸,君聲。讀若威。"又女部:"威,姑也。从女从戌。《漢律》曰:婦告威姑。"許多學者指出,"威姑"即《爾雅·釋親》所説的"君姑"。"蔶、君"二字屬文部,"威"屬微部。值得注意的是,在古書中"君"與"困"、"威"與"委",分别有通用的例子。疑鼎銘的"困賃"應該讀爲"委任"。《漢書·宣帝紀》:"大將軍光稽首歸政,上謙讓委任焉。"於此可見,郭、陳二氏的釋法是可取的。所以,我們把劍銘此字徑釋爲"困"。(**中略**)

"唯余土困邗"五字十分珍貴。不僅是因爲這五個字不見於其他的越王州句劍銘文,更重要的是五個字還反映了一件不見於文獻記載的歷史。要想説明這一點,先得從"困"字的意思談起。

據《説文》説解,"困"的本義是"廩之圜(圓)者"。劍銘的"困"當非此義,顯然是個假借字,是哪個字的假借呢?我們認爲是"卷"字的假借。上古音"困"屬溪母文部,"卷"屬見母元部。見、溪二母都是喉音,元、文二部字音關係密切,可以通用。《左傳》文公十一年《經》"楚子伐麇",《公羊傳》"麇"作"圈";昭公元年《經》"楚子麇卒",《公羊傳》《穀梁傳》"麇"作"卷"。《説文》説"麇"从"囷"省聲,籀文作"麕",不省。此是異文的例子。《漢書·地理志下》安定郡屬縣"眴卷",顏師古注引應劭曰:"卷,音薝落之'薝'。"此是注音的例子。《釋名·釋宫室》:"囷,綣也。藏物繾綣束縛之也。"此是聲訓的例子。所以劍銘的"囷"可以假借爲"卷"。《淮南子·兵略》:

昔者楚人地南卷沅、湘。許慎注:卷,屈取也。沅、湘,二水名。

劍銘"卷"與此"卷"字用法相同。"唯余土困邗"的意思是説:只有我的疆土擴張到邗。

《北京大學學報》1998-2,頁222

○**何琳儀**(1998) 逶,从匚(曲),委省聲。疑委之異文。《汗簡》中一·三七魏作,疑亦从委省聲。

晉璽"陽逶",地名。中山王鼎"逶賃",讀"委任"。《史記·三王世家》:"委任大臣。"

《戰國古文字典》頁1170

○**曹錦炎**(2000) 文中的"䢍"字,我曾據歷史博物館藏殘劍格銘文釋爲"利",承李家浩先生函告,當釋"䢍",即"逶"之異體,並指出中山王鼎銘的"逶賃"當讀爲"委任",甚是。李先生還認爲"逶"即《説文》解爲"廩爲圜者"之"囷"字,在劍銘中假爲"卷",銘文"唯余土卷邗"的意思是只有我的疆土擴張到邗。但拙見以爲"逶"讀爲"委"即可,不必再假爲"卷"。"委"有纍積之意,如《公羊傳》桓公十四年:"御廩者何?粢盛委之所藏也。"《文選》漢揚雄《甘泉賦》:"瑞穰穰兮委如山。"劍銘州句自云"唯余土委邗",意思是説我的疆土與邗(故吴地)相重疊,也就是説吴國之疆土已盡入我越國版圖。

《文物》2000-1,頁71

△**按** "逶"字甲骨文作(《合集》20191)、(《合集》20195)等形。趙誠(《甲骨文字詁林》1422頁)謂象置禾於器中之形,疑即委之古文。其説可參。

匿

包山124 包山265 郭店·窮達3 上博二·從甲5 新蔡甲三206

上博五·季庚22 璽彙0869 集成4596陳曼簠

○**中大楚簡整理小組**(1977) (編按:望山2·54)匿从匚古聲,即簠之古文,金文同。惟出土物中未見有簠,殆已被盜。

《戰國楚簡研究》3,頁56

○**羅福頤等**(1981) (編按:璽彙0869)簠 从匚从古,與大府簠簠字同。

《古璽文編》頁99

○**何琳儀**(1998) 匿,从匚,古聲。医之異文。《正字通》:"匿與医同。"或作簠。《説文》:"簠,黍稷圜器也。从竹从皿,甫聲。医,古文簠从匚从夫。"

《戰國古文字典》頁476

○**袁國華**（1998）　"𠤳"見簡本《窮達以時》第 3 簡，字形作"𠤳"，《釋文》隸定作"𠤳"，正確無誤，唯於字義並未加以説明，今試補充如後。

簡文云："陶拍於河𠤳。"查古籍如《墨子・尚賢》《吕氏春秋・慎人》《管子・版法解》《史記・五帝本紀》《列女傳・周南之妻》等皆有舜"陶於河瀕（瀕或作濱）"的記載。故循音義求之，"河𠤳"應讀作"河浦"。

"𠤳"金文亦作"医"，可見二字古音極近甚至相同。"医"即小篆"簠"字。"簠"古音屬幫母魚部；"浦"古音屬滂母魚部。故由此推論所得，"𠤳、浦"二字，音近可通假。"浦"《説文》水部云："瀕也。"由是觀之，將"河𠤳"讀做"河浦"於音義皆合。

《中國文字》新 24，頁 141

○**李零**（1999）　"湑"，原作"𠤳"，疑讀"湑"，"湑"是水邊。

《道家文化研究》17，頁 494

○**李家浩**（1999）　《窮達以時》二號、三號簡釋文："舜……陶拍于河𠤳。"

按"𠤳"字常見於古文字，多用爲器名，字從"匚"從"古"聲，讀爲"瑚璉"之"瑚"。《吕氏春秋・慎人》《新序・雜事一》等説"舜……陶於河濱"，《管子・版法》《史記・五帝本紀》等也説"舜……陶河濱"。"河𠤳"當與"河濱"同義。《廣雅・釋丘》："浦、濱，厓（涯）也。""浦"從"甫"聲。上古音"古、甫"都是魚部字。"古"屬見母，"甫"屬幫母，聲似相隔。但是從有關資料看，"古"的古音似與幫母的字有密切關係。例如銅器銘文裏，有一個用爲姓氏的字，作從"夫"從"古"，此二旁皆聲，讀爲"胡"。"夫"有甫無切、防無切兩讀，前一讀音屬幫母，後一讀音屬並母。幫並二母都是脣音。《儀禮・士相見禮》"士相見之禮，摯……夏用腒"，《白虎通・瑞贄》引"腒"作"脯"。《左傳》哀公十一年"胡簋之事，則嘗學之矣"，《孔子家語・正論》記此事，"胡"作"簠"。"腒"從"居"聲，"居、胡"皆從"古"聲。"脯、簠"皆從"甫"聲。據此，"河𠤳"當讀爲"河浦"。

《中國哲學》20，頁 353—354

○**季旭昇**（2001）　《郭店・窮達以時》："匋拍於河𠤳。"河𠤳，袁國華、李家浩先生都讀爲河浦。李家浩先生舉出銅器銘文"姑"讀"胡"、《儀禮・士相見禮》"腒"字在《白虎通・瑞贄》引作"脯"、《左傳・哀十一年》"胡簋之事"在《孔子家語・正論》引文"胡"作"簠"等證據，證明"𠤳"可以讀爲"浦"。因而以爲《窮達以時》的"遇告古也"句中的"告古"應讀爲"造父"。論證精闢，釋義可從。

但是，考慮到“古”的上古音與幫母字有直接關係的例證畢竟數量不是很多，而且在銅器中從“古”得聲的“匜”系銅器有“枯、祜（左旁所从不詳）、匜、䀋、匜、鈷、匡、鐪、鎣、匡、匰、匱、厭、笑、医（同医，大形可能爲夫形之省）、匱”等十六種寫法，從“甫”得聲的“簠”系銅器則有“甫、箙、鋪、盙、匜”等五種寫法，“古”聲雖然和脣音的“夫”聲可以相通，但是和“甫”聲之間似乎有一道很明顯的界線。基於這樣的理由，我們以爲“河匜”不妨讀爲“河滸”。“匜”字文獻未見，應从“古”得聲，古（*kaɣ）上古音在見紐魚部開口一等；滸（*xaɣ）上古音在曉紐魚部開口一等，二字韻同聲近，互相通作，應該沒有問題。

《詩經·王風·葛藟》：“在河之滸。”毛傳：“水匡曰滸。”《大雅·緜》：“率西水滸。”毛傳：“滸，水匡也。”《爾雅·釋地》：“岸上，滸。”以此解釋《窮達以時》的“（舜）拍陶於河匜”，似也一樣文從字順。至於李家浩先生所舉“古”聲和脣音相通的例子，絕大部分是異文，而異文是可能有其他解釋的。

　　　　　　　　　　　　　　　　　　　　　　　《中國文字》新27，頁118

○**宋華强**（2006）　　新蔡簡中有一批被整理者稱爲“遣策”的簡文，例如（釋文、標點依我們的理解有所改動）：

　　　　（1）王徙於鄩郢之歲，八月，庚辰之日，所受盥於☒。（甲三：221）

　　　　（2）一匜，其鈺（重）一勺（鈞）。宋良志受四匜，又一赤。李緒爲☒。（甲三：220）

　　　　（3）以援。鞘不害、鄿回二人受二匜。攻婁連爲攻人受六匜☒。（甲三：294、零：334）

　　　　（4）某榙冬銜釱受十匜，又二赤；或受三匜，二赤☒。（甲三：224）

　　　　（5）☒吳殿無受一赤，又杓，又弅□，又顏首。吳憙受一匜，二赤，弅□。彖良受一☒。（甲三：203＋甲三：89）

　　　　（6）☒三赤。三孫達受一匜，又三赤。文惢受四☒。（甲三：206）

　　　　（7）☒受二匜，又二赤……二赤，又弅□。□連嚣受☒。（甲三：311＋零：354）

　　　　（8）鑵軱□、馭艮受九匜，又刞。晉☒。（甲三：292）

　　　　（9）☒受二匜，又二赤，又刞，又杓。□差倉受☒。（甲三：211）

　　　　（10）☒八十匜又三匜，又一刞，杓，顏首☒。（甲三：90）

從文義看，這批簡文並不像是遣策，而更像是一次頒發某種物品的記録清單。這種物品是用幾種大小不同的量器進行計量的，“匜”顯然是所用量器中容量最大的一種。從簡寬、字體和文義來看，簡文（1）應該是這批簡的首簡。從所記日期是新蔡簡中可以明確判斷的最晚的一天。簡文（2）則很可能是這批簡的第二枚簡，因爲“某某受若干”這種清單式的記録就是從這枚簡開始的。我們要討論的就是這枚簡的前六個字。

第三字整理者釋“六”，徐在國先生從之，並讀“六鈺”爲“六鐘”。按，“鐘”是容量詞，“匀（鈞）”是重量詞，“六鐘”與“一鈞”連言是很奇怪的。其實第三字並非“六”字，其原形作“六”，上揭簡文（3）就有“六”字，原形作“六”，與六明顯不同。六是“亓（其）”字，不但新蔡簡，楚簡中的“亓（其）”字絶大多數都是這種寫法，不難參照比較。第三字既然是代詞“其”而非數字“六”，那麼把其後的“鈺”字解釋爲量器名“鐘”自然就更不合適了。我們認爲“鈺”字應該讀爲“重”。“重”是定紐東部字，“主”是章紐侯部字，聲母相近，韻部陰陽對轉，音近可通。楚簡中重量之“重”多借從“主”得聲之字來表示，如“迬”或“砫”。所以“鈺”可以讀爲“重”是没有問題的。簡文（2）的前六字按照我們的理解應該釋讀爲：“一匠，亓（其）鈺（重）一匀（鈞）。”“其重一鈞”當是對前面“一匠”的説明。“匠”字徐在國疑讀爲“石”，他説：

> 秙、石二字古通，如：《楚辭·九章》：“重任石之何益。”《考異》：“石一作秙。”可爲旁證。

按，“秙”從“古”聲，“古”是見母魚部字，“石”是禪母鐸部字，韻部雖近，聲母卻相隔太遠，恐無由相通。《楚辭·九章》“石”字之所以有異文作“秙”，當是由於“石”本有異文作“祏”，“祏”又因形近訛爲“秙”，未必是假借現象，徐在國先生引此以證明新蔡簡的“匠”當讀爲“石”是缺乏説服力的。洪興祖《楚辭補注》就説：“‘秙’當作‘祏’，音‘石’，百二十斤也。”

我們認爲簡文中的“匠”應該讀爲“鬴”，即“釜”字異體（見《説文·鬲部》）。《周禮·考工記》云：

> 栗氏爲量。改煎金錫則不耗，不耗然後權之，權之然後準之，準之然後量之，量之以爲鬴。深尺，内方尺而圜其外，其實一鬴。其臀一寸，其實一豆。其耳三寸，其實一升。重一鈞。

“（鬴）重一鈞”與我們討論的簡文“一匠，其重一鈞”相吻合，可見把“匠”讀爲“鬴（釜）”從文義上説是很合適的。“匠”從“古”聲，“鬴”從“甫”聲，“釜”從“父”聲（“甫”也從“父”聲）。從韻部上説，上古音“古、甫、父”都是魚部字。從聲母上説，上古音“古”屬見母，“甫”屬幫母，“父”屬並母，“古”與“甫、父”看似相隔。但從有關資料來看，“古”字及從“古”得聲的字其上古音與脣塞音字有密切關係,尤其是"甫"和"父"。如郭店《窮達以時》3 號簡"河厇"當讀爲"河浦",11 號簡人名"告古"即"造父"。青銅器簠簋之"簠"的自名用字常從"古"聲,或以從"古"得聲的字爲聲符,其中最常見的正是"厇"字。我們把"厇"字釋讀爲"䀇(釜)",可以説爲這種諧聲現象又增添了一個很好的例證。至於從音理上如何解釋這種諧聲現象,則有待於古音學家的進一步研究。

戰國秦漢量器銘文在標明自身容量的同時也常常標明自身重量,其中就有標明"重一鈞"的。如漢右糟鐘:

　　　十五年,大官,容八斗,重一鈞,第五百四十二,右糟。

新蔡簡記録量器的自身重量,與量器實物銘文的習慣是相合的。推測當時所用的厇(釜)就是自銘其重爲"重一鈞"的。一鈞即 30 斤,新蔡簡所記的厇(釜)顯然與《考工記》栗氏所作的釜一樣,也是銅製的。

《平頂山學院學報》2006-4,頁 55—56

○**廣瀬薰雄**(2006)　　徐先生懷疑"厇"讀爲"石"。但這一解釋缺乏足夠的證據。古是魚部見母字,石是鐸部禪母字。雖然韻部是陰入對轉關係,但聲母的發音部位不同,可以説兩者的音韻關係有距離。作爲古、石通假的旁證,徐先生引用的是《楚辭·九章·悲回風》"重任石之何益"一例,這只能説明"石"一本作"秙",不能證明"秙"和"石"的通假關係。爲確認這一點,這裏再來看看《楚辭·九章·悲回風》的相關部分:

　　　曰:吾怨往昔之所冀兮,悼來者之愁愁。浮江淮而入海兮,從子胥而自適。望大河之洲渚兮,悲申徒之抗迹。驟諫君而不聽兮,重任石之何益。心絓結而不解兮,思蹇産而不釋。

　　關於"石"字,《屈原集校注》説:"洪興祖、朱熹皆引一本作'秙'。洪興祖曰:'秙當作秳,音石,百二十斤也。'朱熹又引一本作'秳'。按當作'石'。"而對"驟諫君而不聽兮,重任石之何益"的解釋是:"申屠狄屢次進諫,君王都聽不進他的話,他抱着沉重的石頭投水又有什麽益處?"根據這一説法,"秙"極有可能是"秳"的訛體或錯寫,而"秳"讀爲"石"。因此,此例恐怕不是"秙"和"石"的通假例。

　　其實,新蔡簡中有一例"厇"我們不能釋爲數量單位:

　　　一厇,亓(其)鈺(重)一匀(鈞)。(甲三:220)

關於此句的釋讀,請看第二節之(3)。這一例明確地表明,厇是器名,其重量是一鈞。因此我們不得不認爲,新蔡簡中的厇還是器名。

《簡帛》1,頁 216—217

△按　《窮達》篇"河匜"之"匜"似以讀"澔"爲佳。《從甲》"匜三制",《季庚》
"匜守"之"匜"均讀爲"固"。

匝

匝璽彙 2502　　匝陶彙 3・492

○徐寶貴(1994)　"匝"字見於《古璽彙編》32 頁,編號爲 3440 的姓名私璽。
　　"匝"字見於《古璽彙編》242 頁,編號爲 2502 的姓名私璽。
　　"匝"字見於《古璽彙編》編號爲 0774、2320、2407 諸方姓名私璽。
　　"匝"字見於《古璽彙編》361 頁,編號爲 3905 的方複姓私璽。
　　"匝",劉釗先生於他的大作《古璽文字彙》的附録中疑爲"多"字,其説
甚是。其它從此字得聲之字,均爲"多"聲之字。下面所舉的兩個實例,就
更能進一步證明諸字所從爲"多"字之異構。
　　"匝"見於《古匋文甽録》附録三四,高明先生《古文字類編》323 頁謂:"古
多它通用,當作'匝'。"此説可從。
　　"匝、匝"見於《包山楚簡》第二○四、二一○、二一一、二一四諸簡。該書
考釋謂"遁,迻字異構"。字從"多"得聲,因此,釋"迻"非常正確。
　　可以肯定地説,古璽文的"匝"字就是古陶文"匝"字的異構;古璽文的
"匝"字就是包山楚簡"匝"字的異構,也當釋爲"迻"。"迻"字還見於《説文》
及其它字書。
　　有前一"迻"字爲例證,可以證明"匝"字當是"綌"字之異構。《説文》:
"䌛,牛縻也。从糸,麻聲。綌,䌛或从多。"

　　　　　　　　　　　　　　　　　《考古與文物》1994-3,頁 104—105

○何琳儀(1998)　匝,从匚,多聲。齊陶匝,姓氏,疑讀多。商有多父鼎,多姓
始此。見《姓氏考略》。

　　　　　　　　　　　　　　　　　　　　《戰國古文字典》頁 862

○劉釗(1998)　匝《印集》編號 2,釋文謂:"王下一字殘泐,不可辨認。"按
此字作"匝",从"匚"从"匝"。"匝"字見於《古璽彙編》3440 號璽,作"匝"。
"匝"字亦見於《古璽彙編》2502 號璽,作"匝",字又見於古璽"匝"(《古璽彙
編》2407、2320、0774)字和"匝"(《古璽彙編》3905,包山楚簡有字作"遁",疑
與此爲一字)字偏旁。此字目前尚不可識,但可隸定作"匜",或摹録原形。字

在印文中用爲人名。

《中國文字》新 24,頁 96

△按　字所从與“多”有別,而與“卯”之作(郭店·語二 21)者極近,故暫隸定作“匭”。

𠤵

𠤵 望山 2·48

○**中大楚簡整理小組**(1977)　竹𠤵亦即竹筒。

《戰國楚簡研究》3,頁 48

坐

坐 璽彙 3186

○**何琳儀**(1998)　坐,从匚,坐聲。晉璽坐,讀坐,姓氏。見《姓苑》。

《戰國古文字典》頁 882

𠥱

𠥱 璽彙 3208

○**何琳儀**(1998)　𠥱,从匚,易聲。古璽𠥱,人名。

《戰國古文字典》頁 670

遠

遠 璽彙 1655

○**羅福頤等**(1981)　汗簡遠作遠,與此所从偏旁形近。

《古璽文編》頁 298

○**何琳儀**(1998)　遠,从匚,遠聲。燕璽遠,人名。

《戰國古文字典》頁 988

集成 10583 郾侯載器　　璽彙 3410　　璽彙 3514

○馮勝君（1999）　馻，應隸作馻，釋爲騙，字亦見于燕璽（《璽彙》2887、3410）。《正字通・馬部》：“騙，生養藩也。按：經傳通作‘蕃’。”

《中國古文字研究》1，頁 185

△按　字從“米”不從“釆”，馮説恐非。

曲　

包山 260　　郭店・六德 43　　上博五・弟子 13

璽彙 4864　　貨系 0043

集成 10407 鳥書箴銘帶鉤

○吳振武（1983）　2317 陽ヒ・陽丩（曲）。

4864 正下可私・可以正丩（曲）。　4865 同此改。

《古文字學論集》（初編）頁 506、523

○李零（1983）　ヒ，與下文直相對，可以肯定是曲字。這個字的釋出也很重要，因爲它可以糾正過去人們對趙幣“上邼陽”“下邼陽”“邼”字的誤釋，證明釋邼或釋和（讀ヒ爲化，借讀爲和）都是不對的，唯一正確的釋法應當是把它讀爲“上曲陽”“下曲陽”。曲作ヒ，這是很奇怪的。《説文》曲字的小篆作凷，與繁體的匸即匲（《説文》以匸爲小篆，匲爲籀文，按之金文只是繁簡不同）寫法相同，只是橫置與豎置的不同。《説文》曲字的古文作乚，象曲尺形。兩種寫法均與此不同。（原注：此字究竟是豎置的曲字［如此則與匸同］，還是曲字古文的簡寫［由乚到ヒ］，或者自爲一種特殊寫法，現在還不好斷定。）

《古文字研究》8，頁 61

○吳振武（1989）　八　少曲

此璽重新著録於《古璽彙編》（三四〇四），璽中𤔌字《古璽文編》列於附録（554 頁第一欄）。

今按,⿱𠂤⿰乚乚應釋爲"少曲"二字合文,右下方"＝"是合文符號。李零同志和李學勤先生曾釋乚爲"曲",其説甚是(看李零《戰國鳥書箴銘帶鈎考釋》,《古文字研究》第八輯)。這裏我們把目前所能看到的戰國銘刻中有關乚字的材料作一整理,以證此説可信。

一、戰國鳥書箴銘帶鈎銘文曰:"宜乚(鳥飾已去,下同)則乚,宜植(直)則直。"(《嘯堂集古録》69頁)李零同志指出銘文中的乚字因和下文"直"字相對,故可肯定是"曲"字。

二、戰國三孔布面文中有"上𨙥陽"和"下𨙥陽"(《中國古代貨幣發展史》140、141頁),李學勤先生釋爲"上曲陽、下曲陽"(戰國人往往在用作地名的文字上加注"邑"旁)。據《漢書·地理志》,上曲陽爲漢常山郡屬縣,地在今河北省曲陽縣西,下曲陽爲鉅鹿郡屬縣,地在今河北省晉縣西,戰國時皆曾屬趙。而三孔布正是戰國晚期趙幣。

三、戰國布幣中有"易(陽)乚"(《東亞錢志》三·一〇·一一),古璽中有"陽乚"(《古璽彙編》二三一七),十七年矢括中有"𦥯"("易[陽]乚"合文,《三代吉金文存》二十·五十七·四),舊均誤釋爲"陽化、陽匕(比)"或"比陽"。其實都應釋爲"陽曲"。陽曲爲漢太原郡屬縣,地在今山西省太原市東北,戰國時屬趙。

四、古璽中"可以正𠃋(反書)"成語璽(《古璽彙編》四八六四、四八六五),璽中𠃋字釋爲"曲"是很合適的。舊將此璽釋爲"正下(𠃋)可私"無論在釋字上還是在讀法上都是錯誤的。上揭"少曲敢"璽中的"少曲"是複姓,當是以邑爲氏。雲夢秦簡《編年紀》曾記秦昭王"卅二年,攻少曲",整理小組注:"少曲,韓地,今河南濟源東北少水彎曲處。"漢印中有"少曲右距、少曲況印"(《漢印文字徵》二·二十、二·一),可爲其證。《古璽彙編》將此璽列入姓名私璽類不確,應改歸複姓私璽類。

《古文字研究》17,頁 274—275

○吳振武(1993)　　1983年李零先生發表《戰國鳥書箴銘帶鈎考釋》(以下簡稱《帶鈎》)一文。李先生在文中考釋了宋代薛尚功《歷代鐘鼎彝器款識法帖》卷一第1頁、王俅《嘯堂集古録》第69頁著録的一件戰國晚期錯金鳥書銘文帶鈎。在這件帶鈎腹銘的最後,有這樣一句話:

(1)宜乚則乚,宜植(直)則直(圖一:1)

乚字舊不識,李先生認爲從它和下文中的"直"字相對來看,可以肯定是"曲"字。他同時又指出,這個字的釋出很重要,因爲它可以糾正過去人們對

下列圓肩圓足三孔布的誤釋:

(2)上⿰匕阝陽(圖二:1)

(3)下⿰匕阝陽(背文"兩")(圖二:2)

(4)下⿰匕阝陽(背文"十二朱")(圖二:3)

這幾種三孔布上的匕字舊釋爲"⿰比阝"(比)或"⿰匕阝"(讀爲和),李先生認爲應改從李學勤先生釋爲"曲",其説甚是。上曲陽在今河北省曲陽縣西,下曲陽在今河北省晉縣西,戰國時皆曾屬趙,正符合李學勤、裘錫圭兩先生在三孔布國别研究中所得出的結論。這裏附帶説明一下,這幾種三孔布上的"曲"字都有"邑"旁是不奇怪的。戰國時常常在用作地名的字上加注"邑"旁,這種例子在戰國貨幣銘文中尤爲多見。

在李零先生《帶鉤》一文發表後的兩年中,關於戰國銘刻中的匕字釋讀問題又有了一系列新的進展。

先談下列三枚平首尖足布:

(5)陽匕(圖二:4)

(6)昜(陽)匕(圖二:5)

(7)昜(陽)匕(圖二:6)

這三枚尖足布中的匕字舊有釋"化"、釋"人"兩説。釋"化"者認爲"陽化"即陽地所鑄之貨;釋"人"者則認爲此即見於《史記·秦本紀》中的陽人邑。1980年李家浩先生在其著《戰國貨幣文字中的"㡀"和"比"》(以下簡稱《比》)一文中認爲應改釋爲"匕",讀作"幣"。當時筆者覺得從同類貨幣銘文來看,"陽匕"應是兩字地名,把匕字讀作"貨"或"幣"都不合適。當然,釋爲"人"從字形上看亦不妥當。更關鍵的是因爲《十二家吉金圖録》舊8著録的一件"十七年矢括"有如下銘文:

(8)十七年昜匕(合文)笞爻(教)

馬重(童,合文)(圖一:2)

其中那個帶有合文符號的合文地名"昜匕",應該就是幣銘上的"陽匕"。但當時筆者並不知道這裏的匕字究竟應當如何釋。後得裘錫圭先生賜教,始知裘先生已在李學勤先生釋前引三孔布之基礎上,把幣銘中的匕字改釋爲"曲"。陽曲爲漢太原郡屬縣,地在今山西省太原市東北,戰國時屬趙。而趙國正是這種平首尖足布的鑄造國和流通國。由此亦可知,裘先生已放棄他過去將三孔布上的匕字釋爲"⿰匕阝"(和)的看法。那麼從"陽曲"布來看,"十七年矢括"也必是趙物無疑。

戰國三晉璽印中有下揭一方陽文璽：

（9）ヒ陽（圖一：3）

璽中的ヒ字《古璽文編》漏收，《古璽彙編》隸定作“ヒ”。過去石志廉先生在其著《館藏戰國七璽考》（以下簡稱《七璽考》）一文中曾釋爲“ヒ”（比），認爲此“ヒ（比）陽”即《漢書·地理志》南陽郡的比陽縣，戰國時屬楚。不過從此璽風格來看，絕非楚璽。1983 年筆者在《〈古璽彙編〉釋文訂補及分類修訂》（以下簡稱《訂補》）一文中，根據李零、李學勤先生的釋法，將此字改釋爲“曲”。但當時因爲看到《古璽彙編》將此璽右讀爲“陽ヒ”，故亦跟着右讀作“陽曲”，以爲跟上舉陽曲布和十七年矢括中的“陽曲”是一地。現在看來，在沒有確證的情況下，還是應當按照古璽左讀的通例讀作“曲陽”。戰國時魏、趙皆有曲陽。《史記·魏世家》昭王九年：“秦拔我新垣、曲陽之城。”此即魏曲陽，地在今河南省濟源縣西。又《史記·趙世家》武靈王二十一年：“趙與之陘，合軍曲陽。”此爲趙曲陽，即上曲陽，地在今河北省曲陽縣西。此璽究竟是魏璽還是趙璽，暫不能定。《古璽彙編》將此璽列入“姓名私璽”類，可商。

戰國布幣中又有下列四種大型平肩橋足空首布：

（10）少ヒ市中（圖三：1）

（11）少ヒ市南（圖三：2）

（12）少ヒ市西（圖三：3）

（13）少ヒ市束（次）（圖三：4）

1978 年裘錫圭先生首先釋出這些幣銘中的“市”字，從而解決了一個關鍵字。但是由於幣銘中的ヒ字舊多釋爲“化”（貨），再加上“少”“小”二字可通，於是這些幣銘通常都被讀成“市×（方位詞）少（小）化（貨）”。1980 年李家浩先生在《比》文中提出ヒ字應釋爲“ヒ”，讀作“幣”，於是這些幣銘都被改讀成“市×小幣”。1983 年筆者在《戰國貨幣銘文中的“刀”》一文中又曾將ヒ字改釋爲“刀”，把這些幣銘都讀作“市×小刀”，以爲這裏的“刀”是一種泛指的貨幣名稱。現在看來，釋“化”（貨）、釋“ヒ”（幣）、釋“刀”都是不能成立的。1985 年李家浩先生在其著《楚王酓璋戈與楚滅越的年代》一文中明確提出，根據李學勤先生對三孔布ヒ字的釋法，這些幣銘中的ヒ字都應改釋爲“曲”，而且應當改讀成“少曲市×”；並引《史記·范雎列傳》“秦昭王之四十二年，東伐韓少曲、高平，拔之”，謂少曲爲韓地，其説甚是。雲夢秦簡《編年記》亦曾記秦昭王“卅二年，攻少曲”，竹簡整理小組注：“少曲，韓地，今河南濟源東北少水彎

曲處。”少水即今沁河。李家浩先生又提出《巖窟吉金圖録》42 頁著録的一件
戈銘中有地名“少曲”合文：

　　　　（14）十二年少匕（合文）命（令）邯郸（鄲，合文）□右庫工師（合文）
　　□□冶者造（圖一：4）

此“少曲”合文係上下結構，同時兼用“借筆”。三晉璽印中還見有左右結構的
“少曲”合文：

　　　　（15）少匕（合文）敢（圖一：5）

這個帶有合文符號的“少曲”合文舊亦不識，1983 年筆者在《訂補》一文中根據
李零、李學勤先生對匕字的釋法將其釋出。不過這裏的“少曲”顯然是姓氏。漢
印中有“少曲況印、少曲右距”，可爲其證。“少曲”複姓當是以地爲氏。

　　戰國璽印中又有下列二璽：

　　　　（16）可以正匕（圖一：6）

　　　　（17）匕堤□（圖一：7）

　　前一例是格言璽，匕字釋爲“曲”也很合適。《古璽彙編》既將“匕、以”二
字誤釋爲“下”和“私”，又把全璽誤讀成“正下可私”，遂不可通。筆者在《訂
補》一文中已作改正。後一例中的匕字從字形上看，也應釋爲“曲”。石氏《七
璽考》釋爲“匕”（比），不可信。今山東省濟陽縣東北三十里有曲堤鎮，似與此
璽“曲堤”有關。

　　綜觀上述，匕字釋爲“曲”，有關材料都能講通。因此這個字的釋讀是無
可懷疑的。現在的問題是：“曲”字爲什麽會作匕形，從字形上説有什麽根據？
李零先生在《帶鉤》一文中謂：“曲作匕，這是很奇怪的。《説文》曲字的小篆作
𠚖，與繁體的匸即𠥓（《説文》以匸爲小篆，𠥓爲籀文，按之金文只是繁簡不同）
寫法相同，只是橫置與豎置的不同。《説文》曲字的古文作𠃑，象曲尺形。兩種
寫法均與此不同。”又謂：“此字究竟是豎置的曲字（如此則與匸同），還是曲字
古文的簡寫（由𠃑到匕），或者自爲一種特殊寫法，現在還不好斷定。”其實，
“曲”字作匕，正是從西周金文“曲”字漸漸演變來的。其演變過程和“匸”字的
演變十分相似，試看下表：

　　　曲　𠚖—𠚖—𠚖—𠚖—𠚖—𠚖—匕
　　　匸　𠥓——𠥓——匸——匸

　　雖然“曲”和“匸”原先並不相同，但由於“曲”字在演變過程中曾一度出
現跟“匸”字相同的形體，因此在以後的一段時間內它們逐漸發生同樣的變化
是很自然的。過去因爲古璽中那種寫作雙鈎形的“曲”字一直被誤認爲是

“厶”(私)字,所以我們找不到“曲”字由金文演變爲□的中間環節。現在經過仔細研究,我們已經知道“厶(私)、曲”二字是有嚴格區別的(詳另文),所以□字的來源也由此得到徹底解決。

1　2　3　4　5　6　7
圖一

1　2　3
4　5　6
圖二

1　2　3　4
圖三

《中國錢幣》1993-2,頁16—21

○**何琳儀**(1998)　曲,甲骨文作□(京都二六八),商代金文作□(曲父丁爵),象彎曲之形。西周金文作□(晉侯仇簋),飾筆省簡爲圓點。春秋金文作□(曾子斿鼎),圓點亦省。戰國金文作□、□,僅存虛框。或變形作□、□、□、□等形。曲,甲骨文或簡化作□(參區字所从曲旁),上加一横即戰國文字曲之異體□。或取斜勢作□,遂與刀字同形。《説文》:“□,象器曲受物之形。或説曲,蠶薄也。□,古文曲。”

周空首布“小曲”,即十一年咎茖戈“少曲”,地名。晉璽“曲垳”,讀“鉤璽”。《爾雅·釋木》“下句曰朻”,《詩·周南·南有樛木》傳引句作曲。《説文》:“句,曲也。”均其佐證。鉤爲璽印之别稱,以璽鈕如鉤而名。參句字。晉璽“正行亡曲”,讀“正行無曲”,正、曲對文見義。晉璽曲,姓氏。晉穆侯封少子成師於曲沃,後氏焉。見《風俗通》。晉璽“曲堤”,地名。趙尖足布“昜曲”,讀“陽曲”,地名。

包山簡曲,彎曲。

秦簡“少曲”,地名。

《戰國古文字典》頁348

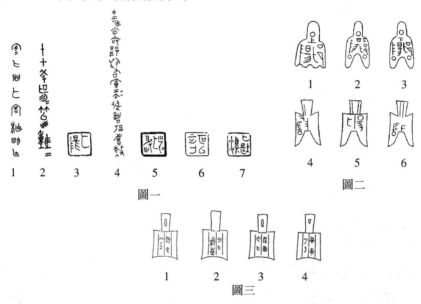

瓦

陶彙 5 · 305　　陶彙 5 · 384

○**何琳儀**（1998）　瓦，象兩瓦咬合之形。《説文》：“　，土器已燒之總名。象形。”

秦陶瓦，瓦器。

《戰國古文字典》頁 858

弓 弓

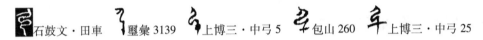石鼓文 · 田車　　墨彙 3139　　上博三 · 中弓 5　　包山 260　　上博三 · 中弓 25

○**何琳儀**（1998）　弓，甲骨文作　（後二 · 三〇四），象弓箸弦之形。或作　（乙一三七），省弦。金文作　（趙曹鼎）。戰國文字承襲金文，或加飾筆作　、　。《説文》：“　，以近窮遠，象形。古者揮作弓。《周禮》六弓：王弓、弧弓，以射甲革甚質；夾弓、庾弓，以射干侯鳥獸；唐弓、大弓，以授學射者。”

晉璽“弓”，姓氏。魯大夫叔弓之後，以王父字爲氏。見《萬姓統譜》。

石鼓“弓矢”，見《書 · 費誓》“備乃弓矢”。

《戰國古文字典》頁 137

弧 弧

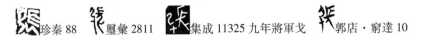侯馬 16:30　　侯馬 195:1　　古文字研究 27，頁 296 九年左使車壺

○**何琳儀**（1998）　《説文》：“弧，木弓也。从弓，瓜聲。一曰，往體寡、來體多曰弧。”晉器“弧”，人名。

《戰國古文字典》頁 481

張 張

珍秦 88　　墨彙 2811　　集成 11325 九年將軍戈　　郭店 · 窮達 10

○**劉樂賢**（1994）　（編按：睡虎地·日甲 1 正壹）張，二十八宿之一。《開元占經·南方七宿占》引《石氏星經》曰："張六星。"

　　　　　　　　　　　　　　　　　　　　　《睡虎地秦簡日書研究》頁 22

○**徐寶貴**（1994）　此字見於《古璽彙編》編號爲 2556、2560、3756 諸方璽印。其字作如下等形體：

　　　　2556　　　　2560　　　　3756

　　此字形旁"弓、弓、弓"與"人"字很相似，但決非"人"字，而是"弓"字。古璽文從"弓"的字作如下等形體：

　　彊：2254　　　2544、0078、1310　　　0079

　　弩：0115　　　2752

　　弼：5671

諸例字偏旁"弓"字與此古璽文所從的形旁形體完全相同，可以證明其爲"弓"字。

　　此字聲旁"弓、弓、弓"與戰國楚系文字的"長"字相同，在此將包山楚簡及曾侯乙墓竹簡"長"字及從"長"之字録之於下，以資參證：

　　長：包簡 54　　　包簡 78

　　張：包簡 95

　　韔：曾簡 1　　　曾簡 16　　　曾簡 23

上舉"長"字及"張、韔"二字所從的"長、長"均與古璽文此字所從的"弓、弓、弓"相同，可證其爲"長"字。"弓"之上所加的一横畫當是裝飾筆畫，無其它用意。

　　以上的論證，可以證明此字是從"弓"、"長"聲的"張"字，字在璽文中爲姓氏。

　　　　　　　　　　　　　　　　　　　《考古與文物》1994-3，頁 104

○**何琳儀**（1998）　《説文》："張，施弓弦也。從弓，長聲。"

　　燕器"張"，姓氏。張氏，世仕晉，晉分爲三，又士仕韓，此即晉之公族，以字爲氏者。晉有解張，字張侯，自此晉國世有張氏。見《通志·氏族略·以字爲氏》。

楚器"張",姓氏。

詛楚文"張",開張。

《戰國古文字典》頁 687

○李立芳（2000）　第二字"㐭"，从人从䇂，"䇂"乃長字訛變。

　　"長"字甲骨文作：

　　　㐫 一期 6057　　　㐬 三期林 2.267　　　㐬 五期前 2.8.3

　　金文作：㐬 寏長鼎

　　陶文作：㐬《陶彙》4.140

　　本銘"㐭"字所从"䇂"省筆更甚。故當隸爲"倀"字。

　　　　包山 2.163 有：㐬（倀挎）

　　　　二十年鄭令戈有：㐬（倀阪）

　　　　《璽彙》3756 亦有：㐬（倀妝）

　　《戰國古文字典》所釋云"二十年鄭令戈倀，讀長，姓氏""楚器倀，同"，知本銘"倀"亦當爲姓氏。

《古文字研究》22，頁 110

【張山】郭店·窮達 10

○白於藍（2001）　　"張山"於此似當讀作"腸山"。上古音張爲端母陽部字，腸爲定母陽部字，兩字聲紐同爲舌頭音，韻則同韻。典籍中从長聲之字與从易聲之字亦有相通之例證。《詩·秦風·小戎》："虎韔鏤膺。"陸德明《釋文》："韔，本亦作暢。"則張自可讀爲腸。"張（腸）山"於此似指太行山。太行山上有羊腸坂，《史記·趙世家》："羊腸之西。"張守節《正義》："太行山坂道名，南屬懷州，北屬澤州。"《史記·魏世家》："斷羊腸，拔閼與。"張守節《正義》："羊腸坂道在太行山上，南口懷州，北口潞州。"羊腸坂之得名，來源於其坂道縈曲如羊腸、艱險難行。《新序·雜事第一》："趙簡子上羊腸之坂，群臣皆偏袒推車。"趙仲邑《注》："羊腸之坂：太行山坂道名，狹窄盤曲如羊腸。"又曹操《苦寒行》："北上太行山，艱哉何巍巍！羊腸坂詰屈，車輪爲之摧。"簡文中將"太行山"改稱"張（腸）山"，蓋是爲了要與下句"邵坴"兩字相對而有意異稱。

　　典籍中關於駿馬"驥"的記載很多，其中可與簡文相參較者可舉如下兩條：

　　《戰國策·楚策》："汗明曰：'君亦聞驥乎？夫驥之齒至矣，服鹽車而上太行，蹄申膝折，尾湛胕潰，漉汁灑地，白汗交流，中阪遷延，負轅不能上。

伯樂遭之，下車攀而哭之，解紵衣以冪之。驥於是俯而噴，仰而鳴，聲達於天，若出金石聲者，何也？彼見伯樂之知己也。今僕之不肖，陋於州部，堀穴窮巷，沉洿鄙俗之日久矣，君獨無意湔拔僕也，使得爲君高鳴屈於梁乎？”

《鹽鐵論·訟賢》：“騏驥之輓鹽車，垂頭於太行之阪，屠者持刀而睨之。太公之窮困，負販於朝歌也，蓬頭相聚而笑之。當此之時，非無遠筋駿才也，非文王、伯樂莫知之賈也。子路、宰我生不逢伯樂之舉，而遇狂屠，故君子傷之。”

此兩處均明確記載驥服鹽車行於太行之坂，此坂（阪）無疑是指羊腸坂，而簡文之所謂“張（腸）山”亦當指太行山。

鹽乃沉重之物，羊腸坂乃難行之地。歷史文獻中在記載驥服鹽車行於太行之坂時，均用以比喻人才之不得時勢，這從上引兩段典籍之相關文句中也能看得很清楚。而郭店簡《窮達以時》篇的整體文義亦是論述人才與時勢的關係，故而在其文中使用“驥（驥）駒（約）於張（腸）山”之語也是與其整體文義相吻合的。

《簡帛研究二〇〇一》頁 196—197

【張網】九店 56·14

○張富海（2005）　《九店楚簡》五十六號墓簡十四下釋文：“凡贛日，不利以□□，利以爲張網。”“爲張網”的意思整理者未作説明。“張網”自然可以理解爲張設羅網，但這樣理解的話，前面的“爲”字没有了著落。如果真要表達利於張網捕魚（或禽獸）這個意思，就應該説成“利以張網”或“利以爲張網之事”，“利以爲張網”的説法恐不合古漢語語法。按“爲”有製作之義，如下文簡二十下“爲門膚”之“爲”，此簡的“爲”字也可以理解爲“製作”。那麽，“張網”就是一個名詞或名詞性詞組。按《周禮·秋官·冥氏》：“掌設弧張。”鄭注：“弧張，罿罦之屬，所以扃絹禽獸。”孫詒讓《周禮正義》疑注文衍“弧”字，並云：“凡羅網之屬，並爲機軸張施之，故即謂之張。《楚辭·九章》‘設張辟’，王注亦以張謂罬羅是也。”按“設張辟”見於《惜誦》篇。王念孫《讀書雜誌·餘編下》“設張辟以娛君兮”條云：“此以張、辟連讀，非以設、張連讀。張讀弧張之張……辟讀機辟之辟……《莊子·逍遥遊》篇曰：‘中於機辟，死於罔罟。’司馬彪曰：‘辟，罔也。’辟疑與繴同。”是“張”由張設之義引申出羅網之義，前者爲動詞，後者爲名詞。這種名動相因的詞義演變是十分常見的。“帷帳”之“帳”古通作“張”，“帳”亦由張設義引申而來。“帳”讀去聲，此羅網義的“張”亦應讀去聲。動詞讀平聲，而同源的名詞讀去聲，還有量（平聲）和量

（去聲）、磨（平聲）和磨（去聲）、陳和陣等。簡文之言"張網"，猶《楚辭》之言"張辟"，都是兩個名詞同義連用。"利以爲張網"，意即利於製作各種用來捕捉禽獸魚鱉的網羅。

《古文字研究》25，頁 357—358

彊 彊

彊 睡虎地・爲吏 37 壹　　彊 陶彙 5・206　　彊 璽彙 2544　　彊 集成 9734 舒螽壺

○**何琳儀**（1998）　《說文》："彊，弓有力也，从弓，畺聲。"

晉璽"彊"，姓氏。望出丹陽與扶風。見《通志・氏族略》。晉器"彊"，讀彊。

青川牘"彊畔"，讀"疆畔"。《國語・周語》上："修其疆畔。"

《戰國古文字典》頁 638

【彊良】睡虎地・爲吏 37 壹

○**睡簡整理小組**（1990）　《老子》："强梁者不得其死。"馬王堆帛書《老子》甲本"强梁"作"强良"，與簡文同。强梁，凶橫。

《睡虎地秦墓竹簡》頁 168

引 引

引 睡虎地・雜抄 8　　引 九店 56・71

○**何琳儀**（1998）　引，甲骨文作引（鐵一五九・一）。从弓，丨表示引弓，指事。西周金文作引（毛公鼎），春秋金文作引（秦公簋）。戰國文字承襲商周文字。《說文》："引，開弓也。从弓、丨。"舊釋商周文字引爲弘，殊誤。

睡虎地簡"引强"，開張强弓。《後漢書・第五倫傳》："引强持滿，以拒之。"亦官名。《漢書・周勃傳》"材官引强"，注："服虔曰，能引强弓弩官也。孟康曰，如今挽强司馬也。"

《戰國古文字典》頁 1130

○**李零**（1999）　"引"，即"收引"之"引"，《素問》頻見，如《至真要大論》"諸寒收引，皆屬於腎"，王冰注："收謂斂也，引謂急也。"是一種筋脈拘牽之癥，劉樂賢先生指出,尹灣漢簡《博局占》的"病筋引"("筋"字原从竹从角从力)就是這種病,甚確。簡文"非瘀乃引",意思是説"不得瘀病就得引病"。

《考古學報》1999-2,頁147

○**李家浩**(2000)　（編按：九店56·九店71）"☐目內,又𢓷,非𦈕乃引",秦簡《日書》乙種亥之占辭作"亥以東南得,北吉,西禺(遇)☐",與本簡"目內,又𢓷"相當的文字,位於下文"以有疾"之前,字作"以入,得"。秦簡與楚簡文字出入較大。本簡"引"字原文作𢏚,與甲骨文𢎨(《甲骨文編》502頁)、金文𢎨(《金文編》849頁)當是一字。此字亦見於宋代銅器銘文圖録中的樂大司徒鈚和秦公鐘銘文,吕大臨《考古釋文》準部將其釋爲"引"。但是宋人這一釋法一直没有引起人們的重視。于豪亮《説"引"字》(《考古》1977年5期339、340頁),根據雲夢秦墓竹簡和馬王堆漢墓帛書的"引"字寫法,把上揭甲骨文和金文之字釋爲"引",才得到人們的認可。簡文𢏚也應當是"引"字,其所从"弓"旁與包山楚簡"弓"字作𢎨(二六○號)者形近。"非𦈕乃引"是承上文"以入,有得"而言的。"於""與"古音相近,可以通用。《戰國策·齊策一》張儀説齊王曰:"今趙之與秦也,猶齊之於魯也。"《史記·張儀傳》記此語,"於"作"與"。《新序·雜事五》晏子對齊侯曰:"故忠臣也者,能盡善與君。"《論衡·定賢》記此語,"與"作"於"。據此,疑簡文"𦈕"應當讀爲"與",訓爲予。《韓非子·忠孝》:"此明君且常與,而賢臣且常取也。"《荀子·富國》"凡主相臣下百吏之俗,其於貨財取與計數也,須孰盡察",楊倞注:"與,謂賜與。""引"跟"與"對言,當訓爲取。《國語·晉語八》"引黨以封己,利己而忘君,別也",韋昭注:"引,取也。"《戰國策·秦策一》:"讀書欲睡,引錐自刺其股,血流至足。"簡文此句的意思是説:"得到的東西,不是别人給予的,就是自己拿取的。"

《九店楚簡》頁124—125

【引強】睡虎地·雜抄8

○**睡簡整理小組**(1990)　引强,開張强弓,《史記·絳侯世家》:"常爲材官引彊(强)。"

《睡虎地秦墓竹簡》頁81

弛　弪　弛

陶録3·241·1　陶録3·243·1　陶録3·245·1　陶録3·245·3

○**吳大澂**（1884）　古陶器文,當即弛字之變體。

《説文古籀補》頁 52,1988

○**何琳儀**（1998）　𢎠,从弓,它聲。疑弛之異文。《説文》:"弛,弓解也。从弓从也。"齊陶"𢎠",地名。

《戰國古文字典》頁 866

△**按**　"𢎠"應即"弛"字之本。先秦不少从"它"之字後來訛混从"也"。

弩 𢎻

⿱女弓睡虎地·雜抄 2　　𢏐璽彙 0114　　𢎻璽彙 0115

○**何琳儀**（1998）　《説文》:"弩,弓有臂者。从弓,奴聲。"或从奴省聲。

　　晉璽、涑鄩戈、魏璽"妏弩",讀"發弩",官名。晉璽"弩",讀奴,姓氏。盧奴,地名。水黑曰盧,雍而不流曰奴,居於此者以爲氏。見《姓氏考略》。趙璽"弜弩",讀"强弩",官名。

《戰國古文字典》頁 560

發 𤼲 弢

珍秦 171　　發睡虎地·秦律 22　　𢼛包山 141　　𤼲集成 11718 姑發𧊒反劍

𢏐璽彙 3923

○**劉信芳**（1997）　包山簡二六八、二七一、牘、望二·一九均記有"紫發"。包二七三:"䚔發,䚔鞅、靮。""發"讀如"撥",《禮記·檀弓下》:"哀公欲設撥。"鄭玄注:"撥可撥引輴車,所謂綍。"《爾雅·釋器》:"輿革前謂之鞎,後謂之第。"則是車後户遮蔽之物。簡文"發、鞎"並舉,以理解爲引車之革爲宜。參"鞎"字條。

《中國文字》新 22,頁 172

○**何琳儀**（1998）　《説文》:"發,射發也,从弓,癹聲。"

　　涑鄩戈"發弢",讀"發弩",官名。見癹字。

　　包山簡"發𥬒",或作"癹𥬒",讀"發引"。《後漢書·范式傳》:"式未及到,而喪己發引。”包山簡“發尹”,或作“發尹”,見發字。

《戰國古文字典》頁 953

【發弩】睡虎地·雜抄 2
○**睡簡整理小組**（1990）　發弩,專司射弩的兵種,見戰國至西漢璽印、封泥。

《睡虎地秦墓竹簡》頁 79

【發書】睡虎地·語書 13
○**睡簡整理小組**（1990）　發書,啟視文書,與《史記·賈生列傳》“發書占之”同例。

《睡虎地秦墓竹簡》頁 16

【發蟄】睡虎地·日甲 142 背
○**劉樂賢**（1994）　發蟄,指發動蟄伏的百蟲。《大戴禮記·誥志》:“虞夏之曆,正建於孟春,於時冰泮,發蟄,百劃（**編按**:當作“草”）權輿,瑞雉無釋。”《論衡·變動篇》:“雷動而雉驚,發蟄而蛇出,起陽氣也。”發蟄與啟蟄同義,《大戴禮記·夏小正》:“啟蟄,言始發蟄也。”

《睡虎地秦簡日書研究》頁 294

弜

弜 曾侯乙 7

○**李守奎**（2003）　強字異體。

《楚文字編》頁 715

弪

弪 璽彙 3314

○**何琳儀**（1998）　伅,從人,屯聲。《集韻》:“伅,倱伅,不慧。或作敦。”晉璽伅,讀屯。姓氏。混沌氏之後,去水爲屯。見《通志·氏族略·以名爲氏》。

《戰國古文字典》頁 1326

△按　戰國文字“弓、人”形近易混,但此字所從爲“弓”的可能性較大。

弜

包山 18　弜包山 162　郭店・成之 23　璽彙 2749　璽彙 4110

○**何琳儀**（1998）　弜，甲骨文作（前六・六七・六）。从弓，口爲分化符號。弓亦聲。弜，溪紐陽部；弓，見紐蒸部。見、溪均屬牙音，蒸陽旁轉。弜爲弓之準聲首。弜疑爲彊之初文。《説文》：“彊，弓有力也，从弓，畺聲。”彊疑畺之繁文。典籍亦通作强。参强字。金文作（盠弜卣）。戰國文字承襲商周文字，多在口下加＝爲飾。弜與弘作（参弘字）有別。漢代相混。

　　齊璽“武弜”，讀“武强”，地名。

　　燕方足布弜，讀繦或鏹。《管子・國蓄》：“藏繦千萬。”《文選・蜀都賦》“藏鏹巨萬”，注：“鏹，錢貫也。”引申爲錢幣。《正字通》：“鏹，錢謂之鏹。”

　　侯馬盟書弜，讀强，姓氏。禹强後，有强氏，見《路史》。“强梁”，亦複姓。鄭藝叔之後，爲强梁氏。見《潛夫論》。

　　天星觀簡“弜死”，讀“强死”。《左・昭七年》“匹夫匹婦强死”，注：“强死，不病也。”疏：“强，健也。無病而死，謂被殺也。”簡文爲神鬼之名。

《戰國古文字典》頁 647

○**白於藍**（1999）　《郭店楚墓竹簡釋文注釋》中之所以將“强”與“加”字中閒點斷，一方面固然是因爲未識出“加”字實爲“耕”字，另一方面很可能是受了《淮南子・修務》“是故田者不强，囷倉不盈”這句話的影響。要不然很明顯本段文字中上句之“糧”與下句之“名”相對，爲什麼不因此而將所謂的“加”字上讀呢？現在既已將“⻌”釋爲“耕”，則本段文字之上句實當是：

　　戎（農）夫癸（務）臥（食），不强耕，糧弗足悇（矣）。

《爾雅・釋詁下》：“强，勤也。”《集韻・養韻》：“强，勉也。”又《墨子・天志》：“上强聽治，則國家治矣；下强從事，則財用足矣。”簡文與《墨子・天志》中的“强”字的用法是一致的，均是當勤勉講。本句意爲：農夫致力於糧食生産，若不辛勤耕作，糧食將會不充足。《淮南子・齊俗》：“其耕不强者，無以養生；其織不强者，無以掩形。”簡文“不强耕”猶此言“耕不强”。典籍中與此句文義相近者，除上引《管子・牧民》《淮南子・修務》和《淮南子・齊俗》中的話之外，另有，《韓非子・外儲説左上第三十二》“農夫惰於田者，則國貧也”，《管子·輕重甲》“一農不耕,尼爲之飢”,又《韓非子·詭使第四十五》“倉廩之所以實者,耕農之本務也”,等等。

乍

新蔡零 472

△按　“作”字“人”旁訛爲“弓”。

弜

十鐘

○湯餘惠等(2001)　弜。

《戰國文字編》頁 833

△按　“弜”字從“西”非從“百”,疑“弻”省體。

弰　弸

侯馬 156:8　　璽彙 2617

○何琳儀(1998)　弰,從弓,旨聲。戰國文字“弰”,人名。

弸,從弓,脂聲。疑弰之繁文。見弰字。晉璽“弸”,人名。

《戰國古文字典》頁 1290、1289

發

新蔡甲三 356　　新蔡零 193

△按　新蔡簡“發”字,未詳。宋華强《新蔡葛陵楚簡初探》(97 頁,武漢大學出版社 2010 年)以爲右從“支”,隸定作“弢”。

弢

璽彙 0849

○**何琳儀**（1998）　弢，从弓，步聲。燕璽“弢”，人名。

《戰國古文字典》頁 592

㢀

㢀考古與文物 2008-5，頁 40 相室趙㢀鼎

△**按**　“㢀”从弓，矣聲。鼎銘“㢀”用爲人名。

䟒

䟒侯馬 75:8　䟒侯馬 194:12

△**按**　侯馬盟書“䟒”用爲人名。

㢸

㢸曾侯乙 116

○**裘錫圭、李家浩**（1989）　“㢸”字从弓，當是一種弓名。

《曾侯乙墓》頁 520

○**何琳儀**（1998）　㢸。

《戰國古文字典》頁 1533

○**李零**（1999）　右半上部疑从叕。

《出土文獻研究》5，頁 152

△**按**　蕭聖中《曾侯乙墓竹簡釋文補正暨車馬制度研究》（98 頁，科學出版社 2011 年）據紅外照片，疑此字从弓从箙的省形，疑即箙字異體。

彇

侯馬 105：1

△按　“彇”字用爲人名。

犞

犞璽彙 2626

○何琳儀（1998）　犞，从弓，喬聲。《集韻》：“犞，引弓也。”《玉篇》：“犞，引也。”燕璽“犞”，人名。

《戰國古文字典》頁 295

彋

彋集成 11916 廿年距末

△按　距末“彋”字，未詳。

彊

彊程訓義古璽印集存 1-29

△按　璽文“彊”用爲人名。

弜

弜珍秦 · 戰 91

△按　《説文》：“弜，彊也。从二弓。凡弜之屬皆从弜。”璽文“弜”用爲人名。

粥　粥　弨　鬻

粥曾侯乙 4　粥曾侯乙 13　弨包山 35

_{包山 51}

_{新蔡甲三 271}

○**裘錫圭、李家浩**（1989）　“弻”字原文从“丙”从“弜”，“丙”即“簟”之初文。毛公鼎、番生簋等均有“簟弻魚服”之語。《詩・小雅・采芑》作“簟茀鱼服”。王國維以“弻”爲“茀”的本字（《觀堂集林・釋弻》）。“茀”是遮蔽車廂的竹席。

《曾侯乙墓》頁 502

○**劉彬徽、彭浩、胡雅麗、劉祖信**（1991）　（編按：包山 51）姵。

《包山楚簡》頁 20

○**高智**（1996）　（編按：包山 51）按此字上从“弗”下从“力”當是“劤”字，爲“弻”之古文，《汗簡》“弻”字作形，故此字當釋爲“劤”。

《于省吾教授百年誕辰紀念文集》頁 184

○**李運富**（1997）　我們認爲弜字當釋爲“宿”，（中略）那弜字所从的“弜”可能並非聲符，而是臥牀之人（尸）或人加被衾之屬，即可將弜字分析爲人睡於席之上多體會形。相應地，字形就當楷定爲㑞（實从兩尸）。（中略）包山簡 35-1被釋爲“弻”的字，其實也應該是从人或从尸，這從簡 139-1 的及 197-4 的看得更清楚。㝥無疑是“㑞”的異構字，增“夕”乃顯示其夜睡之義，《説文》宿字古文作“夙”，也从夕，正與此同。其實，宿也是㑞的異構字，住宿在屋，故从宀。（中略）㑞、㑞、㝥、㝥、宿等實際上都是同一字符的異構形體，都應釋讀爲“宿”。（中略）

　　簡文㑞、㝥只能釋爲異構的同一字符“宿”，但簡文並非用其本義，而是用爲姓氏字。《通志・氏族略二》：“宿氏，風姓，伏羲之後，武王封之，使主太昊與濟水之祀，宋人遷之，不復見……後漢有宿仲談。”宿姓蓋與古之宿國有關，《春秋・隱公元年》：“及宋人盟于宿。”杜預注：“宿，小國，東平無鹽縣也。”

《楚國簡帛文字構形系統研究》頁 123—124

○**何琳儀**（1998）　弻，金文作（番生簋）。从丙（簟之初文）从弜，會車廂兩側有蔽簟之意。（或説，弜爲柲之本字。《儀禮・既夕禮》“有柲”，注：“柲，弓檠，弛則縛之於弓裏，備損傷。以竹爲之。”則弜亦聲。《廣韻》弜有“其兩、渠羈”二切，後者應屬脂部。）弻，典籍作茀。《詩・小雅・采芑》“簟茀鱼服”，即毛公鼎之“簟弻魚菔”。《詩·齊風·載驅》“簟茀朱鞹”，傳：“車之蔽曰茀。”戰國文字承襲金文。《説文》“𩁹，輔也，重也。从弜，丙聲。𩁹，弻或如此。𨈭、𠦆，並古文弻”以輔釋弻屬聲訓。古文𢎥可證弻从弜聲，古文𠦆可證弻爲茀之初文。弻，應移並紐𣜩聲之後，誤抄於此。

楚璽、包山簡“弻”，讀茀，姓氏。齊宣王時有作履者茀氏，姓書云萬翰之後。見《古今姓氏書辯證》。帛書“弻弻”，讀“瞛瞛”。《廣韻》：“瞛瞛，不可測量也。”隨縣簡“弻”，讀茀。者汈鐘“弻”，輔。

　　　　　　　　　　　　　　　　　　　　《戰國古文字典》頁 1295

○劉釗（1998）　（編按：包山 51）按字从“弗”从“力”，應釋爲“勈”。“勈”字見於《玉篇》，在簡文中用爲人名。

　　　　　　　　　　　　　　　　　　　　《東方文化》1998-1、2，頁 52

○李家浩（2000）　“弻”字包山楚墓竹簡三五號作𤣻，長沙楚帛書作𤣻（《長沙楚帛書文字編》115 頁），古璽文字作𤣻（《古璽彙編》五一六·五六七一），本簡此字與之形近，故釋爲“弻”。

　　　　　　　　　　　　　　　　　　　　《九店楚簡》頁 117

○劉信芳（2003）　（編按：包山 51）《玉篇》“勈、勇”重出，“勇，皮筆切，古弻字”。《汗簡》亦以“勇”爲“弻”之古文。惟楚簡另有“弻”字，見簡 35、139，楚帛書甲篇。勇、弻恐非一字。

　　　　　　　　　　　　　　　　　　　　《包山楚簡解詁》頁 58

【弻弻】楚帛書

○嚴一萍（1967）　佣佣：重文。毛公鼎弻作𤣻。番生敦作𤣻。者汈鐘作𤣻。《説文》弻之古文作𨈭、𠦆。敦煌本未改字《尚書》作𢎥。繒書之𤣻，殆即古籀而稍變，爲篆文所承。商氏解此“亡章弻弻”一句，爲：“章爲障蔽之障，弻是乖戾；意志障蔽，則行動乖戾。”按訓弻爲乖戾者，見《漢書·五行志》注。繒書弻弻疊用，恐非此義。王觀堂先生釋𢎥，謂“宿𢎥二字同也”。疑繒書此字或即宿字，讀爲肅，乃肅敬之義。

　　　　　　　　　　　　　　　　　　　　《中國文字》26，頁 3

○高明（1985）　弻字古文作勇，通弗，《詩經·小雅·蓼義》（編按：“義”爲“莪”之誤）“飄風弗弗”；嚴一萍云：“王觀堂先生釋𢎥，謂‘宿𢎥二字同也’。疑繒書此字或即宿字，讀爲肅，乃肅敬之義。”或可爲肅靜，此乃謂宇宙未分之時，世界昏暗無光，靜寂肅默。

　　　　　　　　　　　　　　　　　　　　《古文字研究》12，頁 376

○**劉信芳**（1996）　嚴一萍先生釋"弻弻"爲"佡佡"，饒宗頤先生引《爾雅》"弻，重也"，《方言》"弻，高也"爲訓，李零謂"弻古通拂"，何琳儀謂"弻弻應讀瞇瞇"。按包山簡三五有人名"弻罷"，一三八反（**編按：應爲一三九**）有人名"㛃必"，字形與帛書"弻"可相印證。上引《天問》"馮翼"可作"弻弻"之注腳，《淮南子·天文》："天地未形，馮馮翼翼。"高誘注："馮翼，無形之貌。"《淮南子·精神》："古未有天地之時，惟象無形，窈窈冥冥。""窈窈冥冥"與"馮馮翼翼"同書互見，算得是劉安爲"馮馮翼翼"作的自注。馮、弻雙聲，是知"弻弻"同"馮馮"，皆爲描繪天地混沌之狀的聯綿詞。

《子彈庫楚墓出土文獻研究》頁 69

○**鄭剛**（1996）　像這樣重疊結構的補語跟在謂語所帶的賓語之後的例子還有：蔡侯鐘"爲命祇祇"，祇，敬也，動詞。晉公𥂴蓋"爲命孌孌"，讀爲疊疊，厚也（見《廣雅·釋詁三》），由動詞積、重而來。楚帛書："夢夢墨墨，亡章弻弻。""亡章"意與"弻弻"同，形容昏暗而光悖亂，這個動賓結構以疊詞爲補語，《漢書·五行志》注："弻弻……猶相戾也。"

《中山大學學報》1996-3，頁 112

○**饒宗頤**（2003）　《爾雅·釋詁》："弻，重也。"《方言》十二："弻，高也。"與此義無涉。何琳儀讀弻弻爲"瞇瞇"，説頗迂曲。余按弻弻猶言米米。《説文》："米，艸木盛，米米然。象形。讀若輩。"一作八聲。李星字從此。字通作萂。《天官書》："星萂於河。"古讀從弗聲之佛、拂如弻，作重脣音。弻弻謂草昧之際，草莽遍地米米然。

《饒宗頤二十世紀學術文集·簡帛學》頁 239

弦 𦥑 区 弝

睡虎地·日甲 27 正貳

璽彙 0391　璽彙 2289　璽彙 2925　陶彙 9·58　上博五·三德 1

曾侯乙 3　曾侯乙 20

上博六·用曰 12

○**裘錫圭、李家浩**（1989）　古印文字中有一個𢆶字，或寫作𢆶、𢆶（《古璽彙編》89 頁）。按古文字"糸"旁或寫作"幺"（《説文》"糸"字古文作"幺"），疑𢆶與簡文"䢔"當是一字。舊或釋古印文字爲"幻",不一定可信。"䢔"在簡文中都是在講到弓的時候提及的,或疑即"弦"字。

《曾侯乙墓》頁504

○**何琳儀**(1998)　弦,从弓,玄聲(玄作糸形乃繁化)。《説文》:"㻛,弓弦也。从弓,象絲軫之形。"或説秦簡"弦",从弓从系,系亦聲。弦、系均屬匣紐,弦爲系之準聲首。據秦簡弦應爲獨立聲首。

　　睡虎地簡"弦望",弦月與望月。《漢書·律曆志》:"定朔、晦、分、至、躔、離、弦、望。"

《戰國古文字典》頁1109

△**按**　"弦"字本象弦繫弓上之形,作一整體,後來才逐漸演化爲从弓从糸,或从弓,玄聲。《上博六·用曰》12"弦"字則在象形初文基礎上再增意符"弓"。

系 㐱

㐱陶彙6·79

○**蔡全法**(1986)　"系"形體與小篆"系"字無別,疑爲姓氏。

《中原文物》1986-1,頁84

○**何琳儀**(1998)　系,甲骨文作㐱(鐵二·二)。从爪从孫(聯之初文),會以手繫聯之意。金文作㐱(□系爵)。戰國文字省作㐱、㐱,系上弧筆表示繫聯。系亦聲。系、糸均屬支部。《説文》:"㐱,繫也。从糸,厂聲。㐱,系或从毄、處。㐱,籀文系从爪、絲。"

　　韓陶系,姓氏。楚臣系之後,見《廣韻》。

《戰國古文字典》頁776

○**田煒**(2010)　上古音"系"字屬匣紐錫部,"奚"字屬匣紐支部,聲紐相同,韻部是嚴格的陰入對轉關係,可以通假,所以陶文中的"系戙"也應該讀爲"奚傷"

《古璽探研》頁132

△**按**　"系戙"應從田説讀爲人名"奚傷"。

孫 㻛

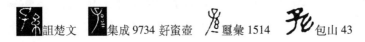
詛楚文　　集成9734 舒蚕壺　　璽彙1514　　包山43

墨彙 1554　　墨彙 3893

○**何琳儀**（1998）　孫，甲骨文作🐚（甲二〇〇一）。从糸从子，會子續孫之意。子亦聲。孫，心紐；子，精紐。精、心均屬齒音，孫爲子之準聲首。西周金文作🐚（無異簋）、🐚（𠷎壺）、🐚（敔簋）、🐚（髓簋），春秋金文作🐚（國差𰧻）、🐚（番君鬲）。戰國文字承襲兩周金文。小篆誤糸爲系。《説文》：“🐚，子之子曰孫。从系。系，續也。”

齊器“公孫”，複姓。齊璽孫，姓氏。齊陳無宇之子書，伐莒有功，景公賜姓孫，食采於樂安。見《唐書・宰相世系表》。齊陶“王孫”，複姓。

燕璽“孫”，姓氏。衛武公之後也。武公和生公子惠孫，惠孫生耳，爲衛上卿，食邑於戚，生武仲，亦曰孫仲，以王父字爲氏。又楚令尹孫叔敖之後也。又有孫氏媯姓，齊敬仲四世孫孫桓子無宇後也。見《通志・氏族略・以字爲氏》。燕璽“王孫”，複姓。

晉璽孫，姓氏。晉璽“公孫”，複姓。中山王鼎“孫孫”，見《書・梓材》“欲至于萬年，惟王子子孫孫，永保民”。中山雜器孫，姓氏。

楚器孫，姓氏。楚簡“公孫”，複姓。隨縣簡“王孫”，複姓。

古璽孫，姓氏。古璽“公孫、臧孫”，複姓。

《戰國古文字典》頁 1354

緜 緜

緜 信陽 2・8

○**郭若愚**（1994）　緜、帛重文。《説文》：“帛，繒也，从巾，白聲。”徐灝箋：“帛者，縑素之通名。”

《戰國楚簡文字編》頁 74

○**李家浩**（1993）　讀“縵”。

《著名中年語言學家自選集・李家浩卷》頁 214，2002；原載《中國典籍與文化論叢》1

○**何琳儀**（1998）　緜，从糸，帛聲。緜，明紐；帛，並紐。明、並均屬脣音，緜爲帛（曰）之準聲首。緜之異文。《玉篇》：“緜，同緜。”《説文》：“緜，聯微也。从系从帛。”《廣韻》：“緜，精曰緜，麤曰絮。”緜絮之緜，本應作緜，後與“聯微”之縣混爲一字。兹以綿聲首更換縣聲首。

　　楚簡綿,讀縣。《廣雅·釋器》:“縣,紬也。”(《疏證》改縣爲䊷,不確。)紬,絲綢。《説文》:“紬,大絲繒也。”《急就篇》“絳緹絓紬絲絮綿”,注:“抽引麤繭緒,紡而織之,曰紬。”

《戰國古文字典》頁 1075—1076

△按　楚簡“綿”字實“帛”之繁構,與同“縣”之“綿”恐只是同形關係。姑依形隸於此。

縣 縣

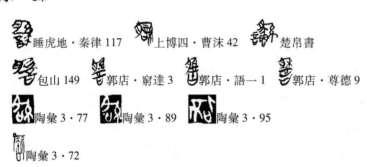

睡虎地·秦律 117　　上博四·曹沫 42　　楚帛書

包山 149　　郭店·窮達 3　　郭店·語一 1　　郭店·尊德 9

陶彙 3·77　　陶彙 3·89　　陶彙 3·95

陶彙 3·72

○蔡季襄(1944)　縣,《説文》縣作縣,與此小異。義詳後。(中略)縣,《説文》段注云“《詩》《書》縣作獻,假借字也”。是則縣亦通獻。《爾雅·釋言》:“獻,可也。”《詩·魏風》:“獻末無止。”箋:“獻,可也。”止,此當讀作“止”。字書云:“止,息也。”《詩·商頌》:“邦畿千里,惟民所止。”《説文》時下云:“天地五帝所基止,祭地也。”此文“帝曰縣□止哉”,正與《尚書·堯典》“帝曰往欽哉”句法相同。蓋謂群神可息止也。

《晚周繒書考證》頁 17—18

○商承祚(1964)　“帝曰:‘縣,□之哉。’”(九、29—34):

　　縣字亦見下十一行,結體複雜過於金文。縣爲發端辭,魏三體石經:“王曰縣。”《書·大誥》借“獻”爲之,馬融本作縣,爲縣的異體,《説文通訓定聲》將縣附於縣後,是對的。

《文物》1964-9,頁 14

○曾憲通(1983)　古陶文中習見　字,此字每見於文辭的開頭,其下往往與“鄙”字相連接,常見的辭例有下面幾種:

　　(1)　鄙夻匋里艸(《季》四一上);　鄙夻匋里奠(《季》四二上);　鄙夻匋里癸(《季》四二下)。

（2）▢鄙東匋里夜（《季》四一下）；▢鄙東匋里續（《季》四二上）；▢鄙東匋里▢（《季》四三上）。

（3）▢鄙中匋里倖（《季》四三下）；▢鄙中匋里▢（潘北山所藏古匋文字拓本）。

（4）▢鄙膚里□□（《季》四一上）；▢鄙□里闔齋（《季》四二上）；▢鄙膚里圭□（《季》七六下，原文反書，首字略殘）。

（5）▢鄙上氈里郗吉（《季》八一下）。

（6）▢鄙蒦陽南里大（《季》四四下）。

亦有下不連接“鄙”的，

（7）▢夻匋里遣疾（《鐵》五三下）；▢夻里遣疾（《鐵》百四十二下）。

上列首字之▢字舊釋爲紹，但細審字之左旁並不从刀，右旁亦非从糸，其作▢或▢者未見有析書之例，總是連成一體，分明象徵鼬鼠首尾之形，實是鼬字初文之省變，作▢者，殆從楚帛書之▢形嬗變而來。最後一例，首字或作▢，獨立成文，正是鼬之象形文。

《季木藏匋》（六九上）有范文“▢▢”二字，▢字未見前賢考釋，顧廷龍《古匋文香録》及金祥恆《匋文編》均入附録，可見仍未辨識。我們從繇字所从象形文之演變考察，可以判斷古匋上的這個▢就是繇字，▢與上引匋文首字之▢、▢、▢、▢等均是同體之別構，其後加缶爲音符，象形文▢便變成形聲字的▢了。這就是從象形文“鼬”到形聲字“繇”的發展過程，也是先秦已有繇字的明證，且由此也可反證前説繇中之緐乃由象形文▢所訛變，並非無稽也。（1）（2）（3）（6）四例首字作▢或▢，从口从繇省聲，古文从口與从言同意，故當是繇之異體。師袁簋“淮夷繇我員晦臣”，繇字从▢作，石經古文繇字亦从▢作，均从口象形，與匋文从口象形作▢者雖繁簡不一，其結構則同，故▢之爲繇亦可無疑問。

繇、繇此處均讀爲陶。考陶字古匋文作▢（《季》二八下“缶攻▢”，缶攻即匋工），作▢（《季》四九下“匋▢”）。又作▢（《季》四九下“蒦陽窯里人膏”），或省勹，或从穴，實爲一字。後分化爲二形二音，从勹之匋音陶，从穴之窯音窰，《説文》作窯。徐灝云：“䍃爲瓦器之通名，因謂燒瓦灶爲䍃，後又增穴爲窰也。䍃、陶語之轉。”徐氏從字形變化與字音轉移説明陶、䍃二字的關係，繇（繇）之與陶通假，其理亦然。經籍中陶、繇互通之例不勝枚舉，如《尚書》皋陶，《離騷》《尚書大傳》《説文・言部》引《虞書》，均作咎繇。《爾雅・釋詁》鬱繇，《禮記・檀弓》《文選・謝靈運詩》作鬱陶。上舉陶范文之“右繇”亦即右陶,《季木藏匋》(二九上)有"右匋攻丑、右匋攻徒"等,"右匋攻"即右陶工。又例(4)(5)首字作🔺及🔺,从邑🔺聲或🔺聲,實是陶之專字。例(4)"🔺鄙𦞂里",《季木藏匋》(八一上)刻劃文正作"陶鄙𦞂里",是🔺、🔺爲陶字之確證。因此,上舉🔺鄙、🔺鄙、🔺鄙、🔺鄙、🔺鄙等,均應當是陶鄙無疑。

　　齊陶文相傳出土於齊都臨淄。從陶文所記生產者的籍貫來看,當時位於臨淄周圍的許多鄙里,都有製作陶器的工場,如楚郭鄙、門左南郭鄙、苴丘鄙、桼鄙、𦝼鄙、黍郡鄙、陶鄙等。鄙中設里,如陶鄙中即有合匋里、東匋里、中匋里、上乇里、蒦陽南里、甫陽□里等。從出土題銘看出,陶鄙擁有眾多的製陶作坊(里),其中如合匋里、蒦陽南里等還產生了大量的陶器,在陶文中留下了豐富的記載,由此推知,陶鄙在當時可能是臨淄城外一個頗爲發達的製陶中心。

《古文字與出土文獻叢考》頁25—27;原載《古文字研究》10

○**李零**(1985)　此段話,形式仿《尚書》。讋,字形與金文所見譹字基本相同,金文譹字作🔺(𢆶史臝鼎)、🔺(散氏盤)、🔺(師袁簋)等形,其基本結構是从言从一被縛之豸,下有與獸字所从相同的🔺。此字值得注意的地方是,它同時包含了譹、讋二體,二體都是从同一個字省體而成:譹是省豸爲爪,與言相合作左旁,以縛豸的"系"作右旁;讋是省豸爲爪,與訛變爲缶的🔺相合作左旁,以縛豸的"系"作右旁。這裏的譹和讋是歎詞或發語詞,《爾雅·釋詁》:"爰、粵、于、那、都、繇,於也。"《書·大誥》"大誥繇爾多邦"(《釋文》引馬融本)。過去,王引之《經傳釋詞》(卷一)曾否認繇是個歎詞或發語詞,楊樹達《詞詮》(卷七)從其説,把這個詞定成介詞,這是不對的。後來楊氏本人在《積微居金文説》(卷一)"录伯𢧵簋跋"中又恢復了繇是個歎詞的説法,其所據即該簋銘文"王若曰:繇,自乃祖考有勳于周邦"。楊氏的後説才是正確的。"繇"下一字殘,陳邦懷據《尚書》文例,如《吕刑》"嗚呼,敬之哉"補"敬"字,可從。

《長沙子彈庫戰國楚帛書研究》頁60—61

○**曾憲通**(1993)　🔺帝曰繇(乙九·三一)　🔺帝牖繇吕亂□之行(乙一一·二九)

　　帛書繇字爲一从言的象形文,第二文增益口旁,亦楚文字常見通例。在同一字中,此象形文變化頗爲複雜,如录伯𢧵𣪘作🔺,𢆶史鼎作🔺,師袁𣪘作🔺,三體石經古文作🔺,戰國陶文省作🔺(从口、从言不別,《季》四一下),加邑爲🔺。將🔺之口旁換爲聲符缶,則爲🔺(讋字,《季》六九上),象形文省變爲🔺,加邑爲🔺(陶字,《季》八一上)。🔺、🔺同字(《季》四一上與《季》八一上同文異寫可證），繇、陶同聲，可推知此象形文爲鼬字之初文。鼬俗稱黃鼠狼，其狀尖首粗尾，於象形文中尚可見到（詳拙文《説繇》，《古文字研究》第十輯）。帛文"帝曰繇"與录伯戜毁"王若曰繇"、三體石經《多士》篇"王曰繇"同例。第二文繇借爲由，音同字通。

《長沙楚帛書文字編》頁 107—108

○**何琳儀**（1998）　繇，从言，䚻聲。䚻之繁文。《説文》："䚻，徒歌。从言、肉。"（肉下脱聲字）字或作謠。至於《説文》"繇，隨從也。从系，䚻聲"不但分析形體有誤，而且原篆也應从辵作遙以見"隨從"之意。三體石經《多士》繇作 𨙸，是其佐證。繇，典籍多作繇，疊加音符缶。

　　包山簡繇，姓氏，讀鼬。《山海經・大荒南經》："有鼬姓之國。"包山簡繇，地名。帛書"帝曰繇"，與三體石經《多士》"王曰繇"句式相同。繇，語詞。《爾雅・釋詁》："繇，於也。"注："繇，辭。"繇，又讀由。

《戰國古文字典》頁 220

△**按**　楚簡"繇"常讀"由"。